风云激荡群雄逐鹿，亦文亦史左氏春秋

———

风雷激荡的春秋时代，是一个大变革的时代，又是一个突飞猛进的时代。《左传》全方位为我们展示这个时代林林总总的历史面貌，开创了宏大历史叙事的先河，为后人高奏着时代的最强音。

《左传》中的修辞手法精心锤炼：委婉含蓄○借言达意○文缓旨远○针锋相对○折之以理，服之以巧○绵里藏针○以屈求伸○抑己扬人○正话反说，意在刺讥○对比反驳○夸张虚构○巧用比喻○排比对偶○敷张扬厉○层递阶进○拟人为物○引经据典○引用谣谚○曲指代称○巧用隐语……其修辞艺术之摇曳生姿、丰富多彩，已臻相当纯熟之境，为后世叙事文学所借鉴和继承。

《左传》把战争思想贯注于战例之中：战争的本质观○战争与国家治乱的关系○民的作用与民心向背成为战争胜负的决定力量○帅乘和、同心同德者胜○有备无患，才能立于不败之地……为我们保留了具有很强实践性的丰富军事思想遗产。

《左传》中的奇计谋略层出不穷：兵不厌诈○不备不虞，不可以师○先声夺人○敌疲我打，以逸待劳○设伏诱敌○设间用谍○声东击西○空城计○连环计○蒙马先犯○曳柴扬尘○塞井夷灶○燧象之阵○死士乱阵……为历代论兵者所称道。

北京宣传文化引导基金

BEIJING CULTURE GUIDING FUND

北京宣传文化引导基金资助项目

中华优秀传统文化经典著作大众读本

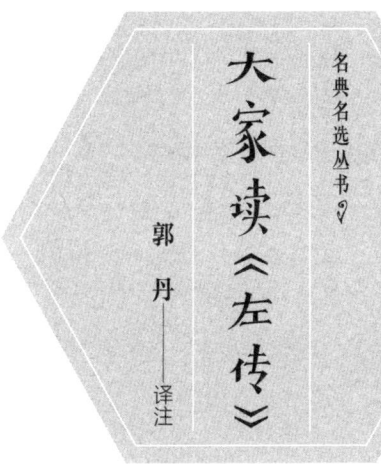

名典名选丛书

大家读《左传》

郭　丹

译注

北京出版集团

文津出版社

图书在版编目（CIP）数据

大家读《左传》/ 郭丹译注 . —— 北京：文津出版社，2021. 12

（名典名选丛书）

ISBN 978-7-80554-776-3

Ⅰ . ①大… Ⅱ . ①郭… Ⅲ . ①中国历史—春秋时代—编年体 ②《左传》—通俗读物 Ⅳ . ① K225.04

中国版本图书馆 CIP 数据核字（2021）第 231986 号

总 策 划：安　东　高立志
责任编辑：侯天保
责任营销：猫　娘
责任印制：燕雨萌
封面设计：田　晗

名典名选丛书

大家读《左传》
DAJIA DU《ZUO ZHUAN》
郭丹　译注

出　　　版　北京出版集团
　　　　　　文 津 出 版 社
地　　　址　北京北三环中路 6 号
邮　　　编　100120
网　　　址　www.bph.com.cn
总 发 行　北京出版集团
印　　　刷　北京华联印刷有限公司
开　　　本　880 毫米 ×1230 毫米　1/32
插　　　图　90
印　　　张　16.25
字　　　数　270 千字
版　　　次　2021 年 12 月第 1 版
印　　　次　2021 年 12 月第 1 次印刷
书　　　号　ISBN 978-7-80554-776-3
定　　　价　69.00 元

如有印装质量问题，由本社负责调换
质量监督电话　010-58572393

南薰殿藏《至圣先贤像册》载左丘明像

犬戎部落首领

周平王（姬宜臼）

公元前770年，因受犬戎部落侵扰，周平王放弃镐京，迁往东都洛邑，由此开启中国历史上的春秋时代

齐桓公（姜小白）

秦穆公（嬴任好）

宋襄公（子兹父）

晋文公（姬重耳）

楚莊王（芈旅）

吴王阖庐（姬光）

战长勺鲁败齐

公元前684年，齐鲁长勺之战中，鲁国最终取得胜利，是春秋时代以弱胜强的著名战例之一

〔郑〕颍考叔

〔卫〕石碏

〔郑〕子产

〔晋〕赵盾

〔鲁〕曹刿

〔晋〕董狐

春秋时代贤臣代表群像

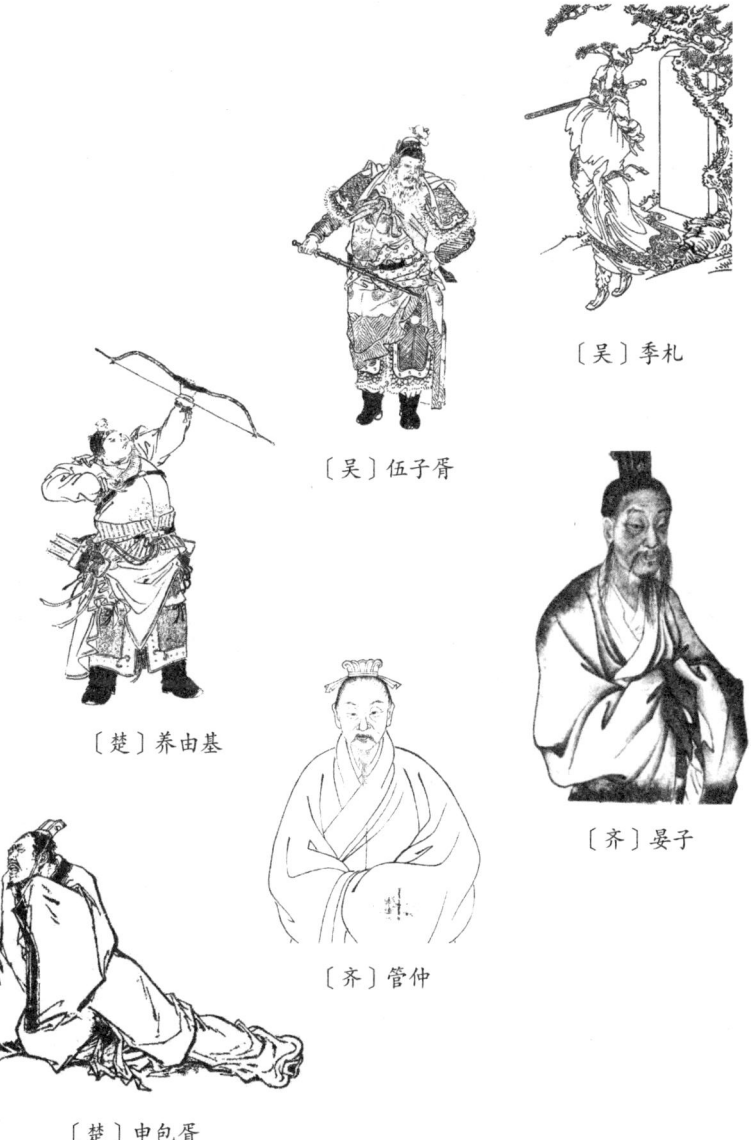

〔吴〕季札

〔吴〕伍子胥

〔楚〕养由基

〔齐〕晏子

〔齐〕管仲

〔楚〕申包胥

〔郑〕武姜（武公夫人）

衛莊姜

〔卫〕庄姜（庄公夫人）

〔晋〕庄姬（赵朔夫人）

春秋时代女性人物群像

〔晋〕王氏（程婴夫人）

息夫人

〔楚〕息妫（文王夫人）

〔齐〕棠姜（东郭偃姐姐）

〔楚〕邓曼（武王夫人）　　〔卫〕卫懿公之母　　〔卫〕许穆夫人
（昭伯女儿）

〔曹〕僖负羁及其妻　　〔楚〕孙叔敖及其母　　〔楚〕伯州犁及其母

〔卫〕灵公及其夫人　　　　〔晋〕羊舌肸（叔向）、
羊舌鲋（叔鱼）及其母

〔东晋〕顾恺之绘《列女仁智图》（北宋时期摹本）中的女性人物画像

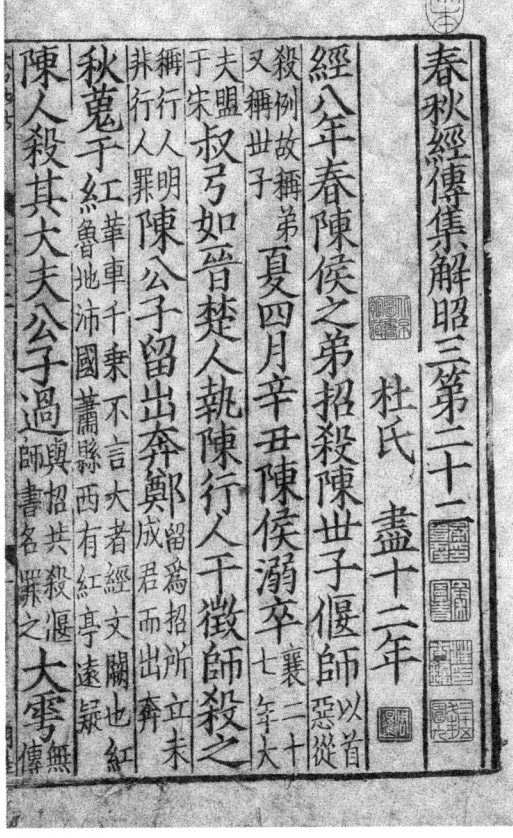

杜氏　盡十二年

經八年春陳侯之弟招殺陳世子偃師以首惡從

殺例故稱弟夏四月辛丑陳侯溺卒襄二十又稱世子大

夫盟于宋叔弓如晉楚人執陳行人干徵師殺之

稱行人明陳公子留出奔鄭留爲招所立未成君而出奔

非行人罪

秋蒐于紅魯地沛國蕭縣西有紅亭遠疑華車千乘不言大者經文闕也紅

陳人殺其大夫公子過與招共殺偃師書名罪之大雩無麥

〔晋〕杜预《春秋经传集解》宋刻本

一王霸及齊晉秦楚大夫為政並詳註于

十二公始年刻國之下及詳註于各年

之編庶幾一覽便知時變

一句解直解並依杜氏古註及採取止齋

陳先生議論而附益之其有潤色古註

別出親意者並以愚按別之

春秋左傳卷之一

晉　杜　預元凱　註釋

宋　林堯叟唐翁　註釋

唐　陸元朗德明音義

周

隱公一

公名息姑惠公之子伯禽之後封傳世

文武開基都邑豐鎬幽王失德弱故而棄平王四十九年隱公三年平王崩桓王立

是洛陽盡舉其地而棄于秦所謂東周也于

春秋始魯隱公元年平王四十九年王東遷

〔晋〕杜预、〔宋〕林尧叟注释，〔唐〕陆元朗音义《春秋左传》卷一卷端

导　读

　　《左传》是《春秋》三传之一，也是儒家经典"十三经"中的一部，是先秦时期传下来的一部经典，几千年来对传统文化产生深远的影响。今天，在弘扬传统文化的热潮中，《左传》仍然是一部深受重视的经典著作。在此，有必要先把与《左传》有关的几个基本问题作些介绍。

一、《左传》的名称、作者及其他

1.《左传》书名

　　《左传》，西汉人称之为《左氏春秋》，或《春秋古文》。《史记·十二诸侯年表·序》：

　　　　是以孔子明王道，干七十余君，莫能用，故西观周室，论史记旧闻，兴于鲁而次《春秋》，上记隐，下至哀之获麟，约其辞文，去其烦重，以制义法，王道备，人事浃。……鲁君子左丘明惧弟子人人异端，各安其意，失其真，故因孔子史记具论其语，成《左氏春秋》。

　　这恐怕是有关《左传》的最早的正式记载。《汉书·景十三王传》载河间献王刘德"立《毛氏诗》《左氏春秋》博士"，《左传》即称为"左氏春秋"。又因为《左传》为秦始皇"焚书坑儒"前就有的著作，所以又有"《春秋》古文"之称。《史记·吴太伯世家》太史公曰："余读《春秋》古文，乃知中国之虞与荆蛮句吴兄弟也。"刘歆《移让太常博士书》称："及《春秋》左氏丘明所修，皆古文旧书，多者二十余通，藏于秘府，伏而未发。"《春秋》古文即指《左传》。到了东汉，班固撰写《汉书》，称"及（刘）歆校秘书，见古文《春秋左氏传》，歆大好之"（《汉书·楚元王交传·附刘歆传》）。班固称之为《春秋左氏传》，时人又称为《左氏》《左氏传》。在《汉书》中有《左氏春秋》和《春秋左氏传》混用的情况。

2.《左传》作者

《左传》的作者，司马迁在《十二诸侯年表·序》中说是左丘明。班固基本上沿袭了司马迁的观点。《汉书·艺文志》说：

> 周室既微，载籍残缺，仲尼思存前圣之业……以鲁周公之国，礼文备物，史官有法，故与左丘明观其史记，……丘明恐弟子各安其意，以失其真，故论本事而作传，明夫子不以空言说经也。

班固此说并非盲目地附和司马迁。大家知道，《汉书·艺文志》基本上来自刘向、刘歆父子所作的《七略》，所以向、歆父子也是持此看法的。此外，两汉至魏晋的一些大儒硕彦如贾逵、郑玄、何休、桓谭、王充、许慎、范宁、杜预等人，都没有不同意见。直到唐代以后，才开始有人怀疑左丘明作《左传》。此后，持怀疑论者代不乏人。清代刘逢禄、康有为等人甚至认为是刘歆抄袭《国语》伪造。当然，也有人认为《左传》其书作非一人，成非一时，如顾炎武即认为："左氏之书，成之者非一人，录之者非一世，可谓富矣，而夫子当时未必见也。"又说:"《春秋》因鲁史而修者也，《左氏传》采列国之史而作者也。"① 还有一些学者提出不同的看法。意见虽有不同，不过应当注意的是，正如许多先秦典籍一样，由于时代变迁，聚散无常，加上古代转写流传印刷条件之限制，常有后人增损窜入，总会发现与原书相矛盾之处。正如白寿彝先生所说:"(《左传》)并不排除后人之有所增益。书中也有一些解经的话，但跟经文多不相连属，当系后来经师们加上去的。"②

至于左丘明到底是什么人，《论语·公冶长》曾提到说:"子曰:'巧言，令色，足恭，左丘明耻之，丘亦耻之。匿怨而友其人，左丘明耻之，丘亦耻之。'"从孔子的话里他把左丘明放在自己之前，对其颇为尊重，或者这个左丘明是年长于孔子的人。那么，他是《左传》的作者吗？还是有另一个左丘明呢？这也是历来争论的问题。今人汪受宽从"谥法"的角度加以论证，认为"可以肯定，左丘明绝不是比孔子年长的学者"③。这样的推论是可信的。司马迁、班固所说的"左丘明"，并非《论语》里面所说的那个"左丘明"。

3.《左传》成书年代

关于《左传》一书的成书年代，历来有不同的看法。有的

---

① 顾炎武著，黄汝成集释:《日知录集释》卷四"春秋阙疑之书"条，岳麓书社1994年版，第111、112页。
② 白寿彝:《中国史学史》(第一册)，上海人民出版社1986年版，第228—229页。
③ 汪受宽:《谥法研究》，上海古籍出版社1995年版，第274页。

导 读 / 003

学者认为应在春秋末期①，有的认为应在战国中期②。两说皆自古延续至今。实际上先秦史书与诸子著作一样，有一个口头传诵的授受过程。一门之内，往往流传数代之后才开始写定。把一部近二十万字、包容各诸侯国史实和史料的巨著划定于一个短时期内甚至若干年内编撰而成，是不符合古代的实际情况的。有的学者认为，最初传授《左传》的人应该是个史官，他不仅有条件看到大量史料，而且保留了史官传统的解说《春秋》的方式。而且《左传》的口头传诵，也经历了一个较长的时期。在传授过程中，传授者会随时加入一些解说《春秋》的书法、凡例。今天见到的那些属于战国时代的史事和其中一些文字上的战国文风，也是在传授过程中加入的③。这种看法，亦可作为我们了解《左传》成书的时间和过程的参考。

4.《左传》与《春秋》的关系

《左传》又称为《春秋左传》，它与《春秋》有密切的关系。《左传》与《春秋》的关系，集中到一点，即《左传》是否为《春秋》作"传"。所谓"传"，即解释经文，为《春秋》作注的意思。司马

---

① 在当代学者中，胡念贻赞同此说，基本上同意古文家的传统意见而加以修正完善。见胡念贻：《〈左传〉的真伪和写作时代考辨》，载《文史》，1982年第11辑。白寿彝认为"可初步定为在战国早期"，见《中国史学史》（第一册），上海人民出版社1986年版，第228—229页。
② 在当代学者中，赞同此说的有杨伯峻、徐中舒、赵光贤、朱东润等，见杨伯峻《春秋左传注前言》、徐中舒《〈左传〉的作者及其成书年代》、赵光贤《〈左传〉编撰考》、朱东润《〈左传〉选序》。
③ 沈玉成、刘宁：《春秋左传学史稿》，江苏古籍出版社1992年版，第396页。

迁、班固都认为《左传》是解经之作。东汉刘歆、陈元、韩歆、贾逵、郑众等古文经学家也都认定《左传》为解经之作。但是西汉末的今文经学家出于政治功利上和争立博士官的需要，否认《左传》是为《春秋》作"传"。此后，《左传》"传"经与否，便长期争论不休。虽然东汉的桓谭、西晋的杜预、唐代的孔颖达以及近代的章太炎、刘师培等人坚持"传"经之说。但是自两汉直至现当代，认定《左传》是一部独立的史书，与《春秋》不存在互相依附关系的学者仍然大有人在。对于这种学术上的分歧，本来不足为奇，仍然可以各持己见。这里应该提到的是，今人杨伯峻先生研究《左传》与《春秋》的关系时提出的意见，颇值得我们重视。

杨伯峻先生指出：《左传》解释《春秋》有几种不同的方式：一是引《春秋》原文作说明；二是用事实补充甚至说明《春秋》；三是订正《春秋》的错讹；四是《左传》有时把几条相关的经文，合并成一传；五是《春秋》不载的，《左传》也加以补充记载；等等（《春秋左传注前言》）。杨伯峻是主张《左传》解经说的，以上几点可以说明他立论的根据。由此也可以帮助我们了解《左传》与《春秋》之间实际存在的差异与内在的关系。今人沈玉成也说："其实只要不存偏见，读一读《左传》全文，其中绝大部分的内容与经文完全对应，或解释经义，或补充史实，不过这种解释方式不同于《公》《穀》，这恰好是《左传》的幸运，就因为这样，它才能成为不朽的史学和文学名著。"[①] 可以说，《左传》与《春秋》的确是存在着密切的关系的。正因为如此，有的学者根据编年体史书的特点，认为《左

---

① 沈玉成、刘宁：《春秋左传学史稿》，江苏古籍出版社1992年版，第81页。

传》是一部以《春秋》为纲并仿照它的体例编成的编年史[1]。

5.《春秋》三传

所谓"《春秋》三传"，指的是《春秋左传》、《春秋公羊传》与《春秋榖梁传》，简称《左传》、《公羊传》与《榖梁传》。《公羊传》与《榖梁传》重在解释《春秋》的"微言大义"。《公羊传》的作者，《汉书·艺文志》注为"公羊子，齐人"，颜师古注"名高"，故旧传是公羊高所著。《公羊传》大概写定成书于西汉景帝时期。《榖梁传》的作者，《汉书·艺文志》只说："《榖梁传》十一卷，榖梁子，鲁人。""子"即"先生"之意，未知其名。陆德明《经典释文·序录》引麋信注，皆作"榖梁赤"。后世学者多认为《榖梁传》后于《公羊传》，大概写定于西汉昭帝、宣帝之时。

《左传》与《公羊传》《榖梁传》不同，《左传》以叙事为主，通过历史事实的叙述，让人们理解《春秋》的内涵和史实。其实，《左传》这种以史实说话的方式，对于理解孔子《春秋》的微言大义更有说服力。《公羊传》《榖梁传》则通篇设为问答体，着重开发《春秋》经文中的微言大义，而不注重叙述史实。所谓"微言大义"，即指从文字上寻绎经文书法的异同，以发掘其义例，从细微的语言差别中探求《春秋》之大义。《公羊传》《榖梁传》既为解经之作，当然与《左传》作为史书的性质不同，但是三传又有一定的联系，这是在读《左传》时必须加以注意的。

---

[1]　持此说者，如徐中舒先生，见徐中舒：《〈左传〉的作者及其成书年代》，载《历史教学》，1962年第11期。

6.《左传》与《国语》的关系

司马迁在《报任安书》中有"左丘失明，厥有国语"之说，又《史记·五帝本纪》中说："余观《春秋》《国语》……"《十二诸侯年表·序》中说："于是谱十二诸侯，自共和讫孔子，表见《春秋》《国语》……"于是后人有认为《左传》与《国语》同为左丘明所作，且都是为解释《春秋》的。其至还有《左传》与《国语》是"《春秋》内传、外传"之说。后世更有人发挥说，《国语》是左丘明作《春秋传》的稿本。所以，《国语》长期被目录学家列入"经部春秋类"中，以"准经典"的身份流传后世。不过，反驳《左传》《国语》非一人所作，自晋代开始，一直到近代，代不乏人。

争论虽然存在，但关于《左传》《国语》的关系，较多的研究者对比后的看法是：《左传》《国语》是在战国时就已存在的两部书，它们都参考过相同的原始史料，但各自独立成书。《左传》晚于《国语》，《左传》可能参考了《国语》中的史料，甚至改编了《国语》中的某些记载，但《左传》并不是割裂《国语》而成的。

二、怎样读《左传》

怎样读《左传》？我以为，可以有三种读法。

1. 经学的读法

《左传》是"十三经"之一，是儒家经典中的重要一部。可以说，在汉代到清代，大多数人是将《左传》当作经书来读的。从战国中前期《左传》诞生之后，《左传》之学一直传承不绝。汉初立

"五经博士","五经"之中,《春秋》有三传,即《左氏传》《公羊传》《穀梁传》。《公羊传》《穀梁传》是今文经学。《左传》属古文经学,汉武帝时期虽未被列于学官,但是其传授一直没有停歇。后虽曾列于学官,也几经废立,最终成为儒家"十三经"之一。

汉代围绕着《左传》,今古文经学有多次的斗争。在汉代今文经学与古文经学之争的背景下,作为"三传"之一,汉人多纠缠于《左传》是左丘明所作,还是刘歆伪造,是否解释《春秋》经,以及《左传》与《公羊传》《穀梁传》二传的差异等问题上。西汉末刘歆校秘书,"见古文《春秋左氏传》,歆大好之",于是刘歆"引传文以解经,转相发明,由是章句义理备焉"。也就是说,刘歆将《左传》与《春秋》联系起来,成为"解经"之作,《左传》亦厕身"经学"之列,由"传训诂"的训诂之学变成义理之学。刘歆还认为左丘明"亲见夫子","好恶与圣人同"(所引均见《汉书》刘歆本传),说明《左传》来自孔子嫡传,是解经之作,因此《左传》当然应该立于学官。这些,都是刘歆为争立古文经学博士官所提出的理由。刘歆的理由虽然遭到今文经学家的激烈反对,但是到了西汉平帝时,依靠着王莽的权势,《左传》终于立了学官。到了东汉,围绕着《左传》开展的今古文之争,还是没有离开刘歆时期的那些结穴点。不过随着古文经学的得势和今古文两派融通的出现,《左传》立不立于学官已经不重要了,因为到了东汉末,古文经学派取得了彻底的胜利。

西晋的杜预作《春秋经传集解》,是第一部系统研究《春秋左传》的著作,当然也是把它当作经学著作来研究的。他在《春秋序》中重申了《左传》为"传"《春秋》的说法,辨析了"有经无传"

和"无经有传"的状况；并归纳出《左传》的凡例，所谓"旧例""变例""归趣""五十凡"，这些都是对《春秋》经传义例的阐释。他的《集解》六十卷，吸收了汉儒的旧注，对于后人读懂《左传》，是有极大帮助的。此后一直到清代，有关《左传》的著作汗牛充栋，但大多都围绕着经学阐释进行。限于篇幅，此不赘述。

今天以经学读《左传》，我们的目的和应注意的是什么呢？

一是利用旧注读懂《左传》。正如清阮元说的："窃谓士人读书，当从经学开始，经学当从注疏开始。"（阮元《揅经室三集》卷二）杜预的《春秋经传集解》和唐初孔颖达汇集六朝义疏的集成之作《左传正义》，对于《左传》的文字训诂、名物制度、文义诠释等有许多全面而独到的解释，对于读懂《左传》是很有帮助的。到了清代，对于《春秋左传》的研究著作更是诸家蜂起，成就斐然。如洪亮吉的《春秋左传诂》、刘文淇的《春秋左氏传旧注疏证》，都是值得参考的。

二是了解经学史。自"六经"形成以来，经学成为传统文化中的重要组成部分。了解经学史，也是了解传统文化的一个窗口。从传世纸质文献和出土简帛文献都可以知道，战国时期已经有了"六经"的概念。汉代是经学昌明的时代，又由于今古文经学之争，经学被抬到很高的地位。而今古文经学之争，与《左传》有密切的关系。从西汉末到东汉，汉代经学围绕着《左传》进行了四次大论争，包括刘歆与太常博士、韩歆与范升、贾逵与李育以及郑玄与何休的论争。两汉经学经过几次激烈的斗争，属于古文经学的《左传》以其本身内容与价值上的优势，奠定了自己经学史上的地位。了解经学历史，对于读《左传》也是很有必要的。

三是了解学术史。《左传》自成书以来，围绕着《左传》，论争也好，作注也好，从汉代到现代，可以说是一部学术史的形成过程。不管《左传》是否"传"《春秋》，实际上《左传》开启了以史实解经的先河。《春秋》和《左传》原来各自成书，到了杜预，他把《春秋》《左传》原来别本单行的两部书，以经传对应的方式加以排比，更是揭示了《左传》以"传"解经的特点。其后各个朝代的解经之作，似乎都少不了对《左传》进行释解。我们可以随着朝代的不同去窥见体现在《左传》身上的学术特点，如周予同先生指出"古文学以孔子为史学家，以六经为孔子整理古代史料之书，所以偏重于'名物训诂'，其特色为考证的，而其流弊为烦琐。宋学以孔子为哲学家，以六经为孔子载道之具，所以偏重于心性理气，其特色为玄想的，而其流弊为空疏"（《经学历史·序言》），这就是"汉学"与"宋学"的不同。到了宋代，《春秋》经传之学为显学，《左传》学更趋向于正王纲严名分的政治化。宋代如孙复的《春秋尊王发微》、胡安国的《春秋传》等，都可以看到宋学的特点。清代朴学背景下的《左传》注释，如顾炎武《左传杜注补正》的考据、王引之《经义述闻》中《左传述闻》的纠正误字、卢文弨《春秋左传注疏》的校勘，都是《左传》学史上的重要著作。

2. 史学的读法

前面已说到，"古文学以孔子为史学家，以六经为孔子整理古代史料之书"，所以自汉代以来，把《左传》当作一部史书来看者，亦代不乏人。特别是到了宋代，如叶梦得谓《左氏》传事不传义"（《春秋传》自序），朱子谓《左氏》是史学，《公》《穀》是经学"(《朱子五经语类》卷五七《统论三传》)。吕祖谦更是从史学观点出发"教人看《左传》",他的《春秋左氏传说》《东莱左氏博议》,就常常从史学着眼来解释《左传》。到了当代,徐中舒先生概括说:《左传》是中国一部伟大的历史著作,从它的文学价值讲,同时也是一部优秀的文学作品。"(《左传选·前言》)这是渊源有自的。

以史学读《左传》,可以概括为以下几方面。

(1)《左传》是编年体史书的奠基之作

《左传》之前,如《尚书》《春秋》,是言与事分纪的,正如《汉书·艺文志》所说:"古之王者世有史官。……左史记言,右史记事,事为《春秋》,言为《尚书》,帝王靡不同之。"只是到了《左传》,才开始了"言事相兼"的著述法则。诚如唐人刘知幾在《史通·载言》篇中说:"逮左氏为书,不遵古法,言之与事,同在传中。然而言事相兼,烦省合理,故使读者寻绎不倦,览讽忘疲。"这在史书编撰体例上是一次质的变化。刘知幾在《史通·六家》中论先秦两汉的史书体裁,就把《左传》列为六家之一。《左传》基本上按照《春秋》的编年次序,以鲁国国君在位的年代先后编次。《春秋》虽是以年代次序编次,但是过于简单,《左传》依照《春秋》的年代次序,把纷繁复杂的历史事件编辑其中,是一部以《春秋》为纲的编年体史书,所以说《左传》是编年体史书的奠基之作。《左传》还孕育了多种史书编撰体例的雏形,如纪传体、纪事本末体等。

(2)《左传》开创了宏大历史叙事的先河

言事分纪如《尚书》《春秋》,无法进行宏大历史叙事;《国语》片段式的记言记事,也无法做到这点。所谓"宏大历史叙事",是指《左传》全方位立体地记载历史，反映历史。首先，《左传》把春秋时期从王纲解纽、诸侯蜂起，到大夫专权、陪臣执国命，直至家臣篡夺的整个过程都详细描述出来。即使是按照"公羊学"所提出的"三世说"（即"所传闻世""所闻世""所见世"）来看，《左传》把"所传闻世"之前的许多传闻和历史事实也都加以记载，为我们保存了许多可贵的史料。其次，春秋时期争霸战争不断，《左传》一书在二百五十年左右的历史中记录了四百九十二起战争，有的战争记载得非常详细。《左传》作者揭示了春秋时期的战争思想和谋略奇计，以至后代有人把《左传》当作一部兵书看。最后，《左传》展现了春秋时期社会生活的方方面面。它记载了从周王朝到诸侯国甚至民间的众多的典章制度、礼乐制度、生活习俗。春秋时期诸侯国之间外交频繁，盟会不断，根据《春秋》经文和《左传》的记载，春秋时期诸侯国及各族会盟次数达九十多次，重大的盟会也有二三十次。一些重要盟会，《左传》都有详细记录，包括盟会制度、礼仪礼节等，甚至细节都记载得详细而生动有趣。《左传》记载了众多的用诗赋诗情况，据前人统计有二百七十七条之多（劳孝舆《春秋诗话》卷三，见《丛书集成初编》），再现了春秋时期人们运用诗的情况。其他像从周王室到诸侯宫廷中的日常生活、宗法制度、典章文物制度、宫闱斗争、妇女生活、宦官皂隶、坐贾行商，甚至夫妻密谈、床笫之语，都克尽其详，可以说应有尽有。

（3）《左传》中保存了丰富的社会历史思想和价值观

如以民为本的思想，桓公六年随国大夫季梁说的"夫民，神之主也，是以圣王先成民而后致力于神"，就是突出的代表。揭示历史变化的规律，像晋国的史官史墨所说的："社稷无常奉，君臣

　　　　　　　　　　　　　　大家读《左传》

无常位，自古以然。"这是历史变化的必然规律，也是非常可贵的思想。此外，如"和"与"同"的哲学观念、"立德、立功、立言"的"三不朽"说、知易行难观念，以及众多的经典格言如"多行不义必自毙"（隐公元年）、"骄奢淫逸，所自邪也"（隐公三年）、"善不可失，恶不可长"（隐公六年）、"俭，德之共也；侈，恶之大也"（庄公二十四年）、"兄弟虽有小忿，不废懿亲"（僖公二十四年）、"人谁无过，过而能改，善莫大焉"（宣公二年）、"民生在勤，勤则不匮"（宣公十二年）、"国之大事，在祀与戎"（成公十三年）、"居安思危，思则有备，有备无患"（襄公十一年）、"苟利社稷，死生以之"（昭公四年）、"为政者不赏私劳，不罚私怨"（昭公五年），等等，这些反映了春秋时期人们所具有的价值观、思维方式和行为准则，真实地反映了历史，深刻地影响着后人，成为中华传统文化中的精华。

3. 文学的读法

朱自清先生说："《左传》不但是史学的权威，也是文学的权威。"（《经典常谈·春秋三传第六》）许多人喜爱读《左传》，其中的重要原因就是把它当作文学作品来读的。马悦然甚至说："我对先秦文学的《左传》《庄子》非常感兴趣，而且在阅读和朗诵中受益匪浅。直到若干年之后，当我80年代初期患胆结石痛得坐立不安时，我默诵着《左传》和《庄子》里的章节，顿时觉得疼痛减轻了许多。"① 可见《左传》的魅力。

---

① 赵广俊：《"中国传统文化充满吸引我的活力"——访瑞典著名汉学家马悦然教授》，载《光明日报》，2013年7月22日第8版。

文学要有情节和细节，文学要写人物，文学要用文学的语言，文学可以虚构，文学要有诗意，等等，这些在《左传》里都可以读到。其实《左传》里的文学表现手法，可以说应有尽有，下面择要而举几例。

（1）《左传》善于以情节和细节来解绎历史和写人

《左传》是以情节、细节和人物形象来解绎历史的。《春秋》经文中的一句话，在《左传》作者笔下，往往演绎出一个长篇故事，许多章节，则宛如小说。如隐公元年《春秋》经所记的"郑伯克段于鄢"这一事件，经文仅六个字，《左传》作者增加了众多的情节与细节，把事件的前因后果交代清楚。不仅如此，整个事件的情节还颇有戏剧性。再如晋文公重耳流亡列国十九年，《春秋》经文无载，《左传》在僖公二十三、二十四年中细述了重耳流亡的一系列的情节与细节，组成了一幅重耳流亡的连环故事。细节描写中，如桓公元年以"目逆而送之"几个字写宋国华父督垂涎孔父之妻的嘴脸；襄公二十六年写卫献公流亡多年后回国时对迎接者的不同态度，都是极其精彩的细节描写。昭公元年写郑国公孙楚、公孙黑争抢徐无犯之妹，则犹如一篇三角恋爱小说。《左传》中的战争描写，都是不仅记载战争的原因和结局，而且把战争中的许多细节，描述得生动有趣。

《左传》作者善于写人。对于春秋时期形形色色的人物，作者不但写得形象生动，还写出了人物性格。如《郑伯克段于鄢》一章，写出了春秋初年枭雄郑庄公的城府、谋略与虚伪。《晋公子重耳之亡》和《城濮之战》写出了重耳从一个胸无大志的公子哥儿成长为霸主的过程。著名人物楚灵王，作者不是简单地写出他的

"好"与"坏"，而是通过一系列的事件，揭示其多侧面的性格特征，虽可列入"昏君"系列，却也是极其出彩的人物。再如郑国的子产，是《左传》中写得最出色的人物之一，在长达四十多年的时间里，子产以其出色的才干，妥善治理内政，巧妙处理与诸侯国之间的关系，维持了郑国的安定。子产也成为被历代人们称道的贤臣。总之，《左传》中出现的人物有三千多个，写得特别出色的有一百多人。作者是自觉地或不自觉地写出了特定历史时期内形形色色的人物。

（2）文学的叙事语言

用叙事学的理论来说，《左传》的叙事既有全知视角，也有限知视角。《左传》叙事无所不在，事件各方都能知晓，这是全知视角，在《左传》中比比皆是，不用赘述。限知视角是通过小说人物的视野观察人物和事件，最典型的是成公十六年晋楚鄢陵之战的"楚子登巢车以望晋军"一节；此外，如桓公元年华父督见孔父之妻曰"美而艳"，昭公四年叔孙豹见儿子竖牛"黑而上偻，深目而豭喙"，都是如此。

《左传》的行人辞令历代为读者所津津乐道。这是《左传》最重要的特色之一。僖公三十年烛之武退秦师的说辞，析之以理、陈之以势、诱之以利，有很强的逻辑性。子产的辞令最为出色，或针锋相对，或以屈求伸，或折之以理、服之以巧，或绵里藏针，表现出极高的辩才。再如《吕相绝秦》一篇，结构整饬，排比对偶，敷张扬厉，气势恢宏，开启了战国辩难之风。

（3）《左传》里的虚构情节

虚构情节包括两个方面。一是作者的悬想虚构。如宣公二年钼麂触槐而死之前的自叹。又如僖公二十二年春，晋太子圉质于秦，将逃归时与嬴氏有一段对话，此乃夫妻间的密谋，外人何以知晓？无非来自作者的潜拟。二是梦境描写。笔者统计过《左传》里面的二十七个梦，都是出于虚构的。这些梦境描写，或是作者用来预言事件的结局，或是用来揭示人物深层心理，或是敷彩人物性格，都是文学的手法，它把历史真实与艺术真实统一起来了。

（4）《左传》里的诗意描写

隐公元年《郑伯克段于鄢》写郑庄公与姜氏大隧之中母子相见，"公入而赋""姜出而赋"，虽具有戏剧性和讽刺意味，但还是不乏诗意的。宣公三年写郑国的燕姞梦兰而生郑穆公，留下了"梦兰"这一著名典故；宣公四年写楚令尹子文的诞生，颇具神话色彩，加重了这位杰出人物的传奇色彩；成公九年写楚囚锺仪乐操南音不忘故国而为人称道；等等，都是颇有诗意的描写。它们显然已经不是单纯的历史记事，而是文学描写了。

以上所述，以三种视角也就是三种方法读《左传》，庶几得其精髓矣。

三、《左传》的地位及影响

《左传》之学从战国到西汉一直传承不绝。秦始皇焚诗书、坑儒士，但却无法禁绝《左传》的流传。据《汉书·儒林传》记载：

> 汉兴，北平侯张苍及梁太傅贾谊、京兆尹张敞、太中大夫刘公子皆修《春秋左氏传》。谊为《左氏传》训

故，授赵人贯公，为河间献王博士，子长卿为荡阴令，授清河张禹长子。禹与萧望之同时为御史，数为望之言《左氏》，望之善之，上书数以称说。后望之为太子太傅，荐禹于宣帝，征禹待诏，未及问，会疾死。授尹更始，更始传子咸及翟方进、胡常。常授黎阳贾护季君，哀帝时待诏为郎，授苍梧陈钦子佚，以《左氏》授王莽，至将军。而刘歆从尹咸及翟方进授。由是言《左传》者本之贾护、刘歆。

这一段记载可以告诉我们，从汉初至西汉末《左传》之学的传承情况。汉初有张苍、贾谊、张敞、刘公子等人传习《左传》。在诸侯王中，则有河间献王刘德自立贯公为《左氏》学博士。汉宣帝时，张禹、萧望之为《左氏》名家；尹更始以下，传者更众。据《汉书》载，翟方进授田终术，胡常授贾护，贾护授陈钦，陈钦授贾严、王莽。成、哀之世，还有王龚、王舜、崔发之徒皆通《左传》。刘歆，则从尹咸与翟方进受《左氏》学。所以，从汉兴至西汉末，《左氏》之学一直不绝如缕。

这里，还应该提到的是司马迁。这位师从公羊大师董仲舒的伟大史学家，是《左传》的推崇者。司马迁作《史记》，《春秋》《左传》《国语》是他所引据的最重要的文献。《史记》中春秋二百多年的历史史实，主要采自《左传》《国语》；《十二诸侯年表》，所据也主要是《左氏春秋》《国语》《春秋历谱牒》，司马迁在《十二诸侯年表》中首次认定左丘明、《左传》与孔子有直承的关系，《左传》为解经之作，是"鲁君子左丘明惧弟子人人异端，各安其意，失其真，故因孔子史记具论其语，成《左氏春秋》"。这一段话，成为后代主《左传》传经说者的最主要的依据。后来今文学博士范升与古文学派争论，范升向光武帝"奏左氏之失凡十四事。时难者以太史公多引左氏，升又上太史公违戾五经、谬孔子言及《左氏春秋》不可录三十一事"（详见下文）。在今文经学博士眼里，司马迁即使不算离经叛道，也已是古文学派阵营中人。这些都说明，尽管西汉时期《左传》未立于学官，只在民间流传，但它所产生的影响与作用却不可低估。

但是，西汉二百多年，是以春秋公羊学为代表的今文经学统治的时代。汉武帝时，始置五经博士。《史记·儒林传》说："言《诗》于鲁则申培公，于齐则辕固生，于燕则韩太傅。言《尚书》自济南伏生，言《礼》自鲁高堂生。言《易》自菑川田生。言《春秋》于齐鲁自胡毋生，于赵自董仲舒。"以后博士逐渐增加，《易经》四家，《尚书》三家，《诗经》三家，《仪礼》两家，《公羊春秋》两家，繁衍为十四家博士。然而没有《左氏》学。

汉王朝初建之时，意识形态领域仍然混乱异常。朝廷崇尚黄老之学，其"无为而治"的思想导致了吴楚七国之乱。因此，在七国之乱平定之后，全国政治统一稳定之时，汉朝统治者便认识到统一意识形态的重要性。他们极力提倡能够维护、巩固大一统汉帝国的各类学说，于是，以今文学派为代表的"经学"便应运而生。公元前140年，汉武帝即位。即位之后，汉武帝召集全国文学之士，亲自出题，亲自阅卷，选取了公羊学大师董仲舒、公孙弘。崇尚儒学，排斥非儒学的诸子百家，实行学术一统。

汉武帝崇尚儒学，实质是崇尚春秋公羊学。《春秋经》是孔子为正名分以诛乱臣贼子而作，最适合汉家改制的需要。王充《论衡》云："董仲舒表《春秋》之义，稽合于律，无乖异者。然则《春秋》汉之经，孔子制作，垂遗于后。孔子曰：'文王既没，文不在兹乎？'文王之文，传在孔子。孔子为汉制文，传在汉也。"正如钱穆先生所说："《春秋》是一种新王法，不啻是孔子早为汉廷安排了。"（钱穆《两汉经学今古文平议·孔子与春秋》）汉武帝之所以选中《公羊春秋》，正出于他的政治需要。

董仲舒的春秋公羊学，正是迎合着汉代统治者的需要而产生的。董仲舒的公羊学要义有三：一是"天人感应论"。"天不变，道亦不变"，公羊学家大力宣扬"天人合一"的学说，为皇权政治找到了神学和哲学的理论依据。二是"大一统"的主张。"人臣无将，将而诛"，皇权大一统，臣下不得擅权，这就为封建专制制度提供了理论依据。三是"罢黜百家，独尊儒术"。凡不属于"六经"，不符孔孟儒学的异端学说，一律废绝不用，在意识形态领域完成了大一统的任务。由此，春秋公羊学作为官方哲学，统治着西汉时期整个意识形态领域。

但是，今文经学发展到西汉末年，日益流为章句之学，"分文析字，烦言碎词"，寻章摘句，无限演绎，支离蔓延，日益走向烦琐。再者，董仲舒用阴阳五行附会经义，大大增加了迷信的成分，再加上西汉谶纬之学的兴盛，遂使经学走向神学化。于是，保持朴学传统、注重训诂和史事、较少迷信成分的古文经学骤兴。这也是历史发展的必然。

从西汉到东汉，今古文经学有四次大争论：第一次是刘歆（古）和太常博士们（今）争立《毛诗》《古文尚书》《逸礼》《左氏春秋》。第二次是韩歆、陈元（古）和范升（今）争立《费氏易》及《左氏春秋》。第三次是贾逵（古）和李育（今）。第四次是郑玄（古）和何休（今）争论《公羊传》与《左氏传》的优劣。① 由此可见，几乎每一次争论都是围绕着《左传》展开。

古文经学的开创人是刘歆。刘歆对于古文经学的贡献，又是从争立《左传》于学官开始的。据《汉书》本传记载：

> （成帝）河平中，受诏与父向领校秘书。……歆及向始皆治《易》，宣帝时，诏向受《穀梁春秋》，十余年，大明习。及歆校秘书，见古文《春秋左氏传》，歆大好之。时丞相史尹咸以能治《左氏》，与歆共校经传。歆略从咸及丞相翟方进受，质问大义。初《左氏传》多古字古言，学者传训诂而已，及歆治《左氏》，引传文以解经，转相发明，由是章句义理备焉。歆亦湛靖有谋，父子俱好古，博见强志，过绝于人。歆以为左丘明好恶与圣人同，亲见夫子，而公羊、穀梁在七十子后，传闻之与亲见之，其详略不同。歆数以难问，向不能非间也，然犹自持其《穀梁》义。

这里的要点有二：一是刘歆"引传文以解经，转相发明，由是章句义理备焉"。在刘歆之前，《春秋》与《左传》各自别本单行，刘歆"引传文以解经"，就是将《左传》与《春秋》联系起来，成为"解经"之作，《左传》亦厕身"经学"之列，由"传训诂"的训诂之

① 参见周予同：《周予同经学史论著选集》，上海人民出版社1983年版，第10页。

学变成义理之学。二是左丘明"亲见夫子","好恶与圣人同",相比之下,《公羊传》《穀梁传》只是"传闻"而得罢了。《左传》不但来自孔子嫡传,而且在《公羊传》《穀梁传》之前。因此,《左传》与《春秋》的关系最为密切,立于学官更是理所当然。所以,"及歆亲近,欲建立《左氏春秋》及《毛诗》、《逸礼》、《古文尚书》皆列于学官"。但这个建议遭到今文经学家的强烈反对,"哀帝令歆与《五经》博士讲论其义,诸博士或不肯置对"。《汉书》本传上说"诸儒皆怨恨",可以想见今文学家的态度和斗争之激烈。由是刘歆写了著名的《移书让太常博士》。据歆书,今文学家攻击刘歆的要害是"左氏不传春秋";大司空师丹"奏歆改乱旧章,非毁行帝所立";左将军公孙禄斥其是"颠倒五经,变乱家法";等等。今文学家的激烈攻击,以致刘歆"惧诛,求出补吏,为河内太守",以暂时的退却而告一段落。直到汉平帝时,王莽总揽朝政,欲夺西汉政权,政治上笼络各派势力,经学上也容忍古文经学的兴起,加之他自己学过左氏学,又与刘歆少时"俱为黄门郎",得老朋友政治势力之助,《左传》遂立于学官。"平帝时,又立《左氏春秋》、《毛诗》、《逸礼》、《古文尚书》,所以罔罗遗失、兼而存之,是在其中矣"(《汉书·儒林传赞》)。古文经学终于挤进了官学的殿堂。

东汉光武帝即位,取消古文博士,提倡今文经学,《左传》又成为私学。不过士林中盛行古文,且成绩超过官学,争论再次掀起,已是不可避免。

东汉光武帝建武年间,"尚书令韩歆上疏,欲为《费氏易》《左氏春秋》立博士"(《汉书·范升传》),建武四年(28)正月,光武帝亲自于云台召见公卿、大夫、博士,组织了一次辩论会,在今文经学家范升与古文经学家韩歆、许淑等人之间展开。后范升又与古文经学家陈元论争。范升还"奏《左氏》之失凡十四事"，以为不可立之理由。如此反复论争，"凡十余上"，才使得"帝卒立《左氏》学"，并以李封为博士。虽如此，争论并没有结束，"诸儒以《左氏》之立，论义喧哗，自公卿以下，数廷争之"（《陈元传》）。今文经学家看来是不肯轻易罢休了。

这次辩论，双方的论争针锋相对。据《后汉书》记载，范升的理由是：

> 《左氏》不祖孔子，而出与丘明，师徒相传，又无其人，且非先帝所存，无因得立。
>
> 陛下愍学微缺，劳心经艺，情存博闻，故异端竞进。近有司请置《京氏易》博士，群下执事，莫能据正。《京氏》既立，《费氏》怨望，《左氏春秋》复以比类，亦希置立。《京》《费》已行，复次《高氏》；《春秋》之家，又有《驺》《夹》。如令《左氏》《费氏》得置博士，《高氏》《驺》《夹》，五经奇异。并复求立，各有所执，乖庆纷争。从之则失道，不从则失人，将恐陛下必有厌倦之听。……今《费》《左》二学，无有本师，而多反异，先帝前世，有疑于此，故《京氏》虽立，辄复见废。……今陛下草创天下，纪纲未定，虽设学官，无有弟子，《诗》《书》不讲，礼乐不修，奏立《左》《费》，非政急务。……

陈元则认为：

陛下拨乱反正，文武并用，深悯经艺谬杂，真伪错乱，每临朝日，辄廷群臣讲论圣道。知丘明至贤，亲受孔子，而《公羊》《穀梁》传闻于后世，故诏立《左氏》，博询可否，示不传已，尽之群下也。今论者沉溺所习，玩守旧闻，固执虚言传授之辞，从非亲见实事之道。《左氏》孤学少兴，遂为异家之所复冒。……案升等所言，前后相违，皆断戳小文，蝶黩微辞，以年数小差，掇为巨谬，遗脱纤微，指为大尤，抉瑕擿衅，掩其私美，所谓"小辩破言，小言破道"者也。升等又曰："先帝不以《左氏》为经，故不置博士，后主所宜因袭。"臣愚以为，若先帝所行而后主必行者，则盘庚不当迁于殷，周公不当营洛邑，陛下不当都山东也。

……

这里，双方论争的焦点，仍在于《左传》是否传《春秋》，左丘明是否得之于孔子真传。既然在汉武帝时代，独尊儒术已经成了最高统治者所钦定的意识形态的唯一准则，它也就成为一种统治工具和政治准则，这是经师们所无法也不敢否定和推翻的，那么，两派经师唯一的办法就是往孔圣人和儒家正统方面攀联来抬高自己，以求得到朝廷的确认。所以，问题的症结又回到当年刘歆争立《左氏》时的焦点，又回到《左传》本身，也就不奇怪了。

光武帝立李封为博士，后李封病死，《左氏》复废"。但经过这一次的论争，"相信古文学的人渐渐增多，连操有权威的帝王也渐渐倾向古文"（周予同《经今古文学》），出现了许多著名的古文学大师，如郑兴郑众父子、贾徽贾逵父子、陈钦陈元父子、韩歆、孔奋、许淑、李封等人，其中不少人是《左氏》学大家。

东汉章帝时期，今古文经学又围绕着《左传》进行了一次较量。以"扶微学，广异义"自标榜的章帝刘炟，本身就倾向于经古文学。所以建初元年（76），诏贾逵入讲《左氏传》于北宫白虎观、南宫云台。贾逵，字景伯，扶风平陵人，是贾谊后裔，其父贾徽，"从刘歆受《左氏春秋》，兼习《国语》《周官》，又受《古文尚书》于涂恽，学《毛诗》于谢曼卿，作《左氏条例》二十一篇"（《后汉书》本传），可以说是以古文经学起家的。贾逵"悉传父业，弱冠能诵《左氏传》及《五经》本文，以《大夏侯尚书》教授，虽为古文，兼通五家《穀梁》之说"，"尤明《左氏传》《国语》，为之《解诂》五十一篇"（《后汉书》本传）。贾逵曾为章帝讲论《左氏传》之大义长于《公羊传》《穀梁传》二传，又具条奏向章帝细论《左氏》之深于君臣之正义、父子之纪纲，又论述《左氏》之合于图谶，独能明示刘氏为尧后，当得天下。这篇条奏深得章帝赏识，贾逵因此受到章帝的嘉奖。

建初四年（79），章帝效法西汉宣帝石渠故事，大会群儒于白虎观，详论五经，考其异同，连月乃罢。今文家李育对《左氏》进行了激烈的攻击。据《后汉书·儒林传》载，李育"少习《公羊春秋》"，"尝读《左氏传》，虽乐文采，然谓不得圣人深意，以为前世陈元、范升之徒更相非折，而多引图谶，不据理体，于是作《难左氏义》四十一事"。在白虎观的辩难中，李育"以《公羊》义难贾逵，往返皆有理证，最为通儒"。白虎观的辩论，已显示出古文学的力量，加速了今文学的衰颓。因此汉章帝特地诏令诸儒各选高才生，公开传授《左氏》《榖梁春秋》《古文尚书》《毛诗》，"由是四经遂行于世"。

贾逵为争立《左氏》学，一方面，迎合统治者的政治需要，以《左传》中最为统治者所喜欢的内容条陈具奏，甚至不惜以谶纬迷信附和《左传》，取得了章帝的首肯；另一方面，他已注意到融合今文学派的内容。贾逵年轻时"兼通五家《榖梁》之说"，无疑受到今文学派的影响。据《后汉书》本传记载："逵数为帝言《古文尚书》与经传、《尔雅》诂训相应，诏令撰欧阳、大小夏侯《尚书》古文异同。并作《周官解故》"，"复令撰齐、鲁、韩《诗》与《毛氏》异同。"欧阳、大小夏侯《尚书》与齐、鲁、韩三家诗都属今文经学，贾逵撰其异同，客观上就把《尚书》与《诗经》今古文学融合（或说沟通）起来。贾逵还认为《左传》"同《公羊》者十有七八，或文简小异，无害大体"，既如此，《左传》与《公羊》也就可以融合了。所以，在东汉贾逵的手里，已出现了今古文两派融通的现象。

《左氏传》虽未再立学官，但是古文学在东汉许慎、马融的手里，已达到完全成熟的境地，古文学之势大张，不断有人力奏朝廷应增立《左氏》。如少与郑玄俱事马融的卢植就曾上书奏曰："古文科斗，近于为实，而厌抑流俗，降在小学。中兴以来，通儒达士班固、贾逵、郑兴父子，并敦悦之。今《毛诗》《左氏》《周礼》各有传记，其与《春秋》共相表里，宜置博士，为立学官，以助后来，以广圣意。"但是今文经学并没有完全崩溃，还有东汉末年何休的《春秋公羊解诂》和他对《左氏传》的攻击。

据《后汉书·儒林传》载，何休"善历算，与其师博士羊弼，追述李育意以难二传，作《公羊墨守》《左氏膏肓》《穀梁废疾》》。何休攻击古文学，既名为《左氏膏肓》，可想见对《左氏》学的深恶痛绝、痛心疾首。可惜其书已大部散亡，无法窥见其详细内容。不过从《儒林传》所记来看，何休所用武器不见得有什么新意，只不过捡起了李育"不得圣人深意""多引图谶，不据理体"二根棍棒而已，不过，何休在斗争策略上还是懂得以子之矛，攻子之盾的。他花了十七年工夫，"覃思不窥门"而作成的《春秋公羊解诂》，即效仿古文经学的注解法来为《公羊传》解诂。其解诂简明扼要，完全不同于今文家博士那种烦琐的章句，所以影响却不可低估。由此也可以看出古文经学"通训诂""举大义"的治经方法，已无形中渗透到今文学中。

何休对《左氏》《穀梁》的攻击，遭到服虔、郑玄的回击。服虔曾作《春秋左氏传解》，"又以《左传》驳何休之所驳汉事六十条"（《后汉书·儒林传》）。《隋书·经籍志》著录服虔有《春秋左氏膏肓释疴》与《春秋汉议驳》二书，恐怕就是针对何休而作的，只是其书不传，无法窥其全豹。

对何休进行回击的另一位大师就是郑玄。据《后汉书》本传载：

> 时任城何休好《公羊》学，遂著《公羊墨守》《左氏膏肓》《穀梁废疾》；玄乃《发墨守》《鍼膏肓》《起废疾》。休见而叹曰："康成入吾室，操吾矛，以伐我乎！"初，中兴之后，范升、陈元、李育、贾逵之徒争论古今学，后马融答北地太守刘环及玄答何休，义据通深，由是古学遂明。

据此，可以说古文学派取得了彻底的胜利，但如果说仅因郑玄作《发墨守》《鍼膏肓》《起废疾》便击败了何休的攻击，则看法未免简单。

郑玄是东汉末期的儒学大师，年轻时"师事京兆第五元先，始通《京氏易》《公羊春秋》《三统历》《九章算术》。又从东郡张恭祖受《周官》《礼记》《左氏春秋》《韩诗》《古文尚书》。以山东无足问者，乃西入关，因涿郡卢植，事扶风马融"（《后汉书》本传），可见他年轻时就学贯"今""古"。郑玄遍注群经，史称"凡玄所注《周易》《尚书》《毛诗》《仪礼》《礼记》《论语》《孝经》《尚书大传》《中候》《乾象历》，又著《天文七政论》《鲁礼禘祫义》《六艺论》《毛诗谱》《驳许慎五经异议》《答临孝存周礼难》，凡百余万言"（《后汉书》本传）。郑玄不但注经宏富，而且立足于古文学，兼采今文经说，打破了汉初以来经学家们严守的师法、家法的严格界限，兼容并蓄各派经说。《后汉书·郑玄传论》说："自秦焚《六经》，圣文埃灭。汉兴，诸儒颇修艺文；及东京，学者亦各名家。而守文之徒，滞固所禀，异端纷纷，互相诡激，遂令经有数家，家有数说，章句多者或乃百余万言，学徒劳而少功，后生疑而莫正。"正是郑玄"括囊大典，网罗众家，删裁繁诬，刊改漏失"，终于使今古文学派走向了综合，产生了"郑学"，这才是今文学被推倒古文学得以大兴的根本原因。郑玄未为《春秋》《左传》作注，但是郑笺《毛诗》，杂采三家《诗》说，由是《毛诗》行而三家废；郑注《尚书》而兼容古今，此后郑注《尚书》行而欧阳、大小夏侯《尚书》废；郑注三《礼》博采诸家，所以郑注《礼》行而大、小戴《礼》废，都可以说明综合之后古文学派产生的巨大影响了。

两汉时期的今、古文经学之争，既有学术之争，又有利禄之争，更是政治斗争，这已为许多论者所论及。随着汉代统治政权的建立、稳定、衰败，古文经学代替今文经学，这是历史发展的必然。两汉期间发生的最主要的四次今、古文之争，都是围绕着《左传》进行。从表面上看，是为着一争正统地位的斗争，实际上也包含着深刻的政治原因，同时又与《左传》本身的内容与价值有关。经学家认为《左传》传事不传义，《公羊传》《穀梁传》传义不传事，正是这种区别使得《左传》能战胜二传而得到兴盛。

　　《左传》本身的内容也有两个方面特别值得注意。一个方面，是《左传》不但释经，还以其丰富的史料解释了《春秋》所记载的春秋二百多年的历史事实，而且寓政治主张于历史叙述之中，迎合统治阶级的需要，增强了自身的生命力。前已论及，司马迁就大量引用《左传》中的史事，刘向编《说苑》《新序》，大量采用了《左传》中的历史故事，其目的即在于作统治阶级治政的参考，这已经显示了《左传》在政治上的作用。古文经学家要争立《左传》于学官，使其变成官学，其政治目的，是要以史为鉴，借春秋二百多年的历史经验作为统治者的"资治通鉴"。所以，汉代经师常征引《春秋》《左传》中的内容来为现实政治作说解。如东汉初，古文家郑兴归于隗嚣。隗嚣与诸将议自立为王，郑兴乃以《春秋传》中"口不道忠信之言为嚚，耳不听五声之和为聋"劝之，使隗嚣打消了自立为王的念头。郑兴所言，就是《左传》僖公二十四年富辰谏周襄王之语。其后隗嚣又欲广设官职，郑兴又以"孔子曰：'唯器与名，不可以假人。'"相劝。这一句话也见于《左传》成公二年。嗣后，郑兴为光武帝太中大夫，曾引《左传》昭公十七年

"日过分而未至"一段话上疏论三月日食。如此等等。本来，经师们以《春秋》经文来论证和解释政事时事，非作为统治者行事的准则，是常有的事。《左传》也可以用来资政并作为劝谏的准则，足见它在政治上的作用。更不用说《左传》中宣扬反对天道迷信、重人事的进步思想对当时谶纬迷信的批判以及"弑君三十六、亡国五十二"的历史教训对统治阶级的借鉴意义了。

另一个方面，面对西汉时期的宗室诸王坐大以致谋乱，东汉时期的外戚宦官专权、内外交困，两汉统治者无不希望经学在维护封建礼教君权至上方面发挥重大的作用。而寄寓着深刻的君臣父子之义的《左传》，正可担此重任。《左传》强化了礼的思想，强调对礼教的尊崇，浸透了礼的精神。当年贾逵在条奏上就极敏锐地向章帝进言，《左氏》"皆君臣之正义，父子之纪纲"，"《左氏》义深于君父，《公羊》多任于权变，其相殊绝，因以甚远"，"今《左氏》崇君父，卑臣子，强干弱枝，劝善戒恶，至明至切，至直至顺"。所以《左传》本身的价值，对于强化中央集权的作用是非常巨大的。东汉章帝自己"特好《古文尚书》《左氏传》"（《贾逵传》），恐怕原因也就在此。郑玄遍注群经，尤重礼学，突出礼教。东汉末社会混乱，礼法崩溃，君不君，臣不臣，犯上作乱者比比皆是，郑玄认为"为政在人，政由礼也"（《礼记·中庸》郑注），"重礼所以为国本"（《仪礼·士冠礼》郑注），所以他致力于经学，目的即在于通过注经和著述，"序尊卑之制，崇敬让之节"（郑玄《六艺论》），正"名分"，维护礼法制度，维护封建统治。郑玄遍注《三礼》，又认为"《左氏》善于礼"，因此始终强调推崇礼教的《左传》。他虽然没有为《左传》作注，但据《世说新语·文学》记载，郑玄欲注《春秋传》，因知服虔之注多与己意同，遂"以所注与君服虔"。说明郑玄是注过《春秋传》的。而服虔注《左氏》，多以"三礼"解说之，这恐怕与郑玄的崇重礼教有密切的关系。所以，《左传》自身的内容与价值，决定了《左传》必然成为古文经学的中军。两汉今古文经学的几次斗争，始终围绕着《左传》进行，也就不难理解了。

两汉经学经历过上述几次的激烈斗争，古文经学终于取代了今文经学。东汉章帝以后，《左氏》虽未再立于学官，然经过贾、马、服、郑几位大师的弘扬与推广，已占据了重要的地位，到曹魏之时，《左传》大行于世。西晋初年，杜预作《春秋左传集解》，在《春秋》三传之中，《左传》的地位更是不可动摇的了。

读《左传》，要借助前人的注疏，也要参考今人的译注等著作，以及研究《左传》的专著。这些，本书最后的延伸阅读已有介绍，可供大家参考。

目　录

031 / **5. 曹刿论战**

庄公十年 ｜ ○肉食者鄙，未能远谋。○小惠未遍，民弗从也。○夫战，勇气也，一鼓作气，再而衰，三而竭。

037 / **6. 宫之奇谏假道**

僖公五年 ｜ ○辅车相依，唇亡齿寒。○鬼神非人实亲，惟德是依。

045 / **7. 泓之战**

僖公二十二年、二十三年 ｜ ○明耻教战，求杀敌也。○三军以利用也，金鼓以声气也。

051 / **8. 晋公子重耳之亡**

僖公二十三年、二十四年 ｜ ○怀与安，实败名。○下义其罪，上赏其奸，上下相蒙，难与处矣！○尤而效之，罪又甚焉。○言，身之文也。

071 / **9. 晋楚城濮之战**

僖公二十七年、二十八年 ｜ ○《诗》《书》，义之府也；礼、乐，德之则也；德、义，利之本也。○晋侯在外十九年矣，而果得晋国。险阻艰难，备尝之矣；民之情伪，尽知之矣。○师直为壮，曲为老。○晋于是役也，能以德攻。

093 / **10. 烛之武退秦师**

僖公三十年 ｜ ○臣之壮也，犹不如人，今老矣，无能为也已。○因人之力而敝之，不仁；失其所与，不知；以乱易整，不武。

099 / **11. 秦晋殽之战**

僖公三十二年、三十三年 ｜ ○劳师以袭远，非所闻也。师劳力竭，远主备之，无乃不可乎！○勤而无所，必有悖心。○轻而无礼，必败。轻则寡谋，无礼则脱。入险而脱，又不能谋，能无败乎？○一日纵敌，数世之患也。

大家读《左传》

之。子产而死，谁其嗣之？○辞之不可以已也如是夫！子产有辞，诸侯赖之，若之何其释辞也？○我闻忠善以损怨，不闻作威以防怨。○然犹防川。大决所犯，伤人必多，吾不克救也。不如小决使道，不如吾闻而药之也。○吾闻君子务知大者、远者，小人务知小者、近者。

1.

郑武公

郑伯克段于鄢

郑庄公

隐公元年

初，郑武公娶于申①，曰武姜②，生庄公及共叔段③。庄公寤生④，惊姜氏，故名曰"寤生"，遂恶之⑤。爱共叔段，欲立之。亟⑥请于武公，公弗许。

【注释】

①郑武公：姬姓，名掘突。申：申国，姜姓，故城在今河南省南阳市。 ②武姜：武公妻姜氏。 ③共（gōng）叔段：郑庄公弟，名段。兄弟间年岁小，故称叔段。段后出奔共地，又称共叔段。共：本为国名，在今河南省新乡市辉县市。 ④寤（wù）生：难产，指胎儿倒着生出来。寤：同"牾"。 ⑤恶（wù）：厌恶。之：指郑庄公。 ⑥亟：屡次。

【译文】

当初，郑武公娶了申国的女子，名叫武姜。武姜生了庄公和共叔段。庄公是难产生的，使姜氏受了惊吓，所以取名为"寤生"，姜氏因此讨厌他。姜氏喜欢共叔段，想立他为太子。她多次向武公请求，武公没答应。

及庄公即位，为之请制①。公曰："制，岩邑②也，虢叔③死焉。佗邑唯命④。"请京⑤，使居之，谓之京城大⑥叔。

【注释】

①制：地名，又名虎牢关，在今河南省郑州市荥阳市。 ②岩邑：险要的城邑。 ③虢（guó）叔：虢仲之后。虢：有东虢和西虢，此指东虢。据《竹书纪年》记载：周幽王败后第四年，郑桓公灭虢。 ④佗：同"他"。唯命：唯命是从。 ⑤京：地名，故城在今河南省郑州市荥阳市东南。 ⑥大：同"太"。

【译文】

到了庄公即位，姜氏为共叔段请求"制"这个地方作为封地。庄公说："制，可是个险要的地方，虢叔就死在那里。其他的地方任他挑选吧。"姜氏就替他请求京地，并让共叔段住在那里，大家都称他"京城太叔"。

祭仲①曰："都，城过百雉②，国之害也。先王之制：大都，不过参国之一③；中，五之一；小，九之一。今京不度④，非制也，君将不堪⑤。"公曰："姜氏欲之，焉辟⑥害？"对曰："姜氏何厌之有⑦？不如早为之所，无使滋蔓⑧！蔓，难图也。蔓草犹不可除，况君之宠弟乎？"公曰："多行不义，必自毙⑨，子姑⑩待之。"

【注释】

①祭（zhài）仲：郑国大夫。 ②城：指城墙。过：超过。雉（zhì）：古代城墙长三丈高一丈为一雉。 ③参国之一：国都的三分之一。参：同"叁"。 ④不度：不合法度。 ⑤不堪：受不了。 ⑥辟：同"避"。 ⑦何厌之有：有何厌。厌：满足。 ⑧滋蔓：滋生蔓延。 ⑨毙：倒仆，跌跤，此

指失败。　⑩姑：姑且。

【译文】

　　祭仲对庄公说："都城的城墙周围超过三百丈，就会成为国家的危害。先王的制度：大的都城，不得超过国都的三分之一；中等的，不超过五分之一；小的，不超过九分之一。现在京地的城墙，不符合规定，不是祖制所允许的，国君将受不了。"庄公说："姜氏要这样，又哪能避免祸害呢？"祭仲回答说："姜氏什么时候会满足啊？不如早点给她安排一个处所，免得其贪欲蔓延滋长！一旦蔓延，就难以对付了。蔓延的野草尚且难以除掉，何况是国君您宠爱的弟弟呢？"庄公说："多行不义之事，必定要失败。且等着瞧吧。"

　　既而大叔命西鄙、北鄙贰于己①。公子吕曰："国不堪贰，君将若之何②？欲与大叔③，臣请事之；若弗与，则请除之。无生民心。"公曰："无庸，将自及④。"大叔又收贰以为己邑，至于廪延⑤。子封曰："可矣，厚将得众⑥。"公曰："不义，不暱，厚将崩⑦。"

【注释】

　　①既而：不久。鄙：边境之邑。贰于己：指一方面属于郑庄公，一方面属于自己。　②公子吕：郑大夫，字子封。不堪贰：不能容忍两面听命的情况。若之何：怎么办。　③欲与（yǔ）大叔：指把君位让给太叔。与：给予。　④无庸：不用，用不着。自及：自己遭祸。　⑤贰：指上述两属

之邑，即西鄙、北鄙。原先该地两属，现在段正式收作自己封地。廪（lǐn）延：地名，在今河南省新乡市延津县。　⑥厚：势力雄厚。得众：得民心。　⑦不义：不义于君。不暱（nì）：不亲于兄。暱：同"昵"，亲。崩：崩溃。

【译文】

不久，太叔命令西部和北部边境既听庄公的命令，又听自己的命令。公子吕说："国家不能忍受这种两面听命的情况，您打算怎么办？您要把君位让给太叔，下臣就去侍奉他；如果不给，那就请除掉他。不要让老百姓产生其他想法。"庄公说："用不着，他会自食其果的。"太叔又收取原来两属的地方作为自己的封邑，并扩大到廪延这个地方。子封（即公子吕）说："可以动手了。势力一大，将会争得民心。"庄公说："没有正义，就不能号召人，势力虽大反而会崩溃。"

大叔完、聚①，缮甲、兵，具卒、乘②，将袭郑，夫人将启③之。公闻其期④，曰："可矣！"命子封帅车二百乘以伐京。京⑤叛大叔段，段入于鄢，公伐诸⑥鄢。五月辛丑⑦，大叔出奔共。

【注释】

①完：修缮城郭。聚：收集粮草。　②缮：修补。具：备足。卒：步兵。乘：车兵。　③袭：偷袭。启：开启城门。　④期：袭郑的时间。　⑤京：此指京邑人。　⑥诸：之于。　⑦五月辛丑：五月二十三。辛丑：二十三日，

古代以干支纪年、月、日。

【译文】

太叔修理城郭，储备粮草，补充武器装备，充实步兵车兵，准备袭击郑国都城，姜氏则打算作为内应打开城门。庄公听到太叔起兵的日期，说："可以了！"就命令子封率领二百辆战车进攻京城。京城的人反对太叔。太叔逃到鄢地。庄公又赶到鄢地进攻他。五月二十三，太叔又逃到共国。

书曰："郑伯克段于鄢。"段不弟，故不言弟①；如二君，故曰克②；称郑伯，讥失教也：谓之郑志③。不言出奔，难之也。④

【注释】

①段不弟，故不言弟：指段不守弟道，所以《春秋》不称他为庄公之弟。不弟：不像兄弟，不守弟道。 ②如二君，故曰克：指段与庄公的对立，如同两个国君。庄公取胜，所以说"克"。 ③郑志：郑庄公的意志。这里指阴谋。 ④不言出奔，难之也："出奔"是有罪之词。段出奔共国，有罪，庄公有意养成段之罪，也有罪，不说"出奔"，是史官下笔为难之处。以上说明经文何以这样记述，即所谓"春秋笔法"。

【译文】

《春秋》说："郑伯克段于鄢。"太叔所作所为不像兄弟，所以不说"弟"字；兄弟相争，好像两个国君打仗一样，所以用个"克"字；把庄公称为"郑伯"，是讥刺他没有尽教诲之责；《春秋》这样记载就表明了庄公的本来的意思。不说"出奔"，是因为史官下笔有困难。

遂寘姜氏于城颍①，而誓之曰："不及黄泉，无相见也。"②既而悔之。颍考叔为颍谷封人③，闻之，有献于公，公赐之食，食舍肉④。公问之，对曰："小人有母，皆尝小人之食矣，未尝君之羹，请以遗⑤之。"公曰："尔有母遗，繄⑥我独无！"颍考叔曰："敢问何谓⑦也？"公语之故，且告之悔。对曰："君何患焉？若阙地及泉，隧⑧而相见，其谁曰不然？"公从之。公入而赋："大隧之中，其乐也融融⑨！"姜出而赋："大隧之外，其乐也泄泄⑩！"遂为母子如初。

【注释】

①寘（zhì）：同"置"。城颍（yǐng）：地名，在今河南省漯河市临颍县。　②不及黄泉，无相见也：犹言不死不相见。黄泉：地下之泉，本指人死埋于地下。　③颍考叔：郑大夫。颍谷：地名，在今河南省郑州市登封市。封人：管理、镇守边疆的地方官。　④食舍肉：颍考叔吃东西时留下肉不吃。舍：置，指吃饭时将肉另置一边。　⑤羹（gēng）：有汁的肉。遗（wèi）：赠送。　⑥繄（yī）：发声词，无义，可译为"咳"等语气词。　⑦敢：谦辞。何谓：为什么这么说。　⑧患：忧虑。阙：同"掘"。隧：动词，挖成地道。　⑨赋：赋诗。融融：和乐相得的样子。　⑩泄（yì）泄：和好欢乐的样子。

【译文】

郑庄公就把姜氏安置在城颍这个地方，发誓说："不到黄泉不再相见。"不久以后又后悔起来。当时颍考叔在颍谷做边疆护卫长官，听到这件事，就献给庄公一些东西。庄公赏赐他食物。在吃的时候，他把肉留下不吃。庄公问他为什么，他说："我有母亲，我孝敬她的食物都已尝过了，就是没有尝过您的肉汤，请求让我带给她吃。"庄公说："你有母亲可送，咳！我却没有！"颍考叔说："请问这是什么意思？"庄公就对他说明了原因，并且告诉他自己很后悔。颍考叔回答说："您有什么可忧虑的呢？如果挖地见到了泉水，开一条隧道在里面相见，谁又会说不对呢？"郑庄公听了颍考叔的意见。庄公进了隧道，赋诗说："在大隧中相见，多么快乐啊！"姜氏走出隧道，赋诗说："走出大隧外，多么舒畅啊！"于是作为母子像从前一样。

君子曰①："颍考叔，纯孝也，爱其母，施及②庄公。《诗》曰：'孝子不匮，永锡尔类。'其是③之谓乎！"

【注释】

①"君子曰"是《左传》的独有体例，用来表达作者对所记历史事件的评论意见。　②纯孝：纯一专精之孝。施（yì）及：延及，扩展到。　③匮（kuì）：竭尽。锡：通"赐"。类：同类的人。是：这个。

【译文】

君子说："颍考叔可算是真正的孝子，爱他的母亲，扩大影响到庄公。《诗经》说：'孝子的孝心没有穷尽，永远可以影响给你同类的人。'说的就是这样的事情吧！"

【解读】

本文记述了春秋前期小霸郑庄公平定家族内乱的一段史实。春秋初期，王纲解组，诸侯争霸，郑国率先崛起，与此同时郑国内部也发生了争夺权力的斗争。庄公母亲姜氏喜欢庄公之弟段，不断培植段的势力。在姜氏的纵容下，共叔段的扩张野心不断膨胀：扩大都城，收西鄙北鄙，以至于发展到母子联合起来里应外合攻打都城，篡位夺权。郑庄公是一再隐忍退让，又欲擒故纵，最终一举挫败共叔段的政变，为春秋初年郑国的发展强大扫清了国内的隐患。

文章叙述层次清晰、繁略得当，迂回曲折又富有戏剧性，详细地描写了郑庄公兄弟、母子之间错综复杂的矛盾和斗争，并成功地塑造了虚伪老辣的郑庄公、狂妄贪婪的共叔段以及机智聪颖的颍考叔等形象，体现了《左传》长于叙事的特征，其中遣词用字的含蕴及精准，尤显作者之匠心，如"多行不义必自毙"，已经成为千古流传的名言。就文学的角度来说，此篇无疑是一篇绝佳的短篇小说。

2.

〔卫〕石碏

石碏谏宠州吁

〔卫〕州吁

隐公三年

卫庄公娶于齐东宫得臣①之妹，曰庄姜②，美而无子，卫人所为赋《硕人》③也。又娶于陈④，曰厉妫⑤，生孝伯⑥，早死。其娣戴妫生桓公⑦，庄姜以为己子。

【注释】

①卫庄公：名扬，卫武公之子，在位二十三年。东宫：太子所居之地，后常称太子为东宫。得臣：齐庄公的太子，未即位便已死去。②庄姜：卫庄公的妻子，是齐庄公嫡女，齐僖公姊妹。庄是丈夫谥号，姜是娘家的姓。③所为：为之。赋：作诗。《硕人》：《诗经·卫风》中的一篇，赞美庄姜之美。硕人：美人。硕：大，古人以硕大颀长为美。④陈：诸侯国名，妫（guī）姓，虞舜之后，都于宛丘，在今河南省周口市淮阳区。⑤厉妫：人名，其中厉为谥号，妫为姓。⑥孝伯：卫庄公与厉妫之子。⑦娣（dì）：妹妹。古代诸侯嫁女，要以侄娣陪嫁，所以自嫡室以下诸妾都叫"娣"。戴妫：人名，厉妫之妹，谥号戴。桓公：卫庄公之子，名完。

【译文】

卫庄公娶了齐国太子得臣的妹妹，称为庄姜。庄姜漂亮却没有生孩子，卫国人因此为她创作了《硕人》这篇诗。卫庄公又在陈国娶了一个妻子，名叫厉妫，生了孝伯，很早就死了。跟厉妫陪嫁来的妹妹戴妫，生了卫桓公，庄姜就把他作为自己的儿子。

公子州吁①，嬖人②之子也，有宠而好兵③，公弗禁，庄姜恶之。石碏④谏曰："臣闻爱子，教之以义方⑤，弗纳于邪。骄、奢、淫、泆⑥，所自邪⑦也。四者之来，宠禄过也。将立州吁，乃定之矣，若犹未也，阶之为祸⑧。夫宠而不骄，骄而能降，降而不憾，憾而能眕者鲜矣⑨。且夫贱妨贵，少陵长，远间亲，新间旧，小加大，淫破义，所谓六逆也⑩。君义，臣行，父慈，子孝，兄爱，弟敬，所谓六顺也。⑪去顺效逆，所以速祸⑫也。君人者将祸是务去⑬，而速之，无乃⑭不可乎？"弗听，其子厚与州吁游⑮，禁之，不可。桓公立，乃老⑯。

【注释】

①公子州吁（xū）：卫庄公之子。 ②嬖（bì）人：指爱妾。嬖：宠幸。 ③好兵：喜欢玩弄兵器。 ④石碏（què）：卫大夫。 ⑤义方：正确的礼仪规矩，也指道义。 ⑥泆：同"佚"，放荡恣肆。 ⑦所自邪：邪恶由此而来。 ⑧阶之为祸：指以宠爱为阶梯作乱。阶：阶梯。 ⑨夫宠而不骄，骄而能降，降而不憾，憾而能眕（zhěn）者鲜（xiǎn）矣：受宠爱则骄傲，地位下降则怨恨，怨恨则思作乱而不能自安自重，一般人常如此。石碏认为州吁也是如此。能降：安于地位下降；憾：恨；眕：镇定自重的样子；鲜：少。 ⑩且夫贱妨贵，少陵长，远间亲，新间旧，小加大，淫破义，所谓六逆也：州吁与桓公完相比，州吁庶出为贱，完夫人嫡子为贵；以年龄说，州吁年少，完年长；以亲疏说，州吁疏远，完亲近；以历史关

系说，州吁是新进之人，完是耆旧之人；以情势说，州吁小，完大；以道义说，州吁淫邪，完忠义。所以如果立州吁，是犯了"六逆"。妨：妨害；陵：凌驾；间：离间；加：侵凌；破：破坏；逆：悖理的行为。　⑪君义，臣行，父慈，子孝，兄爱，弟敬，所谓六顺也：国君行事得宜，臣下坚决服从，父亲慈爱儿女，儿女孝敬父母，兄长爱护弟妹，弟妹尊敬兄长，这就是大家所说的六顺。顺：顺理之事。　⑫速祸：加速祸患的到来。　⑬君人：为人之君。将祸是务去：即"将务去祸"，一定要把祸患去掉。　⑭无乃：恐怕，只怕。　⑮游：交游，往来密切。　⑯老：告老隐退。

【译文】

公子州吁是庄公宠妾的儿子，受到庄公宠爱，喜好武事，庄公不加禁止。庄姜则讨厌州吁。大夫石碏劝庄公说："我听说疼爱孩子应当用正道去教导他，不能使他走上邪路。骄横、奢侈、淫乱、放纵是导致邪恶的原因。这四种恶习的产生，是给他的宠爱和俸禄过了头。如果想立州吁为太子，就确定下来；如果定不下来，就会酿成祸乱。受宠而不骄横，骄横而能安于下位，地位在下而不怨恨，怨恨而能克制的人，是很少的。况且低贱妨害高贵，年轻欺凌年长，疏远离间亲近，新人离间旧人，弱小压迫强大，淫乱破坏道义，这是六件违理的事。国君仁义，臣下恭行，为父慈爱，为子孝顺，为兄爱护，为弟恭敬，这是六件顺理的事。背离顺理的事而效法违理的事，这就是很快会招致祸害的原因。作为统治民众的君主，应当尽力除掉祸害，而现在却加速祸害的到来，这大概是不行的吧？"卫庄公不听劝告。石碏的儿子石厚与州吁交往，石碏禁止，但禁止不住。到卫桓公当国君时，石碏就告老退休了。

【解读】

卫庄公宠爱公子州吁，州吁恃宠而骄，又喜欢弄武。石碏劝谏卫庄公不能过分溺爱公子，可是卫庄公不听劝。隐公四年，州吁果然杀了卫桓公自立为君。此篇是《左传》作者补叙卫州吁其人，为隐公四年州吁弑卫桓公张本。石碏所论教育子女的道理，指出：爱自己的孩子，就必须用道义用正道来引导他。宠必骄，骄必邪，邪必乱；也就是说，骄横、奢侈、淫乱、放纵是导致邪恶的原因。宠爱和俸禄过了头，这不是爱子，而是害子，而且祸国。国君行仁义，臣下能恭行，为父有慈爱，为子能孝顺，为兄会爱护，为弟能恭敬，这六个方面是顺理的事情，应该做到。石碏直言敢谏，是春秋早期的一名诤臣。

习近平同志《在会见第一届全国文明家庭代表时的讲话》中即引用过"爱子，教之以义方"这句话，并指出："千千万万个家庭的家风好，子女教育好，社会风气好才有基础。"所以，石碏讲的这些道理，于今仍有启发意义。

3.

亲仁善邻，国之宝

陈文公（陈桓公之父）

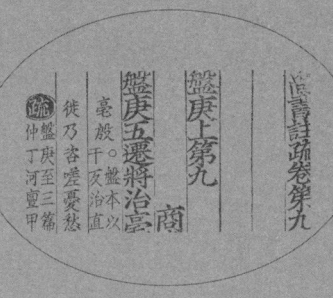

《尚书·商书·盘庚》

隐公六年

五月庚申①，郑伯侵陈，大获②。往岁，郑伯请成③于陈，陈侯④不许。五父⑤谏曰："亲仁善邻⑥，国之宝也。君其⑦许郑。"陈侯曰："宋、卫实难⑧，郑何能为？"遂不许。

　　君子曰："善不可失，恶不可长⑨，其陈桓公之谓乎！长恶不悛⑩，从自及⑪也。虽欲救之，其⑫将能乎？《商书》曰：'恶之易也，如火之燎于原，不可乡迩，其犹可扑灭？'⑬周任⑭有言曰：'为国家者，见恶如农夫之务去草焉，芟夷蕴崇⑮之，绝其本根，勿使能殖⑯，则善者信⑰矣。'"

【注释】

　　①庚申：十一日。　②大获：俘获很多，大胜。　③请成：请求和解。　④陈侯：此指陈桓公。　⑤五父：即陈公子佗，陈文公之子，陈桓公之弟，桓公末年，杀太子免自立。　⑥亲仁善邻：亲近仁义而结交邻国。　⑦其：表祈请的副词，还是。　⑧宋、卫实难：即"宋、卫是患"。实：是；难：患，祸害。　⑨长（zhǎng）：作动词用，滋长。　⑩悛（quān）：悔改。　⑪从：随即，跟着。自及：自取祸害。　⑫其：通"岂"。　⑬恶之易也，如火之燎于原，不可乡迩，其犹可扑灭：今本《尚书·商书·盘庚上》无"恶之易也"句。意为恶一蔓延，如星火燎原，难以自灭。易：

蔓延；乡：同"向"；乡迩：接近。　⑭周任：周大夫，古代的良史。　⑮芟
（shān）夷：除草。蕴（yùn）崇：也作"蕴崇"，把草堆积在苗根发酵肥
田。　⑯殖：生长。　⑰善者：既指庄稼之苗，也指善人善政善事。信：
同"伸"，伸张发扬。

【译文】

五月十一，郑庄公入侵陈国，得到全胜。往年，郑庄公请
求与陈国讲和，陈桓公不答应。五父劝谏说："亲近仁义而和邻
国友好，这是国家可宝贵的措施。您还是答应郑国的请求吧！"
陈侯说："宋国和卫国才是真正的祸患，郑国能做什么？"于是
就没有答应。

君子说："善不可丢失，恶不可滋长，这说的就是陈桓公
吧！滋长了恶而不悔改，马上就会自取祸害。纵是挽救，又怎
么能办得到呢？《商书》说：'恶的蔓延，就如同火在原野上蔓
延，人不可以靠拢，难道还能扑灭？'周任有句话说：'治理国
和家的人，见到恶，就要像农夫急于除掉杂草一样，锄掉它聚
积起来肥田，挖掉它的老根，不要使它再生长，那么善的就能
发展了。'"

【解读】

此年五月，郑庄公的军队攻打陈国，大获全胜。此前，郑
庄公曾请求与陈国讲和，陈桓公却不答应。其时陈国的实力本
不如郑国，而且看不到郑庄公正在崛起。所以拒绝讲和，结果
吃了败仗。君子的评论，重点在于说明治国，应该长善去恶。

同时说明，处理好与邻国的关系，应该"亲仁善邻"，亲近仁义，与邻国友好相处，是立国的法宝。习近平同志《在纪念孔子诞辰2565周年国际学术研讨会暨国际儒学联合会第五届会员大会开幕会上的讲话》即引用了"亲仁善邻，国之宝也"这句话，体现了中华民族爱好和平的悠久传统。

4.

季梁论民为神主

〔随〕季梁

楚武王

桓公六年

楚武王侵随①，使薳章②求成焉。军于瑕③以待之。随人使少师董成④。

鬭伯比⑤言于楚子曰："吾不得志于汉⑥东也，我则使然。我张⑦吾三军，而被吾甲兵⑧，以武临之，彼则惧而协以谋我，故难间⑨也。汉东之国，随为大，随张⑩，必弃⑪小国。小国离，楚之利也。少师侈⑫，请羸师⑬以张之。"熊率且比⑭曰："季梁⑮在，何益？"鬭伯比曰："以为后图，少师得其君。"王毁军而纳⑯少师。

【注释】

①楚武王：名熊通，楚国第十七君。楚国本子爵，自他开始僭称王。随：诸侯国名，姬姓，在今湖北省随州市随县。 ②薳（wěi）章：也作"芳章"。 ③军：此作动词，军队驻扎。瑕：随国地名。 ④少师：官名。董成：主持和谈。董：主持。 ⑤鬭伯比：即后来的令尹子文之父。鬭氏为芈姓，楚先王若敖之后。 ⑥得志：指扩张国土。汉：汉水，汉水以东多姬姓小国。 ⑦张：扩大。 ⑧被吾甲兵：整顿武器装备。 ⑨间：离间。 ⑩张：自高自大。 ⑪弃：轻视。 ⑫侈：骄傲。 ⑬羸（léi）师：此处指让军队故意表现出衰弱的样子。羸：衰弱。 ⑭熊率且（jū）比：楚国大夫。 ⑮季梁：随国贤臣。 ⑯毁军：故意乱其军阵。纳：迎于军中。

【译文】

楚武王入侵随国,先派薳章去求和,把军队驻在瑕地以等待结果。随国人派少师主持和谈。

鬬伯比对楚武王说:"我国在汉水东边不能达到目的,是我们自己造成的。我们扩大军队,整顿装备,用武力逼迫别国,他们害怕因而共同来对付我们,所以就难于离间了。在汉水东边的国家中,随国最大。随国要是自高自大,就必然抛弃小国。小国离心,对楚国有利。少师这个人很骄傲,请君王隐藏我军的精锐,而让他看到疲弱的士卒,助长他的骄傲。"熊率且比说:"有季梁在,这样做有什么好处?"鬬伯比说:"这是为以后打算,因为少师可以得到他们国君的信任。"楚武王故意把军容弄得疲疲沓沓来接待少师。

少师归,请追楚师,随侯将许之。季梁止之曰:"天方授楚,楚之赢,其诱我也,君何急焉? 臣闻小之能敌大也,小道大淫①。所谓道,忠于民而信②于神也。上思利民,忠也;祝史正辞③,信也。今民馁而君逞欲④,祝史矫举⑤以祭,臣不知其可也。"公曰:"吾牲牷肥腯⑥,粢盛⑦丰备,何则不信?"对曰:"夫民,神之主也。是以圣王先成民而后致力于神。故奉牲以告曰'博硕⑧肥腯',谓民力之普存也,谓其畜之硕大蕃滋⑨也,谓其不疾瘯蠡⑩也,谓其备腯咸有⑪也。奉盛以告曰'洁粢丰盛⑫',谓其三时不害⑬而民和年丰也。奉酒醴以告曰'嘉栗旨酒'⑭,谓其上下皆有嘉德而无违心⑮也。所谓馨香⑯，无谗慝⑰也。故务其三时，修其五教⑱，亲其九族⑲，以致其禋祀⑳。于是乎民和而神降之福，故动则有成。今民各有心，而鬼神乏主㉑，君虽独丰，其何福之有！君姑修政而亲兄弟之国，庶㉒免于难。"随侯惧而修政，楚不敢伐。

【注释】

①小道大淫：小国有道而大国无度。　②信：诚信。　③祝史：主持祭祀祈祷之官。正辞：言辞正实不欺。　④馁：饥饿。逞欲：力图满足自己的欲望。　⑤矫举：用诈伪之辞。　⑥牲牷（quán）：即牺牲，牛、羊等祭品。牷：毛色纯一的牲畜。肥腯（tú）：肥壮。　⑦粢盛（chéng）：盛在祭器中的粮食。　⑧博：广。硕：大。　⑨蕃滋：繁殖。　⑩不疾瘯（cù）蠡（luǒ）：不病、瘦弱。瘯蠡：一种畜病。　⑪备腯咸有：品种齐全。　⑫洁粢丰盛：指谷物清洁，盛满祭器。　⑬三时：春、夏、秋，是务农之时。不害：指不违农时。　⑭醴：酒。嘉栗旨酒：清洁而美的好酒。　⑮无违心：无异心。　⑯馨香：芳香远闻。　⑰谗：诬陷人的坏话。慝（tè）：邪恶。　⑱五教：指父义、母慈、兄友、弟恭、子孝。　⑲九族：从高祖、曾祖、祖父、父亲、本身，到子、孙、曾孙、玄孙共九代，称为九族。或说也包括异姓亲戚。　⑳禋（yīn）祀：祭祀鬼神。　㉑乏主：没有依靠。　㉒庶：庶几，或许可以。

【译文】

少师回去，请求追逐楚军。随侯将要答应，季梁劝阻说："上天正在帮助楚国，楚国军队显得疲沓的样子，是引诱我们。

君王何必急于从事？下臣听说小国之所以能够抵抗大国，是小国有道，而大国君主沉溺于私欲。所谓道，就是忠于百姓而取信于神明。上边的人想到对百姓有利，这是忠；祝史真实不欺地祝祷，这是信。现在百姓饥饿而国君放纵个人享乐，祝史浮夸功德来祭祀，下臣不知怎样行得通？"随侯说："我祭祀用的牲口都既无杂色，又很肥大，黍稷也都丰盛完备，为什么不能取信于神明？"季梁回答说："百姓，是神明的主人。因此圣王先安顿百姓，而后才致力于神明。所以在奉献牺牲的时候祝告说'牲口又大又肥'，这是说百姓的财力普遍富足，牲畜肥大而繁殖生长，并没有得病而瘦弱，又有各种优良品种。在奉献黍稷的时候祷告说'洁净的粮食盛得满满的'，这是说春、夏、秋三季没有天灾，百姓和睦而收成很好。在奉献甜酒的时候祝告说'又好又清的美酒'，这是说上上下下都有美德而没有坏心眼。所谓的祭品芳香，就是人心没有邪念。因为春、夏、秋三季都努力于农耕，修明五教，敦睦九族，用这些行为来致祭神明，百姓便和睦，神灵也降福，所以做任何事情都能成功。现在百姓各有各的想法，鬼神没有依靠，君王一个人祭祀丰富，又能求得什么福气呢?! 君王姑且修明政治，亲近兄弟国家，看能否免于祸难。"随侯害怕了，从而修明政治，楚国就没有敢来攻打。

【解读】

楚国征伐随国，楚大夫鬭伯比建议军队故意示弱以麻痹随军，使其自高自大，使周围小国离心，最终达到消灭它的目

　　　　　　　　　　　　　大家读《左传》

的。随侯（国君）不知是计，想贸然出兵，随国大夫季梁反对，劝阻了随侯。本篇写了楚臣鬬伯比、随侯、随少师、季梁等人，中心是季梁及其论战。作者把季梁的论战写得波澜起伏，花团锦簇。季梁由此提出了一个重要的思想："忠于民而信于神"；"夫民，神之主也。"在《尚书》里面，已经提出"民惟邦本，本固邦宁"（《尚书·五子之歌》）和"敬天保民"的思想。季梁的言论，在此基础上又推进了一步：要忠于百姓，百姓是神明的主人。这就是体现在《左传》中鲜明的民本思想。季梁的话虽然还有一个"神"在，但在他的理念中，对天和神的无条件的畏惧崇拜已基本上被否定，民是第一位的。要忠于百姓，注重民生，还要修好政治且亲近兄弟国家，这才是治国的"大道"。随侯听从了季梁的建议，励精图治，楚国终于不敢轻易攻打随国。

5.

鲁庄公

曹刿论战

〔鲁〕曹刿

庄公十年

春，齐师伐我①。公将战，曹刿②请见。其乡人曰："肉食者③谋之，又何间④焉。"刿曰："肉食者鄙⑤，未能远谋。"乃入见。问何以战。公曰："衣食所安，弗敢专⑥也，必以分人。"对曰："小惠未遍⑦，民弗从也。"公曰："牺牲⑧玉帛，弗敢加⑨也，必以信⑩。"对曰："小信未孚⑪，神弗福也。"公曰："小大之狱，虽不能察，必以情⑫。"对曰："忠之属⑬也，可以一战，战则请从。"

【注释】

①齐师伐我：齐师伐鲁，是为了上一年公子纠的事。齐国公子小白（齐桓公）与公子纠争位。鲁国支持公子纠。去年齐人逼鲁国在生窦这个地方杀死了齐国的公子纠，今年齐国又来伐鲁。　②曹刿(guì)：又叫曹沫，生卒年不详，春秋时鲁国大夫（今山东省泰安市东平县人），著名的军事理论家。事迹可参见《史记·刺客列传·曹沫》。　③肉食者：当时习惯语，指当官的贵族。　④间(jiàn)：参与。　⑤鄙：鄙陋，无远见。　⑥弗敢专：不敢专有专用，必分给群臣。　⑦未遍：不能周遍，人人皆有。　⑧牺牲：祭祀用的猪、牛、羊。　⑨加：增加，此指虚报。　⑩信：诚信。　⑪未孚：未取得信任。孚：信任。　⑫必以情：指处理得合情合理。　⑬忠之属：这是忠于百姓、为百姓尽力的表现。

【译文】

十年春，齐国的军队攻打鲁国。庄公准备迎战。曹刿请求接见。他的同乡人说："那些每天都吃肉的人在那里谋划，你又去参与什么。"曹刿说："吃肉的人鄙陋不灵活，不能作长远考虑。"于是入宫进见庄公。曹刿询问庄公凭什么来作战。庄公说："有吃有穿，不敢独自享受，一定分给别人。"曹刿回答说："小恩小惠不能周遍，百姓不会服从的。"庄公说："祭祀用的牛羊玉帛，不敢擅自增加，祝史的祷告一定反映真实情况。"曹刿回答说："一点诚心也不能代表一切，神明不会降福的。"庄公说："大大小小的案件，虽然不能完全探明底细，但必定合情合理去办。"曹刿回答说："这是为百姓尽力的一种表现，凭这个可以打一下。打起来，请让我跟着去。"

公与之乘。战于长勺①。公将鼓之②。刿曰："未可。"齐人三鼓，刿曰："可矣。"齐师败绩。公将驰之③。刿曰："未可。"下视其辙④，登轼⑤而望之，曰："可矣。"遂逐齐师。

【注释】

①长勺：地名，在今山东省济宁市曲阜市。　②鼓之：擂鼓进军。③驰之：追击齐军。　④辙：车轮走过的痕迹。　⑤轼：车前扶手横木，全车最高点。

【译文】

庄公和曹刿同乘一辆兵车。与齐军在长勺展开战斗。庄公准备击鼓。曹刿说："还不行。"齐国人打了三通鼓后，曹刿说："可以了。"齐军大败，庄公准备追上去。曹刿说："还不行。"下车，细看齐军的车辙，然后登上车前横木远望，说："行了。"就追击齐军。

既克，公问其故。对曰："夫战，勇气也，一鼓作气，再而衰，三而竭①。彼竭我盈②，故克之。夫大国难测也，惧有伏③焉。吾视其辙乱，望其旗靡④，故逐之。"

【注释】

①竭：士气衰竭。　②盈：士气旺盛。　③伏：埋伏。　④靡：倒下。

【译文】

战胜以后，庄公问曹刿取胜的缘故。曹刿回答说："作战，全凭勇气。第一通鼓振奋勇气，第二通鼓勇气就少了一些，第三通鼓勇气就没有了。他们的勇气没有了，而我们的勇气刚刚振奋，所以战胜了他们。大国的情况难以捉摸，还恐怕有埋伏。我细看他们的车辙已经乱了，远望他们的旗子已经倒下，所以才追逐他们。"

【解读】

庄公十年（前684），齐兴师伐鲁，战于鲁地长勺，鲁国最终以弱胜强，史称齐鲁长勺之战，是著名的以弱胜强的战例。文中写战争的过程其实非常简略，重在写曹刿的"论战"。战前曹刿之三问，突出的是民心的向背，这同样体现了《左传》的民本思想。作战时曹刿"未可""可矣"的建议，体现其战机把握之准确。战后曹刿的评论，又紧扣战争经过，解释一鼓作气、彼竭我盈之理和下视登望之故。说明曹刿是一个既有战略思想又有战术眼光的军事家。在文章安排中，激战之中曹刿对于自己的种种行为安排不作解释，也给读者留下悬念，待最后庄公问其故，才一一道出，令人豁然开朗。行文设计巧妙，简洁明了，布局详略有致。这是《左传》之中描写战争的一篇短小精悍独具特色的作品。

6.

宫之奇谏假道

左起：虞公、晋献公、虢公

〔虞〕宫之奇

僖公五年

晋侯复假道于虞①以伐虢。宫之奇②谏曰：“虢，虞之表③也。虢亡，虞必从之。晋不可启④，寇不可玩⑤，一之谓甚，其可再乎？谚所谓‘辅车相依⑥，唇亡齿寒’者，其虞、虢之谓也。”

公曰：“晋，吾宗⑦也，岂害我哉？”

对曰：“大伯、虞仲，大王⑧之昭也。大伯不从，是以不嗣⑨。虢仲、虢叔⑩，王季之穆也，为文王卿士，勋⑪在王室，藏于盟府⑫。将虢是灭⑬，何爱⑭于虞？且虞能亲于桓、庄⑮乎？其爱之⑯也，桓、庄之族何罪？而以为戮，不唯偪乎？亲以宠偪⑰，犹尚害之，况以国乎？”

公曰：“吾享祀丰洁，神必据⑱我。”

对曰：“臣闻之，鬼神非人实亲⑲，惟德是依。故《周书》曰：‘皇天无亲，惟德是辅。’⑳又曰：‘黍稷非馨，明德惟馨。’㉑又曰：‘民不易物，惟德繄物。’㉒如是，则非德，民不和，神不享矣。神所冯㉓依，将在德矣。若晋取虞，而明德以荐㉔馨香，神其吐之乎？”

弗听，许晋使。

宫之奇以其族行，曰：“虞不腊㉕矣，在此行也，晋不更举㉖矣。”

【注释】

①晋侯：晋献公。复：再次。假：借。虞：国名，在今山西省运城市平陆县东北。晋侯第一次借道在僖公二年，灭下阳。此为第二次。　②宫之奇：虞国大夫。　③表：指外围。　④启：开，指让晋扩张其野心。　⑤玩：玩忽。　⑥辅车相依：车载物必须用辅支持，辅和车是相互依靠的。辅：车厢两旁的板。　⑦宗：指同宗。晋、虞、虢都是姬姓诸侯国。　⑧大伯、虞仲：太王的长子和次子。大：同"太"。大王：即古公亶父。古代宗庙的制度，始祖神位居中，子在左，叫"昭"；子之子在右，叫"穆"。　⑨不嗣：没继承王位。太伯知道太王想传位给小儿子王季，就和虞仲出走吴国，不继承王位。　⑩虢仲、虢叔：虢国的开国祖先，王季的次子和三子。王季为昭，二人为穆。　⑪勋：功勋。　⑫盟府：主管策勋、封赏、盟誓的官署。　⑬将虢是灭：即"将灭虢"。　⑭爱：舍不得。　⑮桓、庄：桓叔和庄伯。桓叔：晋献公曾祖；庄伯：晋献公祖父。　⑯之：指桓、庄之族。　⑰亲以宠逼：至亲恃宠，威胁君位。　⑱据：依靠，此指保护。⑲鬼神非人实亲：即"鬼神非亲人"。　⑳皇天无亲，惟德是辅：见于《尚书·周书·蔡仲之命》。　㉑黍稷非馨，明德惟馨：见于《尚书·周书·君陈》。黍稷：古代祭祀所用谷物；馨：香气；明德：光明之德。　㉒民不易物，惟德繄（yì）物：见于《尚书·周书·旅獒》。易：变换；物：指祭品；繄：是。　㉓冯：同"凭"。　㉔荐：供献。　㉕腊：年终的大祭。㉖不更举：不用再次出兵。

【译文】

晋献公又向虞国借路去攻打虢国。宫之奇劝告虞公说："虢国，是虞国的外围。虢如果亡国了，虞必然跟着被灭。切不可启发晋国的野心，不可忽视晋国这支军队。上一次借路已经是很严重了，怎么可以再来第二次呢？谚语说的'车载物必须用辅支持，辅和车是相互依靠的；脸颊和牙床相互依存，没了嘴唇，牙齿就感到寒冷'，就是说的虞和虢的关系啊！"

虞公说："晋国和我们是同宗，难道他会害我不成？"

宫之奇答道："太伯、虞仲，都是太王的儿子，太伯不在身旁，所以没有继承君位。虢仲、虢叔，都是王季的儿子，做过文王的卿士，对于王室有大功，受封的典册还藏在盟府里面。现在，晋国将要灭掉虢国了，对于虞国又有什么舍不得呢？再说，虞国能比桓叔和庄伯更亲近晋侯吗？桓叔、庄伯两族有什么罪过，晋侯却把他们杀掉，不就是因为晋侯感觉到他们的威胁吗？亲近而且受宠，一旦威胁到晋侯，都尚且被杀害，更何况一个国家呢？"

虞公说："我祭祀的祭品丰盛而且清洁，神灵一定会保佑我的。"

宫之奇回答说："我听说，神鬼不会随便亲近哪一个人，只是依从有德行的人。所以《周书》上说：'上天不亲近哪个人，只帮助有德行的。'又说：'祭祀的黍稷并不算芳香扬，光明的美德才能芳香远播。'又说：'人们不必改变自己的祭品，只有德行才可以充当祭品。'像这样，那么不是有德之人，则百姓不知，祭品再丰洁，神也不会享用的。神所依靠的，是有德行的人。如果晋国占领了虞国，再发扬美德，给神灵献上芳香的祭品，神灵难道会吐出来吗？"

虞公不听，答应了晋国使者的要求。

宫之奇带领全族人离开虞国，说："虞国过不了今年的腊祭了。晋在这一次就会灭掉虞国，不需要再发兵了。"

八月甲午①，晋侯围上阳②。问于卜偃曰：“吾其济③乎？”对曰：“克之。”公曰：“何时？”对曰：“童谣云：‘丙④之晨，龙尾伏辰⑤，均服振振⑥，取虢之旗⑦。鹑之贲贲⑧，天策焞焞⑨，火中成军⑩，虢公其奔。’其九月、十月之交⑪乎。丙子旦⑫，日在尾，月在策，鹑火中，必是时也。”

冬十二月丙子朔⑬，晋灭虢，虢公丑⑭奔京师。师还，馆⑮于虞，遂袭虞，灭之，执虞公及其大夫井伯，以媵秦穆姬⑯。而修虞祀⑰，且归其职贡⑱于王。故书⑲曰：“晋人执虞公。”罪虞，且言易⑳也。

【注释】

①八月甲午：夏历是八月，周历是十月十七。夏、商、周三代历法不同。　②上阳：为南虢之地，在今河南省三门峡市陕州区南。　③济：成功。　④丙：丙子日。　⑤龙尾：星名，东方七宿中的尾星。伏辰：日月会于尾星，故尾星伏而不见。日月相会叫“辰”。　⑥均服：戎服，色黑。振振：威武美好貌。　⑦旂（qí）：同“旗”。取旂意为获胜。　⑧鹑（chún）：鹑火星。贲贲（bēn）：形容鹑火星发光的样子。　⑨天策：星名，也叫“傅说星”，靠近太阳。焞焞（tūn）：无光的样子。　⑩火中：鹑火星出现在南方。中：某星出现在南方。成军：整顿军队。　⑪交：晦朔交会之时。　⑫旦：清晨。⑬丙子朔：夏历为十月初一。　⑭丑：虢公名。⑮馆：驻扎。　⑯执虞公及其大夫井伯，以媵（yìng）秦穆姬：指晋献公抓住了虞公及其大夫井伯，并在嫁女儿给秦穆公时，把井伯等人作为陪嫁。媵：陪嫁的男女，此作动词。　⑰虞祀：指晋代祭祀虞国境内的山川之神。

此指晋国并没有废掉虞国的祭祀。　⑱职贡：赋税。　⑲书：指《春秋》经文。　⑳易：指晋国取虞容易。

【译文】

八月十七，晋献公围攻上阳，问卜偃说："我会成功吗？"卜偃回答说："能攻克。"献公问："什么时候？"卜偃回答说："童谣说：'丙子日的清晨，龙尾星匿伏不见，军服威武，必取虢国的旗帜。鹑火星飞奔，天策星暗淡无光，鹑火在南方，虢公将逃亡。'恐怕就在九月、十月初。日在尾星，月在天策星，鹑火在正南，正是虢国被灭时。"

冬十二月初一，晋国灭掉了虢国。虢公丑逃亡到京师。晋国军队回国的时候，驻扎在虞国，于是偷袭虞国，灭了它，抓走了虞公和大夫井伯，把他们作为秦穆姬的陪嫁。晋国不废虞国的祭祀，而且把虞国的赋税归于周王。所以经文记载："晋人执虞公。"是怪罪于虞国，并且表明晋国取虞很容易。

【解读】

僖公二年，晋献公用名马美玉向虞国借道攻打虞之邻邦虢国，虞公贪图财宝，答应借道于晋。结果晋国借此灭了下阳。僖公五年，晋国再次向虞国借道，大夫宫之奇看清了晋国的野心，力谏虞公，虞公仍不吸取教训，不听宫之奇的劝告，答应晋国借道。最终晋国借道灭虢，回兵时顺道灭了虞国。本篇以事记言，围绕虞国存亡的中心论题，层层深入展开议论和驳难，有力地驳斥了虞公对宗族关系和神权的迷信，指出存亡在人不在神，应该实行德政，民不和，祭祀再丰盛，神是不会享用也不会保护你的。同样突出了以民为本的思想。宫之奇之语言简洁有力，优美精练，言简意赅；并征引经典、民谚，贴切、生动，具有很强的说服力。智深虑远的宫之奇与贪贿无才、昏聩愚昧的虞公形象形成了鲜明的对比。

7.

泓之战

〔宋〕司马子鱼

宋襄公

僖公二十二年、二十三年

一

（僖公二十二年）夏，宋公①伐郑。子鱼曰："所谓祸在此矣。"

楚人伐宋以救郑。宋公将战，大司马固谏②曰："天之弃商③久矣，君将兴之，弗可赦④也已。"弗听。

冬十一月己巳朔，宋公及楚人战于泓⑤。宋人既成列⑥，楚人未既济⑦。司马曰："彼众我寡，及其未既济也请击之。"公曰："不可。"既济而未成列，又以告。公曰："未可。"既陈⑧而后击之，宋师败绩。公伤股⑨，门官⑩歼焉。

国人皆咎⑪公。公曰："君子不重伤⑫，不禽二毛⑬。古之为军也，不以阻隘⑭也。寡人虽亡国之余，不鼓⑮不成列。"子鱼曰："君未知战。勍敌⑯之人，隘而不列⑰，天赞我也。阻而鼓之⑱，不亦可乎？犹有惧焉。且今之勍者，皆吾敌也。虽及胡耇⑲，获则取之，何有⑳于二毛？明耻教战㉑，求杀敌也。伤未及死，如何勿重？若爱㉒重伤，则如勿伤；爱其二毛，则如服㉓焉。三军以利用㉔也，金鼓以声气㉕也。利而用之，阻隘可也；声盛致志㉖，鼓儳㉗可也。"

（僖公二十三年）夏五月，宋襄公卒，伤于泓故也。

【注释】

①宋公：宋襄公，名兹父，宋桓公之子。鲁僖公十年立，二十三年卒，在位十四年，春秋五霸之一。　②大司马：即下文的子鱼，宋公子目夷，时为大司马，掌管军队。固谏：坚决劝阻。固：或认为是人名，即公孙固。　③商：商朝，为周所灭。宋国本是商人后裔。　④弗可赦：违天之罪是不可赦免的。　⑤泓：河流名，属于宋国，在今河南省商丘市柘城县北。　⑥既成列：已经摆好阵势。　⑦未既济：还没有全部渡过泓水。⑧陈：同"阵"，军阵。　⑨股：大腿。　⑩门官：国君的亲兵。　⑪咎：归罪。　⑫重（chóng）伤：对已受伤的敌人再加以伤害。　⑬禽：同"擒"。二毛：头发两种颜色，指头发花白的老人。　⑭不以阻隘：不把敌人逼到险要地方以取胜。　⑮鼓：作动词，击鼓进军。　⑯勍（qíng）敌：强敌。勍：强。　⑰隘而不列：处于险隘之地还未列阵。　⑱阻而鼓之：凭险而进攻他们。　⑲胡耇（gǒu）：老年人。　⑳何有：有何可怜惜呢？有何舍不得呢？　㉑明耻：明白国耻之心。教战：教以战术。　㉒爱：怜惜。㉓如：不如，应该。服：投降。　㉔以利用：抓住有利时机用兵。　㉕金鼓以声气：金鼓是用来鼓舞士气的。　㉖声盛：金鼓声洪亮。致志：鼓舞士气。　㉗儳（chán）：队列参差不齐。

【译文】

（僖公二十二年）夏，宋襄公攻打郑国。子鱼说："所说的祸患就在此啊。"

楚国派兵进攻宋国以救援郑国。宋襄公准备应战。大司马坚决劝阻道："上天抛弃我们已经很久了，您想复兴它，违背天意，恐怕不可赦免啊！"宋襄公不听。

冬十一月初一，宋襄公和楚军在泓水边交战。宋国的军队已经摆好了阵势，楚国的军队还没有完全渡过泓水。司马子鱼劝宋襄公说："楚军人多，我军人少，趁他们还没有全部渡过河，赶紧下令进攻。"宋襄公说："不可以。"楚军渡过河还未摆成阵势，司马子鱼又劝宋襄公进攻。襄公说："还是不可以。"等到楚人摆好阵势，宋襄公才下令进攻，结果宋军大败。宋襄公自己大腿也受了伤，亲兵全部被杀死。

宋国国内人都怪罪宋襄公。宋襄公说："有德之人是不忍心伤害已经受了伤的敌人的，不捉拿头发花白的老年人。古人行军打仗，不凭险要地方来求得胜利。我虽是殷商亡国的后代，也不进攻还没摆好阵势的敌人。"子鱼说："您还不知道怎样打仗。强大的敌人被逼在险要的地方来不及摆开阵势，这是上天在帮助我们呀！凭着险阻进攻敌人，怎么不可以呢？我还怕打不赢呢！再说这些强大的士兵，都是我们的敌人。即使是老年的，抓到了就是俘虏，管他什么头发花白？训练士兵，先让他们明白国耻之心，然后教他们战术，就是为了杀死敌人。敌人受了伤，还没有死，怎么就不可以再杀伤他呢？您如果舍不得再伤害他，还不如一开始就不杀伤；如果怜悯他头发花白，就干脆向他投降。军队打仗，就应抓住有利时机作战，鸣金、击鼓是用来鼓舞士气的。敌人在险隘之处，正是可利用的时机啊！鼓声大作，激发士气，进攻未成阵的敌人，完全是应该的啊！"

（僖公二十三年）夏五月，宋襄公死，是因为在泓之战中受伤的缘故。

【解读】

僖公十七年，齐桓公死后，齐国陷入争立国君的混乱之中。宋襄公发动诸侯之兵讨伐齐国，终于立了齐孝公。在齐桓公去世之后，晋文公尚未崛起，宋襄公称霸之心便膨胀起来。他多次召集诸侯，僖公十九年他抓了滕宣公、杀了鄫国君来祭祀次睢的土地神，又讨曹、伐郑，欲以武力服人，却被楚人玩弄于股掌之上。宋襄公野心很大，他想继承齐桓公的霸业，不自量力地与强大的楚国干起来，看起来不可一世，其实是蠢猪一只。泓之战，他提出"不重伤，不禽二毛"的迂腐主张，以此来显示他的仁义，终于以失败告终，最后连命也送掉了。对于宋襄公的"仁义"，宋代的苏轼曾给予严厉的批评，他的《宋襄公论》即指出："宋襄公非独行仁义而不终者也，以不仁之资，盗仁者之名尔。"本篇刻画了宋襄公这样一个徒有霸心而无霸术的形象，又重点写司马子鱼的论战，其中司马子鱼对宋襄公的迂腐的反驳，透彻明确，痛快淋漓。

晋重耳
周游列国

8.

晋公子重耳之亡

僖公二十三年、二十四年

（僖公二十三年）晋公子重耳之及于难①也，晋人伐诸蒲城②。蒲城人欲战。重耳不可，曰：“保君父之命而享其生禄③，于是乎得人④。有人而校⑤，罪莫大焉。吾其奔⑥也。”遂奔狄⑦。从者狐偃、赵衰、颠颉、魏武子、司空季子⑧。狄人伐廧咎如⑨，获其二女：叔隗、季⑩隗，纳诸公子⑪。公子取季隗，生伯鯈、叔刘，以叔隗妻赵衰，生盾⑫。将适齐，谓季隗曰：“待我二十五年，不来而后嫁。”对曰：“我二十五年⑬矣，又如是而嫁，则就木⑭焉。请待子。”处狄十二年而行。

【注释】

①及于难：指太子申生之难。《左传》僖公四年，晋献公听信宠姬骊姬的谗言，逼死太子申生，公子重（chóng）耳、夷吾同时出逃。 ②蒲城：今山西省临汾市隰县，重耳的封邑。 ③保：依靠。生禄：养生的禄邑，即以采邑的赋税来养生的俸禄。 ④得人：得到众人拥护。 ⑤有人：即“得人”。校：同“较”，较量，对抗。 ⑥奔：出逃。 ⑦狄：古代北方的少数民族。 ⑧狐偃：重耳的舅父，字子犯。赵衰（cuī）：字子馀。颠颉（xié）：晋大夫。魏武子：名犨（chōu）。司空季子：一名胥臣。 ⑨廧咎（qiáng gāo）如：狄族的别种，隗姓。 ⑩叔、季：指排行。古人以孟、仲、叔、季排行。 ⑪诸：之于。公子：指重耳。 ⑫盾：即赵盾。 ⑬二十五年：

指已经二十五岁了。　⑭就木：进棺材。木：棺材。

【译文】

　　（僖公二十三年）晋公子重耳在骊姬之乱的时候，晋献公派人攻打蒲城。蒲城人要迎战，重耳不同意，说："我是靠了父王的命令才有了养生的禄邑，因此才得到众人的拥护。有了百姓的拥护就要与父王对抗，没有比这更大的罪过了。我还是逃亡吧！"于是逃奔到狄国。狐偃、赵衰、颠颉、魏武子、司空季子等人都跟随他出逃。狄国人攻打廧咎如，抓获了他的两个女儿叔隗和季隗，把她们送给公子重耳。重耳娶了季隗，生了伯鯈、叔刘。他把叔隗给了赵衰，生了赵盾。重耳准备到齐国去，对季隗说："等我二十五年，我如果不回来，你再改嫁。"季隗回答说："我已经二十五岁了，再过二十五年出嫁，我将进棺材了。我还是等您吧！"重耳在狄国待了十二年才离开。

　　过卫，卫文公不礼焉①。出于五鹿②，乞食于野人③，野人与之块④。公子怒，欲鞭之。子犯曰："天赐⑤也。"稽首⑥，受而载之。

　　及齐，齐桓公妻之⑦，有马二十乘⑧，公子安之⑨。从者⑩以为不可。将行，谋于桑下⑪。蚕妾在其上，以告姜氏⑫。姜氏杀之，而谓公子曰："子有四方之志⑬，其闻之者吾杀之矣。"公子曰："无之⑭。"姜曰："行也。怀与安⑮，实败名⑯。"公子不可。姜与子犯谋，醉而遣之⑰。醒，以戈逐子犯。

及曹，曹共公闻其骈胁^⑱，欲观其裸^⑲。浴，薄^⑳而观之。僖负羁^㉑之妻曰："吾观晋公子之从者，皆足以相国^㉒。若以相，夫子^㉓必反其国。反其国，必得志于诸侯^㉔。得志于诸侯，而诛无礼，曹其首也。子盍蚤自贰^㉕焉。"乃馈盘飧^㉖，置璧焉。公子受飧反璧^㉗。

【注释】

①不礼：不以礼待之。焉：之，代词，指重耳。　②五鹿：卫地，在今河南省濮阳市东北莎鹿城。　③野人：乡下人。　④块：土块。　⑤天赐：上天的赐予。子犯认为土块是土地的象征，表示上天将赐予重耳土地，象征能回国当国君。　⑥稽首：叩头。　⑦妻（qì）之：把齐国宗室女儿嫁给他。　⑧乘（shèng）：古时一车四马为一乘。　⑨安之：安居于齐，不想走了。　⑩从者：即跟随重耳逃亡的狐偃、赵衰一帮人。　⑪桑下：桑树下。　⑫蚕妾：养蚕的女奴。姜氏：齐桓公嫁给重耳的齐女。　⑬四方之志：指远大的志向。　⑭无之：重耳未参与策划离齐，想安于齐国，因此不承认。　⑮怀与安：眷恋享受，安于现状。　⑯败名：败坏功名。　⑰遣之：把重耳送出齐国。　⑱骈胁：腋下肋骨连成一片。　⑲欲观其裸：指想乘重耳裸身时看看。裸：裸体。　⑳薄：同"迫"，迫近，靠近。　㉑僖负羁：曹国大夫。　㉒相国：做国家的辅佐之臣。　㉓夫子：那个人，指重耳。　㉔得志于诸侯：指称霸诸侯。　㉕盍："何不"的合音词。蚤：同"早"。贰：不同的态度。　㉖飧（sūn）：晚饭。　㉗反璧：表示不贪财。反：同"返"。

【译文】

重耳过卫国的时候，卫文公没有以礼接待他。经过五鹿这个地方，重耳一行人向乡下人要饭吃，乡下人给了他一块泥土。重耳发怒了，要鞭打乡下人。子犯忙说："这是上天赐予我们的啊！"叩头，把土块接过来放在了车上。

到了齐国，齐桓公将宗室女儿嫁给重耳，又赠马八十四。重耳便安于齐国的生活不想再走了。跟随出逃的人都认为这样不行。他们准备让重耳离开齐国，并在桑树下商量。养蚕的女奴正在桑树上听到了，便报告给姜氏。姜氏把女奴杀了，然后对公子重耳说："您有远大的志向，那些听到的人，我已经把她杀了。"重耳说："没有这回事的。"姜氏说："您走吧！眷恋享受，安于现状，只能败坏功名。"公子不愿走。姜氏与子犯商量，把重耳灌醉，然后把他送走。重耳醒来之后，生气得拿起戈来追赶子犯。

到了曹国，曹共公听说重耳腋下肋骨连成一片，便想要乘重耳裸露身体的时候看一看。重耳洗澡的时候，他便迫近前去观看。曹大夫僖负羁的妻子说："我看晋公子的手下人，都是足以做国家辅臣的人才。如果用他们做辅政大臣，公子必定会返回晋国即位。返国之后，一定会在诸侯列国中得志。得志之后而惩罚对他无礼的国家，曹国必首当其冲。你何不早一点表示一些不同的态度呢？"于是僖负羁就赠送给重耳一盘晚餐，把一块玉璧放置在食物中。重耳接受了他的晚餐而送还了玉璧。

及宋，宋襄公赠之以马二十乘。

及郑，郑文公亦不礼焉。叔詹①谏曰："臣闻天之所启②，人弗及也。晋公子有三焉③，天其或者将建诸④，君其礼焉。男女同姓，其生不蕃⑤。晋公子，姬出⑥也，而至于今，一也。离外⑦之患，而天不靖晋国⑧，殆将启之，二也。有三士足以上人⑨而从之，三也。晋、郑同侪⑩，其过子弟⑪，固将礼焉，况天之所启乎？"弗听。

【注释】

①叔詹：郑大夫，即郑詹。 ②天之所启：指天所帮助的人。启：开，赞助。 ③三焉：三个与众不同的地方。 ④其或者：其、或者，都是揣测副词。建诸：建立他，指天有意立他为君。诸："之乎"的合音。 ⑤蕃：繁盛。 ⑥姬出：重耳为犬戎狐姬之子，姬姓女所生。 ⑦离：同"罹"，遭受。外：指逃亡国外。 ⑧不靖晋国：重耳虽逃亡国外，晋国内却不能安定。 ⑨三士：指跟随重耳的狐偃、赵衰和贾佗。上人：超过一般人。 ⑩同侪（chái）：同等地位。 ⑪其过子弟：那些来往经过郑国的晋国子弟。

【译文】

到了宋国，宋襄公赠送给重耳马八十匹。

重耳到了郑国，郑国国君郑文公对他也不加礼遇。叔詹劝告郑文公说："我听说上天所要帮助的人，一般人是比不上的。晋公子重耳有三件特殊的事非他人所能比。上天或者将要立他为君，您还是以礼相待的好。男女同姓通婚，他们的子孙不能繁盛；姬姓的晋公子重耳，又是姬姓女所生，但他至今仍健康地活着，这是第一件特殊的事。他遭受了逃亡在外的忧患，而晋国国内却不能安定，上天替重耳创造有利条件，这是第二件特殊的事。有三个超出一般人的人跟着他，这是第三件。晋国和郑国是同等地位的国家，平时他们的子弟来往，本该以礼相待，更何况是天所要帮助的人呢?"郑文公不听。

及楚，楚子①飨之，曰:"公子若反晋国，则何以报不穀②?"对曰:"子女③、玉帛，则君有之，羽、毛、齿、革④则君地生焉。其波及⑤晋国者，君之余也，其何以报君?"曰:"虽然⑥，何以报我?"对曰:"若以君之灵，得反晋国，晋、楚治兵⑦，遇于中原⑧，其辟君三舍⑨。若不获命⑩，其左执鞭、弭⑪，右属櫜、鞬⑫，以与君周旋⑬。"子玉⑭请杀之。楚子曰:"晋公子广而俭⑮，文⑯而有礼。其从者肃而宽⑰，忠而能力⑱。晋侯⑲无亲，外内恶之。吾闻姬姓，唐叔⑳之后，其后衰者也㉑，其将由晋公子乎㉒。天将兴之，谁能废之? 违天必有大咎。"乃送诸秦。

秦伯纳女五人，怀嬴㉓与焉。奉匜沃盥㉔，既而挥之㉕。怒曰:"秦、晋匹㉖也，何以卑我㉗!"公子惧，降服而囚㉘。

他日，公㉙享之。子犯曰:"吾不如衰之文㉚也，请使衰从。"公子赋《河水》㉛，公赋《六月》㉜。赵衰曰:"重耳拜赐㉝。"公子降㉞，拜，稽首，公降一级而辞㉟焉。衰曰:"君称所以佐天子者㊱命重耳，重耳敢不拜。”

【注释】

①楚子：楚成王。　②不穀：君王自称的谦辞。穀：善。　③子女：指男女奴隶。　④羽、毛、齿、革：鸟羽、兽毛、象牙、牛皮。　⑤波及：流散到。　⑥虽然：即使如此。　⑦治兵：交战。　⑧中原：即原中，原野之中，指战场。　⑨辟：同“避”。三舍：一舍三十里，共九十里。　⑩获命：获得退兵的命令。此指获得你的谅解。　⑪鞭：马鞭。弭(mǐ)：不加装饰的弓。　⑫属：手摸着。櫜(gǎo)、鞬(jiàn)：箭袋和弓套。　⑬周旋：打仗的委婉语。　⑭子玉：楚国大夫，时为令尹。　⑮广：志向远大。俭：检束，指严于律己。　⑯文：说话有文采。　⑰肃：态度严肃。宽：待人宽厚。　⑱能力：能为重耳效力。　⑲晋侯：指晋惠公。　⑳唐叔：晋国始祖，周成王弟弟。　㉑其后衰者也：指晋国德泽久长，不会马上衰落。　㉒将由晋公子乎：指将由重耳振兴晋国。　㉓怀嬴：秦穆公之女，原嫁给晋怀公，怀公逃归后，又改嫁给晋文公重耳，后又称文嬴。　㉔奉匜(yí)沃盥(guàn)：主语是怀嬴。古人洗手，一人浇水，一人捧盘接水。奉：同“捧”；匜：盛水的盘子；沃：浇；盥：洗。　㉕挥之：挥洒湿手，让怀嬴走开。此为不礼貌的行为。　㉖匹：匹敌，相等。　㉗卑我：以我为卑。指如此轻率地对待我。　㉘降服而囚：脱去上衣，自囚以谢罪。　㉙公：秦穆公。　㉚文：有文辞，善外交辞令。　㉛赋：宴会上宾主都可以指定诗篇，让乐工演奏，称赋诗。《河水》：逸诗篇名。重耳以此诗表示对秦穆公的尊敬。　㉜《六月》：《诗经·小雅》篇名。秦穆公以此暗示将以武力支持重耳回国。　㉝拜赐：拜谢秦穆公的好意。　㉞降：退到阶下。　㉟公降一级而辞：秦穆公下阶一级，表示不敢接受降拜的大礼。　㊱佐天子者：《六月》是歌颂尹吉甫辅佐

周宣王北伐的诗，所以称"佐天子者"。

【译文】

到了楚国，楚成王设宴招待他，说："公子如果返回晋国即位，那么将如何报答我呢？"重耳回答说："男女奴仆，君王已经有了。鸟羽、兽毛、象牙、牛皮，则贵国生长得更多。晋国里生产的这些东西，不过是贵国流散到晋国的剩余罢了。我拿什么报答您好呢？"楚王说："虽说是这样，您究竟用什么来报答我？"重耳回答说："如果托您的福，能够返回晋国，一旦晋、楚两国交战，在战场上相遇，那我将把军队后撤三舍。如果还得不到君王的谅解而退兵，那只好拿起武器与楚君较量一番了。"令尹子玉请求楚王杀掉重耳，楚王说："晋公子重耳志向广大严于律己，文辞华美而有礼节；他的随从态度严肃，待人宽厚，忠诚而能为主人尽力。现在的晋国国君没有亲近的人，国内外均不得人心。我听说唐叔的后代，是姬姓中最后衰亡的，这大概要由重耳来重振国势吧！上天要振兴他，谁又能够废掉他呢？违背天意，必定会有大灾难。"于是就把重耳送到秦国。

秦穆公送给重耳五个女子，怀嬴也在其中。一次，怀嬴捧着水盘，倒水给重耳洗手。洗完之后，重耳挥洒着湿手，让怀嬴走开。怀嬴生气地说："秦国和晋国地位相等，您为何蔑视我！"公子重耳害怕了，于是脱去上衣，把自己捆绑起来向怀嬴谢罪。

有一天，秦穆公宴享重耳。子犯说："我不如赵衰善于文辞，请让赵衰跟您去。"在宴会上，重耳叫乐工奏《河水》这首诗以表示对秦穆公的尊敬，秦穆公叫人奏了《六月》这首诗作为回谢。赵衰忙说："重耳快拜谢君王的美意！"重耳退到阶下，拜，叩头。秦穆公下阶一级表示辞让。赵衰说："君主用辅佐天子的诗来命令重耳，重耳岂敢不拜？"

（僖公二十四年）春，王正月，秦伯纳之①，不书，不告入也。

及河②，子犯以璧授公子，曰："臣负羁绁从君巡于天下③，臣之罪甚多矣，臣犹知之，而况君乎？请由此亡④。"公子曰："所不与舅氏同心者，有如白水⑤。"投其璧于河⑥。

济河，围令狐⑦，入桑泉⑧，取臼衰⑨。二月甲午⑩，晋师军于庐柳⑪。秦伯使公子絷如⑫晋师。师退，军于郇⑬。辛丑⑭，狐偃及秦、晋之大夫盟于郇。壬寅⑮，公子入于晋师⑯。丙午⑰，入于曲沃⑱。丁未⑲，朝于武宫⑳。戊申㉑，使杀怀公于高梁㉒。不书，亦不告也。

【注释】

①纳之：派兵护送重耳回国。　②河：黄河。　③负羁绁（xiè）：指担任仆役随从奔走。羁：马笼头；绁：马缰绳。巡于天下：逃亡的委婉说法。　④亡：奔逃，此指离开重耳。　⑤所：假设连词，如果。舅氏：舅父。有如白水：指着河水发誓。　⑥投其璧于河：表示取信于河神。　⑦令狐：在今山西省运城市临猗县西。　⑧桑泉：在临猗县东北。　⑨白衰（jiù cuī）：在今山西省运城市盐湖区解州镇西北。　⑩甲午：二月无甲午日，恐记日有错。　⑪晋师：指晋怀公的军队。庐柳：在临猗县境。　⑫公子絷：秦公子。如：前往。　⑬郇（xún）：在临猗县西南。　⑭辛丑：甲午后第七天。　⑮壬寅：辛丑第二天。　⑯入于晋师：晋军转向重耳，所以重耳能进入晋军中。　⑰丙午：壬寅后第四天。　⑱曲沃：晋国祖宗庙所在地，在今山西省运城市闻喜县东北。　⑲丁未：丙午第二天。　⑳武官：晋曲沃武公之庙。晋国每位国君即位，都要先朝拜武官。　㉑戊申：丁未第二天。　㉒高梁：在今山西省临汾市。

【译文】

（僖公二十四年）春，周历正月，秦穆公派兵护送重耳回国。《春秋》经文没有记载这件事，因为重耳回国之事没有向鲁国报告。

到了黄河，子犯把一块玉璧交给重耳说："臣下为您担任仆役跟随着您奔走，巡行天下，臣下的罪过很多，臣下自己都知道，何况您呢？请允许我从此离开您吧！"重耳说："我如果不与舅父一条心，可以指着黄河水发誓。"就把那块玉璧扔进黄河去。

渡过黄河，重耳一行包围了令狐，进入桑泉，攻取了白衰。二月甲午日，晋怀公的军队驻扎在庐柳。秦穆公派公子絷到怀公军队中传达秦国的命令。晋军退，驻扎在郇地。辛丑日，狐偃和秦国、晋怀公的大夫在郇地结盟。壬寅日，重耳进入晋国军队，掌握了军队。丙午日，进入曲沃。丁未日，朝拜祖庙武官。戊申日，派人在高梁杀了晋怀公。《春秋》没有记载这些事，也是因为晋人没来鲁国报告。

吕、郤①畏偪，将焚公宫而弒晋侯②。寺人披③请见，公使让④之，且辞焉，曰："蒲城之役⑤，君命一宿⑥，女⑦即至。其后余从狄君以田渭滨⑧，女为惠公来求杀余，命女三宿，女中宿⑨至。虽有君命，何其速也。夫袪犹在⑩。女其行乎。"对曰："臣谓君之入也，其知之⑪矣。若犹未也，又将及难⑫。君命无二⑬，古之制也。除君之恶，唯力是视⑭。蒲人、狄人，余何有⑮焉？今君即位，其无蒲、狄乎？齐桓公置射钩而使管仲相⑯，君若易之⑰，何辱命焉⑱？行者甚众，岂唯刑臣⑲。"公见之，以难⑳告。三月，晋侯潜会秦伯于王城㉑。己丑晦㉒，公宫火，瑕甥、郤芮不获公，乃如河上，秦伯诱而杀之㉓。晋侯逆夫人嬴氏㉔以归。秦伯送卫于晋三千人，实纪纲之仆㉕。

【注释】

①吕、郤：吕甥（即瑕甥）、郤芮，二人是晋惠公旧臣。②公宫：晋侯的宫廷。晋侯：指重耳，此时已即君位，史称晋文公。③寺人披：寺人，即阉人，宦官，名披。④让：责备。⑤蒲城之役：指僖公五年，寺人披曾奉晋献公之命至蒲城追杀重耳。⑥一宿：一夜。此指住一夜后到蒲城。⑦女：同"汝"，你。⑧田：同"畋"，打猎。渭滨：渭水之滨。⑨中宿：第二宿后第三日。⑩夫袪（qū）犹在：意为寺人披伐蒲城，重耳越墙逃走，寺人披斩得重耳的一只袖口还在呢。袪：袖管。⑪知之：知道为君之道。⑫及难：赶上灾难。及：赶上，指遭受。⑬无二：无

二心。　⑭唯力是视：即唯视力，尽自己能力之所及。　⑮余何有：对我有什么关系呢？　⑯置射钩而使管仲相：齐桓公和公子纠争位时，管仲奉公子纠之命射中桓公的衣带钩，后因鲍叔牙推荐，齐桓公又重用管仲。　⑰易之：改变齐桓公的做法。　⑱何辱命焉：何须你下命令。　⑲刑臣：受过官刑之臣，寺人披自称。　⑳难：指吕、郤焚烧公宫的阴谋。　㉑潜会：秘密地会见。王城：秦地，在今陕西省渭南市大荔县东。　㉒晦：月终之日。　㉓杀之：杀吕、郤二人。　㉔嬴氏：指怀嬴。　㉕纪纲之仆：得力之仆人。

【译文】

　　吕甥、郤芮害怕受到重耳的迫害，准备焚烧公宫室并杀死晋君重耳。寺人披请求进见重耳，重耳派人去责备他，拒绝接见他，说："蒲城之战，献公命令你一夜之后到达蒲城，你当天就到了。后来我跟狄君一起在渭水之滨打猎，你奉惠公之命来追杀我。命令你三个晚上以后赶到，你第二晚就到了。虽然有国君的命令，可是追杀我你却那么快！当初被你砍掉的那只袖子还在呢。你还是走吧！"寺人披回答说："我以为您回国为君，应该懂得为君之道了，如果还不懂，又将会有灾难啊。执行国君的命令不能三心二意，这是自古以来的制度。铲除国君所厌恶的人，我是尽力而为。杀一个蒲人或狄人，于我有什么关系呢？现在您当了国君，难道就没有像当年在蒲城和在狄那样的反对者吗？齐桓公能不计射钩之仇而重用管仲为相，您如果没有齐桓公的度量，改变他那样的做法，那我自然会走开，何必劳烦您下命令呢？那样的话要走的人很多，岂止我一个！"重耳于是接见了他。寺人披把吕、郤将作乱的事报告了重耳。三月，重耳秘密地到王城会见秦穆公。三月三十，公宫被烧，瑕甥、郤芮没有抓到重耳，就追赶到黄河边上，秦穆公把二人诱骗过去杀掉。重耳把怀嬴接回国内。秦穆公送给晋国三千名卫士，作为得力的仆人。

初，晋侯之竖头须①，守藏②者也。其出也，窃藏以逃，尽用以求纳③之。及入④，求见。公辞焉以沐⑤。谓仆人曰："沐则心覆⑥，心覆则图反⑦，宜吾不得见也。居者为社稷之守⑧，行者为羁绁之仆⑨，其⑩亦可也，何必罪居者？国君而仇匹夫⑪，惧者甚众矣。"仆人以告，公遽⑫见之。

狄人归季隗于晋，而请其二子⑬。文公妻赵衰⑭，生原同、屏括、楼婴。赵姬⑮请逆盾与其母，子余辞⑯。姬曰："得宠而忘旧，何以使人？必逆之！"固请，许之。来，以盾为才⑰，固请于公，以为嫡子，而使其三子下之⑱，以叔隗为内子⑲，而己下之。

【注释】

①竖：小臣。头须：人名。 ②藏（zàng）：库藏，仓库。 ③纳：接纳重耳回国。 ④入：指重耳回国。 ⑤辞焉以沐：以洗头为借口辞谢不接见。沐：洗头。 ⑥沐则心覆：洗头时低头向下，心也向下，所以说心覆。 ⑦图反：考虑问题颠倒。 ⑧居者：留在国内的人。社稷之守：看守社稷。 ⑨羁绁之仆：牵马的仆人。 ⑩其：指居者和行者。 ⑪仇：

仇视。匹夫：普通人，指这些小臣。　⑫遽：立即，马上。　⑬二子：指伯儵、叔刘。　⑭妻（qì）赵衰：把女儿嫁给赵衰。妻：作动词。　⑮赵姬：重耳女儿。　⑯子余：赵衰，字子余。辞：辞谢，指不同意接回赵盾和他的母亲叔隗。　⑰才：有才干。　⑱下之：居于赵盾之下。　⑲内子：嫡妻，正妻。

【译文】

当初，晋君有个小臣，名叫头须，是个监守府库的人。当年重耳逃亡时，头须偷走府库中的财物，全部用在接纳重耳回国这件事上。等到重耳回国了，头须请求进见重耳。重耳借口正在洗头而不愿见他。头须对重耳的仆人说："洗头的时候心是向下倒过来的，心倒过来，考虑问题就颠倒了。该我不能够进见他。在国内居留的人为您看守国家，跟您逃亡的人替您奔走服役，这两种人都是一样的。何必把留守的人看成是有罪的人呢？做国君的如果仇视普通人，那么害怕的人就多了。"仆人把这些话告诉给重耳，重耳马上接见了他。

狄国人将季隗送回晋国，而请求留下伯儵、叔刘二人。晋文公把女儿嫁给赵衰，生了原同、屏括、楼婴。赵姬请求接回赵盾和他的母亲叔隗，赵衰辞谢不同意。赵姬说："得到了宠爱而忘记了旧人，还如何使唤别人？一定要接他们回来。"坚决向赵衰请求，赵衰同意了。于是把叔隗和赵盾接回来。赵姬认为赵盾有才干，坚决向晋文公请求，要把赵盾立为嫡子，而使亲生的三个儿子居于赵盾之下；又以叔隗为正妻，自己居于叔隗之下。

晋侯赏从亡者，介之推①不言禄，禄亦弗及。推曰："献公之子九人，唯君在矣。惠、怀无亲，外内弃之。天未绝晋，必将有主。主晋祀者②，非君而谁？天实置之，而二三子③以为己力，不亦诬④乎？窃人之财，犹谓之盗，况贪天之功以为己力乎？下义其罪⑤，上赏其奸，上下相蒙⑥，难与处矣！"其母曰："盍亦求之？以死，谁怼⑦？"对曰："尤⑧而效之，罪又甚焉。且出怨言，不食其食⑨。"其母曰："亦使知之⑩，若何？"对曰："言，身之文⑪也。身将隐⑫，焉用文之？是求显⑬也。"其母曰："能如是乎？与女偕隐⑭。"遂隐而死。晋侯求之，不获，以绵上为之田⑮，曰："以志吾过，且旌⑯善人。"

【注释】

①介之推：晋大夫，姓介，名推，曾跟随文公流亡。 ②主晋祀者：主持晋国宗庙祭祀的人。 ③二三子：那些人，指从亡者。 ④诬：欺骗。 ⑤义其罪：以其罪为义，即把罪恶当作正义的行为。 ⑥相蒙：相互欺骗蒙蔽。 ⑦怼（duì）：怨恨。 ⑧尤：过失，罪过。 ⑨不食其食：指不再接受他的俸禄。 ⑩使知之：让晋文公知道你的牢骚。 ⑪文：文饰。 ⑫隐：隐居。 ⑬求显：求显达，求为人所知。 ⑭女：同"汝"。偕隐：一起隐居。 ⑮绵上：地名，在今山西省晋中市介休市东南。田：祭田。 ⑯旌：表扬。

【译文】

晋文公奖赏跟随他逃亡的臣子，介之推没有提出要求赏赐，赏赐也没加给介之推。介之推说："献公有儿子九个，现今只有国君您在了。惠公、怀公没亲近之人，国内外的人都抛弃他。上天不愿灭绝晋国，必定会有新君。主持晋国宗庙祭祀的人，不是重耳您还有谁呢？上天一定要立重耳为君，而他们几位随从逃亡的人却贪天之功以为己力，这不是欺蒙上天吗？偷人家的财物，尚且叫作盗贼，何况贪天之功以为自己的力量呢？在下的人把罪恶当作正义的行为，在上的又对他们所做的坏事加以赞赏，上下互相欺诈蒙骗，这就难以和他们相处了啊！"介之推的母亲说："你何不也去求得封赏？否则就这样死去，又怨谁呢？"介之推回答说："明知他是错的又去效仿他，罪过就更大了。再说我已口出怨言，不能再接受他的俸禄。"他的母亲说："要不然也让他知道一下，怎么样？"介之推回答说："言辞，是身体上的装饰。身体将要隐藏起来，还要装饰干什么？这反而是去求得显达了。"他母亲说："你能做到这样吗？那么我和你一起隐居吧！"于是母子俩一起隐居到死。重耳派人到处寻找他们没找到，就把绵上作为介之推的祭田，说："就用这儿来记载我的过错，并表扬好人吧！"

【解读】

重耳是著名的春秋五霸之一，史称晋文公。本篇写晋文公重耳的成长过程。鲁僖公四年，晋献公听信宠妃骊姬之谗言，迫害太子申生，太子申生自缢身亡，申生之弟重耳、夷吾亦被逼出奔逃亡。公子重耳在外流亡十九年，流亡之初，重耳从胸无大志，被动逃亡，经历所到之国的不同遭遇、政治风云的磨炼，备尝艰辛，艰苦磨难，终于成长起来，最终在秦穆公的帮助下回国夺取君位，回国后处理的几件事情，又证明他足以成为强大晋国的中兴之主。本篇运用追叙之手法，从公子重耳出奔狄国写起，将十九年中晋文公重耳出奔、流亡、回国夺取政权，以及回国后赏善罚恶之史实集中分载于僖公二十三年、二十四年之中。全文叙事脉络清晰，人物形象丰满；通过一系列故事冲突，描绘出公子重耳的性格发展过程，塑造了一位砥砺成才的春秋霸主形象。本篇是《左传》中的名篇。其写法，实为后代纪传体和纪事本末体史书之滥觞。

9.

兵入晋
交峻楚

晋楚城濮之战

僖公二十七年、二十八年

（僖公二十七年）冬，楚子及诸侯①围宋。宋公孙固②如晋告急。先轸③曰："报施、救患④，取威、定霸，于是乎在⑤矣。"狐偃曰："楚始得曹，而新昏⑥于卫，若伐曹、卫，楚必救之，则齐、宋免矣⑦。"于是乎蒐于被庐⑧，作三军⑨，谋元帅⑩。赵衰曰："郤縠⑪可。臣亟闻其言矣，说礼、乐而敦⑫《诗》《书》。《诗》《书》，义之府⑬也；礼、乐，德之则⑭也；德、义，利之本⑮也。《夏书》曰：'赋纳以言，明试以功，车服以庸。'⑯君其试之。"及使郤縠将中军，郤溱佐之⑰；使狐偃将上军，让于狐毛⑱，而佐之。命赵衰为卿，让于栾枝⑲、先轸。使栾枝将下军，先轸佐之。荀林父御戎，魏犨⑳为右。

【注释】

①及诸侯：据经文记载，随楚成王一起围宋的诸侯还有陈、蔡、郑、许等国。　②宋公孙固：宋庄公的孙子，曾为大司马。　③先轸：晋国将领，又称原轸。　④报施：指晋文公重耳流亡于宋国，当时宋襄公赠马八十匹，现应报恩。救患：救宋被围之患。　⑤于是乎在：在此一举。　⑥昏：同"婚"。　⑦齐、宋免矣：去年楚伐齐，侵占穀地，狐偃估计晋伐曹、卫，既可使齐、宋免于楚国的侵略，又可用以激楚。　⑧蒐（sōu）：检阅军队，亦指演习。被庐：晋国地名。　⑨作三军：闵公元年晋献公作二军，文

公乘此机会建立三军（中军、上军、下军）。 ⑩谋元帅：商量元帅的人选。晋国三军各置将、佐，称为六卿。中军主将为元帅、正卿。 ⑪郤縠（hú）：晋大夫。 ⑫说：同"悦"。敦：崇尚。 ⑬义之府：道义的府库，指道义集中的著作。 ⑭则：法则，准则。 ⑮本：根本。 ⑯赋纳以言，明试以功，车服以庸：引文见今《尚书·虞书·益稷》。赋纳：听取；试：尝试；功：事，具体任务；庸：功绩。 ⑰郤溱：晋国将领。佐之：为副手。 ⑱狐毛：晋国将领。狐毛是狐偃的哥哥。 ⑲栾枝：又称栾贞子。 ⑳荀林父：又称中行桓子；魏犨（chōu）：又称魏武子。

【译文】

（僖公二十七年）这年冬天，楚成王和诸侯包围宋国。宋国的公孙固到晋国告急。先轸说："报答宋国的施恩，救援宋国的患难，在诸侯中取得威望，奠定霸业，就在这一仗了！"狐偃说："楚国刚得到曹国的同盟，新近又与卫国结为联姻。如果攻打曹、卫两国，楚国必定救援，那么，齐国和宋国就可免于被攻了。"晋国因此而在被庐阅兵，建立上、中、下三军，并商量中军元帅的人选。赵衰说："郤縠可以胜任。我屡次听他谈论，他喜爱礼、乐而熟悉《诗经》《尚书》这些典籍。《诗经》《尚书》这两部典籍，道义都蕴藏其中；礼、乐，又是道德修养的准则；道、义，则是利益的根本。《夏书》上说：'使用一个人，应全面听取他的意见，把具体的任务交给他，使他受到明白的考验，如果成功，就赏赐给他车马服饰作为酬劳。'您不妨试用一下吧。"于是晋文公就派郤縠统率中军，郤溱辅佐他。派狐偃率领上军，狐偃让给狐毛而自己为副。任命赵衰为卿，赵衰让给栾枝、先轸。派栾枝率领下军，先轸辅佐他。荀林父为晋文公驾御战车，魏犨担任车右。

晋侯始入而教其民①，二年，欲用之。子犯曰："民未知义②，未安其居。"于是乎出定襄王③，入务利民，民怀生④矣。将用之。子犯曰："民未知信，未宣其用⑤。"于是乎伐原⑥以示之信。民易资⑦者，不求丰⑧焉，明征其辞⑨。公曰："可矣乎?"子犯曰："民未知礼，未生其共⑩。"于是乎大蒐以示之礼，作执秩⑪以正其官。民听不惑⑫，而后用之。出榖戍⑬，释宋围，一战⑭而霸，文之教也。

【注释】

①教其民：训练百姓作战。 ②未知义：不懂得道义。 ③出定襄王：当时周王朝发生王子带之乱，晋文公平定其乱。事见僖公二十五年传。 ④怀生：指安居乐业。怀：眷恋；生：产业。 ⑤宣其用：即明白信义的作用。宣：明白。 ⑥伐原：在僖公二十五年。 ⑦易资：交换商品，即做买卖。 ⑧不求丰：不过分地求利。 ⑨明征其辞：明码实价。 ⑩共：同"恭"，恭敬之心。 ⑪执秩：负责管理爵禄秩位的官。 ⑫民听不惑：百姓听从指挥，明辨是非。 ⑬出榖戍：赶走楚在榖地的驻军。事见下年传。 ⑭一战：指明年的城濮之战。此段文字综述晋文公经城濮之战成为霸主。

【译文】

晋文公一回国即位，就训练百姓作战。过了两年，就想用他们。子犯说："百姓还不懂道义，还没能安守自己的本位。"于是在外，晋文公为周襄王平定王子带之乱；在内，则注重为百姓谋福利，使百姓都安于他们的生计。晋文公又准备用他们作战。子犯说："百姓还不知道信用，还不明白信义的作用。"于是文公就去攻打原国来让百姓明白信义的作用。做买卖不求贪得无厌，讲究价钱公道，以示信义。晋文公问："现在可以动用百姓了吧？"子犯说："百姓还不知道礼义，未养成恭敬尊上的习惯。"因此举行盛大的演习来让百姓知道礼义，建立管理爵禄秩位之官来规定官员的职责。等到百姓听从指挥，明辨是非，服从命令而不疑惑，然后才使用他们作战。于是，使楚国撤去戍守榖地的兵，解除宋国的包围，一战而成就霸业。这都是文公的教化所致了。

（僖公二十八年）晋侯围曹，门^①焉，多死。曹人尸诸城上^②，晋侯患之。听舆人^③之谋曰："称舍于墓^④。"师迁焉。曹人凶惧^⑤，为其所得者，棺而出之^⑥。因其凶^⑦也而攻之。三月丙午，入曹。数之^⑧以其不用僖负羁，而乘轩者^⑨三百人也。且曰："献状^⑩。"令无入僖负羁之宫而免其族^⑪，报施^⑫也。魏犫、颠颉怒曰："劳之不图^⑬，报于何有！"爇^⑭僖负羁氏。魏犫伤于胸。公欲杀之，而爱其材。使问^⑮，且视之^⑯。病^⑰，将杀之。魏犫束胸见使者，曰："以君之灵，不有宁^⑱也。"距跃三百^⑲，曲踊^⑳三百。乃舍之。杀颠颉以徇^㉑于师，立舟之侨^㉒以为戎右。

【注释】

①门：作动词，攻打城门。　②尸诸城上：将晋军尸体堆列城上。③舆人：役卒。　④舍于墓：将军队驻扎在曹人墓地上。　⑤凶惧：恐惧。　⑥棺而出之：将晋军尸体装入棺材中送出来。　⑦因其凶：乘着他们恐惧时。　⑧数之：列数曹共公的罪状。　⑨乘轩者：指贵族中被封官爵的人。　⑩献状：晋文公流亡于曹国，曹共公曾乘文公洗澡时偷看文公骈胁，现责令曹共公献述其罪状。详见僖公二十三年传。　⑪宫：住宅。免其族：赦免僖负羁同族的人。　⑫报施：报"盘飧置璧"之恩。　⑬劳之不图：即不图劳。劳：功劳；图：考虑。　⑭爇（ruò）：烧。　⑮问：慰劳。　⑯视之：视察伤势。　⑰病：伤重。　⑱不有宁：意为很安宁，安康。　⑲距跃：直跃向前。百：同"拍"，拍掌。魏犨以此表示自己伤势并不重。　⑳曲踊：回身耸跳。　㉑徇：示众。　㉒舟之侨：本虢国旧臣，鲁闵公二年奔晋，为晋大夫。

【译文】

（僖公二十八年）晋文公包围了曹国，攻城门时死了很多人。曹军把晋军的尸体都堆列在城上，晋文公很担心。他听到士兵们在议论说："把军队驻扎在他们的墓地上，挖他们的祖坟。"晋文公依计而行，把军队迁往曹人墓地。这一来，曹国人十分恐惧，就把他们所得到的晋军尸体用棺材装好送出来。趁着曹国人乱哄哄的时候，晋军发起进攻。三月初八，晋军攻入曹国都城。晋人列举曹共公的罪状，责备他不任用大臣僖负羁，而乘车的佞臣倒有三百人，并责令说："要供认当年偷看晋文公洗澡的罪状。"晋文公下令不得进入僖负羁的家里，同时赦免他的族人，以此来报答僖负羁当年的恩惠。魏犫、颠颉发怒说："我们这些有功劳的不考虑奖赏，还谈什么报答僖负羁！"于是放火烧了僖负羁的房屋。魏犫胸部受了伤，晋文公想杀他，但又爱惜他的才能，因此派使者送东西去慰劳他，并察看他的病情，如果伤得厉害，就杀了他。魏犫把胸部捆得紧紧的出来见使者，说："托国君的福，我不是好好的嘛。"说完就向前跳三次，拍掌三次，又回身耸跳三次，拍掌三次。于是晋文公饶恕了他，只把颠颉杀了在军中示众，立舟之侨为车右。

宋人使门尹般①如晋师告急。公曰："宋人告急，舍之则绝②，告楚不许③。我欲战矣，齐、秦未可，若之何？"先轸曰："使宋舍我而赂齐、秦，藉之告楚④。我执曹君，而分曹、卫之田以赐宋人。楚爱曹、卫，必不许也。喜赂、怒顽⑤，能无战乎？"公说，执曹伯，分曹、卫之田以畀⑥宋人。

【注释】

①门尹般：宋大夫。　②舍之则绝：不救宋，宋将与晋绝交。　③告楚不许：请楚退兵，楚必不许。　④藉之告楚：让齐、秦两国替宋国向楚请求退兵。　⑤喜赂、怒顽：齐、秦两国喜得宋国的财物，又恼怒楚国的顽抗。　⑥畀（bì）：给予。

【译文】

宋国派门尹般向晋军求救。晋文公说："宋国来告急，不救他，就断绝了交往；要求楚国撤兵，楚人一定不答应。我们要同楚国作战，齐国和秦国又不同意，怎么办呢？"先轸说："设法让宋国不来求救，而去给齐、秦赠送财礼，假手他们两国去请楚国退兵。我们则拘留曹君，把曹、卫两国的田地分赐给宋人。楚国是与曹、卫亲善的，必定不会答应齐、秦两国的请求。齐、秦两国既高兴于得了宋国的贿赂，又恼怒楚人的顽抗，这样，他们能不参战吗？"晋文公听了很高兴，就扣住曹君，把曹、卫两国的田地分给了宋人。

楚子入居于申①，使申叔去穀②，使子玉去宋，曰："无从晋师③。晋侯在外十九年矣，而果得晋国。险阻艰难，备尝之矣；民之情伪，尽知之矣。天假之④年，而除其害⑤。天之所置，其可废乎？《军志》⑥曰：'允当则归⑦。'又曰：'知难而退。'又曰：'有德不可敌。'此三志⑧者，晋之谓矣。"子玉使伯棼⑨请战，曰："非敢必有功也，愿以间执谗慝之口⑩。"王怒，少与之师，唯西广、东宫与若敖之六卒⑪实从之。

【注释】

①申：本姜姓小国，后为楚所吞并，在今河南省南阳市。　②申叔：即申公叔侯，楚大夫。去穀：两年前，楚伐齐，占领齐国穀地，命申叔驻防那里。现在命其撤兵，以消除齐国的怨恨。　③无从晋师：避免与晋军

交战。 ④假之：假，给予；之，指晋文公。文公入国时已六十二岁。 ⑤除其害：指与文公对立的惠公、怀公、吕甥、郤芮等都被除掉。 ⑥《军志》：古代兵书。 ⑦允当则归：适可而止。允当：恰如其分。 ⑧三志：三条记载。 ⑨伯棼：楚大夫，即斗椒，一字子越。 ⑩间执谗慝（chán tè）之口：间执，防止，杜塞。谗慝之口，搬弄是非的话，指前面芳贾批评子玉会失败的话。 ⑪西广、东宫与若敖之六卒：楚军队名称。西广：右军；东宫：太子属下的部队；若敖：子玉的祖父；若敖之六卒：若敖氏的亲兵六百人。

【译文】

　　楚成王驻兵于申，下令叫申叔撤离穀地，叫子玉撤离宋国，告诫子玉说："不要去追逐晋军。晋侯流亡在外十九年，居然得到了晋国，当了国君。艰难险阻，他都经历过；民情真伪，他都明白。上天给予他这样长的寿命，又帮他把政敌都剪除了。这是上天要树立他，能够废得了吗？兵书《军志》上说：'适可而止。'又说：'知难而退。'又说：'有德的人是不可与之为敌的。'这三条，都适用于晋国。"子玉派伯棼去向楚成王请战，说："不敢说一定能立功，只是想以此堵住搬弄是非说闲话的人的嘴。"楚王很不高兴，就给他少量的军队，只有右军西广、东宫太子属下和若敖氏的亲兵六百人跟着去。

　　子玉使宛春①告于晋师曰："请复卫侯而封曹②，臣亦释宋之围。"子犯曰："子玉无礼哉！君取一③，臣取二④，不可失矣。"先轸曰："子与之！定人⑤之谓礼，楚一言而定三国，我一言而亡之。我则无礼，何以战乎？不许楚言，是弃宋也。救而弃之⑥，谓诸侯何？楚有三施，我有三怨⑦，怨仇已⑧多，将何以战？不如私许复曹、卫以携⑨之，执宛春以怒楚，既战而后图之⑩。"公说，乃拘宛春于卫，且私许复曹、卫。曹、卫告绝于楚⑪。

【注释】

①宛春：楚大夫。　②复卫侯：恢复卫侯君位。封曹：恢复曹国之地。③君：指晋文公。取一：只得到释宋围一桩好处。　④臣：指子玉。取二：可得复卫封曹两桩好处。　⑤定人：使人定，安定别人的国家。　⑥救而弃之：本为救宋而来，结果反弃之不顾。　⑦三施：对宋、曹、卫三国都有恩惠。三怨：不答应子玉，三国都对晋有怨恨。　⑧已：太。　⑨携：离间。　⑩既战而后图之：打完仗后再说。　⑪告绝于楚：与楚国绝交。

【译文】

　　子玉于是派宛春通知晋军说："请你们送卫侯回去，同时把土地退还曹国，我也就解除宋国的包围。"子犯说："子玉好无礼！我们国君只得宋国解围这一样好处；他为人臣，倒得恢复曹、卫两样好处。不要失掉这样的作战机会。"先轸说："君王可以答应他！能安定别人的国家就是有礼。楚国一句话安定了三国，我们一句话送掉了三国。那是我们无礼，这样，还拿什么作战呢？不答应楚国的请求，就是抛弃宋国。既然来救宋国，结果又抛弃了它，怎么向诸侯列国交代呢？楚国一句话给三国带来恩惠，我方一句话使三国都埋怨我们，怨仇太多，将凭什么作战？不如私下答应恢复曹、卫来离间他们，再扣留宛春以激怒楚国，其余的等打完仗再说吧！"晋文公听了很是赞成，于是就把宛春囚在卫国，并且私下答应恢复曹国、卫国。曹、卫两国于是宣告与楚国断绝关系。

　　子玉怒，从晋师。晋师退。军吏曰："以君辟^①臣，辱也。且楚师老^②矣，何故退？"子犯曰："师直为壮，曲^③为老。岂在久乎？微^④楚之惠不及此，退三舍^⑤辟之，所以报也。背惠食言^⑥，以亢^⑦其仇，我曲楚直。其众素饱^⑧，不可谓老。我退而楚还，我将何求^⑨？若其不还，君退臣犯，曲在彼矣。"退三舍。楚众欲止，子玉不可。

【注释】

　　①辟：同"避"。　②老：指军队疲敝已极，士气衰落不振。　③直、曲：都指道理。　④微：如果没有。　⑤三舍：九十里。晋文公流亡于楚时，曾许诺交战时退让三舍。　⑥背惠食言：如不退三舍，是负恩失信。⑦亢：捍御，庇护。　⑧素：向来。饱：士气饱满。　⑨我将何求：晋退兵，楚也撤兵，那我们还苛求什么？

【译文】

　　子玉非常恼怒，追逐晋军。晋军朝后撤退。军官们说："我们国君倒要躲避他们臣子，这是耻辱啊！况且楚军士气已经衰

　　　　　　　　　　　　　　　　大家读《左传》

三国带来恩惠，我方一句话使三国都埋怨我们，怨仇太多，将凭什么作战？不如私下答应恢复曹、卫来离间他们，再扣留宛春以激怒楚国，其余的等打完仗再说吧！"晋文公听了很是赞成，于是就把宛春囚在卫国，并且私下答应恢复曹国、卫国。曹、卫两国于是宣告与楚国断绝关系。

　　子玉怒，从晋师。晋师退。军吏曰："以君辟[1]臣，辱也。且楚师老[2]矣，何故退？"子犯曰："师直为壮，曲[3]为老。岂在久乎？微[4]楚之惠不及此，退三舍[5]辟之，所以报也。背惠食言[6]，以亢[7]其仇，我曲楚直。其众素饱[8]，不可谓老。我退而楚还，我将何求[9]？若其不还，君退臣犯，曲在彼矣。"退三舍。楚众欲止，子玉不可。

【注释】

　　[1]辟：同"避"。　[2]老：指军队疲敝已极，士气衰落不振。　[3]直、曲：都指道理。　[4]微：如果没有。　[5]三舍：九十里。晋文公流亡于楚时，曾许诺交战时退让三舍。　[6]背惠食言：如不退三舍，是负恩失信。[7]亢：捍御，庇护。　[8]素：向来。饱：士气饱满。　[9]我将何求：晋退兵，楚也撤兵，那我们还苛求什么？

【译文】

　　子玉非常恼怒，追逐晋军。晋军朝后撤退。军官们说："我们国君倒要躲避他们臣子，这是耻辱啊！况且楚军士气已经衰

疲不振，我们为什么要撤退？"子犯说："出兵打仗，理直者就气壮，理曲者就气衰。哪在于时间的长短呢？如果没有楚国的恩惠，我们没有今天，后退九十里避让，就是为了报答楚王的恩惠。如果忘恩失信，又去保护他们的仇敌，那么，我们理亏，他们理直。他们的士气一向很旺盛，不能算是衰疲。我们退兵之后，楚国如果也撤回去，那我们还苛求什么？如果他们不撤兵，那么，为君的已经退了，为臣的还要进犯，这就是他们理亏了。"晋军退了九十里。楚国将士要求就此罢休，子玉不同意。

　　夏四月戊辰①，晋侯、宋公、齐国归父、崔夭、秦小子慭②次于城濮。楚师背鄨而舍③，晋侯患之，听舆人之诵④，曰："原田每每⑤，舍其旧而新是谋⑥。"公疑焉。子犯曰："战也。战而捷，必得诸侯。若其不捷，表里山河⑦，必无害也。"公曰："若楚惠何？"栾贞子曰："汉阳诸姬⑧，楚实尽之⑨，思小惠而忘大耻⑩，不如战也。"晋侯梦与楚子搏，楚子伏己而盬其脑⑪，是以惧。子犯曰："吉。我得天⑫，楚伏其罪⑬，吾且柔⑭之矣。"

【注释】

①戊辰：初一。　②宋公：宋成公。国归父、崔夭：都是齐大夫。小子慭（yìn）：秦穆公的儿子。次：驻扎。　③背鄨（xì）而舍：背靠险要之地驻扎。鄨：丘陵险阻之地。　④诵：不配乐曲，念歌词。　⑤原田：高田。每每：草盛的样子。　⑥新是谋：即谋新。　⑦表里山河：表是外，里是内，指晋外有黄河，内有太行之险，可据守。　⑧汉阳诸姬：汉水之

北许多姬姓小国。　⑨楚实尽之：都被楚灭了。　⑩思小惠而忘大耻：楚当年厚待重耳，是小惠；晋同姓诸国被灭，是大耻。　⑪鹽（gǔ）其脑：吮吸他的脑髓。鹽：咬，吮吸。　⑫得天：晋文公被压在下面，面朝天，所以说得天帮助。　⑬伏其罪：楚王面向他，是伏罪。　⑭柔：柔服之意。

【译文】

夏四月初一，晋文公、宋成公、齐国大夫国归父和崔夭以及秦国的小子憖一起驻军城濮。楚军背靠险要的鄈地扎营。晋文公很是担心，怕楚人凭险进攻。他听到众人唱道："高田野草绿油油，旧的不要了，新的多犁锄。"晋文公仍然犹豫不决。子犯说："打吧！战而得胜，必定获得诸侯拥戴；万一不胜，我们外有黄河，内有大山，一定不妨事的。"文公说："那楚国的恩惠怎么办？"栾贞子说："汉水以北的姬姓小国都被楚国灭了，何必还记着他那点小恩惠而忘记大的耻辱，不如就交战吧！"晋文公做了一个梦，梦见和楚王搏斗，楚王伏在他的身上吮吸他的脑髓，所以有些害怕。子犯说："这是吉兆。我在下面脸朝天，是我得天助；他在上面脸朝地，是他伏罪，我们将要把他们柔服了。"

子玉使鬪勃①请战，曰："请与君之士戏②，君冯轼③而观之，得臣与寓目④焉。"晋侯使栾枝对曰："寡君闻命矣。楚君之惠，未之敢忘，是以在此⑤。为大夫退⑥，其敢当君⑦乎？既不获命矣，敢烦大夫，谓二三子⑧：'戒尔车乘，敬尔君事，诘朝⑨将见。'"

　　　　　　　　　　　　　大家读《左传》

**【注释】

①鬭勃：楚大夫。　②戏：游戏。此是轻视晋军的话。　③冯轼：靠着车前的横木。冯：同"凭"。　④寓目：陪同观看。　⑤是以在此：撤退到这里。　⑥为：通"谓"。大夫：指子玉。以为楚军也已退。　⑦其：通"岂"。君：指晋文公。　⑧二三子：等于说"你们将领"，指楚国诸将士。　⑨诘朝：明天早晨。

【译文】

子玉派鬭勃来要求交战，说："我军愿与晋军游戏一番，请贵君靠着车轼看看，得臣也将陪同观看。"晋文公派栾枝答复他说："我们的国君听到贵国的命令了。楚君的恩惠，我们是不敢忘记的，所以才撤到这里。我们以为得臣已经退兵了，难道还敢抵挡国君吗？既然不敢退兵，那么，只好麻烦您转告你们将领：'准备好你们的战车，忠于你们的国事，明天早上见面。'"

晋车七百乘，韅、靷、鞅、靽①。晋侯登有莘之虚②以观师，曰："少长有礼③，其可用也。"遂伐其木，以益④其兵。己巳⑤，晋师陈于莘北⑥，胥臣以下军之佐当陈、蔡⑦。子玉以若敖六卒将中军，曰："今日必无晋⑧矣。"子西将左，子上将右⑨。胥臣蒙马以虎皮，先犯陈、蔡。陈、蔡奔，楚右师溃。狐毛设二旆⑩而退之。栾枝使舆曳柴而伪遁⑪，楚师⑫驰之。原轸、郤溱以中军公族⑬横击之。狐毛、狐偃以上军夹攻子西⑭，楚左师溃。楚师败绩。子玉收其卒而止，故不败。

晋师三日馆、谷^⑮，及癸酉^⑯而还。甲午^⑰，至于衡雍^⑱，作王宫于践土。

【注释】

①韅、靷、鞅、靽（xiǎn、yǐn、yāng、bàn）：指马身上的缰绳笼头之类，形容人马装备齐全。晋军战车七百乘，共有军士五万二千五百人。　②有莘：古国名，在今河南省开封市祥符区陈留镇东北。虚：同"墟"，旧城废址。③少长有礼：指晋军壮者在前，年长者在后，说明已懂得礼让。　④益：增加。　⑤已巳：初二。　⑥莘北：即城濮。　⑦陈、蔡：陈国、蔡国是楚国的同盟国，两国军队为楚方右翼。　⑧无晋：指消灭晋军。　⑨子西：楚司马鬬宜申。子上：即鬬勃。　⑩旆（pèi）：军中大旗。古代行军，只有中军主帅才竖立二旆，狐毛是上军主将，故意设二旆以迷惑楚军。　⑪舆：战车。伪遁：战车拖着树枝，扬起灰尘，假装败逃。　⑫楚师：楚之中军。　⑬中军公族：由楚国贵族子弟所组成的中军。　⑭夹攻子西：狐毛本伪装撤退，此时也回头分两路夹攻子西。　⑮三日馆：歇兵三日。谷：作动词，吃楚军的粮食。　⑯癸酉：初六。　⑰甲午：二十七日。　⑱衡雍：郑国地名，在今河南省新乡市原阳县原武镇西北。

【译文】

晋军兵车七百辆，装备非常齐全。晋文公登上莘国的旧城检阅全军，说："少壮的在前，年长的在后，军队已知道礼让，该可以使用了。"于是命令士兵砍下山上的树木，补充兵器。初二这一天，晋军在莘北摆开阵势，下军副帅胥臣率部队抵御陈、蔡两国军队。子玉以若敖的亲兵作为中军，说："今天一定会消灭晋军！"楚子西统率左军，子上统率右军。晋军胥臣用虎皮蒙在战马身上，先攻陈、蔡两国军队。陈、蔡两军败逃，楚方右翼部队溃散。狐毛竖起两面大旗，冒充晋中军撤退。栾枝则让兵车拖着树枝假装逃走，楚兵狂奔追上去。先轸、郤溱率中军的亲兵从中间拦腰攻击楚军。狐毛、狐偃率上军夹攻子西，楚国的左翼部队也溃败。楚军大败。子玉收兵不动，所以没有败。

晋军进驻楚人军营休整三天，吃楚军留下的粮食，到初六才起程回国。四月二十七，晋军到达衡雍，周襄王亲往慰劳，晋文公在践土为天子建了一座行宫。

乡役①之三月，郑伯如楚致其师②。为楚师既败而惧，使子人九行成③于晋。晋栾枝入盟郑伯。五月丙午④，晋侯及郑伯盟于衡雍。丁未⑤，献楚俘于王，驷介⑥百乘，徒兵千。郑伯傅王⑦，用平礼⑧也。己酉⑨，王享醴⑩，命晋侯宥⑪。王命尹氏及王子虎、内史叔兴父策命晋侯为侯伯⑫，赐之大辂之服⑬，戎辂⑭之服，彤弓一，彤矢⑮百，玈弓矢⑯千，秬鬯一卣⑰，虎贲⑱三百人，曰："王谓叔父⑲，敬服王命，以绥四国。纠逖王慝⑳。"晋侯三辞，从命。曰："重耳敢再拜稽首，奉扬天子之丕显休命㉑。"受策以出。出入三觐㉒。

【注释】

①乡役：指这次战役。乡：同"向"。 ②致其师：把军队交给楚国

指挥，一起对晋国作战。 ③子人九：郑国大夫。行成：求和。 ④丙午：初九。 ⑤丁未：初十。 ⑥驷介：四匹披甲的马驾的战车。 ⑦傅王：给周王担任赞礼的职务。傅：相，负责赞礼的人。 ⑧用平礼：按周平王接待晋文侯的礼仪来接待晋文公。 ⑨己酉：十二日。 ⑩醴：甜酒。 ⑪宥（yòu）：劝人进餐。 ⑫尹氏及王子虎、内史叔兴父：尹氏、王子虎是周王卿士；叔兴父是周大夫，任内史之职。策命：书面任命。侯伯：诸侯的领袖，即霸主。 ⑬大辂（lù）：祭祀时乘的车。服：指乘大辂时相配的冕服。 ⑭戎辂：兵车，配以韦弁（熟皮所制的冠）。 ⑮彤弓、彤矢：漆了红色的弓箭。 ⑯玈（lú）弓矢：黑色的弓箭。 ⑰秬：黑黍。鬯（chàng）：香酒。卣（yǒu）：酒器。 ⑱虎贲：勇士，指天子的侍卫。 ⑲叔父：晋侯是周王同姓诸侯，当时习惯称为叔父。 ⑳纠：劾责。逖（tì），剔除。慝（tè）：恶。 ㉑丕显休命：形容天子的命令伟大、光明、美好。丕：大；显：明；休：美。 ㉒出入三觐：一共朝见了三次。觐：进见。

【译文】

　　在城濮之战前的三个月，郑伯曾到楚国去把郑国军队交给楚国指挥。现在郑伯因为楚军打了败仗而感到害怕，便派子人九去向晋国求和。晋国的栾枝去郑国与郑伯议盟。五月初九，晋文公和郑伯在衡雍订立了盟约。五月初十，晋文公把楚俘献给周天子，有驷马披甲的兵车一百辆，步卒一千人。郑伯担任相礼，用的是从前周平王接待晋文侯的礼节。五月十二，周天子设享宴，用甜酒招待晋文公，并允许文公向自己敬酒。周天子还命令卿士尹氏、王子虎和内史叔兴父以书面命令晋文公为诸侯的领袖，赐给晋文公祭祀用的大辂和服饰、举行兵礼时用的戎辂和服饰，红色的弓一张，红色的箭一百支，黑色的弓十张，黑色的箭一千支，黑黍造的香酒一卣，勇士三百人，说："天子对叔父说，请恭敬地服从天子的命令，好好地安抚四方诸侯。惩治那些邪恶的坏人吧!"晋文公辞让了几次，才接受命令，说："重耳谨再拜叩头，接受并发扬天子重大而美好的赐命。"于是晋文公接受了策书离开王宫。晋文公前后一共朝见周天子三次。

卫侯闻楚师败，惧，出奔楚^①，遂适陈，使元咺奉叔武^②以受盟。癸亥^③，王子虎盟诸侯于王庭，要言^④曰："皆奖^⑤王室，无相害也。有渝^⑥此盟，明神殛^⑦之，俾队^⑧其师，无克祚国^⑨，及而玄孙，无有老幼。"君子谓是盟也信^⑩，谓晋于是役也，能以德攻^⑪。

【注释】

①出奔楚：从襄牛逃往楚国。　②元咺（xuǎn）：卫国大夫。叔武：卫成公的兄弟。　③癸亥：五月二十六。　④要言：约言，立誓言。　⑤奖：扶助。　⑥渝：变，背叛。　⑦殛（jí）：诛，惩罚。　⑧俾：使。队：同"坠"，丧失。　⑨无克：不能够。祚国：享有国家。　⑩信：讲信义。⑪以德攻：以德义战胜敌国。

【译文】

卫侯听说楚国兵败，非常害怕，从襄牛逃往楚国，又逃到陈国，并派元咺侍奉着叔武去接受诸侯的盟约。五月二十六，王子虎在周王的住处与诸侯订立盟约，立下誓言说："大家都应扶助王室，不能互相残害。谁要违背盟约，神灵就要严惩他，使他的军队败亡，不能享有国家，而且一直殃及到你们的子孙，不论老幼都是一样。"君子认为这次盟约是守信用的，并认为在这次战役中晋国能够做到用道德的力量来讨伐楚国。

　　初，楚子玉自为琼弁、玉缨①，未之服也。先战，梦河神谓己曰："畀余，余赐女孟诸之麋②。"弗致也。大心与子西使荣黄③谏，弗听。荣季曰："死而④利国，犹或为之，况琼玉乎？是⑤粪土也，而可以济师⑥，将何爱⑦焉？"弗听。出，告二子曰："非神败令尹，令尹其不勤民，实自败也。"既败，王使谓之曰："大夫若入⑧，其若申、息之老何？"子西、孙伯曰："得臣将死，二臣止之曰：'君其将以为戮⑨。'"及连谷⑨而死。晋侯闻之而后喜可知⑩也，曰："莫余毒⑪也已！蒍吕臣⑫实为令尹，奉己而已⑬，不在民矣。"

【注释】

　　①琼：红色的玉。弁：马冠。缨：马鞅，以玉装饰。　②孟诸：宋国的沼泽地。麋：同"湄"，水边之地。　③大心：子玉的儿子，即下文的孙伯。子西：子玉的族人。荣黄：楚臣，即下文的荣季。　④而：如果。　⑤是：此，指琼弁、玉缨。　⑥济师：帮助军队打胜仗。　⑦爱：爱惜，舍不得。　⑧大夫：指子玉。入：回国。　⑨连谷：楚地名。　⑩知：同"见"，指晋文公喜悦之情，见于颜色。　⑪毒：害，指再也没有危害我的

人。 ⑫蒍吕臣：楚大夫叔伯，继子玉为令尹。 ⑬奉己而已：只知保全自己罢了。

【译文】

当初，子玉曾为自己制作了镶玉的马冠马鞅，但还不曾用过。在战斗之前，子玉梦见河神对他说："把这些东西送给我吧！我赐给你孟诸沼泽地。"子玉不肯送。子玉儿子大心和子西让荣黄去劝他，子玉不听。荣黄说："如果有利于国家，牺牲性命也要做，何况是美玉呢？这些东西，不过是粪土而已。如果能保佑军队打胜仗，还有什么舍不得呢？"子玉仍然不肯。荣黄出来告诉大心、子西说："不是神灵要让令尹失败，而是令尹不肯尽力为百姓办事，实在是自讨失败啊！"子玉战败后，楚成王派人对他说："申、息的子弟大多战死了，大夫如果回来，怎么向申、息两地的父老交代呢？"子西、孙伯对使者说："子玉打算自杀的，是我们二人阻止了他，说：'不要自杀，等着楚王来制裁你吧！'"走到连穀，楚王还没有赦令下来，子玉就自杀了。晋文公得到这个消息，喜形于色，说："子玉一死，再没有人能害我了！蒍吕臣接任楚国的令尹，不过是保住自己而已，他是不会为老百姓的事用心的啊。"

【解读】

《左传》写晋文公，主要集中在《晋公子重耳之亡》与《城濮之战》两篇。清人冯李骅说："《左传》大抵前半出色写一管仲，后半出色写一子产，中间出色写晋文公、悼公、秦穆、楚庄数人而已。"(《左绣·读左卮言》)。晋文公重耳在外流亡十九年，回国即位之后整饬内政，增强军队，教化百姓，志在图霸。城濮之战是晋文公取威定霸决定性的一战。鲁僖公二十八年，晋文公率晋、宋、齐、秦四国联军以救宋为名与楚、陈、蔡三国联军战于城濮，城濮之战也是晋楚之间第一大战役。此战楚军大败，晋文公当上霸主，晋国从此声威大震。作者写城濮之战，特别注重双方备战的情况和谋略的较量，与"曹刿论战"相似，本篇也用很多笔墨来写战前的"论战"，还叙写了不少计策，如"舍于墓"之计，"喜赂怒顽"之计，"执宛春以怒楚"之计，等等。写战役，晋楚双方欲战又止，欲和又战，作者揭示战争的波谲云诡，徘徊酝酿，行诸文字，则有收放之妙。全篇情节有弛有张，双方交战者之心理也跃然纸上。作者还以细腻的描写，展示不同人物的性格特点，特别是晋文公励精图治、以礼治国，却又计较恩怨、睚眦必报以及他的心理活动；子玉"刚而无礼"、轻敌狂妄，等等，写出了人物鲜明的性格。本篇是《左传》描写战争作品中最具特色篇章之一。

10.

老烛武
缒城
秦说

烛之武退秦师

僖公三十年

九月甲午①，晋侯、秦伯围郑，以其无礼于晋②，且贰于楚③也。晋军函陵④，秦军氾南⑤。

佚之狐言于郑伯⑥曰："国危矣，若使烛之武⑦见秦君，师必退。"公从之。辞曰："臣之壮也，犹不如人，今老矣，无能为也已。"公曰："吾不能早用子，今急而求子，是寡人之过也。然郑亡，子亦有不利焉。"许之。

夜缒⑧而出，见秦伯，曰："秦、晋围郑，郑既知亡矣。若亡郑而有益于君，敢以烦执事⑨。越国以鄙远⑩，君知其难也，焉用亡郑以陪⑪邻？邻之厚，君之薄也。若舍郑以为东道主⑫，行李⑬之往来，共⑭其乏困，君亦无所害。且君尝为晋君⑮赐矣，许君焦、瑕⑯，朝济而夕设版⑰焉，君之所知也。夫晋，何厌之有⑱？既东封⑲郑，又欲肆⑳其西封，不阙㉑秦，将焉取之？阙秦以利晋，唯君图之。"秦伯说㉒，与郑人盟，使杞子、逢孙、扬孙㉓戍之，乃还。

子犯请击之，公曰："不可。微夫人㉔之力不及此。因人之力而敝之㉕，不仁；失其所与，不知㉖；以乱易整㉗，不武。吾其还也。"亦去之。

【注释】

①甲午：初十。　②无礼于晋：僖公二十三年晋文公重耳出亡经过郑国，郑文公不接待他。　③贰于楚：亲近楚国。指城濮之战时，郑国把军队交给楚国攻打晋国。　④军：驻扎。函陵：在今河南省新郑市。　⑤汜（sì）南：水名，在河南省郑州市中牟县南。　⑥佚（yì）之狐：郑国大夫。郑伯：郑文公。　⑦烛之武：郑国大夫。　⑧缒（zhuì）：用绳子绑住身子，从城墙上吊下去。　⑨执事：办事的人，敬辞，实指秦穆公。　⑩鄙远：以远方之国为边境。鄙：边境。　⑪焉用：何用。陪：同"倍"，增益。　⑫东道主：东方道路上的主人。　⑬行李：外交使节。　⑭共：同"供"。　⑮君：指秦穆公。晋君：指晋惠公。　⑯许君焦、瑕：晋惠公曾答应割"河外列城五"给秦国作为报答，焦、瑕是其中两地。焦：在今河南省三门峡市西；瑕：在今山西省运城市芮城县南。　⑰设版：指筑城抵御秦国。版：打土墙用的夹板。　⑱何厌之有：即"有何厌"。厌：满足。　⑲封：疆界。　⑳肆：延长，扩张。　㉑阙：损害。　㉒说：同"悦"。　㉓杞子、逢孙、扬孙：三人都是秦国大夫。　㉔微：非，如果不是。夫人：那人，指秦穆公。　㉕因：依凭。敝：损害。之：指秦。　㉖所与：同盟国。秦、晋是同盟国。知：同"智"。　㉗乱：指秦、晋发生冲突。整：指秦、晋和睦一致。

【译文】

九月初十，晋文公和秦穆公率领军队包围郑国，因为郑国当年对晋文公无礼，而且又亲附楚国。晋国的军队驻扎在函陵，秦国军队驻扎在汜南。

大夫佚之狐对郑文公说："国家非常危险了。如果派烛之武去会见秦穆公，秦、晋两国一定会退兵。"郑文公听从了佚之狐的建议，叫烛之武来商议。烛之武推辞说："我在壮年的时候，还赶不上别人；现在老了，还能做什么呢？"郑文公说："我不能早重用您，现在事情危急了才来求您，这是我的过错。但是郑国被灭亡了，对您也不利啊！"于是烛之武答应了。

夜里，郑人用绳子绑住烛之武的身体，把他从城墙上吊下去。烛之武见到秦穆公，说："秦军、晋君包围郑国，郑国自知必定要亡国了。如果灭亡了郑国对您有利，那就麻烦你们进攻吧。秦国要越过邻国到郑国来占领土地，使郑国成为你们的边境，您知道这是很困难的。那么，又何必灭亡了郑国去增加您的邻国——晋国的土地呢？邻国的实力雄厚了，你们可就要削弱了！如果不灭亡郑国，让郑国做东方大路上的主人，贵国的使节经过郑国，郑国还可以给他们提供所缺乏的物质，这样，对您也没有害处。再说，君王曾经给晋惠公施加过恩惠，他答应把焦和瑕两地送给您作为报答。可是，他早晨刚渡过黄河回国，晚上就设版筑城以防备秦国，这可是您知道的啊！晋国，它何时能满足呢？如果已经灭了郑国，晋国把郑国作为它东边的疆界，就必定要扩张它西边的疆界。扩张西边的疆界，不侵占秦国的领土，又到哪里去占有土地？这样，削弱秦国而使晋国得到好处，请君王好好考虑考虑吧。"秦穆公听了很高兴，就和郑国人订立了盟约，留下杞子、逢孙、扬孙三位将领帮助郑国防守，自己撤兵回去了。

子犯请求晋文公攻击秦军，晋文公说："不行。没有那个人的帮助，我们不能有今天。依靠了别人的力量，又反过来伤害他，这是不仁义的做法；失掉了自己的同盟国，这是不明智的；用秦、晋内部的冲突动乱代替原来的和睦一致，这是不威武。我们还是回去吧。"也撤兵离开了郑国。

【解读】

晋文公和秦穆公率领军队包围郑国，主要是晋国要报复郑国，因为郑国当年对晋文公无礼，而且又亲附楚国，城濮之战又是楚国的联盟。秦晋联军一起攻打郑国，郑国大夫烛之武临危受命，只身去见秦穆公，用其口舌之言说服秦国退兵。烛之武见秦穆公，目的是要其退兵，但一开头却从"郑既知亡矣"说起，足见出烛之武游说的技巧。烛之武辞令之重点是在透彻分析亡郑的"利"与"害"，指出灭亡郑国只会有利于晋国而不利于秦国，并离间秦晋关系。烛之武的分析，令秦穆公幡然醒悟，自动退兵，使郑国免除了一场兵燹之灾。冯李骅《左绣》评论此篇说："此是一首反间文字。用间不外利害两端，极言如此之利，不如极言如彼之害。篇中说利只一层，说害却用三层。"此篇为《左传》中的名篇，是记载行人辞令的代表作。烛之武的游说技巧，一直为后人称道。

11.

秦穆公

秦晋殽之战

晋襄公

僖公三十二年、三十三年

（僖公三十二年）冬，晋文公卒。庚辰①，将殡于曲沃②，出绛③，柩④有声如牛。卜偃⑤使大夫拜，曰："君命大事⑥，将有西师过轶⑦我，击之，必大捷焉。"

　　杞子⑧自郑使告于秦曰："郑人使我掌其北门之管⑨，若潜师⑩以来，国可得也。"穆公访诸蹇叔⑪，蹇叔曰："劳师以袭远⑫，非所闻也。师劳力竭，远主⑬备之，无乃不可乎！师之所为，郑必知之。勤而无所⑭，必有悖心⑮。且行千里，其谁不知？"公辞焉。召孟明、西乞、白乙⑯，使出师于东门之外。蹇叔哭之，曰："孟子⑰，吾见师之出而不见其入也。"公使谓之曰："尔何知？中寿⑱，尔墓之木拱⑲矣。"蹇叔之子与师⑳，哭而送之，曰："晋人御师必于殽㉑。殽有二陵㉒焉。其南陵，夏后皋㉓之墓也；其北陵，文王之所辟风雨也。必死是间，余收尔骨焉。"秦师遂东。

【注释】

　①庚辰：十二月初十。　②殡：停棺待葬。曲沃：晋君祖坟宗庙所在地，在今山西省运城市闻喜县。　③绛：晋国都，在今山西省临汾市翼城县东。　④柩：棺材。　⑤卜偃：晋国卜筮之官。　⑥大事：指军事。　⑦西师：指秦军。过轶：指秦国军越境而过。　⑧杞子：秦国将领，鲁僖公三十年时

与扬孙、逢孙戍郑。　⑨北门：都城北门。管：钥匙。　⑩潜师：偷偷地派军队。　⑪蹇（jiǎn）叔：秦国老臣。　⑫劳师：使师劳。劳：辛苦。袭远：袭击远方之国。　⑬远主：指郑国。　⑭勤：劳苦。无所：无所得。　⑮悖（bèi）心：怨恨之心。　⑯孟明、西乞、白乙：即秦将百里孟明视、西乞术、白乙丙。　⑰孟子：即孟明。百里是姓氏，字孟明，名视。　⑱中寿：中等寿命，指六七十岁。　⑲拱：两手合抱。　⑳与师：在军队之中。　㉑殽：同"崤"，山名，在河南省洛阳市洛宁县西北，西接陕县界，东接渑池县界。　㉒二陵：二山，指东崤山与西崤山。　㉓夏后皋：夏代的天子皋，夏桀的祖父。

【译文】

（鲁僖公三十二年）冬天，晋文公死了。十二月初十，晋文公的灵柩将送往曲沃停放。离开绛城的时候，棺材里发出像牛叫的声音。卜偃让晋大夫们都跪地而拜，说："文公在发布军事命令：西边的军队将越过我国境内，如果我们攻击他们，必定大胜。"

秦将杞子从郑国派人向秦穆公报告说："郑国人让我掌管都城北门的钥匙，如果秘密派军队前来，郑国一定可以攻下。"秦穆公为此访问老臣蹇叔，蹇叔说："辛辛苦苦调动军队去袭击远方的国家，我还没听说过。军队疲劳，战斗力衰竭，远方的国家又有了防备，这恐怕不行吧！军的行动，郑国必定会知道。辛辛苦苦而无所得，军队将产生懊丧怨恨的心情。再说军队远行千里，又有谁会不知道？"秦穆公不听蹇叔的劝告，召见孟明、西乞、白乙三位将领，派他们率军从东门外出兵。蹇叔哭着送他们说："孟明啊，我只看到军队出国而去，却看不到他们回来啊！"秦穆公派人去对蹇叔说："你知道什么？如果你只活到六七十岁就死去的话，那么现在你墓上的树长到一抱粗了。"蹇叔的儿子也参加了这次出征的队伍，蹇叔哭着送他说："晋国人必定会在殽山伏击你们。殽山有两座山陵，它的南山，是夏后皋的坟墓；它的北山，是周文王躲避风雨的地方。你们一定会死在这两座山之间，我只好到那里去收你们的尸骨了！"秦国的军队于是向东进发。

（僖公三十三年）春，秦师过周北门^①，左右免胄^②而下，超乘^③者三百乘。王孙满^④尚幼，观之，言于王曰："秦师轻^⑤而无礼，必败。轻则寡谋，无礼则脱^⑥。入险而脱，又不能谋，能无败乎？"

及滑，郑商人弦高将市于周^⑦，遇之，以乘韦^⑧先，牛十二犒师，曰："寡君闻吾子将步师^⑨出于敝邑，敢犒从者^⑩，不腆敝邑^⑪，为从者之淹^⑫，居则具一日之积^⑬，行则备一夕之卫。"且使遽^⑭告于郑。

郑穆公使视客馆^⑮，则束载、厉兵、秣马^⑯矣。使皇武子辞^⑰焉，曰："吾子淹久于敝邑，唯是脯资、饩牵^⑱竭矣。为吾子之将行也，郑之有原圃^⑲，犹秦之有具囿^⑳也，吾子取其麋鹿，以闲敝邑^㉑，若何？"杞子奔齐，逢孙、扬孙奔宋。孟明曰："郑有备矣，不可冀也。攻之不克，围之不继^㉒，吾其还也。"灭滑而还^㉓。

【注释】

①周北门：周朝都城洛邑的北门，在今河南省洛阳市。 ②免冑：脱下头盔。冑（zhòu）：头盔。 ③超乘：一跃而登车。指刚一下车又跳上车，此是无礼的行为。 ④王孙满：周共王儿子圉的曾孙。 ⑤轻：轻狂放肆。 ⑥脱：粗疏，粗心大意。 ⑦市于周：到周王京城去做生意。市：贸易，做生意。 ⑧乘韦：四张熟牛皮。乘：四。古代兵车四马驾车为一乘，故以乘代称四。 ⑨寡君：指郑穆公。步师：行军，指行军路过敝国。 ⑩从者：指部下。 ⑪不腆敝邑：即敝邑不腆。不腆（tiǎn）：不丰厚。 ⑫淹：留，逗留，耽搁。 ⑬积：指每天食用的米、菜、薪、刍（马吃的草料）等物品。 ⑭遽：驿车。古代传递紧急公文，每隔若干里设驿站，接力换马，以求迅速。 ⑮客馆：即秦将杞子、逢孙、扬孙所住的馆舍。 ⑯束载：捆好行装。厉兵：磨砺好兵器。秣马：喂饱马。 ⑰皇武子：郑国大夫。辞：辞谢。 ⑱脯：干肉。资：同"粢"，食粮。饩（xì）：已宰杀的牲畜的肉。牵：活的牲口。 ⑲原圃：郑国的猎场，在今河南省郑州市中牟县西北。 ⑳具囿：秦国的猎场，在今陕西省宝鸡市凤翔区境。 ㉑闲敝邑：使敝邑闲。闲：休息。 ㉒不继：没有后援。 ㉓灭滑而还：意为秦师不敢袭郑，灭了滑国回师。

【译文】

（鲁僖公三十三年）春天，秦国的军队经过周朝都城的北门，车左车右都把头盔脱下，下车步行；又有三百辆战车的将士，刚下车又轻率地一跃登车而去。王孙满年纪还小，观看秦国的军队经过，对周襄王说："秦军轻狂放肆而无礼节，必定会打败仗。轻狂就缺少谋略，无礼节就粗疏大意。进入险要之地，粗疏，又没有谋略，能不打败仗吗？"

秦军到达滑国，郑国的商人弦高正要到周王京城去做生意，恰巧遇到秦军。郑弦高先拿出四张熟牛皮，和十二头牛犒劳秦军，对秦军说："我们国君听说贵军行军将经过敝国，谨派我来慰劳您的部下。敝国虽不富裕，不过为了你们贵军的居留，如果驻扎在这里一天，我们就准备一天的给养；如果仅驻扎一夜，我们就准备一晚的守卫。"弦高又马上派驿车紧急向郑国国内报告。

郑穆公派人去探视秦将杞子等人驻扎的馆舍，发现他们已经捆束好行装，磨好了兵器，喂饱了马匹。郑穆公派皇武子去辞谢他们，说："诸位在敝国耽搁得太久了，只是敝国的干肉、粮食、牲口，一切吃的用的都没有了。郑国的猎场原圃，同秦国的猎场具圃都是一样的；现在你们要回去了，请诸位自己猎取些麋鹿，供路上食用，以此让敝国得到休息，诸位认为怎样？"于是杞子赶紧逃奔到齐国，逢孙、扬孙逃奔到宋国。孟明说："郑国已有防备了，袭击郑国已无指望。攻打它不能取胜，围困它又没有后援，我们还是回去吧！"于是灭掉了滑国回师。

晋原轸曰："秦违蹇叔，而以贪勤民①，天奉②我也。奉不可失，敌不可纵③。纵敌患生，违天不祥。必伐秦师。"栾枝曰："未报秦施而伐其师，其为死君乎？"④先轸曰："秦不哀吾丧而伐吾同姓⑤，秦则无礼，何施之为？吾闻之，一日纵敌，数世之患也。谋及子孙，可谓死君乎？⑥”遂发命，遽兴姜戎⑦。子墨衰绖⑧，梁弘御戎，莱驹为右⑨。

夏四月辛巳⑩，败秦师于殽，获百里孟明视、西乞术、白乙丙以归，遂墨以葬文公⑪。晋于是始墨⑫。

【注释】

①以贪勤民：因为贪婪而使百姓劳苦。　②奉：助。　③纵：放纵，放走。　④死君：指死去的晋文公。此句意为不为晋文公报答秦施，反而攻打它的军队，心中还有死去的国君吗？　⑤吾丧：晋文公死去不久，晋国还在丧期。同姓：指郑国和滑国，晋、郑、滑皆姬姓。　⑥谋及子孙，可谓死君乎：意为伐秦是替后世子孙打算，怎能说忘记先君的遗命呢？　⑦遽：马上。姜戎：居于秦、晋两国间的戎人部族，与晋国友好。　⑧子：指晋文公子晋襄公，文公未葬，所以称子。墨：作动词，染成黑色。衰（cuī）：麻衣。绖（dié）：麻腰带，皆为丧服。　⑨梁弘、莱驹：二人皆晋大夫。右：做襄公的车右。　⑩辛巳：十三日。　⑪遂墨以葬文公：穿着黑色孝服安葬文公。　⑫始墨：开始以黑色丧服为习俗。

【译文】

晋国的先轸说：“秦穆公违背了蹇叔的忠告，因为他的贪婪之心而使百姓劳苦，这是天助我啊。天助我，机不可失；敌人不可随便放走。放走敌人，必生祸患；违背天意，是不吉利。一定要进攻秦国军队。”栾枝说：“还没报答秦国的恩惠反而去攻打它的军队，心中还有死去的国君吗？”先轸说：“秦国不为我们的丧事哀伤，反而攻打我们的同姓之国，秦国实在无礼。

　　　　　　　　　　　　大家读《左传》

还讲什么恩惠？我听说，一天放走了敌人，会带来几辈子的祸患！我们要为子孙后代打算，这才是不忘先君的遗命呢。"于是下达了出击秦军的命令，并且紧急发动姜戎的军队参战。文公儿子晋襄公穿着染成黑色的丧服出征，梁弘为他驾御战车，莱驹作车右。

初夏四月十三，晋军在殽山打败了秦军，抓获了秦将百里孟明视、西乞术、白乙丙三人。于是穿上黑色孝服安葬晋文公。晋国从此开始以黑色丧服为俗。

　　文嬴请三帅^①，曰："彼实构^②吾二君，寡君若得而食之，不厌^③，君何辱讨^④焉！使归就戮于秦^⑤，以逞寡君之志^⑥，若何？"公^⑦许之。先轸朝，问秦囚。公曰："夫人请之，吾舍之矣。"先轸怒曰："武夫力而拘诸原^⑧，妇人暂而免^⑨诸国。堕军实^⑩而长寇仇，亡无日矣。"不顾而唾^⑪。公使阳处父^⑫追之，及诸河，则在舟中矣。释左骖^⑬，以公命^⑭赠孟明。孟明稽首曰："君之惠，不以累臣衅鼓^⑮，使归就戮于秦，寡君之以为戮，死且不朽。若从君惠而免^⑯之，三年将拜君赐^⑰。"

　　秦伯素服郊次^⑱，乡^⑲师而哭，曰："孤违蹇叔，以辱二三子^⑳，孤之罪也。"不替^㉑孟明，曰："孤之过也，大夫何罪？且吾不以一眚^㉒掩大德。"

【注释】

①文嬴：即怀嬴，晋文公夫人。三帅：孟明等三人。　②构：挑拨、

还讲什么恩惠？我听说，一天放走了敌人，会带来几辈子的祸患！我们要为子孙后代打算，这才是不忘先君的遗命呢。"于是下达了出击秦军的命令，并且紧急发动姜戎的军队参战。文公儿子晋襄公穿着染成黑色的丧服出征，梁弘为他驾御战车，莱驹作车右。

初夏四月十三，晋军在殽山打败了秦军，抓获了秦将百里孟明视、西乞术、白乙丙三人。于是穿上黑色孝服安葬晋文公。晋国从此开始以黑色丧服为俗。

　　文嬴请三帅[1]，曰："彼实构[2]吾二君，寡君若得而食之，不厌[3]，君何辱讨[4]焉！使归就戮于秦[5]，以逞寡君之志[6]，若何？"公[7]许之。先轸朝，问秦囚。公曰："夫人请之，吾舍之矣。"先轸怒曰："武夫力而拘诸原[8]，妇人暂而免[9]诸国。堕军实[10]而长寇仇，亡无日矣。"不顾而唾[11]。公使阳处父[12]追之，及诸河，则在舟中矣。释左骖[13]，以公命[14]赠孟明。孟明稽首曰："君之惠，不以累臣衅鼓[15]，使归就戮于秦，寡君之以为戮，死且不朽。若从君惠而免[16]之，三年将拜君赐[17]。"

　　秦伯素服郊次[18]，乡[19]师而哭，曰："孤违蹇叔，以辱二三子[20]，孤之罪也。"不替[21]孟明，曰："孤之过也，大夫何罪？且吾不以一眚[22]掩大德。"

【注释】

①文嬴：即怀嬴，晋文公夫人。三帅：孟明等三人。　②构：挑拨、

离间。　③寡君：指秦穆公。不厌：不满足，指不解恨。　④讨：指惩罚孟明三人。　⑤就戮于秦：回到秦国受刑罚。　⑥逞：满足。志：心愿。　⑦公：指晋襄公。　⑧力：拼力，努力。原：原野，指战场。　⑨暂：短暂，仓促之间。免：放走。　⑩堕：毁弃。军实：战斗成果。　⑪不顾而唾：不回头就吐唾沫。这是极怒而失礼的举动。　⑫阳处父：晋大夫。　⑬左骖：驾车时最左边的那匹马。　⑭以公命：以晋襄公的名义。　⑮累臣：囚臣，俘虏之臣。衅鼓：以血涂鼓，祭鼓，此处指处死。　⑯从君惠：托晋君之福。免：赦免，不用被杀。　⑰三年将拜君赐：意为三年后再来报仇。拜君赐：拜领晋君的礼物。　⑱郊次：在郊外等待。　⑲乡：同"向"。⑳辱二三子：使你们受辱。　㉑替：废，撤换。　㉒眚（shěng）：眼病，引申为过失。

【译文】

　　文嬴请求释放孟明等三人，对晋襄公说："他们三人实在是挑拨离间秦、晋两国国君的关系，秦君如果抓到他们，就是吃了他们的肉也不会解恨。何必劳驾您去惩罚他们呢?！让他们回秦国去受刑，以满足秦君的意愿，怎么样?"晋襄公同意了。先轸朝见襄公的时候，问起秦国的俘虏。襄公说："夫人代他们求情，我已经放掉他们了。"先轸大怒，说："勇士们花了大力气才在战场上抓获他们，一个女人仓促之间几句话就在国都里把他们放了。这是毁弃自己的战果而长敌人的志气，这样下去，离亡国的日子不远了。"说完面对着襄公不回头就吐唾沫。襄公派了阳处父去追赶孟明三人，赶到黄河边上，孟明等人已登上船离岸了。阳处父解下左边的骖马，以襄公的名义要赠送给孟明。孟明叩头拜谢说:"承蒙君王的恩惠,不杀我们这些被囚之臣去祭鼓,而让我们回秦国去受刑。秦君如果杀了我们,死也是不朽的。如果托贵君的福不杀我们,三年之后我们再来拜谢贵君的恩赐。"

秦穆公穿着白色丧服在郊外等待孟明他们,并对着回来的将士哭着说:"我违背了蹇叔的忠告,而使你们几位都蒙受了耻辱,这是我的罪过啊!"秦穆公没有撤换孟明的职务,说:"是我的罪过,大臣们有何罪啊?再说我也不能因一次过错来掩盖你们的大德啊!"

【解读】

烛之武说退秦军之后,秦穆公虽暂时撤军回国,但仍总想伺机偷袭郑国,向东扩张,意图争霸中原。同时晋国也在密切关注秦国的动向,力图遏制秦国,保住自己的霸权。鲁僖公三十二年冬晋文公死去,秦穆公得到密报,派孟明等将领潜师袭郑,未遂,灭滑而还。回师时,在殽山遭受晋师阻击,几乎全军覆没。本篇描述重点在谋不在战,写战事仅一句话,却写了四个故事,这是《左传》写战争的特点,目的在于生动地展示出主要人物的心理状态和个性特征。其中蹇叔哭师写蹇叔的料事准确,秦穆公虽执迷不悟,遭到重创后又能深刻反省和自我检讨,都给读者留下深刻印象。此篇辞令也别具一格,从容委婉,简而精,曲而达,充分体现了《左传》的辞令特点。

《左传》自鲁僖公九年起至鲁文公六年秦穆公卒,对秦穆公的一生作了详细的叙写。秦穆公是五霸中多次受到后人称赞的一个。尽管秦穆公死后用三良殉葬受到诟病，但是秦穆公的贤明也是很突出的。秦穆公有进步的人才观念，起用了一大批人才，包括"客卿"；又用人专一不疑，敢于承担责任，在国内关注民生重视民心，这些都为他在内政外交、取霸西戎的斗争中奠定基础，成就了一代雄主的风貌。

12.

晋灵公不君

晋灵公

〔晋〕赵盾

宣公二年

晋灵公不君①：厚敛以彫②墙；从台上弹人，而观其辟丸③也；宰夫胹熊蹯④不熟，杀之，置诸畚⑤，使妇人载以过朝。赵盾、士季⑥见其手，问其故，而患之⑦。将谏，士季曰："谏而不入，则莫之继也。会⑧请先，不入则子继之。"三进，及溜⑨，而后视之⑩，曰："吾知所过矣，将改之。"⑪稽首而对曰："人谁无过？过而能改，善莫大焉。《诗》曰：'靡不有初，鲜克有终。'⑫夫如是，则能补过者鲜矣。君能有终，则社稷之固⑬也，岂惟群臣赖之。又曰：'衮职有阙，惟仲山甫补之。'⑭能补过也。君能补过，衮不废矣。"

犹不改。宣子骤谏，公患之，使鉏麑贼⑮之。晨往，寝门辟矣，盛服将朝。尚早，坐而假寐⑯。麑退，叹而言曰："不忘恭敬，民之主⑰也。贼民之主，不忠；弃君之命，不信。有一于此⑱，不如死也。"触槐而死。

【注释】

①晋灵公：名夷皋，晋襄公之子。不君：无道，有失为君之道。　②厚敛：厚赋，指大肆搜刮百姓。彫：同"雕"，绘饰。　③丸：弹丸。　④宰夫：诸侯国君的厨工。胹（ér）：炖，煮。熊蹯（fán）：熊掌，味美难熟。⑤畚（běn）：用植物枝条编成的筐子一类的器具。　⑥士季：范武子，名

会，字季，晋大夫。 ⑦患之：为晋灵公的无道担心。 ⑧会：士会。
⑨进：往前走。溜：房顶瓦垄滴水处，此指屋檐下。 ⑩而后视之：古
代臣朝君，在升堂见君前，每走一小段，就要行礼一次，每行一次礼，坐
在堂上的国君都会看得见，文中晋灵公知道士季要来进谏，想不理他，直
到士季往前走了三次，行了三次礼后，才不得不见他。 ⑪此句主语是晋
灵公。晋灵公抢先开口，以免士会进谏。 ⑫靡不有初，鲜（xiǎn）克有
终：语出《诗经·大雅·荡》。靡：无。鲜：少。克：能够。终：好结果。
⑬固：保障。 ⑭衮（gǔn）职有阙，惟仲山甫补之：语出《诗经·大雅·烝
民》。衮：天子之服，此指周宣王。职：职责。仲山甫：周宣王时的卿士，
辅佐宣王中兴。士季引用这两句诗，意在劝勉灵公，改过迁善。 ⑮钼麑
（chú ní）：晋之大力士。贼：戕害，此指杀害。 ⑯假寐：不解衣冠而睡，
此指闭目养神。 ⑰民之主：百姓的依靠。 ⑱有一于此：不忠、不信二
项中有一项。

【译文】

晋灵公不行为君之道：以加重征收赋税的办法，来绘饰宫
室垣墙；从台上用弹弓射人，以观看群臣躲避弹丸取乐；厨师
炖熊掌没有熟透，就把他杀掉，将尸体放在畚箕中，令宫女背
着走过朝廷。赵盾、士季见到畚箕中露出的手，问明缘由后，
很为此事担忧。他们准备进谏。士季说："如果同时进谏而不被
采纳，就没人继续再谏。请让我士季先行入谏，不成功你再继
续进谏。"士季向前走了三次，行了三次礼，到了殿堂的屋檐
下，晋灵公才不得不见他，说："我知道自己的过错了，我准备
改掉它。"士季叩头回答说："谁能没有过错？错而能改，就没

有比这再好的了。《诗经》上说：'事情无不有好的开头，但却很少有好的结果。'正因为这样，所以能补过的人就显得很少。君王能有好的结果，那我们的国家就有了保障，岂止是群臣有了依赖。《诗经》里又说：'周宣王有了过错，仲山甫都能及时弥补。'这说的是能补过的事。君王能补过迁善，就不会荒废国君的职事。"

晋灵公依然不改。赵盾屡次进谏，晋灵公对他很是讨厌，就派钼麑去刺杀他。钼麑凌晨潜入赵家，见赵盾寝室的门开着，赵盾穿着整齐的朝服，准备上朝，时间尚早，赵盾坐在那里闭目养神。钼麑退到一旁，暗自叹道："不忘对国君的恭敬，这是百姓的领袖。暗杀百姓的领袖，这是不忠；丢弃国君的命令，这是不信。不忠与不信，我总占有一样，我不如死去。"钼麑于是头撞赵盾庭院中的一棵槐树而死去。

秋九月，晋侯饮赵盾酒，伏甲①，将攻之。其右提弥明②知之，趋登③，曰："臣侍君宴，过三爵④，非礼也。"遂扶以下，公嗾夫獒⑤焉，明搏而杀之。盾曰："弃人用犬，虽猛何为！"斗且出，提弥明死之⑥。

初，宣子田于首山⑦，舍于翳桑⑧，见灵辄⑨饿，问其病。曰："不食三日矣。"食之，舍其半。问之，曰："宦⑩三年矣，未知母之存否，今近焉⑪，请以遗之。"使尽之，而为之箪⑫食与肉，置诸橐⑬以与之。既而与为公介⑭，倒戟⑮以御公徒，而免之。问何故。对曰："翳桑之饿人也。"问其名居⑯，不告而退，遂自亡⑰也。

乙丑，赵穿攻灵公于桃园^⑱。宣子未出山而复^⑲。大史书曰："赵盾弑其君。"^⑳以示于朝。宣子曰："不然。"对曰："子为正卿，亡不越竟，反不讨贼^㉑，非子而谁？"宣子曰："呜呼！《诗》曰'我之怀矣，自诒伊戚'^㉒，其我之谓矣！"孔子曰："董狐，古之良史也，书法^㉓不隐。赵宣子，古之良大夫也，为法受恶。惜也，越竟乃免^㉔。"

宣子使赵穿逆公子黑臀^㉕于周而立之。壬申^㉖，朝于武宫^㉗。

【注释】

①伏甲：埋伏了甲士。　②右：车右，又称"骖乘"，与主人同乘一车、担任侍卫的兵士，车右一般由勇力过人者担任。提弥明：车右名。③趋登：快步登上殿堂。　④过三爵：超过了三杯酒。　⑤嗾（sǒu）：唤犬声，此作动词。獒（áo）：身长四尺的猛犬。当时赵盾被提弥明扶下殿堂，匆忙之中，晋灵公来不及向武士发布攻杀之令，就临时呼出猛犬，企图咬死赵盾。　⑥死之：为之（赵盾）而死。　⑦田：同"畋"，打猎。首山：又名首阳山，在今山西省运城市永济市南。　⑧翳（yì）桑：地名，在首阳山间。　⑨灵辄：晋人。　⑩宦：贵族的仆隶，此作动词，当奴仆。　⑪近焉：离家不远了。　⑫箪（dān）：盛饭菜用的圆形小竹筐。　⑬橐（tuó）：口袋。　⑭与：参与，此作担任解。公介：灵公的甲士。　⑮倒戟：倒戈。　⑯名居：姓名和居所。　⑰自亡：自己逃亡了。　⑱攻：当为"杀"之误，一本作"煞"，即"杀"。桃园：晋灵公的园圃名。　⑲未出山而复：未走出晋国国境，听说晋灵公被杀死，就又返回。　⑳大史：太史，朝廷史官，此指晋太史董狐。董狐认为晋君被杀，赵盾负有主要责任，故作如此记

载。　㉑贼：指赵穿。　㉒我之怀矣，自诒伊戚：《诗经·邶风·雄雉》云：
"我之怀矣，自诒伊阻"，与此仅一字之差，或以为此即引《雄雉》诗，或
以为乃先秦逸诗。怀：此指怀念祖国。诒：同"贻"，给。一本此二句前无
"诗曰"二字。　㉓书法：记史的原则，下文的"法"即"书法"之省略。
㉔越境乃免：孔子认为，赵盾如果出境，则君臣之义绝，可以不负弑君的责
任，返回后，也不必讨伐逆贼。　㉕公子黑臀(tún)：晋文公少子，久居于
周，即晋成公，在位七年。　㉖壬申：十月初三。　㉗武官：晋武公的神庙，
在曲沃。晋国新君即位前，必先朝祭于武官。

【译文】

　　秋九月，晋灵公请赵盾喝酒，预先埋伏下甲士准备攻杀赵
盾。赵盾的车右提弥明发觉了，他快步登上殿堂，说："臣子侍
奉国君饮酒，超过三杯就是违背礼节。"说完便扶着赵盾下了殿
堂，晋灵公急忙唤出猛犬。提弥明徒手与猛犬搏斗，并打死了
它。赵盾说："废弃忠良之人而用猛犬，犬虽猛又有何用！"一
路且斗且退，提弥明为掩护赵盾终被杀死。

　　从前，赵盾曾到首山打猎。在翳桑休息时，见到一个叫灵
辄的人饿得厉害，赵盾问他得了什么病。他说："已经三天没吃
饭了。"赵盾拿了食物给他吃，他把食物留下一半。赵盾问他
为何这样，他说："出来当贵族的仆隶已经三年了，不知老母是
否还健在，现在离家不远了，请让我把这些食物留给老母吃。"
赵盾让他全都吃掉，另外又为他准备了一小筐的饭和肉，将它
放在布袋里交给灵辄。灵辄后来做了晋灵公的甲士，他将戟掉
过头来，以抵御灵公手下的伏兵，使赵盾终免于大难。赵盾问

为何这样，他回答说："我是翳桑的饿人。"赵盾又问他的姓名、住处，他没有回答就退出去了，并自己逃亡他处。

这月二十六，赵穿在桃园杀了晋灵公。此时赵盾出奔，他还未走出晋国山界就又返回朝廷。史官董狐记道："赵盾弑其君。"并将史书出示于朝廷给群臣看。赵盾说："事实不是这样。"董狐说："你身为执政大臣，出奔却没走出国境，回来也不讨伐逆贼，不是你弑君又是谁？"赵盾说："哎呀！《诗经》里说'我太怀念故国，反而给自己带来悲戚'，这说的大概就是我吧！"孔子说："董狐，是古代的好史官，他以不曲意隐讳作为记史的原则。赵盾，是古代的好大夫，为了坚持记史的原则而蒙受弑君的恶名。太可惜了，他如果走出国境，就可以免去这个恶名。"

赵盾派赵穿去成周接回公子黑臀并立他为君。十月初三，公子黑臀朝祭于武宫，即位为君。

【解读】

晋灵公是春秋时期有名的昏君和暴君。本篇写他"厚敛以雕墙"，奢侈挥霍；"从台上弹人"，以人命为儿戏；滥杀宰夫，草菅人命，其本质是残民害民。同时又文过饰非，想尽办法除掉敢于直谏的赵盾等人，这是拒谏又残害忠良。全文的叙事矛盾冲突激烈，情节曲折，人物刻画生动，场面形象逼真。林纾《左孟庄骚精华录》说："此篇叙述晋灵，实则不是专写晋灵，是写三壮士。又不止写三壮士，是兼写一个良史。赵盾是一篇中之干，晋灵为之开场，董狐为其收局。"分析颇有道理。其中写钮麑撞槐而死前的一段话，出于作者的悬想，虽属虚构，却符合人物性格。此种手法《左传》中多见，更增加了叙事的文学色彩。此节所写的董狐秉笔直书，"书法不隐"的修史精神，到了司马迁，就是"不虚美、不隐恶，堪称实录"。"实录"和"书法不隐"的原则，千百年来，被史官奉为修史的崇高法则。

13.

王孙满对楚子

楚庄王

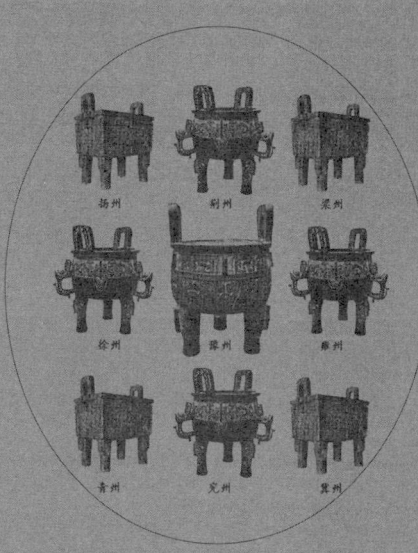

九鼎形制方位图

宣公三年

楚子伐陆浑之戎，遂至于雒①，观兵②于周疆。定王使王孙满③劳楚子。楚子问鼎④之大小、轻重焉。对曰："在德不在鼎。昔夏之方有德也，远方图物⑤，贡金九牧⑥，铸鼎象物⑦，百物⑧而为之备，使民知神、奸⑨。故民入川泽山林，不逢不若⑩。螭魅罔两⑪，莫能逢之。用能协于上下⑫，以承天休⑬。桀有昏德⑭，鼎迁于商，载祀六百⑮。商纣暴虐，鼎迁于周。德之休明⑯，虽小，重也。其奸回⑰昏乱，虽大，轻也。天祚明德，有所底⑱止。成王定鼎于郏鄏⑲，卜世三十，卜年七百，天所命也。周德虽衰，天命未改。鼎之轻重，未可问也。"

【注释】

①楚子：楚庄王，名旅。雒：同"洛"，洛水，发源于陕西省商洛市洛南县。楚军北伐必须到达洛阳的洛水旁。　②观兵：陈兵示威。　③定王：周定王，名瑜。王孙满：周共王儿子围的曾孙，时为周大夫。　④鼎：指九鼎，相传为夏禹时所铸。夏、商、周三代以九鼎作为王权的象征，楚庄王问九鼎之大小轻重，有取代周王朝之意。　⑤图物：描绘各地奇异的事物。　⑥贡金九牧：即"九牧贡金"。金：铜；九牧：古将中国分成九州，九牧即九州的长官。　⑦象物：依照奇物铸在鼎上使它像所绘的图像。⑧百物：亦即万物。　⑨奸：恶物，坏东西。　⑩不若：不顺，指不顺

利的事，不顺眼的怪物。　⑪螭魅（chī mèi）：又作"魑魅"，山之鬼怪。魍魉：又作"蝄蜽""罔阆"，木石之怪。　⑫用：因。协于上下：上下团结。　⑬休：保佑。　⑭桀：夏桀。昏德：指无道。　⑮载祀：皆纪年之称。《尔雅·释天》谓："夏曰岁，商曰祀，周曰年，唐、虞曰载"，此泛称。六百：商享国约六百四十年，此举整数。　⑯休明：美善光明。　⑰奸回：奸邪。　⑱祚：福，此作动词，赐福。底（zhǐ）：止，终止，指最终的年限。　⑲郏（jiá）：山名。鄏（rǔ）：地名。郏、鄏均在今河南洛阳市境内，此指洛阳。周成王在郏鄏营建东都洛阳，名王城，并迁九鼎于此。

【译文】

楚王征伐陆浑之戎，因而来到洛水，在周都城郊陈兵炫耀。周定王派王孙满慰劳楚王。楚王问鼎的大小与轻重。王孙满回答说："鼎的大小轻重，在于持鼎者的德行，而不在鼎本身。从前夏朝，当它有德的时候，将远方的山川物产都画成图，又用九州长官进贡的铜铸成鼎，并把图画也铸在鼎上，天下百物鼎上均已具备，这样人民就知道什么是神，什么是奸。因而人民入山林涉川泽时，就不会遇到不顺心的事。魑魅魍魉等鬼怪也不会再碰上。因而能上下协调，以接受上天的福佑。夏桀道德昏昧，九鼎被迁到商朝，商朝享国六百年。商纣王暴虐，九鼎又被搬迁到周朝。如果道德美善光明，鼎虽小，也是重的。如果奸邪昏乱，鼎再大，也是轻的。上天赐福给有光明品德的人，也是有时间的最终年限。周成王把九鼎安定在郏鄏，占卜问得传世三十，又占卜问得传年七百，这些都是上天的旨意。周王朝的德行虽然已衰弱，但上天的旨意并未改变。

鼎的轻重是不能问的。"

【解读】

在春秋诸侯中，南方的楚国自称为王，以示不受周天子的管辖。宣公三年，楚庄王先后吞并了一些小国之后，竟陈兵周朝边境，以向周天子示威。在古代中国，国之鼎，是传国重器。得国必得鼎，有鼎则有国。鼎的迁徙，是朝代转换的标志。楚庄王只是一方诸侯，问九鼎的轻重，是一种僭越，暴露其取周而代之的野心。王孙满洞察楚庄王的野心，对楚王的回答，讲明了鼎的来历与象征意义，特别强调统治天下"在德不在鼎"的道理，挫败了权欲熏心的楚庄王的狂妄野心。王孙满的对答，中心在于"在德不在鼎"一句。鼎不在大小轻重，有德是关键。这也就是说，治国应重在尊德、崇德，以德治国。王孙满话虽不长，援古证今，思路新巧，说理深刻。钱锺书说："左氏于文学中策勋树绩，尤足为史有诗心、文心之证，则其记言是矣。"（《管锥编》第一册）此又一例。

14.

晋楚邲之战

〔晋〕荀林父

楚庄王

宣公十二年

十二年春，楚子围郑，旬有七日。郑人卜行成①，不吉；卜临于大宫②，且巷出车③，吉。国人大临，守陴者④皆哭。楚子退师。郑人修城。进复围之，三月，克之。入自皇门⑤，至于逵路⑥。郑伯肉袒牵羊⑦以逆，曰："孤不天⑧，不能事君，使君怀怒以及敝邑，孤之罪也，敢不唯命是听？其俘诸江南⑨，以实海滨，亦唯命；其翦⑩以赐诸侯，使臣妾之⑪，亦唯命。若惠顾前好⑫，徼福于厉、宣、桓、武⑬，不泯⑭其社稷，使改事君，夷于九县⑮，君之惠也，孤之愿也，非所敢望也。敢布腹心⑯，君实图之。"左右曰："不可许也，得国无赦。"王曰："其君能下人⑰，必能信用其民矣，庸可几⑱乎？"退三十里而许之平。潘尪⑲入盟，子良⑳出质。

【注释】

①行成：求和。　②临：哭于祖庙。大宫：诸侯国太祖之庙，此指郑国的祖庙。　③巷出车：把兵车陈于里巷之间，准备巷战。这表明郑人有死战到底的决心。　④大临：大哭。守陴（pí）者：即守城者。陴：城上的女墙。　⑤皇门：郑都城门名。　⑥逵路：大路。　⑦郑伯：郑襄公。肉袒牵羊：表示愿意服罪受刑。肉袒：脱去上衣，赤裸肩背。　⑧不天：不能秉承天意。　⑨俘诸江南：指被放逐于江南。　⑩翦：分割，割截。

⑪臣妾之：做诸侯的奴仆。　⑫前好：楚郑二国世有盟誓之好。　⑬徼（yāo）福：求福。厉、宣：周厉王、周宣王。桓、武：郑桓公、郑武公。郑桓公是周厉王的少子、宣王的庶弟，宣王时始封于郑。郑武公是郑桓公之子。桓公、武公皆郑开国贤君。　⑭泯：灭。　⑮夷：等同。九：虚数，非实指。县：楚国曾将吞灭的小国置为县，如上年县陈；郑国土地较大，非仅一县，故云九县。郑伯言"夷于九县"，意即愿为楚之属国，而保留其社稷，如当时的陈、蔡等国。　⑯布腹心：披露心里的话。　⑰能下人：能屈居于他人之下。　⑱庸：难道，哪里。几：通"冀"，希望。　⑲潘尪（wāng）：楚大夫，一称师叔。　⑳子良：即公子去疾，郑襄公之弟，以仁让忠良闻名于当时。

【译文】

十二年春天，楚庄王发兵包围郑国都城。十七天后，郑君臣以占卜问与楚求和之事，结果不吉利。又以占卜问哭于郑祖庙，并问陈车于巷、准备巷战之事，结果大吉。都城里的人大哭于祖庙，守城的士兵也全都哭了。楚庄王命令退兵，郑人乘机修复了城墙。不久楚军又向前推进，再次包围了郑都，三个月后，就将其攻克。从皇门攻入，一直打到通衢大道。郑襄公去衣露体，牵着羊以迎接楚王进城，说："孤得不到天的佑助，没能侍候好君王，使君王生气，来到敝城，这是孤的罪过。我岂敢不唯命是从？要是把我俘虏到江南，充实楚国海滨无人之地，我也将唯命是从；如果分割亡郑，将其赐给诸侯国，让郑国人做他们的臣妾，我也依然唯命是从。如果君王施予恩惠，顾念过去两国的友好，向周厉王、周宣王、郑桓公、郑武公求福，不灭掉他的国家，让它改而侍奉君王，等同于楚国的诸县，那可真是君王的恩德、我的愿望，但这并非我所敢于希望的。我大胆地向君王坦布我的心事，唯请君王考虑。"庄王左右的人都说："不能答应郑君的要求，既已得人之国，就不宜再赦免它。"庄王说："郑国之君能屈居于他人之下，就一定能凭诚信使用他的人民，这样的国家，我们岂可希望得到？"命令全军后退三十里，并答应郑国的求和。楚派潘尪入城结盟，郑派子良入楚为质。

夏六月，晋师救郑。荀林父将中军，先縠①佐之；士会将上军，郤克②佐之；赵朔将下军，栾书③佐之。赵括、赵婴齐为中军大夫④，巩朔、韩穿⑤为上军大夫，荀首、赵同⑥为下军大夫。韩厥为司马⑦。

及河，闻郑既及楚平，桓子⑧欲还，曰："无及于郑而剿⑨民，焉用之？楚归而动，不后。"随武子⑩曰："善。会闻用师，观衅⑪而动。德、刑、政、事、典、礼不易⑫，不可敌也，不为是征⑬。楚军⑭讨郑，怒其贰而哀其卑⑮。叛而伐之，服而舍之，德、刑成矣。伐叛，刑也；柔服⑯，德也。二者⑰立矣。昔岁入陈⑱，今兹入郑，民不罢⑲劳，君无怨讟⑳，政有经㉑矣。荆尸而举㉒，商、农、工、贾不败其业，而卒乘辑睦㉓，事不奸㉔矣。蒍敖为宰㉕，择楚国之令典㉖，军行，右辕，左追蓐㉗，前茅虑无㉘，中权，后劲㉙。百官象物而动㉚，军政不戒㉛而备，能用典㉜矣。其君之举㉝也，内姓选于亲^{③④}，外姓选于旧^{③⑤}；举不失德^{③⑥}，赏不失劳^{③⑦}；老有加惠^{③⑧}，旅有施舍。君子小人，物有服章^{③⑨}。贵有常尊，贱有等威；礼不逆^{④⓪}矣。德立、刑行，政成、事时，典从^{④①}、礼顺，若之何敌之？见可^{④②}而进，知难而退，军之善政也。兼弱攻昧^{④③}，武之善经^{④④}也。子姑整军而经武^{④⑤}乎！犹有弱而昧者，何必楚？仲虺^{④⑥}有言曰：'取乱侮亡。'兼弱也。《汋》曰：'於铄王师，遵养时晦。'^{④⑦}耆昧^{④⑧}也。《武》曰：'无竞惟烈。'^{④⑨}抚弱耆昧，以务烈所^{⑤⓪}，可也。"彘子^{⑤①}曰："不可。晋所以霸，师武、臣力也。今失诸侯，不可谓力^{⑤②}；有敌而不从，不可谓武。由我失霸，不如死^{⑤③}。且成师^{⑤④}以出，闻敌强而退，非夫^{⑤⑤}也。命为军师，而卒以非夫，唯群子^{⑤⑥}能，我弗为也。"以中军佐济^{⑤⑦}。

【注释】

①荀林父：晋大夫，又称桓子、荀伯、中行氏。晋三军以中军为首，中军之将即三军的统帅。先縠（hú）：先轸的后裔，原名原縠，又称彘子。邲之役中因刚愎自用而为楚所败，后又招狄攻晋，终为晋人所杀。　②士会：字季，名会，亦称士季、随季、随会、随武子、范武子、范会。郤（xì）克：晋大夫，亦称郤献子、郤伯。　③赵朔：赵盾之子，晋成公的女婿，亦称赵庄子。栾书：晋名将，亦称栾武子、栾伯。　④赵括：赵盾的异母弟，亦称屏括、屏季。赵婴齐：赵括的同母弟，亦称赵婴、楼婴。中军大夫：指中军将佐之外的官，三军皆置有"大夫"。　⑤巩朔：晋大夫，亦称巩伯、士庄伯。韩穿：晋大夫韩简的同族。　⑥荀首：荀林父之弟，亦

称知（zhì）庄子、知氏。赵同：赵括的同母兄，亦称原同、原叔。　⑦韩厥：韩简之孙，晋之名臣，亦称韩献子。司马：掌军政、军赋的官。　⑧桓子：荀林父的谥号。　⑨无及于郑：郑已降楚，救郑已来不及。剿：劳苦。　⑩随武子：士会。　⑪衅：间隙，机会。　⑫不易：不违背常规。　⑬不为是征：即"不征是"，不贸然进攻。　⑭军：或本作"君"。　⑮贰：贰于楚而亲晋。卑：指郑襄公卑辞以求服楚。　⑯柔服：用怀柔之道对待服罪的国家。　⑰二者：指德和刑两方面。　⑱昔岁入陈：即上一年，楚国侵入陈国，杀了陈国作乱的大夫夏征舒。　⑲罢（pí）：通"疲"。　⑳谮（dú）：怨言，怨谤。　㉑有经：符合常规。　㉒荆尸：是楚武王创造的一种作战阵法。举：举兵。　㉓卒：步兵。乘：战车上的甲士。辑睦：和睦。　㉔奸：犯，干扰，抵触。　㉕蒍敖：即宣公十一年传的蒍艾猎，孙叔敖，楚国名相。宰：楚之令尹。　㉖令典：政令和法典。　㉗右、左与下文的前、中、后都指军队。右辕：右军夹辕（即夹车），保护兵车前进。辕：此指将军之战车。左追蓐：左军搜寻粮食刍薪。蓐：草，用以喂军马及人睡卧时铺地。　㉘茅：通"旄"，指"旄旌"，即饰以旄牛尾巴的旌旗。古代军制，前军探道时，以旌为标志告诉后军。虑无：侦察有无敌人的踪迹。　㉙后劲：作为殿后。　㉚物：指绘有各种鸟兽图案的旗帜。古代行军，以各种不同的旗帜作行动的标志，如举日章（绘有太阳的旗帜，下仿此。）则昼行，举月章则夜行，举龙章则行水，举虎章则行林，举鸟章则行陂，举蛇章则行泽，举鹊章则行陆，举狼章则行山等（见《管子·兵法》）。　㉛戒：下令戒备。　㉜用典：运用法典。　㉝举：举荐人才。　㉞内姓：同姓。亲：王室支系中亲近的人。　㉟外姓：异姓。旧：指贵族世家。　㊱失德：遗漏有德之人才。　㊲失劳：遗漏有功劳的人。　㊳加惠：增加恩惠，优待。　㊴物有服章：衣饰器物各有标志和文采，以别尊卑。　㊵逆：不顺。　㊶事时：办事合于时宜。典从：法典人人服从。 ㊷可：指有可能。 ㊸兼弱：兼并弱小国家。攻昧：攻取政治上昏昧的国家。 ㊹善政、善经：都指治军的好方法，好原则。 ㊺经武：加强武备。 ㊻仲虺（huǐ）：商汤的左相，姓任。 ㊼於（wū）铄（shuò）王师，遵养时晦：语出《诗经·周颂·酌》。酌：亦作"汋"。於：感叹词，有赞美之意。铄：盛大。遵：顺着。养：取。时：通"是"，此。晦：昏昧之人。 ㊽耆（qí）昧：攻昧。耆：致，此指攻伐。 ㊾无竞惟烈：语出《诗经·周颂·武》。无竞：无止境。烈：功业。 50务：致力于，寻求。烈所：功业之所在。 51彘子：先縠。 52诸侯：指郑国。力：尽力。 53由我失霸，不如死：晋国从文公以来，称霸已久，先縠认为不与楚会战将丢掉霸主地位。 54成师：整顿军队。 55夫：大丈夫。 56群子：你们这些人。 57济：渡河。

【译文】

夏六月，晋出兵救郑。荀林父率中军，先縠辅佐他；士会率上军，郤克辅佐他；赵朔率下军，栾书辅佐他。赵括、赵婴齐为中军大夫，巩朔、韩穿为上军大夫，荀首、赵同为下军大夫。韩厥为司马。

晋军来到黄河，听说郑国已经跟楚国讲和，荀林父想撤军回去，说："救郑国既然已经来不及，士卒又非常劳苦，再进军又有何用？等楚军撤走后再兴师伐郑，为时也不晚。"士会说："对。士会听说，凡用兵，必须见有机可乘，然后才可发动进攻。凡德行、刑罚、政令、事务、典则、礼仪不违背常道的国家，都是不可抵挡的，这样的国家是不能征讨的。楚军讨伐郑国，恼怒它的三心二意，哀怜它的卑谦。郑国反叛就讨伐它，服罪就赦免它，楚国的德行、刑罚都已具备。讨伐反叛者，这是用刑罚；怀柔服罪者，这是施德行。这二者楚国都已树立起来了。去年伐陈国，今年又征讨郑国，人民不觉得疲劳，国君也不被人所怨恨诽谤，这说明楚之政令合乎常道。楚举兵出征，摆开阵势，国内的商贩、农夫、工匠、店主并没废弃他们的本职，步卒、甲士和睦相处，这说明楚国的事务是互不抵触的。芳敖为楚之宰相，能斟酌选择适于楚国的好法典，行军打仗时，右军随将军战车之所向而进退，左军负责寻找草蓐，前军以旌旌为标志，探查有无敌人的踪迹，中军负责权衡一切，后军以劲旅殿后。军中百官根据不同的旗帜，采取不同的行动，军中政令不待主帅下令警戒，士卒就已有所防备，这说明楚国善于运用典则。楚君录用人才，同姓的从亲族中选拔，异姓的从旧臣中选拔；选拔而不遗漏有德者，赏赐而不遗漏有功者；老者受优待，旅客得馈赠。君子小人，其衣饰器物都各有标志和章纹，以别尊卑。高贵者有不变的尊位，卑贱者有威仪之等差，这说明楚之礼仪不悖有序。德行树立、刑罚施行、政令完备、事务适时，典则人人服从、礼仪和谐顺畅，我们怎能与之为敌？见到有利就前进，知道艰难就撤退，这是治军的良好准则。兼并弱小之国，攻讨昏昧之国，这是用兵的良好韬略。你姑且先整顿军队，经营武备吧！诸侯中尚有弱小或昏昧的国家，何必非伐楚不可？仲虺说过：'攻取内乱之国，凌辱衰亡之国。'说的就是兼并弱者。《汋》说：'伟大而强盛的王师，它顺从民意，攻取昏昧之王。'说的就是进取昏昧者。《武》说：'武王功业强盛无比。'说明安抚弱者、攻取昏昧、以求功业之所在，是可以的。"先縠说："不行。晋国之所以称霸诸侯，是因为军队勇武，群臣尽力。现在失去了郑国，不能说尽到了力；遇到敌人，却不敢与之周旋，不能说勇武。因为我们而失去霸主的地位，还不如死去。况且组成军队而出征，听说敌人强大就撤退，这不是大丈夫。受命为军中主帅，而最终却不能像个大丈夫，唯有诸位能做到，我不做这样的人。"他带领自己中军副帅的部属，渡过了黄河。

知庄子①曰："此师殆②哉！《周易》有之，在《师》䷆之《临》䷒③，曰：'师出以律④，否臧⑤，凶。'执事⑥顺成为臧，逆为否。众散为弱⑦，川壅为泽⑧，有律以如己也，故曰律⑨。否臧，且律竭⑩也。盈而以竭，夭且不整⑪，所以凶也。不行之谓《临》⑫，有帅而不从，临孰甚焉⑬！此之谓矣。果遇⑭，必败，彘子尸⑮之，虽免⑯而归，必有大咎。"韩献子⑰谓桓子曰："彘子以偏师⑱陷，子罪大矣。子为元帅，师不用命，谁之罪也？失属⑲、亡师，为罪已重，不如进也。事之不捷，恶⑳有所分。与其专罪㉑，六人同之，不犹愈乎？"师遂济。

楚子北师次于郔㉒。沈尹将中军，子重将左，子反㉓将右。将饮马于河而归。闻晋师既济，王欲还，嬖人伍参㉔欲战。令尹孙叔敖弗欲，曰："昔岁入陈，今兹入郑，不无事㉕矣。战而不捷，参之肉其足食乎㉖？"参曰："若事之捷，孙叔㉗为无谋矣。不捷，参之肉将在晋军，可得食乎？"令尹南辕、反旆㉘，伍参言于王曰："晋之从政者新^㉙，未能行令。其佐先縠刚愎不仁，未肯用命。其三帅者，专行不获^㉚，听而无上，众谁适从？此行也，晋师必败。且君而逃臣^㉛，若社稷何？"王病之^㉜，告令尹改乘辕^㉝而北之，次于管^㉞以待之。

【注释】

①知庄子：荀首。　②殆：危险。　③在《师》▤▤之《临》▤▤：《师》卦卦形为▤▤，《坎》下《坤》上；《临》卦卦形为▤▤，《兑》下《坤》上。从《师》变成《临》，即由《坎》变为《兑》，其卦形唯初爻不同，故下文即引《师》初六爻辞。　④师出以律：出师必须以法制号令指挥军队。　⑤否（pǐ）：不。臧：善。下文的"否臧"指将佐不服从主帅，军纪实施不顺利。以上二句是《师》卦初六的爻辞。　⑥执事：行事。　⑦众散为弱：以下二句解释卦象，《师》变为《临》，是由于《坎》变为《兑》。"坎"象征众，"兑"象征柔弱，因此"坎"变为"兑"是众变为弱之象。　⑧川壅为泽："坎"代表大川，"兑"代表泽；"坎"变为"兑"又象征流动的川水因壅塞而变成沼泽。　⑨如己：顺从自己，指就像自己指挥自己一样。律：指有纪律，即听从法制号令。　⑩律竭：暗指先縠不服从主帅指挥，自己先渡河。竭：尽。　⑪夭：塞。不整：此指水流不畅。此是承上面"众散"两句卦象而言。　⑫不行之谓《临》：从《师》卦变成《临》卦，唯下卦从《坎》变成《兑》，坎为水，兑为泽，说明水因堵塞不通畅而积聚成沼泽。　⑬临孰甚焉：军中号令不行，这是最严重的"临"。　⑭遇：遇敌。　⑮尸：主，承受。　⑯免：免于战死。　⑰韩献子：韩厥。　⑱偏师：此指先縠所率领的中军佐的军队。　⑲属：属国，此指郑国。　⑳事：戎事，战争。恶：罪责。　㉑专罪：指元帅一人承担罪责。　㉒郔（yán）：地名，在今河南

省郑州市北，靠近黄河。　㉓沈尹：楚大夫，余不详。子重：公子婴齐的字，楚庄王之弟，楚国正卿，亦称左尹子重。子反：公子侧的字，原为宋国公子，仕楚为正卿，后为大司马，亦称大司马侧。　㉔嬖（bì）人：受宠之人。伍参：伍子胥的曾祖父。　㉕不无事：非无战事。不：非。　㉖参之肉其足食乎：言外之意即，若战而不胜，虽杀伍参不足以谢国人。　㉗孙叔：孙叔敖。　㉘反旆：军旗也掉过头来。反：同"返"。　㉙从政者新：指荀林父。荀林父于郯之战前数月才任中军之将，故云。　㉚专行不获：在主帅的统率下，不能专行己意。　㉛君：指楚王。臣：指晋臣。　㉜病之：对伍参所说君逃臣的话感到不舒服。　㉝改乘辕：改变车辕的方向。　㉞管：地名，在今河南省郑州市北二里。

【译文】

　　知庄子说："先縠的这支队伍危险呀！《周易》有这样的话，从《师》卦䷆变成《临》卦䷒，爻辞说：'行军出征，须有法度纪律，若纪律不好，则凶。'办事顺从主帅、完成使命，这叫善，反之则为否。众心涣散，力量就削弱，江河堵塞，就会变成沼泽地，行军有纪律，进退一如己意，这叫律。军纪实施得不好，说明军队已经败坏穷竭了。水由充盈而枯竭，堵塞而不通畅，这是凶险之兆。水流不通畅叫作《临》，有主帅却不听从，还有什么比《临》更严重的？这里讲的就是先縠这样的人。要是他带兵与敌人相遇，必败无疑，他（彘子）定遭此祸，即使能免于一死而回来，也一定有大难。"韩厥对荀林父说："先縠带领部分军队陷于敌阵，您的罪过可大了。您身为元帅，而军队却不听从命令，这是谁的罪过？失去属国，丧失军队，罪过是很重的，不如进军更好。要是战事不胜，罪过可由大家共同分担。与其由你一人独担罪责，不如我们六人共同承担，这不是更好吗?"于是全军遂渡过黄河。

楚王率军北上，驻扎于郔地。沈尹率中军，子重率左军，子反率右军，准备饮马于黄河然后回师。听说晋军已经渡过黄河，楚王想撤军，其宠幸小臣伍参想交战。令尹孙叔敖不想打，说:"去年伐陈，今年征郑，不是没有战争之事。战而不胜，伍参的肉够全国人吃吗?"伍参说:"如果作战胜利了，孙叔敖就是无谋之人了。如果不胜，伍参的肉将在晋军之中，能吃得到吗?"令尹把车辕转而向南，把军旗也掉转方向。伍参对楚王说:"晋国的执政者新任不久，无法推行军令。副将先縠倔强固执，缺乏仁心，不肯听令。三军之帅想自主行事也无法办到，士卒即使想听令也不知谁是主帅，不知该听谁的。此一仗，晋军必败。况且国君逃避臣子，这对国家的社稷之神如何交代?"楚庄王对"君避臣"很是忌讳，传令令尹，让他将战车再转而北上，驻扎在管地等待晋军。

晋师在敖、鄗①之间。郑皇戌②使如晋师，曰:"郑之从楚，社稷之故也，未有贰心。楚师骤胜而骄，其师老③矣，而不设备，子击之，郑师为承④，楚师必败。"彘子曰:"败楚、服郑，于此在矣，必许之。"栾武子⑤曰:"楚自克庸⑥以来，其君无日不讨国人而训之于⑦民生之不易、祸至之无日、戒惧之不可以怠。在军，无日不讨军实而申儆⑧之于胜之不可保、纣之百克而卒无后，训之以若敖、蚡冒筚路蓝缕以启山林⑨。箴⑩之曰：'民生在勤，勤则不匮⑪。'不可谓骄⑫。先大夫子犯有言曰：'师直为壮，曲为老。'⑬我则不德，而徼⑭怨于楚。我曲楚直，不可谓老⑮。其君之戎分为二广，广有一卒，卒偏之⑯两。右广初驾⑰，数⑱及日中；左则受之，以至于昏。内官序⑲当其夜，以待不虞，不可谓无备⑳。子良，郑之良也。师叔，楚之崇㉑也。师叔入盟，子良在楚，楚、郑亲矣。来劝我战，我克则来㉒，不克遂往，以我卜也㉓！郑不可从。"赵括、赵同曰："率师以来，唯敌是求。克敌、得属㉔，又何俟？必从彘子。"知季㉕曰："原、屏，咎之徒㉖也。"赵庄子㉗曰："栾伯㉘善哉！实㉙其言，必长晋国。"

【注释】

①敖、鄗（qiāo）：二山名，在今河南省郑州市荥阳市境内。　②皇戌：郑卿。　③骤胜：屡胜。楚自伐庸以来，屡次取胜。老：士气衰竭。　④承：后继。　⑤栾武子：栾书。　⑥克庸：楚克庸在文公十六年。　⑦其君：指楚庄王。讨：治。训：教导。于：以。　⑧军实：指军中将士。申儆（jǐng）：再三告诫。　⑨若敖、蚡（fēn）冒：均为楚国的远祖。若敖，名熊仪。蚡冒，楚国先君，楚武王之兄，见文公十六年传。筚（bì）路：用竹木编成的车。筚：以荆柴编物；路：通"辂"，大车。蓝缕：同"褴褛"，破旧的衣服。启山林：指开辟山林，垦拓荒野。　⑩箴：规劝。　⑪匮：缺乏，不足。　⑫不可谓骄：以上驳皇戌"楚师骤胜而骄"的话。　⑬师直为壮，曲为老：子犯之言，见僖公二十八年传。　⑭不德：做事不合道

德。徼（yāo）：求。　⑮不可谓老：此驳皇戌"其师老矣"。　⑯广：广，以及下文的卒、偏、两，均为楚国军队中的编制。楚王亲兵分为左右两部，每部叫"广"。楚以十五乘兵车为一偏，两偏为三十乘。三十乘为一卒，一卒就是一广。之：与。　⑰初驾：先驾。　⑱数：数其时刻。　⑲内官：王左右亲近之臣。序：依照次序。　⑳不可谓无备：以上驳"不设备"。　㉑师叔：楚大夫潘尪（wāng）。崇：崇敬。　㉒我克则来：晋胜则郑来服晋。㉓以我卜也：意为以我方之胜负决定其从晋或从楚。　㉔得属：指郑可从属晋国。　㉕知季：知庄子荀首。　㉖原：赵同。屏：赵括。徒：通"途"，道路。　㉗赵庄子：赵朔。　㉘栾伯：栾书。　㉙实：实践，履行。

【译文】

　　晋军驻扎在敖、鄗两山之间。郑国派卿大夫皇戌出使晋军，说："郑国跟从楚国，是为了国家社稷的缘故，对晋国并无二心。楚军因屡胜而骄傲，士卒疲劳，又不设防，你们攻击他，郑军为后继，楚军必败。"先縠（彘子）说："打败楚国，降服郑国，就在这一战，一定要答应郑国要求。"栾书说："楚国自攻克庸国以来，其君没有一天不在治理楚民，并教导他们注意：人生之艰难不易，灾祸没几天就会到来，警戒、畏惧之心不可懈怠。在军中，没有一天不在治理将士，并一再告诫他们注意：胜利无法长保，殷纣王虽然百战百胜，但最终亡国绝后。又用若敖、蚡冒乘着简朴柴车穿着破旧衣服，以开辟山林的事迹来教导楚人。还用良言规劝道：'人之生计在于勤，勤则不匮乏。'故而不能说楚军已经骄傲了。先大夫子犯曾经说过：'军队理直则士气盛壮，理曲则士气衰老。'这次是我们做事不符合道德，跟楚结下怨恨。我们理曲，楚国理直，不能说楚军士气衰老。楚君亲兵的战车，分为左右二广，每广又另配有步兵一卒，每又有一偏与一两为卒后备。右广在鸡初鸣时即驾车巡视，时至中午而止；然后由左广接替，直到黄昏。近臣依次值夜班，以防不测，故不能说楚军无备。子良，是郑国的贤良。师叔，是楚人所崇敬的大夫。师叔入郑结盟，子良在楚为质，楚、郑亲密极了。郑国来劝我们与楚交战，我们胜了他们就来归附，不胜就倒向楚国，这是以战之胜负作占卜来决定是否归服我！郑国的要求不能答应。"赵括、赵同说："率军而来，所求的就是与敌交战。战胜敌人，得到属国，还等什么？一定得听先縠的话。"荀首说："按照赵同、赵括的话，那是取祸之道。"赵朔说："栾书说得太好了！按栾书的话去做，必能使晋国长治久安。"

楚少宰①如晋师，曰："寡君少遭闵凶②，不能文③。闻二先君④之出入此行也，将郑是训定⑤，岂敢求罪于晋？二三子无淹久⑥！"随季⑦对曰："昔平王命我先君文侯⑧曰：'与郑夹辅⑨周室，毋废王命。'今郑不率⑩，寡君使群臣问诸郑，岂敢辱候人⑪？敢拜君命之辱⑫。"彘子以为谄，使赵括从而更之⑬，曰："行人⑭失辞。寡君使群臣迁大国之迹于郑⑮，曰：'无辟⑯敌！'群臣无所逃命⑰。"

楚子又使求成于晋，晋人许之，盟有日⑱矣。楚许伯御乐伯，摄叔为右，以致晋师⑲。许伯曰："吾闻致师者，御靡旌、摩垒⑳而还。"乐伯曰："吾闻致师者，左射以菆㉑，代御执辔，御下，两马、掉㉒鞅而还。"摄叔曰："吾闻致师者，右入垒，折馘、执俘㉓而还。"皆行其所闻㉔而复。晋人逐之，左右角之㉕。乐伯左射马而右射人，角不能进。矢一㉖而已。麋兴于前，射麋丽龟㉗。晋鲍癸当其后，使摄叔奉麋献焉，曰："以岁之非时㉘，献禽之未至，敢膳㉙诸从者。"鲍癸止之㉚，曰："其左善射，其右有辞㉛，君子也。"既免。

【注释】

①少宰：官名，其人不详。 ②闵凶：忧患。 ③文：辞令。 ④二先君：指楚成王、楚穆王，二君都曾征讨过郑国。 ⑤将郑是训定：此为倒装句，即"将训定郑"，即教导、平定郑国。 ⑥淹久：即久。意为请晋军退兵。 ⑦随季：随武子士会。 ⑧文侯：晋文侯，名仇，周平王时曾与郑武公共定周室。 ⑨夹辅：共同辅佐。 ⑩率：遵从。 ⑪候人：侦察敌情的哨兵。士会言外之意是：我们不想与楚交战，因而也不敢劳驾楚军的候人迎送。言外指此事与楚国不相关。 ⑫辱：指"二三子无淹久"，言外之意不会退兵。 ⑬更之：更改对少宰的答复。 ⑭行人：使者。此行人指随季。 ⑮大国：指楚。迹：足迹。此句为委婉的外交辞令，指把楚国赶出郑国。 ⑯辟：同"避"。 ⑰无所逃命：指非与楚军决战不可。 ⑱盟有日：已约定结盟日期。 ⑲致晋师：向晋军挑战。按，楚王既与晋军讲和，又令人挑战，表示不欲讲和，使晋军将帅相疑。 ⑳靡：倾斜。车疾驰时，军旗会倾侧在一边，所以靡旌即指疾驰。摩：迫近。垒：军垒，古代在作战的阵地外围都筑有营垒，如近代的碉堡。 ㉑左：车左，古代兵

车，若非元帅，则御者居中，射者居左，执戈、盾者居右。故此"左"即乐伯自称。菆（zōu）：一种质地坚硬的箭。　㉒下：下车。两马：古代战车由四匹马拉，两马在中为"服"，两马在边为"骖"，两马即排比其马，使之两两整齐。时车右入垒挑战，车在垒外等待，故御者以"两马"示其从容不迫。两：作动词，排比。掉：整理。　㉓右：车右。摄叔是车右。折馘：杀敌割取其耳。执俘：生擒敌人。　㉔行其所闻：三人所说，是御者、车左、车右在挑战时各自的动作。　㉕角之：张开左右翼从旁夹攻。㉖矢一：只剩一支箭。　㉗射麋丽龟：为古代善射的表现。丽：附着。龟：动物背脊中央耸起的部分。　㉘非时：指不是献禽兽的季节。西周、春秋时，每年夏中，各地都有专门负责猎取禽兽的人（即下文的"兽人"）来献禽兽，郊之役在初夏。　㉙禽：走兽的总称。膳：进献。　㉚止之：阻止部下，不再追赶。　㉛有辞：善辞令。

【译文】

楚国少宰来到晋军，说："寡君年少时就遭受忧患困苦，不善于文辞。听说我们二先君也曾来往于这条路上，那是为了教导、平定郑国的，岂敢得罪晋国？你们诸位无须久留此地！"士会回答说："从前周平王命令我先君文侯说：'与郑国一同辅佐周王室，不得废弃我周王的命令。'现在郑国不遵从，寡君派群臣向郑国问罪，岂敢劳驾你们侦察的士兵？我谨拜谢贵国君王的命令。"先縠认为这是在讨好楚王，立即叫赵括去更正，说："外交官讲错了话。寡君派群臣把大国的足迹挪移出郑国，说：'不要躲避敌人！'下臣们无法逃避命令。"

楚王又派使者与晋国求和，晋人答应了，结盟之事指日可待。楚国的许伯为乐伯驾战车，摄叔为车右，向晋军挑战。许伯说："我听说挑战时，御者须快速驾车，使车上旌旗倾斜，擦过敌方营垒然后回还。"乐伯说："我听说挑战时，车左射以藏矢，代御者执缰绳，让御者下车，将驾车的马两两排列整齐，调整马颈上的皮带，然后回还。"摄叔说："我听说挑战时，车右冲入敌垒，杀敌割下左耳，抓获敌人然后回来。"三人全都按他们所听说的去做，然后回来。晋人追击他们，张开左右翼以夹击。乐伯向左射马向右射人，夹击者无法前进，他的箭只剩下一支。突然一只麋鹿出现在面前，他箭射麋鹿正中脊背。晋将鲍癸在后面追赶，乐伯叫摄叔将麋鹿献给他，说："现在还不是献禽兽的季节，奉禽兽的人还没到，我冒昧地将它作为食物进献给你们的随从。"鲍癸停止追击，说："楚军的车左善射，车右很有口才，他们都是君子啊。"乐伯等三人都因此而免于被俘。

晋魏锜求公族①未得，而怒，欲败晋师。请致师，弗许。请使②，许之。遂往，请战而还。楚潘党③逐之，及荥泽④，见六麋，射一麋以顾献⑤，曰："子有军事，兽人无乃不给于鲜⑥？敢献于从者。"叔党命去之⑦。赵旃⑧求卿未得，且怒于失楚之致师者⑨，请挑战，弗许。请召盟⑩，许之。与魏锜皆命而往。郤献子⑪曰："二憾⑫往矣，弗备，必败。"彘子曰："郑人劝战，弗敢从也。楚人求成，弗能好也。师无成命⑬，多备何为？"士季曰："备之善。若二子怒楚，楚人乘我⑭，丧师无日矣。不如备之。楚之无恶，除备而盟，何损于好？若以恶来，有备不败。且虽诸侯相见，军卫不彻⑮，警也。"彘子不可。士季使巩朔、韩穿帅七覆于敖⑯前，故上军不败⑰。赵婴齐使其徒先具舟于河⑱，故败而先济。

【注释】

①魏锜（qí）：亦称厨武子、吕锜。公族：公族大夫。 ②使：作为使者前往楚军。 ③潘党：潘尪之子，亦称叔党。 ④荧泽：地名，时为泽薮，东汉时堙塞为平地，在今河南省郑州市荥阳市东。 ⑤顾献：回过头来献给追赶的潘党。 ⑥兽人：主管田猎的官。鲜：新鲜禽兽。 ⑦去之：命部下离去不追赶。 ⑧赵旃（zhān）：赵穿之子。 ⑨且怒于失楚之致师者：指上文乐伯等致晋师，鲍癸放走了他们。 ⑩召盟：召楚人来结盟。 ⑪郤献子：郤克。 ⑫二憾：两个挟有私怨的人。 ⑬成命：一成不变的命令。 ⑭乘我：乘机袭击我方。 ⑮彻：同"撤"，撤除。 ⑯七覆：伏兵七处。敖：敖山。 ⑰故上军不败：士会为上军将，做了应变措施，故不败。 ⑱先具舟于河：事先在黄河边预备了船只。

【译文】

晋国的魏锜想做公族大夫，未得满足，心甚恼怒，他想让晋军失败。他请求去挑战，没有允许。请求出使楚军，得到了允许。他前往楚军，竟说要楚军与晋交战，说了这些话后才回来。楚军潘党去追赶他，追到荧泽，见到六只麋鹿，魏锜射中一只，回过头献给潘党说："你有军事在身，负责猎取禽兽的人恐怕来不及供应时鲜吧？我冒昧地将这献给你的随从人员。"潘党下令撤回，不再追击。晋国的赵旃想做卿而没成功，而且对放走楚军的挑战者感到愤怒。他请求挑战，未得允许。请求去楚军营中召楚人结盟，得到了允许。他与魏锜一同受命前往楚军。郤克说："两个挟有私怨的人去了，我们如不防备，必然会失败。"先縠说："郑人劝我们作战，我们不敢听从。楚人要讲和，我们又不能表示友好。打仗却没有始终如一的策略，多作防备又有何用？"士会说："还是防备的好。如果那两个人激怒了楚人，楚人乘机袭击我方，我军的败亡是没几天的事。不如加以防备。楚人要是没有恶意，我们有所戒备而结盟，对于和好又有何损害？要是怀着恶意来，有备就不败。再说就是两国诸侯相见，军中的卫士也并不撤去，这也是有所警戒呀。"先縠不同意设防。士会跟巩朔、韩穿率兵埋伏于敖山前的七个地方，所以上军未被打败。赵婴齐派他的部属预先在黄河准备舟船，所以战败后能先渡过黄河。

　　潘党既逐魏锜，赵旃夜至于楚军，席①于军门之外，使其徒入之。楚子为乘广三十乘，分为左右。右广鸡鸣而驾，日中而说②；左则受之，日入而说。许偃御右广，养由基为右；彭名御左广，屈荡为右。③乙卯④，王乘左广以逐赵旃。赵旃弃车而走林⑤，屈荡搏之，得其甲裳。晋人惧二子之怒楚师也，使軘车⑥逆之。潘党望其尘，使骋而告曰："晋师至矣。"楚人亦惧王之入晋军也，遂出陈⑦。孙叔曰："进之。宁我薄人，无人薄我。《诗》云：'元戎十乘，以先启行。'⑧先人也⑨。《军志》曰：'先人有夺人之心。'薄之也。"遂疾进师，车驰卒奔，乘晋军。桓子不知所为，鼓于军中曰："先济者有赏。"中军、下军争舟，舟中之指可掬⑩也。

【注释】

①席：席地而坐。　②说（shuì）：解驾，休止。　③以上的许偃、养由基、彭名、屈荡皆楚臣。养由基：春秋时著名的神箭手，亦称养叔。④乙卯：六月某日。　⑤走林：跑入林中。　⑥軘（tún）车：防守用的兵车。　⑦陈：同"阵"。　⑧元戎十乘，以先启行（háng）：语出《诗经·小雅·六月》。元戎：大兵车。行：道路。　⑨先人也：抢在敌人之先，取得主动。　⑩舟中之指可掬：晋之中军、下军为了争船，竟相用手攀附船舷，船上的人恐人多船沉，便用刀乱砍争船者的手，致使"舟中之指可掬"。掬：双手合捧。

【译文】

潘党赶走魏锜之后，赵旃于夜里来到楚军阵前，在军门外席地而坐，派他的部下冲进楚军。楚王有广车三十乘，分为左右两部。右广鸡鸣时驾车，中午时卸车；左广接替右广，到太阳下山后卸车。许偃为右广主车的御者，养由基为车右；彭名为左广主车的御者，屈荡为车右。六月某日，楚王乘左广之车追击赵旃。赵旃弃车逃入林中，屈荡和他搏斗，缴获他的铠甲和下衣。晋人怕魏锜、赵旃二人激怒楚军，就派防卫用的战车去迎接他们。潘党望见飞扬的尘土，就派人驰车报告楚军说："晋军来了。"楚人也怕楚王深入晋军，于是就出兵列阵。孙叔敖说："前进。宁可我们逼近敌人，也不能让敌人逼近我们。

《诗经》上说：'大兵车十辆，在前面开路。'这是说要抢在敌人之先。《军志》说：'先发制人，就能夺敌人的士气。'这是说要主动逼近敌人。"于是急速进军，战车飞驰，士卒奔跑，掩杀晋军。荀林父不知所措，在军中击鼓喊道："先渡过黄河的有赏。"中军、下军争着上船，船中被砍下的手指多到都可以用双手捧了。

晋师右移①，上军未动。工尹齐将右拒②卒以逐下军。楚子使唐狡与蔡鸠居告唐惠侯③曰："不榖不德而贪，以遇大敌，不榖之罪也。然楚不克，君之羞也。敢藉君灵④，以济楚师。"使潘党率游阙⑤四十乘，从唐侯以为左拒⑥，以从上军。驹伯⑦曰："待诸⑧乎？"随季曰："楚师方壮⑨，若萃⑩于我，吾师必尽，不如收而去之。分谤⑪、生民，不亦可乎？"殿其卒⑫而退，不败。

王见右广，将从之乘。屈荡户⑬之，曰："君以此始，亦必以终。"⑭自是楚之乘广先左⑮。

【注释】

①右移：黄河在晋军右方，晋军退过河去，所以说右移。　②工尹齐：楚大夫。工尹：官名；齐：人名。拒：方形战阵。　③唐狡、蔡鸠居：皆楚大夫。唐惠侯：唐国国君。唐：小国名，春秋时为楚之属国，在今湖北省随州市附近。　④藉君灵：借国君您的福。　⑤游阙：兵车的一种，可以在战场巡游，何处需要，即投入补充。　⑥以为左拒：作左方阵。　⑦驹伯：郤克之子，名锜，时与其父同在军中。　⑧待诸：御之，抵御楚军。　⑨壮：

气盛，斗志昂扬。　⑩萃：兵力集中。　⑪分谤：指上军也退兵不战，以此分担战败的罪名。　⑫殿其卒：士会以上军帅亲自为其军殿后。　⑬户：通"扈"，阻止。　⑭君以此始，亦必以终：指楚庄王开始时乘左广追逐赵旃，屈荡认为必须坚持乘左广到结束。　⑮先左：原先楚之广车，由右广鸡鸣时先驾，日中后由左广接替，自此役后，改由左广先驾，右广日中接替，故云。

【译文】

　　晋军向右转移，上军没有动。楚将工尹齐率领右方阵士卒追击晋之下军。楚王派唐狡和蔡鸠居告诉唐惠侯说："不榖无德而贪功，遇到了强敌，这是不榖的罪过。然而楚军不能取胜，您也将蒙受耻辱。我冒昧地想借助你的威灵以帮助楚军。"楚王派潘党率流动补阙战车四十乘，跟从唐侯作为左方阵，以追击晋之上军。驹伯说："要抵御楚军吗？"士会说："楚军士气正盛，若集中兵力攻我上军，我军必然全军覆灭。不如收兵撤离，共同分担失败的恶名，使士卒得以生还，这不是也可以吗？"士会亲自为其士卒殿后以撤退，故上军得以不败。

　　楚王见到右广的战车，准备改乘右广。屈荡阻止说："君王从乘左广开始出战，也应当乘左广结束。"从此楚国的广车改为左广先驾。

　　晋人或以广队^①不能进，楚人惎之脱扃^②。少进，马还^③，又惎之拔旆投衡^④，乃出。顾曰："吾不如大国之数奔也。"^⑤

赵旃以其良马二济⑥其兄与叔父，以他马反。遇敌不能去，弃车而走林。逢大夫⑦与其二子乘，谓其二子无顾⑧。顾曰："赵傻⑨在后。"怒之，使下，指木曰："尸女⑩于是。"授赵旃绥⑪，以免。明日以表⑫尸之，皆重获⑬在木下。

楚熊负羁囚知罃⑭。知庄子以其族反之⑮，厨武子⑯御，下军之士多从之。每射，抽矢，菆，纳诸厨子之房⑰。厨子怒曰："非子之求⑱，而蒲之爱⑲，董泽⑳之蒲，可胜既㉑乎？"知季曰："不以人子，吾子其㉒可得乎？吾不可以苟射故也㉓。"射连尹襄老㉔，获之，遂载其尸。射公子穀臣㉕，囚之。以二者㉖还。

及昏，楚师军于邲。晋之余师不能军，宵济，亦终夜有声㉗。

【注释】

①广：此泛指战车。队：通"坠"，指陷入。　②茭（jì）：教。扃（jiǒng）：兵车前面的横板，用以遮拦兵器，防其掉落。　③还（xuán）：盘旋不进。　④拔旆投衡：拔掉军旗放在车前横木上，此举为减少风的阻力。　⑤吾不如大国之数奔也：这是晋人解嘲的话，言外之意即你们经常打败仗，很有逃跑的经验。数奔：多次逃跑。　⑥济：救助。　⑦逢大夫：晋人，逢是姓氏。　⑧无顾：不要回头看。　⑨顾曰：主语是"二子"。赵傻：此指赵旃。傻：同"叟"，对长辈的敬称。　⑩尸女：收你的尸骨。女：同"汝"。　⑪绥：用手挽以登车的绳索。逢大夫的车不能容多人，故使其儿子下车，让赵旃上车。　⑫表：标记，依标记去找两个儿子的尸

体。　⑬重获：两具尸体重叠而卧。获：被杀。　⑭熊负羁：楚大夫。知罃（yīng）：荀首的儿子，字子羽。　⑮族：部属，也指家兵。反之：重新回来寻找儿子。　⑯厨武子：魏锜。　⑰房：箭袋。御者魏锜在车的前部，荀首在他的身后，如果抽出的是好箭，就不射，顺手装进魏锜的箭袋。　⑱非子之求：不求子。　⑲蒲之爱：即爱蒲。蒲：蒲柳，又名赤杨，其干坚直，可以制箭。爱：舍不得。　⑳董泽：晋地名，即今山西省运城市闻喜县东北之董氏陂，盛产蒲柳。　㉑胜：尽。既：通"摡"（xì），取。　㉒其：通"岂"。　㉓荀首言外之意即他并非舍不得好的箭矢，而是要选一个能换回儿子的楚人来射。苟射：随便射。　㉔连尹：楚官名。襄老：人名。　㉕公子穀臣：楚庄王之子。　㉖二者：指襄老和穀臣。　㉗有声：呼喊声不断。

【译文】

晋国人有的兵车陷入泥坑不能前进，楚人教他们把车前的栏板卸掉。车稍微前进了一段，马又盘旋不走，楚人又教他们拔掉军旗，放在车辕端的横木上，这些兵车最终才得以逃脱。晋军却回过头对楚人说："我们不像你们大国经常败逃啊。"

赵旃用他的好马二匹，帮助其兄与叔父逃脱，而自己则用其他的马驾车返回，遇到敌人无法逃脱，只好弃车跑入林中。晋逢大夫和他的两个儿子乘着战车，他交代两个儿子不要回头看。儿子却回头看，说："赵老头在后面。"逢大夫发怒了，叫儿子下车，指着一棵树说："就在这里收你们的尸体。"将登车用的绳子交给赵旃，让他上车，使他得以免去大难。第二天，逢大夫按标记去找尸体，儿子全被杀，尸体重叠在树下。

楚大夫熊负羁把知䓨囚禁起来。荀首带着他的部属回来，魏锜为他驾车，下军的很多士卒都跟他回来。荀首每次射箭，抽到坚硬的箭矢时，都把它放到魏锜的箭袋里。魏锜愤怒地说："你不是在心疼儿子，而是在心疼蒲柳之矢，董泽的蒲柳，可以用得完吗？"荀首说："不用他人之子交换，我的儿子难道可以得到吗？这是我不随便射箭的缘故啊。"射中连尹襄老，将他射死，用车载回他的尸体。射中公子榖臣，将他囚禁起来。带着这两个人回去。

到了黄昏，楚军进驻于邲，晋之残余军队溃不成军，连夜渡河，通宵都是渡河的呼喊声。

丙辰①，楚重②至于邲，遂次于衡雍③。潘党曰："君盍筑武军④，而收晋尸以为京观⑤？臣闻克敌必示子孙，以无忘武功。"楚子曰："非尔所知也。夫文，止戈为武⑥。武王克商，作《颂》曰：'载戢干戈，载櫜弓矢。我求懿德，肆于时夏，允王保之。'⑦ 又作《武》，其卒章曰：'耆⑧定尔功。'其三曰：'铺时绎思，我徂维求定。'⑨ 其六曰：'绥万邦，屡丰年。'⑩ 夫武，禁暴、戢兵、保大、定功、安民、和众、丰财者也⑪，故使子孙无忘其章⑫。今我使二国暴骨⑬，暴矣；观兵以威诸侯，兵不戢矣；暴而不戢，安能保大？犹有晋在，焉得定功？所违民欲⑭犹多，民何安焉？无德而强争诸侯，何以和众⑮？利人之几⑯，而安人之乱，以为己荣，何以丰财？武有七德，我无一焉，何以示子孙？其为先君宫⑰，告成事⑱而已。武非吾功也。

古者明王伐不敬，取其鲸鲵^⑲而封之，以为大戮，于是乎有京观，以惩淫慝^⑳。今罪无所^㉑，而民皆尽忠以死君命，又何以为京观乎？"祀于河，作先君宫，告成事而还。

【注释】

①丙辰：七月十四。 ②重：辎重。 ③衡雍：郑国地名，在今河南省新乡市原阳县原武镇西北。 ④武军：显示军功的军垒。 ⑤京观（guàn）：积尸封土其上叫"京观"。京：高丘；观：古建筑名，形似城阙，取其可观示四方。 ⑥文：文字。止戈为武："武"字的甲骨文像人持戈而行，时人因此借以解释为有力量能控制战争，令干戈止息，这才是真正的武。但这本非"武"字的本义。 ⑦载戢干戈，载櫜（gāo）弓矢。我求懿德，肆于时夏，允王保之：语出《诗经·周颂·时迈》。载：助词。戢：收藏。櫜：放弓箭的囊鞘，弓袋，此作动词。时：通"是"，这个。允：信，确实。 ⑧《武》：即《诗经·周颂·武》。耆（zhǐ）：致，使之得到。 ⑨铺时绎思，我徂维求定：语出《诗经·周颂·赉》，并非《武》篇第三章，庄王所引，与今本《诗经》篇次不同。铺：通"敷"，颁布。时：此指代先王的功业、美德。绎：推演，发扬光大。思：助词。徂：往，指往征纣王。 ⑩绥万邦，屡丰年：语出《周颂·桓》亦非《武》篇第六章。绥：安定。 ⑪本句承上面而言，止戈为武是禁暴；戢干戈、櫜弓矢是戢兵；允王保之是保大；耆定尔功是定功；我徂求定是安民；绥万邦是和众；屡丰年是丰财。 ⑫章：功勋卓著。 ⑬暴骨：暴露尸骨。 ⑭违民欲：违背百姓的意愿。 ⑮和众：调和众人。 ⑯几：危。 ⑰为先君宫：为诸先王修建神庙。 ⑱告成事：报告战事的胜利。 ⑲鲸鲵：大鱼名，比喻吞灭小国的首恶之人。 ⑳淫慝：指不敬之国。 ㉑所：处所，此指罪之所在。

【译文】

七月十四，楚军的辎重运抵邲地，军队便驻扎在衡雍。潘党说："君王何不修筑一座显耀武功的军垒，收聚晋人尸体造一座城阙似的坟丘呢？下臣听说战胜敌人后，一定要将这件事昭告后代子孙，以此让他们不忘武功。"楚王说："这不是你所知道的。从文字的结构看，'止'和'戈'组合而成为'武'字。周武王灭掉商朝，作《颂》诗云：'收藏起干戈，将弓矢放进囊鞬。我求的是美德，并将此心公布于华夏，这样才能成就王业，保有天下。'又作《武》篇，最后一章云：'获得并巩固你的功业。'第三章云：'铺陈先王的功德，并加以发扬光大，我出师征讨，求的是天下安定。'第六章云：'安定万邦，屡获丰年。'所谓武，就是禁止暴力、消弭战争、葆有强大、巩固功业、安定人民、和睦民众、丰富财物，目的是使后代子孙无忘其显赫功德。现在我使两国将士暴露尸骨，这是暴；夸示兵力，以威势压服诸侯，使战争无法消弭。强暴而不消弭战争，怎能保住强大？晋国还在，怎能说功业已经巩固？违背人民愿望的事还很多，人民怎能安定？无德又与诸侯强争，怎能使人民和睦？以他人之危来利己，以他人之乱来安己，以败晋来作为自己的荣誉，这怎能使自己的财物丰富呢？武有七种品德，我一种也没有，用什么来昭示子孙？给先王建造神庙，不过是将成功之事告诉先王罢了。用武不是我所要做的事。古代明主讨伐不敬之国，杀其首恶，埋其尸骸，以土封之，把这当作大杀戮，于是才有宫阙似的坟丘，这是为了惩处邪恶。现在无法确指晋人罪在何处，而晋人又全都尽忠于国君，愿为国君的命令而死，我们怎能去建造宫阙似的坟丘呢？”楚人祭祀了黄河，建造了先王的神庙，向先王报告了战事的成功然后回国。

　　是役也，郑石制①实入楚师，将以分郑②，而立公子鱼臣③。辛未④，郑杀仆叔及子服。君子曰："史佚所谓'毋怙乱'者⑤，谓是类也。《诗》曰：'乱离瘼矣，爰其适归？'⑥归⑦于怙乱者也夫。"郑伯、许男⑧如楚。

　　秋，晋师归，桓子请死，晋侯欲许之。士贞子⑨谏曰："不可。城濮之役⑩，晋师三日谷，文公犹有忧色。左右曰：'有喜而忧，如有忧而喜乎？'公曰：'得臣⑪犹在，忧未歇也。困兽犹斗，况国相⑫乎！'及楚杀子玉，公喜而后可知也⑬，曰：'莫余毒也已。'是晋再克而楚再败⑭也。楚是以再世不竞⑮。今天或者大警晋⑯也，而又杀林父以重楚胜⑰，其无乃久不竞⑱乎？林父之事君也，进思尽忠，退思补过，社稷之卫也，若之何杀之？夫其败也，如日月之食⑲焉，何损于明？"晋侯使复其位。

【注释】

①石制：郑国大夫，字子服。　②分郑：按，石制欲分裂郑国，准备将其一半送给楚国，另一半立鱼臣为君，而自己则意欲专宠得权，故将楚军引入郑都城。　③公子鱼臣：字仆叔，郑国同姓公族。　④辛未：七月二十九。　⑤史佚此言常为人所引，参见僖公十五年传及注。　⑥乱离瘼

　　　　　　　　　　　　　　大家读《左传》

矣，爰其适归：语出《诗经·小雅·四月》，第二句的原意是"何处是我们的归宿"，君子引此诗时，将其作另一种解释。瘼：病，作状语，形容乱离之甚。爰：通"焉"，何。　⑦归：此变用原诗之意，指祸患归于谁。⑧许男：许昭公，名锡我。　⑨士贞子：士会的庶子，名渥浊，亦称士贞伯、士伯。　⑩城濮之役：见僖公二十八年传。　⑪得臣：字子玉，楚令尹，城濮之战中楚军主帅。　⑫国相：指子玉。　⑬同见僖公二十八年传。知：见。　⑭再克、再败：城濮之战，楚败晋胜，又子玉战败被杀，等于是晋两次胜仗，楚两次败仗。　⑮再世：指成王、穆王两世。不竞：不强。　⑯大警晋：对晋国严厉的警告。　⑰重楚胜：再杀荀林父，等于是楚得两次胜利。　⑱久不竞：长此将一蹶不振。　⑲如日月之食：指暂时现象。

【译文】

这次战役，事实上是郑国的石制把楚军引入了都城，他想分裂郑国而立公子鱼臣为君。七月二十九，郑国杀了鱼臣和石制。君子说："史佚所说的'不要倚仗动乱'者，说的就是这种人。《诗经》里说：'人们陷于乱离的痛苦之中，这要归罪于谁呢？'归罪于倚仗乱离而谋私利的人吧！"郑襄公、许昭公到楚国。

秋天，晋军回到国内，荀林父请求处死自己，晋景公想答应他的请求。士贞子劝谏说："不行。城濮之战，晋军连着三天吃缴获来的楚军的粮食，国君文公仍面有忧色。左右说：'有了喜事还在忧虑，如果有忧虑那反倒高兴吗？'文公说：'得臣还在，忧虑还无法消除。被困的野兽还想搏斗一番，何况一国的宰相!'到楚王杀了得臣,文公才喜形于色,说:'没有谁能害我了。'这是晋国两次胜利而楚国两次失败,所以楚国一连两代都无法振兴。这次失败,大概上天想要严厉警告晋国,但我们又要杀掉荀林父来增加楚国的胜利,这样做晋国恐怕也会长久无法振兴起来呢?荀林父侍奉国君,进,想着如何竭尽忠诚;退,想着如何弥补过失,这是国家的卫士,怎能杀掉他?他这次战败,如同日食月食,何损于日月的光明?"晋景公让荀林父官复原职。

【解读】

邲之战,是晋、楚两国间发生的又一次大战。也是楚庄王称霸的定鼎之战。楚庄王是春秋五霸之一,他之所以称霸,除了此时楚国已经国力壮大之外,确实有其个人原因。楚庄王虽有问鼎的野心,但他能治政安民,心胸宽厚,身先士卒,体恤下属,又不穷兵黩武,等等,都是他的优点。这些,作者已经不断地借晋、楚两国将领的口描述出来了。作者写战争,邲之战也是个范例。战争的起因是郑国亲附晋国,引起楚国的不满,楚国围郑国国都。郑国向晋国求救,因此发生了邲之战。此战,晋国主帅荀林父并未做好充分的准备,既无能又不能控制好局势,晋军内部不和、轻躁、混乱,楚军却是团结、谨严、军阵整肃,形成鲜明的对比。晋国的战败,还与郑国石制的出卖有关。战后的一些事件,书中也一一加以补叙。作者在这次战役中详细地描写了晋、楚双方将领的心态和表现,鲜明地刻画了战争中的人物性格。在战争开始后,作者采用了交叉互进的叙事手法，将晋楚双方错综复杂的形势一一描述出来，如致师挑战，设覆具舟，夜窥敌营，疾进骤退，车驰卒奔，舟中之指可掬，马还（旋），等等细节。乙卯一天的战斗，从破晓到黄昏的激战，一一展现，如画轴展开。战争中的许多具体细节描写，如晋军慌乱渡河，不知所措，"中军、下军争舟，舟中之指可掬"；写楚军如何教晋军败逃；赵旃获救而逢大夫之子死等，读之使人妙趣横生。

此篇文中有二句话今天仍然有启发借鉴意义。一是楚庄王论武之七德，说"夫文，止戈为武"，这虽是从拆字法来解释"武"字，却体现了伟大的军事思想，即战争不是目的，是为了和平。二是晋国栾书引楚国国君训导国民"民生在勤，勤则不匮"的箴言。2015年习近平同志《在庆祝"五一"国际劳动节暨表彰全国劳动模范和先进工作者大会上的讲话》即引用了这句话。劳动光荣，勤劳创造财富，这句话今天仍具有深刻的启发意义。

15.

楚庄王

宋及楚人平

晋景公

宣公十四年、十五年

（宣公十四年）楚子使申舟①聘于齐，曰："无假道于宋②。"亦使公子冯③聘于晋，不假道于郑。申舟以孟诸之役④恶宋，曰："郑昭宋聋⑤，晋使不害，我则必死。"王曰："杀女，我伐之。"⑥见犀⑦而行。及宋，宋人止之⑧，华元曰："过我而不假道，鄙我⑨也。鄙我，亡也⑩。杀其使者必伐我，伐我亦亡也。亡一也。"乃杀之⑪。楚子闻之，投袂⑫而起，屦及于窒皇⑬，剑及于寝门之外⑭，车及于蒲胥⑮之市。秋九月，楚子围宋。

【注释】

①楚子：楚庄王。申舟：楚大夫，名无畏，一作毋畏，亦称文之无畏，字舟。　②无假道于宋：楚使聘于齐，须经过宋国，按规定须向宋国公开借道，庄王说"无假道于宋"，是对宋国的藐视，含有挑衅之意。　③公子冯（píng）：楚之同姓公族。　④孟诸之役：孟诸，泽名，在今河南省商丘市东北，鲁文公十年（前617），宋昭公陪同楚穆王在孟诸打猎，因宋昭公违背楚王之命，申舟遂以执法官的身份，责打宋昭公的御者，以示惩罚。"孟诸之役"即指此。　⑤郑昭宋聋：意指郑国明白，宋国昏聩。昭：眼明；聋：耳聋。　⑥杀女，我伐之：楚庄王知宋必杀申舟，为了攻宋服宋，正要以此为借口。女：同"汝"，你。　⑦犀：申舟儿子。　⑧止之：扣留申舟。　⑨鄙我：以我为鄙。鄙：边邑，此作动词。古代凡过他国之境，

本应公开要求借道，否则，就是视他国为本国边境之地。 ⑩亡也：不向我借道，是将宋国当作楚边境，等于亡国。 ⑪杀之：宋杀了申舟。 ⑫投袂（mèi）：一甩袖子。投：挥；袂：袖子。 ⑬屦（jù）：鞋。窒皇：即絰皇，寝宫的庭院。按，古代脱鞋入室，席地而坐，庄王怒而出，忘了穿鞋，故而到寝宫门外，送鞋的人才赶上。 ⑭剑及于寝门之外：剑也是到寝宫门外才送上。 ⑮蒲胥：楚郢都内的街市名。

【译文】

（宣公十四年）楚庄王派申舟到齐国去聘问，说："不要向宋国请求借道。"又派公子冯到晋国聘问，也不向郑国借道。申舟因为孟诸的事情得罪宋国，说："郑国明白，宋国昏聩，聘晋的使者不会被害，我则必死无疑。"楚庄王说："宋国要是杀了你，我就征讨它。"申舟让庄王接见自己的儿子申犀，然后才出发。到了宋国，宋人拦住了他。宋华元说："经过我国而不借道，这是把我国当作他们的边邑。把我国当作边邑，就是亡国。杀其使者，楚必伐我，伐我也是亡国。反正是一样的亡国。"于是杀了申舟。楚王听到这消息，拂袖而起，（赤脚就走）随从一直追到寝宫门外才给他穿上鞋子，追到寝宫的殿门外才给他送上佩剑，车驾追到蒲胥街市才赶上他。秋九月，楚庄王围攻宋国。

（宣公十五年）宋人使乐婴齐①告急于晋，晋侯欲救之②。伯宗③曰："不可。古人有言曰：'虽鞭之长，不及马腹。'④ 天方授楚⑤，未可与争。虽晋之强，能违天

大家读《左传》

乎？谚曰：'高下在心⑥。'川泽纳污，山薮藏疾⑦，瑾瑜匿瑕⑧，国君含垢⑨，天之道也，君其待之。"乃止。

使解扬⑩如宋，使无降楚，曰："晋师悉起，将至矣。"⑪郑人囚而献诸楚。楚子厚赂之，使反其言⑫。不许。三⑬而许之。登诸楼车⑭，使呼宋人而告之。遂致其君命⑮。楚子将杀之，使与之言曰："尔既许不穀，而反之，何故？非我无信，女则弃之⑯。速即尔刑⑰。"对曰："臣闻之，君能制命⑱为义，臣能承命⑲为信，信载义而行之为利。谋不失利，以卫社稷，民之主也。义无二信⑳，信无二命㉑。君之赂臣，不知命㉒也。受命以出，有死无霣㉓，又可赂乎？臣之许君，以成命也㉔。死而成命，臣之禄㉕也。寡君有信臣，下臣获考死㉖，又何求？"楚子舍㉗之以归。

【注释】

①乐婴齐：宋公族，华元的族弟。　②晋侯欲救之：依清丘之盟，晋应救宋。　③伯宗：晋大夫。　④虽鞭之长，不及马腹：意指楚国不是晋国所宜攻击的对象。鞭之长：比喻晋之强大；马腹：喻所击非宜。　⑤天方授楚：指楚正得天命而强大。　⑥高下在心：遇事能屈伸，必须心中有数。高下：犹言"屈伸"。　⑦薮（sǒu）：草野。疾：指蛇蝎等毒虫。　⑧瑾瑜：美玉。瑕：玉上的疵点。　⑨含垢：喻指国君也可忍受一时之辱，不必以不救宋为耻。　⑩解扬：晋国壮士，字子虎，为晋大夫。　⑪晋师悉起，将至矣：晋已决定不救宋，却叫解扬去诈称晋将发兵，要宋坚守。　⑫反其言：楚人让解扬告诉宋人晋不肯出兵相救。　⑬三：威逼再三。　⑭楼

车：兵车的一种，较高，用于望敌。 ⑮致其君命：解扬登上楼车后，并未按楚王的意思办，而是把晋军的命令如实地传达给宋国。致：送达，传达。 ⑯女则弃之：指解扬自己先丢弃了信用。 ⑰即尔刑：去接受死刑。即：就。 ⑱制：制定正确的命令。 ⑲承命：接受命令。 ⑳义无二信：言外之意，即下臣不能既承担晋君的命令，又承担楚君的命令。 ㉑信无二命：讲信用就不能接受两种命令。意为既受晋君之命，就不受楚王之命。 ㉒不知命：不知"信无二命"。 ㉓貫（yǔn）：通"陨"，此指废弃。 ㉔臣之许君，以成命也：解扬之所以答应庄王，是为了完成晋君的使命。 ㉕禄：福。 ㉖考死：死得其所。考：高寿，此指善终。 ㉗舍：赦免。

【译文】

（宣公十五年）宋人派乐婴齐到晋国告急求援。晋景公想救宋，大夫伯宗说："不能救。古人有过这样的话：'马鞭虽长，也打不到马腹。'上天正把强盛授予楚国，我们不可与之争锋。晋国虽然强大，可是能违背天的旨意吗？俗话说：'或高或低，或屈或伸，一切全由我心来裁度。'江河湖泽可以容纳污泥浊水，山林草莽可以藏毒害之物，美玉也隐藏着瑕疵。国君忍受耻辱，这也是天的常道。君王还是再等等吧。"晋景公于是停止发兵。

晋派解扬到宋国去，叫宋人不要投降楚国，说："晋军已经全部出发了，就要到达了。"解扬路经郑国时，郑人将他抓获，并献给楚军。楚王给他大量财物，要他对宋人说相反的话，解扬不答应，威逼再三他才答应。解扬登上楼车，楚人要他呼叫宋人并把情况告诉他们。解扬却乘机传达了晋君的命令。楚王要杀掉他，派人对他说："你既然已答应我君却又翻悔，这是何故？不是我们不讲信义，是你违背了诺言。你赶快去接受死刑吧。"解扬回答说："下臣听说，国君能制定正确的命令叫义，臣子能承担命令叫信，以臣子的信去贯彻君王的义并加以推广叫利。谋划而不失去利，并以此来捍卫社稷，这是百姓的领袖。贯彻义不能有两种相互矛盾的信，守信的臣子也不能同时接受两种相互矛盾的命令。君王赠给臣下财物，说明君王不懂得命令的含义。臣下接受寡君的命令出使于外，宁死也不废弃寡君的命令，又怎么可以因财物而改变呢？下臣之所以应许君王，是为了完成寡君的命令。身虽死但能完成命令，这是臣下的福气。寡君有守信的臣子，下臣得以善终，我还求什么呢？"楚庄王于是赦免了解扬，让他回国去了。

夏五月，楚师将去宋，申犀①稽首于王之马前，曰："毋畏②知死而不敢废王命，王弃言③焉。"王不能答。申叔时仆④，曰："筑室反耕者⑤，宋必听命。"从之。宋人惧，使华元夜入楚师，登子反⑥之床，起之，曰："寡君使元以病⑦告，曰：'敝邑易子而食，析骸以爨⑧。虽然，城下之盟，有以国毙⑨，不能从⑩也。去我三十里，唯命是听。'⑪"子反惧，与之盟，而告王。退三十里。宋及楚平，华元为质⑫。盟曰："我无尔诈，尔无我虞⑬。"

【注释】

①申犀：申舟之子犀。　②毋畏：即申舟，名毋畏。　③王弃言：上年楚庄王许诺宋杀申舟，必伐宋，今要撤兵，是食言。　④仆：为王驾车。　⑤筑室：在城外盖起房子。反耕者：楚军所到之处，农民多逃亡，现在让农民回来种田。这是楚军的策略，造成不想撤离的假象，以逼使宋国屈服。　⑥子反：即公子侧，时为楚军主帅。　⑦病：此指严重的困难。　⑧析骸以爨（cuàn）：拆了尸骨当柴烧。爨：烧火煮饭。　⑨以国毙：指全国牺牲。　⑩从：从命，指与楚订立城下之盟。　⑪此为华元转述宋君的话。　⑫华元为质：华元入楚做人质，后宋以公子围龟换回。　⑬虞：欺骗。

【译文】

夏五月，楚军准备撤离宋国。申犀在楚王马前叩头说："毋畏明知要死但也不敢废弃君王的命令，可君王却抛弃了自己的诺言。"楚王无法回答。申叔时正好为楚王驾车，他说："建好房子，让耕田的人回来，宋国就一定听命于楚国。"楚庄王采纳了他的计策。宋人害怕了，派华元深夜潜入楚军阵营，登上子反之床，把子反拉起来，说："寡君让华元将严重的困难都告诉你们了，说：'敝国城内已经是交换儿子杀了吃，劈碎骸骨当柴烧。即使这样，兵临城下而被迫结盟，我们宁可让国家灭亡，也不能从命。你们撤离我城三十里，我们就唯命是听。'"子反害怕了，与华元私下订立盟约，然后报告楚王。楚庄王命令大军后退三十里。宋与楚讲和结盟，华元入楚做人质。盟誓说："我不骗你，你也不欺我。"

【解读】

　　长期以来，晋楚两国争霸，影响到其他小国。宋国因与晋国亲近，引起楚国不满。宣公十三年，楚国攻宋。十四年九月，楚人又围攻宋国。本篇写出了在争霸斗争中楚、晋、宋国君王、将领的表现。楚庄王不假道，写出他的骄横；申舟被杀，楚庄王狂怒；后又释放解扬显得大度。晋大夫解扬在楼车上将计就计传达晋人的意见，甚为机智；为自己辩解以致免于被杀，又体现其聪明；宋大夫华元连夜进入楚方军营，胁迫楚军主帅子反退兵媾和。情节起伏变化，都是精彩之笔，读者阅读此篇，可细细体味作者叙事写人的艺术匠心。

16.

〔晋〕韩厥

齐晋鞌之战

晋景公

成公二年

春，齐侯伐我北鄙，围龙①。顷公之嬖人卢蒲就魁门②焉，龙人囚之。齐侯曰："勿杀！吾与而③盟，无入而封④。"弗听，杀而膊诸城上⑤。齐侯亲鼓，士陵城⑥。三日，取龙，遂南侵，及巢丘⑦。

【注释】

①齐侯：齐顷公，名无野。龙：古地名，在今山东省泰安市。 ②门：攻城。 ③而：同"尔"，你。 ④封：边境。 ⑤膊（bó）诸城上：指陈尸于城上。膊：暴露。 ⑥陵城：登上城墙。 ⑦巢丘：古地名，在今山东省泰安市。

【译文】

二年春，齐顷公进攻我国北部边境，包围了龙地。齐顷公的宠臣卢蒲就魁攻打城门，龙人把他擒获。齐顷公说："不要杀！我和你们盟誓，不进入你们的境内。"龙人不听，杀了卢蒲就魁，暴尸城上。齐顷公亲自击鼓，兵士爬上城墙。三天，占领了龙地。就此向南侵袭，到达巢丘。

卫侯使孙良夫、石稷、宁相、向禽将①侵齐，与齐师遇。石子欲还，孙子曰："不可。以师伐人，遇其师而还，将谓君何？若知不能②，则如③无出。今既遇矣，不如战也。"

【注释】

①孙良夫：卫国大夫，即孙桓子。石稷：即石成子，石蜡四世孙。宁相：宁俞子。向禽将：名禽将。 ②不能：指不能战。 ③如：应当。

【译文】

卫穆公派遣孙良夫、石稷、宁相、向禽将率兵侵袭齐国，和齐军相遇。石稷打算撤回，孙良夫说："不行。带领军队攻打人家，遇上敌人就回去，怎么对国君交代呢？如果知道打不过，就应当不出兵。如今既然和敌军相遇，不如一战。"

石成子曰："师败矣。子不少须①，众惧尽。子丧师徒，何以复命？"皆不对。又曰："子，国卿也。陨②子，辱矣。子以众退，我此乃止。"且③告车来甚众。齐师乃止，次于鞫居④。新筑人⑤仲叔于奚救孙桓子，桓子是以免。

【注释】

①须：等待。 ②陨：损失。 ③且：同时。 ④鞫（jú）居：古地名，在今河南省新乡市封丘县。 ⑤新筑人：指新筑大夫。新筑：卫国地名，在今河北省邯郸市魏县南。

大家读《左传》

【译文】

石稷说："军队战败了。您如不停止顶住一阵，恐怕会全军覆灭。您丧失了军队，如何回报君命？"孙良夫都不回答。石稷又说："您，是国家的卿。损失了您，对国家是一种耻辱。您带着众人撤退，我留下来抵挡。"同时向全军通告大批援军的战车已来到。齐军于是停止前进，驻扎在鞠居。新筑大夫仲叔于奚救援孙良夫，孙良夫因此得免于难。

既①，卫人赏之以邑，辞。请曲县②、繁缨③以朝，许之。仲尼闻之曰："惜也，不如多与之邑。唯器与名④，不可以假人，君之所司也。名以出信，信以守器，器以藏⑤礼，礼以行义，义以生利，利以平⑥民，政之大节也。若以假人，与人政也。政亡，则国家从之，弗可止也已。"

【注释】

①既：事过之后。　②曲县：诸侯所用乐器，也叫"轩县"。县：同"悬"，指悬挂着的钟、磬等乐器。　③繁（pán）缨：马鬃毛前的装饰，是诸侯所用的马饰。　④器：指车马服饰乐器等物件。名：爵位名号。二者系人君用以明等级、指挥、统治臣民的工具。　⑤藏：体现。　⑥平：治理。

【译文】

不久，卫国人把城邑赏给仲叔于奚。仲叔于奚辞谢，而请求得到诸侯用的曲县、用繁缨饰马朝见，卫穆公同意了。孔子听说了这件事，说："可惜啊，还不如多给他几个城邑。只有器物和名号不能假借给别人，这是国君所掌管的。名号用来赋予威信，威信用来保持器物，器物用来体现礼制，礼制用来推行道义，道义用来产生利益，利益用来治理百姓，这是政事的大纲。如果把名位、礼器假借给别人，就是授予人政权。政权丢失，国家也会跟着灭亡，这是无法阻止的。"

　　孙桓子还于新筑，不入①，遂如晋乞师。臧宣叔亦如晋乞师。皆主郤献子②。晋侯许之七百乘。郤子曰："此城濮之赋③也。有先君之明与先大夫之肃④，故捷。克于先大夫，无能为役，请八百乘。"许之。郤克将中军，士燮佐上军，栾书将下军，韩厥为司马，以救鲁、卫。臧宣叔逆晋师，且道⑤之。季文子帅师会之。及卫地，韩献子将斩人，郤献子驰，将救之，至则既斩之矣。郤子使速以徇⑥，告其仆曰："吾以分谤⑦也。"

【注释】

　　①不入：指不入国都。　②主郤献子：以郤克为主人。郤克为中军帅、执政大臣，因此二人通过他的关系请求出兵。　③赋：兵员数量。　④先君：指晋文公。先大夫：指先轸、狐偃等先辈大夫。肃：通"速"，敏捷。　⑤道：同"导"，做向导。　⑥徇：陈尸示众。　⑦分谤：分担责任。

【译文】

　　孙桓子回到新筑，不进国都，就到晋国请求出兵。臧宣叔也到晋国请求出兵。两人都通过郤克向晋景公请求。晋景公答应派兵车七百辆。郤克说："这是城濮之战我军的兵车数。因为有先君的明察和先大夫们的敏捷才能，所以得胜。我郤克和先大夫们相比，连做他们的仆役都嫌无能，请派八百乘兵车。"晋景公同意了。郤克率领中军，士燮辅佐上军，栾书率领下军，韩厥做司马，出兵救援鲁国和卫国。臧宣叔迎接晋军，并作为向导开路。季文子率领军队和他们会合。到达卫国境内，韩厥将要杀人，郤克飞车赶去，准备救下那个人。等赶到时，已经杀了。郤克让人赶快把死者尸体在军中示众，告诉自己的御者说："我用这样的做法来分担人们对韩厥的非议。"

师从齐师于莘①。六月壬申②，师至于靡笄③之下。齐侯使请战，曰："子以君师，辱于敝邑，不腆④敝赋，诘朝⑤请见。"对曰："晋与鲁、卫，兄弟也。来告⑥曰：'大国朝夕释憾于敝邑⑦之地。'寡君不忍，使群臣请于大国，无令舆师⑧淹于君地。能进不能退，君无所辱命。"齐侯曰："大夫之许，寡人之愿也；若其不许，亦将见也。"齐高固入晋师，桀⑨石以投人，禽⑩之而乘其车，系桑本⑪焉，以徇齐垒，曰："欲勇者贾⑫余馀勇。"

【注释】

①莘：卫地名，在今山东省聊城市莘县。　②壬申：十六日。　③靡笄：山名，即今山东省济南市千佛山。　④不腆：不厚，不多。　⑤诘朝：次日早晨。　⑥来告：指鲁、卫来告。　⑦大国：指齐国。释憾：发泄愤

恨。敝邑：鲁、卫自称。　⑧舆师：众多军队。　⑨桀：举起。　⑩禽：同"擒"。　⑪桑本：连根的桑树。本：根。　⑫贾：买。

【译文】

晋、鲁、卫联军在莘地追上齐军。六月十六，军队到达靡笄山下。齐顷公派人请战，说："您带领贵国国君的军队光临敝邑，敝国将以不强大的军队，要求和你们在明天早晨相见决战。"郤克回答说："晋和鲁、卫是兄弟国家。鲁、卫前来告诉我们说：'大国不分日夜到敝邑土地上发泄气愤。'寡君于心不忍，派我们这些下臣来向大国请求，不要使我们的军队过久地停留在贵国。我们只能前进不能后退，用不着再烦劳您的命令。"齐顷公说："大夫允许决战，正是齐国的愿望；如果你不允许，也要兵戎相见的。"齐国的高固冲入晋军中，举起石头投掷晋军，抓获晋兵而抢坐上他的战车，把桑树根系在车上，遍巡齐军中，说："需要勇气的人可以来买我多余的勇气！"

癸酉①，师陈于鞌。邴夏②御齐侯，逢丑父③为右。晋解张④御郤克，郑丘缓⑤为右。齐侯曰："余姑翦灭此而朝食⑥。"不介马⑦而驰之。郤克伤于矢，流血及屦，未绝鼓音，曰："余病⑧矣！"张侯⑨曰："自始合⑩，而矢贯余手及肘，余折以御，左轮朱殷⑪，岂敢言病。吾子忍之！"缓曰："自始合，苟有险，余必下推车，子岂识之⑫？然子病矣！"张侯曰："师之耳目，在吾旗鼓，进退从之。此车一人殿⑬之，可以集⑭事，若之何其以

大家读《左传》

病败君之大事也？摄⑮甲执兵，固即死也。病未及死，吾子勉之！"左并辔，右援枹⑯而鼓，马逸不能止，师从之。齐师败绩。逐之，三周华不注⑰。

【译文】

十七日，齐、晋两军在鞌地摆开阵势。邴夏为齐顷公驾车，逢丑父为车右。晋国的解张为郤克驾车，郑丘缓为车右。齐顷公说："我暂且消灭了这些人后再吃早饭。"马不披甲，飞驰而出。郤克受了箭伤，血流到鞋子上，但是鼓声没有停歇过，说："我受伤了！"解张说："从一开始交战，箭就射穿了我的手和肘，我折断了箭杆继续驾车，左边的车轮都染成深红色，哪里敢说受伤？您还是忍着点吧！"郑丘缓说："从一开始交战，只要遇到险阻，我必定下车推车，您难道不知道吗？不过您真是受伤了！"解张说："军队的耳目，在于我们的旌旗和鼓声，前进后退都要听从旗鼓的指挥。这辆战车有一个人镇守着，就可以完成战斗任务，怎能因为受伤而败坏国君的大事呢？身披盔甲，拿起武器，本来就是抱定必死的决心。现在受伤还没到死的程度，你还是尽力而为吧！"于是，用左手总揽马缰，右手拿起鼓槌击鼓。马失去控制一直向前不能停止，军队也就跟着冲上去。齐军大败，晋国追赶齐军，绕华不注山跑了三圈。

韩厥梦子舆①谓己曰："且辟左右。"故中御②而从齐侯。邴夏曰："射其御者，君子也。"公曰："谓之君子而射之，非礼也。"射其左，越③于车下。射其右，毙于车中，綦毋张④丧车，从韩厥，曰："请寓乘⑤。"从左右，皆肘之，使立于后。韩厥俛⑥，定其右。逢丑父与公易位。将及华泉⑦，骖絓⑧于木而止。丑父寝于轏⑨中，蛇出于其下，以肱⑩击之，伤而匿之，故不能推车而及。韩厥执絷⑪马前，再拜稽首，奉觞加璧⑫以进，曰："寡君使群臣为鲁、卫请，曰：'无令舆师陷入君地。'下臣不幸，属当戎行⑬，无所逃隐。且惧奔辟，而忝⑭两君。臣辱戎士，敢告不敏⑮，摄官承乏⑯。"丑父使公下，如华泉取饮。郑周父御佐车⑰，宛伐⑱为右，载齐侯以免。韩厥献丑父，郤献子将戮之。呼曰："自今无有代其君任患⑲者，有一于此，将为戮乎！"郤子曰："人不难以死免其君。我戮之不祥，赦之以劝事君者。"乃免之。

【注释】

①子舆：韩厥父亲。　②中御：站在车中央，代替御者。　③越：

坠。　④綦毋（qí wù）张：晋国大夫，姓綦毋名张。　⑤寓乘：搭乘。寓：寄。　⑥俛：同"俯"。　⑦华泉：华不注山下之泉。　⑧骖（cān）：左右两旁的马。絓（guà）：绊住。　⑨辒（zhàn）：有棚的卧车。　⑩肱（gōng）：小臂。　⑪絷（zhí）：绊马索，此指马缰绳。　⑫奉觞加璧：敬酒献玉。　⑬属：适合，恰当。戎行：兵车的行列。　⑭忝（tiǎn）：羞辱。　⑮不敏：不才。　⑯摄：代理。乏：缺乏人手。　⑰郑周父：齐国大夫。佐车：诸侯的副车。　⑱宛伐：齐国大夫。　⑲任患：担当祸患。

【译文】

　　韩厥梦见父亲子舆对他说："明天交战不要站在战车左右两侧。"因此韩厥就在中间驾车而追赶齐顷公。邴夏说："射那个驾车人，他是个君子。"齐顷公说："认为他是君子而射他，这不合于礼。"射车左，车左死在车下。射车右，车右死在车里。綦毋张丢了战车，跟上韩厥说："请让我搭乘您的战车。"上车后准备站在车左或车右，韩厥用肘推他，使他站在自己身后。韩厥弯下身子，放稳车右的尸体。逢丑父和齐顷公乘机互换位置。快到华泉时，骖马被树木绊住了，车停了下来不能前进。前几天，逢丑父睡在栈车里，有一条蛇爬到他身边，他用手臂去打蛇，被蛇咬伤，没有声张，因此这时不能用臂推车，被韩厥赶上。韩厥握着马缰走到马前，跪下叩头，捧着酒杯加上璧献上，说："寡君派遣臣下们为鲁、卫两国请命，说：'不要让军队久留齐国的土地。'下臣不幸，正好在军中服役，不能逃避责任。而且也怕奔走逃避，会成为两国国君的耻辱。下臣勉强充当一名战士，谨向君王禀告我的无能，但由于人手缺乏，不得不承当这个职位。"逢丑父让齐顷公下车,去华泉取水。郑周父驾御副车,宛伐为车右,载上齐顷公使之免于被俘。韩厥献上逢丑父,郤克准备杀死他。逢丑父喊叫说:"到现在为止还没有能代替他的国君受难的人,有一个这样的人在这里,还要被杀死吗?!"郤克说:"一个人不怕牺牲自己来使自己的国君免于祸患,我杀了他是不吉利的。赦免他用来勉励侍奉国君的人吧。"于是赦免了逢丑父。

　　齐侯免,求丑父,三入三出①。每出,齐师以帅退。入于狄卒②,狄卒皆抽戈楯冒③之。以入于卫师,卫师免④之。遂自徐关⑤入。齐侯见保者⑥,曰:"勉之!齐师败矣。"辟⑦女子,女子曰:"君免乎?"曰:"免矣。"曰:"锐司徒⑧免乎?"曰:"免矣。"曰:"苟君与吾父免矣,可若何⑨?"乃奔。齐侯以为有礼,既而问之,辟司徒⑩之妻也。予之石窌⑪。

　　晋师从齐师,入自丘舆⑫,击马陉⑬。

【注释】

　　①三入三出:指齐顷公三次出入晋军,企图救出逢丑父。　②狄卒:指参加晋军的狄人步卒。　③楯:同"盾"。冒:遮拦,庇护。　④免:不加伤害。　⑤徐关:地名,在今山东省淄博市临淄区。　⑥保者:守卫城邑的人。　⑦辟:通"避"。　⑧锐司徒:官名,主管锋利军械。锐司徒为女子之父。　⑨可若何:还要怎样。意为不必再担心了。　⑩辟司徒:官名,主管军中营垒之事。辟:同"壁"。　⑪石窌(jiào):齐地名,在

今山东省济南市长清区。　⑫丘舆：在今山东省潍坊市青州市。　⑬马陉：在丘舆之北。

【译文】

齐顷公免于被俘以后，寻找逢丑父，在晋军中三进三出。每次出来的时候，齐军都簇拥着护卫他后退。冲入狄人的军队中，狄人士兵都拿起戈和盾护卫他。冲入卫军中，卫军也不让他受伤害。于是，齐顷公就从徐关进入齐都。齐顷公见到守城军队，说："你们努力吧！齐军战败了。"齐顷公的前卫让一女子让路，这个女子问："国君免于祸难了吗？"说："免了。"又问："锐司徒免于祸难了吗？"说："免了。"女子说："如果国君和我父亲都免于祸难了，还要怎么样？"便跑开了。齐顷公认为她知礼，不久后查问，才知道她是辟司徒的妻子，便赐给她石窌作为封邑。

晋军追赶齐军，从丘舆进入齐国，攻打马陉。

齐侯使宾媚人赂以纪甗、玉磬①与地。不可，则听客②之所为。宾媚人致赂，晋人不可，曰："必以萧同叔子为质，而使齐之封内尽东其亩③。"对曰："萧同叔子非他，寡君之母也。若以匹敌，则亦晋君之母也。吾子布大命于诸侯，而曰：'必质其母以为信。'其若王命何？且是以不孝令也。《诗》曰：'孝子不匮，永锡尔类。'④若以不孝令于诸侯，其无乃非德类⑤也乎？先王疆理⑥天下，物⑦土之宜，而布⑧其利。故《诗》曰：'我疆我理，南东其亩。'⑨今吾子疆理诸侯，而曰'尽东其亩'而已，唯吾子戎车是利，无顾土宜，其无乃非先王之命也乎？反先王则不义，何以为盟主？其晋实有阙⑩。四王之王⑪也，树德而济同欲⑫焉。五伯⑬之霸也，勤而抚之⑭，以役王命⑮。今吾子求合诸侯，以逞无疆⑯之欲。《诗》曰：'布政优优，百禄是遒。'⑰子实不优⑱，而弃百禄，诸侯何害焉！不然，寡君之命使臣则有辞矣，曰：'子以君师辱于敝邑，不腆敝赋，以犒⑲从者。畏君之震⑳，师徒桡败㉑，吾子惠徼齐国之福㉒，不泯㉓其社稷，使继旧好，唯是先君之敝器、土地不敢爱㉔。子又不许，请收合余烬㉕，背城借一。敝邑之幸，亦云㉖从也。况其不幸，敢不唯命是听。'"

【注释】

①宾媚人：即国佐。甗（yǎn）：古代炊器。磬（qìng）：乐器。二者均为齐灭纪国时获得的珍宝。　②客：指晋国。　③封内：境内。东其亩：古代多南亩，若田垄改为东西向，道路也随之东西向，晋在齐之西，日后兵车入齐境时易于通行。亩：此指田垄。　④孝子不匮，永锡尔类：见隐公元年《郑伯克段于鄢》篇注。　⑤非德类：不符合道德法则的。　⑥疆：定疆界。理：区分地理。　⑦物：考察。　⑧布：布置。　⑨我疆我理，南东其亩：诗见《诗经·小雅·信南山》。意为我划定疆界，分别地理，南向东向开辟田亩。　⑩阙：过失。　⑪四王之王（wàng）：指舜、禹、汤、武统一天下。四王：指舜、禹、汤、武。　⑫树德：树立德政。济：满足。同欲：诸侯共同的愿望。　⑬五伯：指夏之昆吾，商之大彭、豕韦，周之

齐桓公、晋文公。　⑭勤：勤劳。抚之：安抚其他诸侯。　⑮役王命：服役于天子之命。　⑯无疆：无止境。　⑰布政优优，百禄是遒：诗见《诗经·商颂·长发》。意为推行宽仁之政，百种的幸福都将聚集在他身上。布：施行。优优：和缓宽大的样子。遒：聚集。　⑱不优：即"不优优"。　⑲犒：犒劳。　⑳震：威严。　㉑桡（náo）败：失败。　㉒徼……福：求……福。　㉓泯：灭。　㉔爱：爱惜。　㉕余烬：烧残的灰，比喻残余的军队。　㉖云：语助词，无义。

【译文】

　　齐顷公派遣宾媚人把纪甗、玉磬和土地送给战胜诸国以求和，指示他如果对方不同意讲和，就听任他们怎么办。国佐献上财礼，晋国人不同意，说："一定要以萧同叔子作为人质，而且把齐国境内的田垄全都改成东西走向。"国佐回答说："萧同叔子不是别人，是寡君的母亲。如果从对等地位来说，也就是晋国国君的母亲。您在诸侯中发布重大命令，反而说：'一定要把他的母亲作为人质才能取信。'将怎样对待周天子的命令呢？而且这样做，就是用不孝来号令诸侯。《诗经》说：'孝子的孝心没有穷尽，他永远把自己的孝思分给同类的人。'如果以不孝来号令诸侯，那恐怕不符合道德准则吧？先王把天下的土地划分疆界、区分条理，因地制宜，以获取应得的利益。所以《诗经》说：'我划定疆界、分别地理，南向东向开辟田亩。'如今您让诸侯定疆界、分地理，却说'把田垄全部改成东向'而已，只考虑方便自己兵车通行，不顾土地是否适宜，恐怕不符合先王的政令吧？违反先王的遗命就是不合道义，怎么能做诸侯的盟主呢？晋国在这点上确实是有过失的。四王之所以能统一天下，是因为他们能树立德行，满足诸侯的共同愿望。五伯之所以成就霸业，是因为他们勤劳而安抚诸侯，共同为天子效命。如今您要求会合诸侯，来满足自己没有止境的欲望。《诗经》说：'政事的推行宽大和缓，各种福禄都将积聚到你身上。'您如果不肯宽和施政，而丢弃一切福禄，这对诸侯又有什么害处呢?!如果您不肯答应讲和，寡君命令我使臣，还有一番话要说，即：'您带领贵国国君的军队光临敝邑，敝邑只能以自己微薄的力量来犒劳您的随从。畏惧贵国国君的威严，我们的军队战败了。承蒙您惠临为齐国求福，如果不灭亡我们的国家，让齐、晋两国继续过去的友好关系，那么先君留下的破旧器物和土地，我们是不敢爱惜的。您如果又不允许，我们就只能请求收拾残兵败将，背靠自己的城墙决一死战。如果敝邑侥幸取胜，也还是会依从贵国的。如果不幸而败，岂敢不唯命是从。'"

秋七月，晋师及齐国佐盟于爰娄[1]，使齐人归我汶阳[2]之田。公会晋师于上鄍[3]，赐三帅先路三命之服[4]，司马、司空、舆帅、候正、亚旅[5]，皆受一命[6]之服。

【注释】

①爰娄：地名，在今山东省淄博市临淄区。 ②汶阳：鲁国地名，故城在今山东省泰安市宁阳县。 ③上鄍（míng）：齐、卫二国交界之地，在今山东省聊城市阳谷县。 ④三帅：指郤克、士燮与栾书。先路：天子、

　　　　　　　　　　　大家读《左传》

诸侯乘车叫"路"，卿大夫接受天子、诸侯所赐之车也叫"路"。路：同
"辂"。三命之服：卿大夫所受的最高等级的礼服。三命是卿的品级。　⑤司
马：指韩厥。司空：主管军事工程之官。舆帅：主管兵车之官。候正：主管
侦察谍报之官。亚旅：比卿地位低一些的大夫。　⑥一命：比卿低二级。

【译文】

秋，七月，晋军和齐国国佐在爰娄结盟，让齐国归还我国
汶阳的土田。成公在上郧会见晋军，赐给晋军三位主将先辂和
三命的车服，司马、司空、舆帅、候正、亚旅都接受了一命的
车服。

晋师归，范文子^①后入。武子^②曰："无为吾望^③
尔也乎？"对曰："师有功，国人喜以逆之，先入，必
属耳目^④焉，是代帅受名也，故不敢。"武子曰："吾知
免矣。"

【注释】

①范文子：指士燮。　②武子：士会，士燮父亲。　③望：盼望。
④属耳目：众人耳目都集中于我一个人。属：同"嘱"，专注。

【译文】

晋军回到国内，范文子最后进城。他的父亲范武子说："你
不知道我也在盼望你吗？"范文子回答说："军队打了胜仗，国
内的人们高兴地迎接他们。先进城的人，一定格外受到人们的

注意，这是代替统帅接受荣誉，所以我不敢走在前面。"武子说："你这样谦让，我认为可以免于祸害了。"

邵伯①见，公曰："子之力也夫！"对曰："君之训也，二三子之力也，臣何力之有焉！"范叔②见，劳③之如邵伯。对曰："庚所命④也，克之制⑤也，燮何力之有焉！"栾伯⑥见，公亦如之，对曰："燮之诏⑦也，士用命也，书何力之有焉！"

【注释】

①邵伯：指邵克。　②范叔：范文子。　③劳：慰劳。　④庚所命：荀庚将上军，未出战，士燮为上军佐，应受命于上军将。庚：指荀庚，荀林父之父。　⑤克之制：邵克为中军帅，节制上军。　⑥栾伯：指栾书。⑦诏：指示。

【译文】

邵克进见，晋景公说："这是您的功劳啊！"邵克回答说："这是君王的教导，诸位将帅的功劳，下臣有什么功劳呢！"范文子进见，晋景公像对邵伯一样慰劳他。范文子回答说："这是荀庚的命令，邵克的节制，我士燮有什么功劳呢！"栾书进见，晋景公也这样慰劳他。栾书回答说："这是士燮的指示，将士们效命，我栾书有什么功劳呢！"

【解读】

鲁成公期间，诸侯争霸继续，晋国的霸业仍然稳固。宣公十七年，晋国的郤克出使齐国，被齐顷公母亲嘲笑，受到侮辱，郤克发誓报仇。成公二年，齐国攻打鲁国，卫国侵齐，齐国乘机报复，鲁、卫乞师于晋。其时郤克执晋国之政，于是领兵以救援鲁、卫，和齐国交战，引发了鞌之战。晋国由郤克将中军，齐国齐顷公亲自挂帅。齐国一方君臣上下都轻敌狂妄；而晋国一方上下团结，坚韧不拔，奋勇争先。双方形成鲜明的对比。鞌之战的结果是齐国大败，齐顷公险些被俘。作者写齐顷公"灭此朝食"、高固"贾余馀勇"、逢丑父易位以救齐顷公、宾媚人赂晋人；写晋将领团结击敌、韩厥抓捕假齐顷公等，都写得紧张、惊险，饶有趣味。齐顷公、高固、逢丑父以及韩厥、郤克等人物的性格，在战争中也被刻画得鲜明有致。

阅读此篇，要特别注意战争中的许多小故事，都写得妙趣横生。清人冯李骅说："左氏极工于叙战，长短各极其妙，……篇篇换局，各各争新，无怪古今名将无不好读此书也。"（《左绣·读左卮言》）朱自清说："战争是个复杂的程序，叙得头头是道，已经不易，叙得有声有色，更难；这差不多全靠忙里偷闲，透着优游不迫神儿才成。这却正是《左传》著者所擅长的。"（《经典常谈·春秋三传》）此篇中的几个小故事，就有这样的技巧。

17.

晋归锺仪

〔楚〕锺仪塑像

成公九年

晋侯观于军府，见锺仪。问之曰："南冠①而絷者，谁也？"有司对曰："郑人所献楚囚也。"使税②之。召而吊③之。再拜稽首。问其族④，对曰："泠人⑤也。"公曰："能乐乎？"对曰："先父之职官也，敢有二事？"使与之琴，操南音⑥。公曰："君王何如？"对曰："非小人之所得知也。"固⑦问之，对曰："其为大子也，师、保奉⑧之，以朝于婴齐而夕于侧⑨也。不知其他。"公语范文子，文子曰："楚囚，君子也。言称先职，不背本也。乐操土风⑩，不忘旧也。称大子，抑⑪无私也。名其二卿⑫，尊君也。不背本，仁也；不忘旧，信也；无私，忠也；尊君，敏⑬也。仁以接事，信以守之⑭，忠以成之，敏以行之。事虽大，必济。君盍⑮归之，使合晋、楚之成？"公从之，重为之礼，使归求成。

【注释】

①南冠：楚式帽子。 ②税：同"脱"，解开刑具。 ③吊：慰问。 ④族：此指世官，世系的职业。 ⑤泠人：亦作"伶人"，乐官。 ⑥南音：南方各地乐调，此指楚乐。 ⑦固：再三。 ⑧奉：侍奉。 ⑨婴齐：令尹子重。侧：司马子反。 ⑩土风：本乡本土的乐调，此指南音。 ⑪抑：发语词，无义。 ⑫名其二卿：当时时尚，下对上才称名。锺仪

在晋景公前直呼子重、子反之名，是尊敬景公的表现。 ⑬敏：通达事理。 ⑭之：指事情。 ⑮盍：何不。

【译文】

晋景公视察军用仓库，见到锺仪。问看管的人说："戴着南方人的帽子而被囚禁的人是谁？"主管官吏回答说："是郑国人所献的楚国俘虏。"晋景公让人把他释放出来，召见他，并表示慰问。锺仪再拜叩头。晋景公问他世系职业，他回答说："是乐官。"晋景公说："能够奏乐吗？"锺仪回答说："这是我先人所掌管的职务，我岂敢从事其他工作呢？"晋景公让人给锺仪琴，他弹奏的是南方的乐调。晋景公说："你们的君王怎么样？"锺仪回答说："这不是小人所能知道的。"晋景公再三问他，他回答说："他做太子时，师保侍奉他，每天早晨向婴齐请教，晚上向侧请教。我不知道别的事。"晋景公把这件事告诉范文子。文子说："这个楚囚是个君子。言辞中举出先人的职官，这是不忘根本；奏乐奏家乡的乐调，这是不忘故旧；列举楚君做太子时之事，这是没有私心；对二卿直呼其名，这是尊崇国君。不忘根本，是仁；不忘故旧，是守信；没有私心，是忠诚；尊崇国君，是敏达。用仁来处理事情，用信来坚持，用忠来完成，用敏来执行。哪怕再大的事情也能成功。君王何不放他回去，让他结成晋、楚之间的友好呢？"晋景公听从了范文子的话，对锺仪重加礼遇，让他回国去替晋国求和。

【解读】

"楚囚"的典故很有名,即出自《左传》此篇。鲁成公七年,楚大夫锺仪被郑国俘虏,后被献于晋国。晋景公要释放锺仪,临释放时与锺仪的这番对话,颇能表现出锺仪的风范,体现了他的爱国情操。能够奏乐,说明锺仪牢记职责;乐操南音,说明他不忘故国;不妄议君王,说明他恪守为臣之道。锺仪这种不背本、不忘旧的深挚的故国之情与赤子之心,感染了晋国君臣。晋人不但放了他,而且重礼使归。晋楚两国因此和解。锺仪表现出来的深厚的爱国精神,一直垂范于后代。后人多以此典入诗,如骆宾王《在狱咏蝉》:"西陆蝉声唱,南冠客思侵。"著名共产党人恽代英的诗:"已摈忧患寻常事,留得豪情作楚囚。"

18.

晋侯梦大厉

成公十年

晋侯梦大厉①，被②发及地，搏膺而踊③，曰："杀余孙，不义。余得请于帝④矣！"坏大门及寝门而入。公惧，入于室。又坏户。公觉，召桑田⑤巫。巫言如梦。公曰："何如?"曰："不食新⑥矣。"公疾病⑦，求医于秦。秦伯使医缓为⑧之。未至，公梦疾为二竖子⑨，曰："彼⑩，良医也。惧伤我，焉逃之?"其一曰："居肓⑪之上，膏⑫之下，若我何?"医至，曰："疾不可为也。在肓之上，膏之下，攻⑬之不可，达⑭之不及，药不至焉，不可为也。"公曰："良医也。"厚为之礼而归之。六月丙午，晋侯欲麦⑮，使甸人⑯献麦，馈人为之⑰。召桑田巫，示而杀之。将食，张⑱，如厕，陷而卒。小臣⑲有晨梦负公以登天，及日中，负晋侯出诸厕，遂以为殉。

【注释】

　　①晋侯:指晋景公。厉:恶鬼，也叫"厉鬼"。　②被(pī):通"披"。　③搏膺:捶胸。踊:跳跃。　④请于帝:指鬼已诉于上帝，上帝允许他为子孙报仇。　⑤桑田:地名，在今河南省三门峡市灵宝市。桑田本虢邑，晋灭虢后并入晋。　⑥不食新:意为景公将死在新麦收获之前。新:新麦。　⑦疾病:病重。　⑧缓:秦国名医。为:诊治。　⑨疾为二竖子:疾病变为两个小孩。竖子:小孩。　⑩彼:指秦医缓。　⑪肓

（huāng）：胸腹之间的横膈膜。　⑫膏：心脏下方有脂肪处。　⑬攻：指艾灸。　⑭达：指针。　⑮欲麦：即食新。　⑯甸人：管理土地之官。　⑰馈人：为诸侯主持饮食之官。为之：煮好新麦。　⑱张：通"胀"，肚子发胀。　⑲小臣：宦官。

【译文】

晋景公梦见一个大恶鬼，长发拖到地上，捶胸跳跃，说："你杀了我的子孙，这是不义。我已经请求为子孙复仇，已经得到上帝的允许了！"鬼毁坏了宫门及寝门而走进来。晋景公害怕，躲进内室，厉鬼又毁掉了内室的门。晋景公醒来，召见桑田的巫人问吉凶。巫人叙述的情况与晋景公的梦境一样。晋景公问："怎么样？"巫人说："君王吃不到新收的麦子了。"晋景公病重，向秦国请求良医。秦桓公派医缓去晋国为他诊治。医缓还没有到达，晋景公又梦见疾病变成两个小孩，一个说："他是个良医，我们恐怕会受到他的伤害，往哪儿逃好呢？"另一个说："我们待在肓之上，膏之下，他能拿我们怎么办呢？"医缓来了，说："病已不能治了。在肓之上，膏之下，艾灸不能用，针刺够不着，药力也达不到，不能治了。"晋景公说："真是好医生啊。"于是赠送给他丰厚的礼物让他回去。六月丙午日，晋景公想吃麦饭，让甸人献上新麦，馈人烹煮。做好后召见桑田巫人来，让他看了煮好的新麦饭，然后把他杀了。景公将要进食，突然肚子发胀，便上厕所，跌进厕坑里死了。有个宦官早晨梦见背着晋景公登天，到了中午，被派把晋景公从厕坑里背出来，于是就以他作为殉葬。

【解读】

《左传》全书共写了二十七个梦，各个不同，各有特色。此篇至此写了两个梦，梦皆离奇。成公八年，晋景公冤杀了赵氏家族的赵同、赵括。大概自觉有愧，晋景公梦见二人变为厉鬼肆虐，由此得病。患病后，又梦见二厉鬼化为二竖子逃入膏肓为害。最后，恰如桑田巫所预言的那样，晋景公终于未能尝到新麦而死。此节是作者虚构的一个关于梦境的故事，写得离奇生动，揭示了主人公的性格和深层心理状态。作者写梦的作用，在于揭示晋景公滥杀无辜深层意识中的精神自罪感与虚弱恐惧感。作者通过梦境的描写和梦思的揭示，把人物的心理潜意识、内心世界真实地展现出来，又借以表达了那些被杀屈死者的愤慨和抗议。其妙用，实非直言叙述所能奏效。

19.

晋楚鄢陵之战

晋厉公

〔楚〕养由基

成公十六年

十六年春，楚子自武城使公子成以汝阴^①之田求成于郑。郑叛晋，子驷从楚子盟于武城。

郑子罕伐宋，宋将鉏、乐惧败诸汋陂^②。退，舍于夫渠^③，不儆^④，郑人覆^⑤之，败诸汋陵^⑥，获将鉏、乐惧。宋恃胜也。卫侯伐郑，至于鸣雁^⑦，为晋故也。

【注释】

①武城：地名，在今河南省南阳市北。公子成：楚国大夫。汝阴：汝水之南，在河南省平顶山市郏县与叶县之间。 ②将鉏、乐惧：皆宋国大夫。汋（zhuó）陂：宋国地名，在今河南省商丘市。 ③夫渠：离汋陂不远。 ④儆：警诫。 ⑤覆：通"伏"，埋伏。 ⑥汋陵：地名，在今河南省商丘市宁陵县。 ⑦鸣雁：地名，在今河南省开封市杞县。

【译文】

十六年春，楚共王从武城派公子成以割让汝水以南田地为条件向郑国求和。郑国背叛晋国，子驷前往武城与楚共王结盟。

郑国的子罕进攻宋国，宋国的将鉏、乐惧在汋陂打败了他。宋军退兵，驻扎在夫渠，不加警备。郑军设伏兵袭击，在汋陵打败宋军，俘虏了将鉏、乐惧。宋国败在依恃打了胜仗而不加戒备。卫献公攻打郑国，到达鸣雁，是为了晋国而出兵。

晋侯将伐郑，范文子^①曰："若逞吾愿^②，诸侯皆叛，晋可以逞^③。若唯郑叛，晋国之忧，可立俟^④也。"栾武子^⑤曰："不可以当吾世而失诸侯，必伐郑。"乃兴师。栾书将中军，士燮佐之。郤锜将上军，荀偃^⑥佐之。韩厥将下军，郤至佐新军，荀罃居守^⑦。郤犨如卫，遂如齐，皆乞师焉。栾黡来乞师，孟献子^⑧曰："有胜矣。"戊寅^⑨，晋师起。

【注释】

①范文子：即士燮，亦称范叔。　②逞吾愿：满足我使晋国政治安定、国家强盛的愿望。逞：意为满足。　③逞：作"行、做"解释，指可以出兵。　④立俟：站着就能等得到、看得见。　⑤栾武子：即栾书。　⑥荀偃：字伯游，即中行献子，一称中行偃，荀林父之孙，荀庚之子。　⑦荀罃：即知罃，一称知武子，知庄子（荀首）之子。居守：留守国内。　⑧孟献子：鲁之公族，名蔑。　⑨戊寅：此指四月十二。

【译文】

晋厉公准备征讨郑国，范文子说："如果满足我的愿望，那么只有当诸侯全都背叛我们时，我们才能出兵征讨。如果只有郑国背叛而我们也同样出兵，那么晋国的忧患，马上就会到来。"栾书说："不能在我们这一代失去诸侯的拥护，一定得征伐郑国。"于是出兵伐郑。栾书率中军，士燮辅佐他。郤锜率上军，荀偃辅佐他。韩厥率下军，郤至辅佐新军，荀罃留守晋都。郤犨前往卫国，接着去齐国，都是为了请求出兵援助。栾黡也前来我国请求出兵，孟献子说："晋国胜算在握了。"四月十二，晋军出发。

郑人闻有晋师，使告于楚，姚句耳①与往。楚子救郑，司马②将中军，令尹③将左，右尹子辛④将右。过申⑤，子反入见申叔时，曰："师其何如？"对曰："德、刑、详⑥、义、礼、信，战之器⑦也。德以施惠，刑以正邪，详以事神，义以建利，礼以顺时，信以守物。民生厚而德正，用利而事节，时顺而物成。上下和睦，周旋不逆⑧，求无不具，各知其极⑨。故《诗》曰：'立我烝民，莫匪尔极。'⑩是以神降之福，时无灾害，民生敦庬⑪，和同以听，莫不尽力以从上命，致死以补其阙。此战之所由克也。今楚内弃其民，而外绝其好，渎齐⑫盟，而食话言，奸时以动⑬，而疲民以逞。民不知信，进退罪也。人恤所厎⑭，其谁致死？子其勉之！吾不复见子矣。"姚句耳先归，子驷问焉，对曰："其行速，过险而不整。速则失志⑮，不整丧列。志失列丧，将何以战？楚惧不可用也。"

【注释】

①姚句（gōu）耳：郑国大夫。　②司马：楚官名。此司马为公子侧，字子反。　③令尹：楚官名。此令尹为公子婴齐，字子重。　④右

尹：楚官名。子辛：即公子壬夫，字子辛。 ⑤申：地名，在今河南省南阳市北。 ⑥详：同"祥"，指用心精诚专一。 ⑦器：用器，此指必备条件。 ⑧周旋：举动。逆：悖逆。 ⑨极：标准、原则。 ⑩立我烝民，莫匪尔极：语出《诗经·周颂·思文》，意为周祖先后稷安置众民，无不合乎准则。烝：众。 ⑪敦：富厚。厖（máng）：大，富足。 ⑫齐：通"斋"，斋戒，古代盟誓前须斋戒沐浴。 ⑬奸时以动：奸，犯；奸时，即违时。鄢陵之战在周历四月（夏历二月），正是春耕季节，故云"奸时以动"。 ⑭恤：忧虑。厎（zhǐ）：往。 ⑮志：心志，此指思虑。

【译文】

郑国人听说有晋军进犯，就派人向楚国报告，大夫姚句耳也一同前往。楚共王率兵救郑，由司马子反率中军，令尹子重率左军，右尹子辛率右军。经过申地时，子反拜见了申叔时，问："这次交战，结果会怎样？"申叔时回答说："道德、刑罚、赤诚、义理、礼法、信用，都是战争取胜的必备条件。道德用来施予恩惠，刑罚用来纠正邪恶，赤诚用来侍奉神灵，义理用来获取利益，礼法用来理顺时尚，信用用来保有万物。人民生活富裕，道德就自然纯正；使用人民若于国有利，则办事就会有节制；时尚顺理，事情就会成功。上下和睦，行为处世就不会受阻，凡是有所求的都无不具备，各人都懂得行事的准则。所以《诗经》上说：'先王治理我民众，让他们无不懂得行为的准则。'因而神灵降下幸福，一年四季都没灾害，人民生活富足，同心协力，听从指挥，无不尽心尽力，服从上面的命令，甘愿牺牲生命以弥补国家的损失。这就是战争之所以取胜的原因。现在楚国，对内抛弃他的人民，对我弃绝友好国家，亵渎斋戒盟誓之事，说过的话不兑现，违背农时而兴师动武，以百姓的疲劳来满足自己的欲望。人民不懂得什么是信义，进退都可能获罪。士卒对奔赴前线心感忧虑，还有谁肯卖命送死？你努力自勉吧！我不会再见到您了。"姚句耳先回到郑国，子驷问他，他回答说："楚师行军甚速，经过险要地段时也不加整饬。行军过速，就会考虑不周；不加整饬，就会失去应有的队形队列。考虑不周，队列丧失，凭什么作战？我怕楚军靠不住。"

五月，晋师济河。闻楚师将至，范文子欲反，曰："我伪逃楚，可以纾忧。夫合诸侯，非吾所能也，以遗能者。我若群臣辑睦以事君，多①矣。"武子曰："不可。"

【注释】

① 多：足够。

【译文】

五月，晋军渡过黄河。听说楚军就要到达，士燮想撤军回去，说："我们假装逃避楚军，这样可以缓解国内的忧患。会合诸侯，不是我们所能办到的，把这留给有能力的人吧。如果我们群臣能和衷共济侍奉国君，那也就足够了。"栾书说："不行。"

六月，晋、楚遇于鄢陵。范文子不欲战，郤至曰：

"韩之战①,惠公不振旅②;箕之役③,先轸不反命④;邲之师⑤,荀伯不复从⑥。皆晋之耻也。子亦见先君之事矣。今我辟楚,又益耻也。"文子曰:"吾先君之亟⑦战也,有故。秦、狄、齐、楚皆强,不尽力,子孙将弱。今三强服矣,敌楚而已。唯圣人能外内无患,自非⑧圣人,外宁必有内忧。盍释楚以为外惧乎?"

【注释】

①韩之战:指鲁僖公十五年(前645)的《秦晋韩之战》篇,晋国战败,惠公被俘。韩:晋地名,在今陕西省渭南市韩城县南。 ②不振旅:失败。振旅:治兵而归,胜利而归。 ③箕之役:指鲁僖公三十三年(前627)的晋、狄箕之战,晋军主帅先轸战死。箕:地名,在今山西省晋中市太谷区东。 ④不反命:没有活着回来。 ⑤邲之师:指宣公十二年(前597)的《晋楚邲之战》篇,晋国战败。邲:郑地名,在今河南省郑州市。 ⑥不复从:未从原路回兵,指失败。从:周旋。 ⑦亟(qì):屡次。 ⑧自非:若非。

【译文】

六月,晋楚两军在鄢陵相遇。士燮不想交战,郤至说:"韩之战,惠公不能胜利而归;箕之战,先轸未能回军复命;邲之战,荀伯战败,不能再与楚军周旋。这些都是晋国的耻辱。以上先君的事情您也见过吧。现在我们如果躲避楚军,这是又给晋国增添耻辱。"士燮说:"我们先君之所以屡次征战,这是有原因的。秦、狄、齐、楚,都是强国,如果不尽力征战,子孙

大家读《左传》

将被削弱。现在秦、狄、齐三强国已经归服了，敌手只有一个楚国。唯有圣人才能做到国内外均无忧患，我们不是圣人，国外安宁必然出现国内的忧患。何不放过楚国，把它当作引起戒惧的外部国家呢？"

甲午晦，楚晨压晋军而陈。军史患之。范匄①趋进，曰："塞井夷灶，陈②于军中，而疏行首。晋、楚唯天所授，何患焉？"文子执戈逐之，曰："国之存亡，天也。童子何知焉？"栾书曰："楚师轻窕，固垒而待之，三日必退。退而击之，必获胜焉。"郤至曰："楚有六间③，不可失也：其二卿④相恶；王卒以旧；郑陈而不整；蛮军⑤而不陈；陈不违晦⑥；在陈而嚣，合而加嚣，各顾其后，莫有斗心。旧不必良，以犯天忌，我必克之。"

【注释】

①范匄（gài）：士燮之子，一称范宣子。时年尚幼，故其父称之为"童子"。　②陈：同"阵"。古代军中须凿井垒灶以取水炊饭，由于楚军逼近，晋军阵地变小，故范匄建议塞井夷灶，列阵于军中。　③间：间隙、空子，也指弱点。　④二卿：指子反和子重。二人不和，故战败后子重逼子反自杀。　⑤蛮军：指楚王带来的楚国南方的蛮族军队。　⑥陈不违晦：古代迷信，晦日不宜布阵作战，但楚军却不回避，故郤至说这也是楚军的一间。

【译文】

甲午日，这是六月的最后一天，楚军在清晨逼近晋军并摆开阵势。晋军吏为此担心。范匄跑进营帐，说："填掉井铲平灶，在军中摆开阵势，并疏散开队伍的前列。晋楚都是上天所授予的国家，怕什么？"士燮拿起戈要赶走他，说："国家的存亡是由天决定的。小孩懂得什么？"栾书说："楚军轻浮急躁，我们只要固守营垒以等待，三天后楚军必退。等其退时再出击，必获全胜。"郤至说："楚军有六处弱点，这次的机会不可丢失：两位卿相互仇视；楚王的亲兵都是年老的旧卒；郑军虽摆开阵势，但军容不整；虽有南蛮军队，但并未摆开阵势；布阵而不避开晦日；士卒在军阵中喧哗说话，两军相遇后喧哗更甚，各自想着逃脱的后路，全无斗志。旧卒未必都是精兵，晦日布阵犯了天忌，我军必定能打败楚军。"

楚子登巢车①以望晋军，子重使大宰伯州犁②侍于王后。王曰："骋而左右，何也？"曰："召军史也。""皆聚于军中矣③！"曰："合谋也。""张幕矣。"曰："虔卜于先君也。""彻幕矣！"曰："将发命也。""甚嚣，且尘上矣！"曰："将塞井夷灶而为行也。""皆乘矣，左右④执兵而下矣！"曰："听誓也。""战乎？"曰："未可知也。""乘而左右皆下矣！"曰："战祷也。"伯州犁以公卒告王。苗贲皇⑤在晋侯之侧，亦以王卒告。皆曰："国士在，且厚，不可当也。"苗贲皇言于晋侯曰："楚之良，在其中军王族⑥而已。请分良以击其左右，而三军萃⑦于王卒，必大败之。"公筮之，史曰："吉。其卦遇《复》䷗⑧，曰：'南国蹙，射其元王中厥目。'⑨国蹙王伤，不败何待？"公从之。

【注释】

①巢车：一种兵车，高大如树上的鸟巢，可以登之而瞭望敌人。　②大宰：官名，掌王族事务。大：通"太"。伯州犁：晋大夫伯宗之子，因其父被杀而奔楚，楚任命为太宰。　③皆聚于军中矣：这句是楚王的话。以下这段凡不加"曰"的，皆楚王所说，凡加"曰"的，皆伯州犁回答的话。④左右：春秋时，一般的兵车，将领居左，车右居右。车右：参见《晋灵公不君》注。　⑤苗贲皇：原为楚臣，斗椒之子，鲁宣公四年奔晋。　⑥王族：与下文的"王卒"，均指楚王的亲兵。　⑦萃：聚集。　⑧《复》䷗：复卦，《震》卦在下，《坤》卦在上。　⑨南国蹙（cù），射其元王中厥目：这两句是史官根据《复》卦的卦象、卦爻辞而作的归纳。蹙：同"蹙"，窘迫。元王：最高之王。

【译文】

　　楚王登上巢车瞭望晋军，子重叫太宰伯州犁侍立于楚王后面。楚王问："战车时左时右地奔驰，这是何故？"伯州犁回答说："这是在召集军吏。""全都聚集于军帐之中！"说："这是在一同谋划军务。""帐幕拉开又撤去。"说："这是在虔诚地向先君问卜。""帐幕又撤去了！"说："就要发布命令了。""喧哗得很，连尘土都飞扬起来了！"说："即将填井平灶布列行阵。""全都登上战车，但将领和车右又都拿着兵器下来了！"说："要去听取主帅的誓师号令。""要出战了吗？"说："还不知道。""上了战车，可是将领和车右又全都下了车了！"说："要作战前的祈祷。"伯州犁将晋侯的情况禀报给楚王。苗贲皇站在晋侯旁边，也将楚王亲兵的情况禀报给晋侯。晋侯左右的人都说："楚国的杰出人才，全在军中，而且人数众多，这是不可抵挡的。"苗贲皇对晋侯说："楚国的精兵，仅仅是中军的亲兵而已。请将我们的精兵分成两部分，分别攻击他们的左右军，再集中三军攻其亲兵，必能大败楚军。"晋侯算了一个卦，史官说："吉利。得到《复》卦䷗，该卦意思说：'南国艰难窘迫，射他的元首，中其一目。'国君窘迫，国王受伤，楚国此时不败还要拖到何时？"晋侯按这个卦去做。

有淖于前，乃皆左右相违①于淖。步毅御晋厉公，栾鍼②为右。彭名御楚共王，潘党为右。石首御郑成公，唐苟为右。栾、范以其族夹公行。陷于淖，栾书将载晋侯，鍼曰："书退，国有大任，焉得专③之。且侵官，冒也；失官，慢也；离局，奸也。有三罪焉，不可犯也。"乃掀公以出于淖。

【注释】

①淖（nào）：泥坑。违：避开。　②步毅：即郤毅，郤克的同族。栾鍼：栾书之子，栾黡之弟。　③专：犹如说"一手包办"。

【译文】

晋军的前面有一个泥坑，晋军全都左右绕行，避开泥坑。步毅为晋侯驾车，栾鍼为车右。彭名为楚王驾车，潘党为车右。石首为郑成公驾车，唐苟为车右。栾氏、范氏带领着他们的家族士兵左右夹护着晋侯前进。战车陷入泥坑之中，栾书准备让晋侯乘坐自己的战车，栾鍼说："栾书你走开，国家有许多重大任务，哪能由你一人独占。而且侵夺他人职责，这是冒犯；丢弃本人职守，这是怠慢；离开自己的部属，这是错误的。这三条罪过，都是不可触犯的。"于是他托起晋侯的坐车，将它推出泥坑。

癸巳①，潘尫之党与养由基蹲甲②而射之，彻七札③焉。以示王，曰："君有二臣如此，何忧于战？"王怒曰："大辱国④。诘朝⑤尔射，死艺⑥。"吕锜⑦梦射月，中之，退入于泥。占之，曰："姬姓，日也。异姓，月也，必楚王也⑧。射而中之，退入于泥，示必死矣。"及战，射共王中目。王召养由基，与之两矢，使射吕锜，中项，伏弢⑨。以一矢复命。

【注释】

①癸巳：这是上文"甲午晦"的前一天，即六月二十八。以下补叙癸巳日的事情。　②潘尫之党：即潘尫之子潘党。养由基：楚国名将，善射。蹲甲：把铠甲积叠起来。　③彻：穿透。札：编织甲的叶片。　④大辱国：太羞辱楚国了。楚王认为，为将应有勇有谋，而潘、养二人仅以"彻七札"的匹夫之勇就说"何忧于战"，显然是"不尚智谋"的表现，因而引起楚王的愤怒，骂他们是"大辱国"。　⑤诘朝：第二天早晨。　⑥死艺：只凭射艺，恐怕要死在这武艺上。　⑦吕锜：即晋国的魏锜。　⑧姬姓，日也。异姓，月也，必楚王也：古代以日比天子，以月比臣、诸侯，周天子与晋侯均姬姓，故云"日也"，楚王芈姓，为异姓诸侯，故云"月也"。　⑨弢

（tāo）：弓衣，盛弓的套子。

【译文】

六月二十八，楚大夫潘尪的儿子潘党与楚大夫养由基堆叠起皮甲衣而比赛射箭，二人都射透七层皮甲。他们拿着这些皮甲给楚王看，说："君王有二位如此能耐的臣子，还担忧什么与晋交战？"楚王发怒道："太羞辱国家了。明天早上，你们要是射箭，就会死在这射技上面。"这天晚上，晋将吕锜做梦朝月亮射箭，射中了，但后退时又掉入泥坑里。占梦的人占卜后说："姬姓，是太阳。异姓，是月亮，必定是楚王。你射中他，但后退时又掉入泥坑里，你也必死无疑。"到第二天甲午日交战时，吕锜射中楚王眼睛。楚王召来养由基，给他两支箭，要他去射吕锜，他一箭射中吕锜的脖子，吕锜伏在弓套上死去。养由基拿着剩下的一支箭去复命。

郤至三遇楚子之卒，见楚子必下，免胄而趋风①。楚子使工尹襄问②之以弓，曰："方事之殷也，有韎韦之跗注③，君子也。识见不榖④而趋。无乃伤乎？"郤至见客，免胄承命，曰："君之外臣⑤至，从寡君之戎事，以君之灵，间蒙⑥甲胄，不敢拜命。敢告不宁⑦，君命之辱，为事之故，敢肃⑧使者。"三肃使者而退。

【注释】

①免胄而趋风：这是臣见君时的恭敬表现。　②工尹：官名。襄：人

名。问：慰问。春秋时，向某人问候时，一般须送上礼物以表示情意。
③韎（mèi）：赤黄色。韦：熟牛皮。跗（fū）注：当时的军服，衣裤相连，裤脚系在踝跗之上。 ④识：适，刚才。不毅：不善，这是春秋时诸侯君的谦称。 ⑤君：此指楚王。外臣：古代臣子在他国国君之前自称"外臣"。文中工尹襄代表楚王，故郤至亦自称"外臣"。 ⑥间：近来。蒙：披着，穿着。 ⑦宁：通"愸"（yìn），受伤。 ⑧肃：古代的一种行礼方式，与今之作揖相似。

【译文】

郤至三次遇到楚王的士卒，每次见到楚王时都要下车，脱去头盔，疾走如风。楚王派工尹襄送给他一张弓，说："正当战事激烈之时，有个身穿金黄色皮军装的人，他真是个君子。见到不毅就快步走，他莫非受伤了？"郤至接见楚军来客，脱下头盔并接受楚王的问候，说："君王的外臣郤至，跟随寡君来作战，托楚君的威灵，近来依然披戴铠甲和头盔，所以无法拜受君王慰劳的旨意。我冒昧地告诉您，我并没受伤，对于君王的问候，我感到惭愧，因为战事的缘故，我冒昧地向您作揖行礼。"他向使者作了三次揖后才退去。

晋韩厥从郑伯，其御杜溷罗曰："速从之？其御屡顾，不在马，可及也。"韩厥曰："不可以再辱国君。"①乃止。郤至从郑伯，其右茀翰胡曰："谍辂②之，余从之乘而俘以下。"郤至曰："伤国君有刑。"亦止。石首曰："卫懿公③唯不去其旗，是以败于荧④。"乃内旌于弢中。

唐苟谓石首曰："子在君侧，败者壹大⑤。我不如子，子以君免，我请止⑥。"乃死。

【注释】

　①不可以再辱国君：吕锜已羞辱过楚王（射其一目），故韩厥说："不可以再辱国君。"　②谍：侦察兵，此指轻兵。辂：迎战，此指拦击。　③卫懿公：春秋初年卫国国君，名赤。鲁闵公二年（前660），卫与狄战于荥泽，卫军大败，卫懿公因不去其旗，被狄人认出而被杀。　④荥：荥泽，地名，在河北省境内的黄河以北，具体方位已无法确指。　⑤壹：专心一意。大：此指国君。　⑥止：留下抵御。

【译文】

　晋韩厥追赶郑成公，他的御者杜溷罗说："赶快追赶吗？他的御者屡屡回顾，心不在战马，可以赶上。"韩厥说："不能再羞辱国君了。"因而停止了追击。郤至追赶郑成公，他的车右茀翰胡说："派遣轻兵绕道拦击，我从后面登上他的车将他俘获抓下。"郤至说："伤害国君是要受处罚的。"也停止了追击。郑成公的御者石首说："卫懿公就是因为不拿掉车上的旗帜，所以才在荥泽打了败仗。"他们于是把旗帜放进弓套里。车右唐苟对石首说："您在国君的旁边，战败者应一心保护国君。这方面我不如您，您带着国君逃走，我请留下。"唐苟因此而战死。

　楚师薄于险①，叔山冉②谓养由基曰："虽君有命③，为国故，子必射！"乃射。再发，尽殪。叔山冉搏人以投④，中车折轵。晋师乃止。囚楚公子筏。

【注释】

①薄于险：逼到险地。薄：同"迫"。 ②叔山冉：楚之勇士，复姓叔山，名冉。 ③君有命：楚共王曾责潘党、养由基二人"尔射，死艺"，言外之意即禁止其射箭。 ④搏人以投：抓住晋人，又将此人向晋军投过去。

【译文】

楚军在一险要地段受到晋军的逼迫，叔山冉对养由基说："虽然有国君的禁令，但为了国家，你也一定要射箭！"养由基便箭射晋军。他连发二箭，所射尽死。叔山冉捉住晋人，又将他向晋军投去，投中战车，折断车前横木。晋军这才停止追击。晋军俘获、囚禁了楚国的公子筏。

栾鍼见子重之旌，请曰："楚人谓：'夫旌，子重之麾也。'彼其子重也。日①臣之使于楚也，子重问晋国之勇。臣对曰：'好以众整。'曰：'又如何？'臣对曰：'好以暇。'今两国治戎，行人不使，不可谓整；临事而食言，不可谓暇。请摄②饮焉。"公许之。使行人执榼承③饮，造于子重，曰："寡君乏使，使鍼御持矛④。是以不得犒从者，使某摄饮。"子重曰："夫子尝与吾言于楚，必是故也，不亦识⑤乎？"受而饮之。免使者而复鼓。旦而战，见星未已。

【注释】

①日：往日，从前。　②摄：代。栾鍼为晋侯车右，不能离开，故请求派人代为献酒。　③楂：同"盒"，装食物的器具。承：奉。　④御持矛：指为晋侯的车右。御：侍。　⑤识（zhì）：记。

【译文】

栾鍼看见子重的旗帜，向晋侯请求道："楚人说：'那面旗帜是子重的旗帜。'那个人大概就是子重。从前下臣出使楚国时，子重问晋人勇武的表现。下臣回答说：'喜欢部队整饬周密。'又问：'还有什么？'下臣回答说：'喜欢从容不迫。'现在两国交战，不派使者，不能说是整饬周密；遇到战事就自食其言，不能说是从容不迫。请派人代下臣向子重进酒。"晋侯答应了。派使者拿着食盒和酒，到子重那里，说："寡君缺乏人才，让栾鍼持矛侍立于寡君之侧，所以无法来犒劳你的随从人员，派我来代为进酒。"子重说："那位先生曾跟我在楚国交谈过，必定是为了那次交谈的缘故，我不是也记起来了吗？"收下酒并喝下。送走使者后又重新擂鼓进军。这天，从清晨开始交战，到晚上星星出来了还没结束。

子反命军吏察夷①伤，补卒乘，缮甲兵，展②车马，鸡鸣而食，唯命是听。晋人患之。苗贲皇徇曰："蒐乘补卒，秣马厉兵，修陈固列，蓐食③申祷，明日复战。"乃逸楚囚④。王闻之，召子反谋。穀阳竖献饮于子反，子反醉而不能见。王曰："天败楚也夫！余不可以待。"乃宵遁。晋入楚军，三日谷。范文子立于戎马之前，曰：
"君幼，诸臣不佞，何以及此？君其戒之！《周书》曰：
'惟命不于常'⑤，有德之谓。"

【注释】

①夷：通"痍"，创伤。 ②展：排列。 ③蓐食：黎明清晨，尚未
起床，就在寝席蓐上吃早饭，极言进食之早。 ④乃逸楚囚：故意放松
警惕，让楚军俘虏逃走。按，晋军"逸楚囚"的目的，是想借楚囚的口告
诉楚王：晋军亦早有准备。 ⑤惟命不于常：语出《尚书·周书·康诰》。
意为天命之所在并非一成不变的。常：不变的规律。

【译文】

  子反命令军吏去查点伤员，补充士卒战车，修理甲胄和兵
器，排列好兵车战马，天亮鸡鸣时就进食，要绝对服从命令。
晋人很担心。苗贲皇向军中传令说："检阅战车，补充士卒，喂
饱战马，磨快兵器，整顿军阵，巩固行列，早早地进食，再三
地祈祷，明日再战。"晋人故意放走楚军俘虏。楚王听了这些俘
虏的报告后，忙召子反商量。子反的小臣穀阳竖献酒给子反，
子反喝醉了，不能去见楚王。楚王说："天败楚国啊！我不能坐
以待毙。"因而连夜逃走。晋军攻入楚军营垒，一连三天，吃缴
获来的楚军粮食。士燮站在晋侯兵车的马前，说："国君年幼，
诸臣无才，凭什么取得这种战果？君王要警惕啊！《周书》说：
'天命之所在并非一成不变的'，说的是有德者才能享有天命。"

楚师还，及瑕^①。王使谓子反曰："先大夫之覆^②师徒者，君不在^③。子无以为过，不穀之罪也。"子反再拜稽首曰："君赐臣死，死且不朽。臣之卒实奔，臣之罪也。"子重使谓子反曰："初陨师徒者^④，而^⑤亦闻之矣！盍图之？"对曰："虽微先大夫有之，大夫命侧，侧敢不义？侧亡君师，敢忘其死？"王使止之，弗及而卒。

【注释】

①瑕：随国地名，在今安徽省亳州市蒙城县。随为楚之附庸国，故楚军得以在瑕地歇息。　②先大夫：指子玉，子反的父亲。覆：覆没，败亡。　③君不在：子玉在城濮之战中，败于晋军，时楚成王不在军中，故失败的责任应由子玉承担（时子玉为令尹、中军之帅），而这次楚王在军中，故下文共王说"不穀之罪也"。　④初陨师徒者：此指子玉。按，子重要子反考虑一下子玉的下场，其用意是逼其自杀。陨：损失。　⑤而：同"尔"，你。

【译文】

楚军撤回到瑕地，楚王派人对子反说："先大夫使楚军覆败，当时国君不在军中。您不要认为自己这次有过错，这是不穀的罪过。"子反对来人拜了又拜，叩头说："国君赐臣以死，臣虽死而不朽。下臣的士卒确实有溃败逃奔的，这是下臣的罪过。"子重派人对子反说："当初那位使楚军受挫的人，你大概也听说过了吧！你何不考虑考虑？"子反回答说："即使没有先大夫那件事，可是有大夫命令侧考虑，侧岂敢不义而偷生？侧损失了君王的军队，岂敢忘记先大夫的自杀？"楚王派人去制止，但还没赶到，子反就自杀了。

　　战之日，齐国佐、高无咎①至于师。卫侯出于卫，公出于坏隤②。宣伯通于穆姜③，欲去季、孟④，而取其室。将行，穆姜送公，而使逐二子。公以晋难⑤告，曰："请反而听命。"姜怒，公子偃、公子鉏⑥趋过，指之曰："女不可，是皆君也。"公待于坏隤，申宫儆备，设守而后行，是以后。使孟献子守于公宫。

【注释】

①高无咎：高固之子。　②坏隤：地名，在今山东省曲阜市。　③宣伯：叔孙侨如。穆姜：鲁成公之母。　④季、孟：指季文子和孟献子。　⑤晋难：即晋国让鲁国出兵会同伐郑。　⑥公子偃、公子鉏：二人皆为成公庶弟。

【译文】

　　作战的时候，齐国国佐、高无咎到达军中。卫献公从卫国出来，鲁成公从坏隤出来。宣伯和穆姜私通，想要除掉季、孟两人而占取他们的家财。成公将要出行，穆姜送他，让他赶走季文子和孟献子。成公以要应晋国要求出兵的事敷衍她，说："请等我回来后再听取您的命令。"穆姜很生气，公子偃、公子鉏快步走过，穆姜指着他们说："你不同意，这两个人都可以是国君。"鲁成公便在坏隤等待，防护宫室，加强戒备，设置守卫后出行，所以迟到了。他让孟献子在公宫留守。

【解读】

鄢陵之战是晋、楚两国发生的又一次大战。这次大战的直接原因是楚国北伐郑、卫，又以汝阴之田赂郑，引起晋、卫两国伐郑，楚国救郑，终于爆发鄢陵之战。在这次战役中，晋国厉公亲征，晋栾书将中军；楚国共王亲征，子反将中军。晋国因国内晋厉公与郤氏家族的原因，本无意于取胜，未料楚军内部混乱，晋国意外取得胜利。鄢陵之战最精彩之处，是作者真实地描写了从清晨至星星出现的一整天的战斗。其中楚国申叔时对战争的分析，楚子登巢车以望晋军，养由基的善射，晋军的塞井夷灶，郤至的免胄趋风，都是精彩的细节描写，使人如闻刀鸣箭响，如见刀光剑影，扣人心弦。交战双方的人物，如楚国的楚共王、子反、子重、申叔时、养由基，晋国的栾书、郤至、韩厥等，都刻画得栩栩如生。

《左传》描写战争的一个共同点，就是不单单为战争而写战争，而是从政治因素、人的因素去揭示战争的性质、胜败的原因。鄢陵之战也是如此。如楚国申叔时等人对战争的分析，无不透露着对战争性质看法的信息。此外，晋军战前的布置，作者不直接叙述，而是由伯州犁口中说出，钱锺书《管锥编》第一册说它是"不直书甲之运为，而假乙眼中舌端出之，纯乎小说笔法矣"。此一叙述手法，亦如外国叙事学所说的"限知视角"是也。

20.

魏绛论和戎

〔西周〕太史辛甲

晋悼公

襄公四年

无终子嘉父使孟乐①如晋，因魏庄子纳虎豹之皮，以请和诸戎②。晋侯曰："戎狄无亲而贪，不如伐之。"魏绛曰："诸侯新服，陈新来和，将观于我。我德，则睦；否，则携贰。劳师于戎，而楚伐陈，必弗能救，是弃陈也。诸华③必叛。戎，禽兽也。获戎失华，无乃不可乎！《夏训》④有之曰：'有穷后羿……'⑤"公曰："后羿何如？"对曰："昔有夏之方衰也，后羿自鉏迁于穷石⑥，因夏民以代夏政⑦。恃其射也，不修民事，而淫于原兽⑧。弃武罗、伯困、熊髡、尨圉⑨，而用寒浞⑩。寒浞，伯明氏之谗⑪子弟也。伯明后寒⑫弃之，夷羿⑬收之，信而使之，以为己相。浞行媚于内⑭，而施赂于外，愚弄其民，而虞⑮羿于田。树之诈慝⑯，以取其国家，外内咸服。羿犹不悛⑰，将归自田，家众杀而亨⑱之，以食其子。其子不忍食诸⑲，死于穷门。靡奔有鬲氏⑳。浞因羿室㉑，生浇及豷㉒，恃其谗慝诈伪，而不德于民。使浇用师，灭斟灌及斟寻㉓氏。处浇于过㉔，处豷于戈㉕。靡自有鬲氏，收二国之烬㉖，以灭浞而立少康㉗。少康灭浇于过，后杼㉘灭豷于戈，有穷由是遂亡，失人故也。

"昔周辛甲之为大史㉙也，命百官，官箴王阙㉚。于《虞人之箴》㉛曰：'芒芒禹迹㉜，画㉝为九州，经启九㉞道。

民有寝庙，兽有茂草，各有攸处㉟，德用㊱不扰。在帝夷羿㊲于原兽，忘其国恤㊳，而思其麀牡㊴。武不可重㊵，用不恢于夏家㊶。兽臣司原㊷，敢告仆夫㊸。'《虞箴》如是，可不惩㊹乎？"于是晋侯好田，故魏绛及之㊺。

【注释】

①无终：山戎国名，在今山西省太原市一带。子：《春秋》对落后之国国君常称子。嘉父：无终国君名。孟乐：无终使臣。　②因魏庄子纳虎豹之皮，以请和诸戎：晋国此时国力强盛，声威大振，戎人因此也来请和。魏庄子：即魏绛。　③诸华：指中原诸国。　④《夏训》：夏书。　⑤有穷：夏代国名。后：君主。羿（yì）：国君名。这里是魏绛的话还没讲完，晋悼公突然插问。　⑥鉏（jū）：古地名，在今河南省安阳市滑县。穷石：即穷谷，在今河南省洛阳市。　⑦因夏民以代夏政：相传禹之孙太康荒淫失国，夏人立其弟仲康。仲康死，儿子相立，后羿遂推翻相而夺取王位。因：依靠。　⑧原兽：田兽，田猎。　⑨武罗、伯困、熊髡（kūn）、龙圉（máng yǔ）：四人都是后羿的贤臣。　⑩寒浞（zhuó）：后羿的相。寒：本为部落名，在今山东省潍坊市。寒浞以部落名为氏。　⑪伯明：寒国国君。谗：奸诈。　⑫伯明后寒：即寒后伯明，寒国国君伯明。后：君王。　⑬夷羿：即后羿。　⑭行媚于内：指浞与后羿妻妾通奸。　⑮虞：同"娱"。　⑯慝（tè）：邪恶。　⑰悛（quān）：悔改。　⑱亨：同"烹"，煮。　⑲诸：之，他（后羿）。　⑳靡：夏朝人，曾侍奉羿。有鬲（gé）氏：部落名，地在今山东省德州市。　㉑室：妻妾。　㉒浇（ào）及豷（yì）：浞和后羿妻妾通奸所生的两个儿子。　㉓斟灌：部落名，在今河南省濮阳市范县。斟

寻：也是部落名，在今河南省洛阳市偃师区。 ㉔过：部落名，在今山东省烟台市莱州市，近海。 ㉕戈：部落名，在宋、郑之间。 ㉖烬：遗民。 ㉗少康：夏后相之子，相传他在有鬲氏的帮助下，攻杀寒浞，恢复了夏朝统治。 ㉘后杼：少康子。 ㉙辛甲：本为殷商大臣，后为周太史。大史：即太史。 ㉚箴（zhēn）：规诫。阙：过失。 ㉛《虞人之箴》：作品名。虞人：掌管田猎之官。箴：因《箴人之箴》而发展成一种文体。 ㉜芒芒：邈远的样子。禹迹：大禹治水的痕迹，指中国国土。 ㉝画：分。 ㉞九：泛指多数。 ㉟攸处：所处。 ㊱德：指人与兽的本质而言。用：因。 ㊲冒：贪恋。 ㊳国恤：国家的忧患。 ㊴麀（yōu）牡：泛指各种禽兽。麀：雌鹿；牡：雄兽。 ㊵武：田猎。重：多次，意即过度。 ㊶用不恢于夏家：意为因此使国家灭亡。用：因；恢：扩大。 ㊷兽臣：虞人自称。司：主管。原：原兽，田猎。 ㊸仆夫：这里不敢直言告诉君王，以仆夫代称。 ㊹惩：引以为戒。 ㊺及之：指魏绛委婉地说了这件事。意在告诫晋悼公。

【译文】

无终国国君嘉父派孟乐到晋国去，通过魏绛献上虎豹皮，请求晋国和各部落戎人媾和。晋悼公说："戎狄不认亲情而贪婪，不如攻打他们。"魏绛说："诸侯才归顺，陈国刚来讲和，都在观察我们的行动。我们有德，他们就亲近我们，否则就将背叛我们。发动军队去打戎人，一旦楚国进攻陈国，我们肯定无法救援，这就是丢弃陈国。这样中原诸国一定会背叛我们。戎人犹如禽兽，得到戎而失去中原，恐怕不合适吧?!《夏训》有这样的话：'有穷后羿……'"晋悼公说："后羿怎么样呢?"魏绛回答说："从前正当有夏衰落的时候，后羿从钽迁徙到穷石，借用夏朝民众的力量夺取了夏朝政权。倚仗自己精于射箭，他不致力于治理百姓，而沉湎于打猎。废弃武罗、伯囷、熊髡、尨圉而任用寒浞。寒浞本是伯明氏的奸诈子弟。寒君伯明抛弃了他，却被后羿所接纳，信任并重用他，作为自己的辅相。寒浞在内宫对女人献媚，在外广布恩惠以收买人心。愚弄民众，而且引诱后羿沉迷于田猎。扶植奸诈邪恶者，由此夺取了后羿的家和国，朝廷内外都顺从归附。后羿还不知悔改，当他准备从狩猎处回家时，手下人把他杀死并煮了他，强迫他的儿子吃。后羿的儿子不忍心吃，又被杀死在有穷国的城门。在这种局面下，靡逃亡到了有鬲氏部落。寒浞霸占了后羿的妻妾，与她们生了浇和豷。仗着他的奸邪诈伪而不对百姓施德。派浇出兵，消灭了斟灌氏、斟寻氏。把浇安置在过地，让豷驻在戈地。靡从有鬲氏那里收容二国遗民，用他们消灭了寒浞而拥立少康。少康在过灭掉了浇，后杼在戈灭掉了豷。有穷氏因此而灭亡，这都是因为失去贤人的缘故啊。

"当初辛甲任周太史时，命令百官都来劝诫天子的过失。《虞人之箴》中就说：'大禹走过的邈远辽阔的大地，划分为九州，开辟了众多的道路。民众有住处有宗庙，野兽有丰盛茂密的青草，人兽各有所处，互不干扰。后羿身居帝位，却一心贪恋打猎，忘记国家的忧患，想的只是飞禽走兽。田猎之事不能太频繁，那样做不利于扩大夏朝国力，其后果是导致国家的灭亡。我主管的是田猎之事，谨以此规劝君主的左右。'《虞箴》都这样说，能不引以为戒吗？"这时晋悼公爱好打猎，所以魏绛委婉地说了这件事。

公曰："然则莫如和戎乎？"对曰："和戎有五利焉：戎狄荐居①，贵货易土②，土可贾焉，一也。边鄙不耸③，民狎其野，穑人④成功，二也。戎狄事晋，四邻振动，诸侯威怀，三也。以德绥戎，师徒不勤⑤，甲兵不顿⑥，四也。鉴于后羿，而用德度⑦，远至迩安，五也。君其图之！"

公说⑧，使魏绛盟诸戎，修民事，田以时。

【注释】

①荐居：逐水草而居。荐：草。　②易土：轻视土地。　③耸：恐惧。　④穑人：农夫。　⑤勤：辛劳。　⑥顿：同"钝"。　⑦德度：道德法度。　⑧说：同"悦"。

【译文】

晋悼公说："那么就没有比跟戎人修好更好的对策吗？"魏绛回答："与戎人讲和有五个好处：戎狄逐水草而居，重财宝而轻土地，可以向他们收买土地，这是其一。边境不再恐惧，民众安心于农事，农夫可获收成，这是其二。戎狄侍奉晋国，四边邻国都受到震动，诸侯们慑服于我们的威严，这是其三。用德行安抚戎人，将士免去辛劳，武器不被损坏，这是其四。有鉴于后羿失国的教训，而使用道德法度，远方国家来朝，近邻国家安定，这是其五。请主公您好好考虑考虑吧！"

晋悼公很满意魏绛这一番话，就派他与各部戎人媾和，又致力于治理民事，打猎合乎时令。

【解读】

中国是个多民族的国家。但是春秋时期，中原诸国对于周围的少数民族常采取轻视的态度，即所谓"攘夷"。晋国对于其北部的戎族无终国也是这样的态度。魏绛从晋国霸业的利益出发，提出"和戎"的主张，这对于巩固霸业、团结少数民族是明智的。魏绛借用有穷后羿的故事，目的在于劝谏晋悼公不要沉迷于田猎，不要轻易发动战争，要与戎人结好，这是有积极意义的。其实在春秋时期，中原汉族与北方少数民族关系融洽甚至多通婚姻的例子也不在少数，特别是晋国，晋文公重耳的母亲狐姬是戎人，晋惠公夷吾母亲是戎人，骊姬也是戎人（可参看庄公二十八年传）。汉族历来善于与少数民族团结共处。魏绛论和戎的五大好处，可以说是历史上民族政策的范例。因此，晋悼公欣然接受劝谏，派魏绛和戎，并且励精图治，使晋国霸业重新进入辉煌时期。

21.

崔杼弑齐庄公

〔齐〕崔杼

齐庄公

襄公二十五年

齐棠公之妻，东郭偃①之姊也。东郭偃臣崔武子②。棠公死，偃御武子以吊③焉。见棠姜而美之，使偃取之④。偃曰："男女辨姓⑤，今君出自丁，臣出自桓⑥，不可。"武子筮之，遇《困》☲☷之《大过》☰☷⑦。史皆曰"吉"⑧。示陈文子⑨，文子曰："夫从风，风陨妻⑩，不可娶也。且其《繇》曰：'困于石，据于蒺藜，入于其宫，不见其妻，凶。'⑪困于石，往不济也。⑫据于蒺藜，所恃伤也。⑬入于其宫，不见其妻，凶，无所归也。⑭"崔子曰："嫠⑮也，何害？先夫当之矣⑯。"遂取之。

【注释】

①棠公：齐国棠邑大夫。东郭偃：崔杼家臣。　②臣：动词，做家臣。崔武子：即崔杼，齐国执政大臣。　③御：驾车。吊：前往吊唁。　④取之：为崔杼娶棠姜为妻。　⑤男女辨姓：辨姓，分别姓氏，指同姓不通婚。　⑥今君出自丁，臣出自桓：丁，指齐丁公；桓，指齐桓公。同为姜姓，故不能通婚。　⑦遇《困》☲☷之《大过》☰☷：《困》卦为《坎》下《兑》上，《大过》卦为《巽》下《兑》上，《困》卦变为《大过》卦，即第三爻由阴爻变为阳爻。　⑧史皆曰"吉"：太史为了逢迎崔杼，所以都说"吉"。　⑨陈文子：齐国大夫，又称陈须无。　⑩夫从风，风陨妻：上面的变卦，是《困》卦的《坎》变为《巽》，是夫变为风。《大过》卦是风吹

掉其妻。故陈文子根据卦象断言不可娶。　⑪困于石，据于蒺藜，入于其官，不见其妻，凶：这是《困》卦"六三"的爻辞，下面是陈文子的解释。⑫困于石，往不济也：人走路竟被石头绊倒，前进也没有用。　⑬据于蒺藜，所恃伤也：绊倒而两手抓在蒺藜上，是受到所依靠者的伤害。　⑭入于其官，不见其妻，凶，无所归也：意为回到家中，将看不到妻子，家破人亡，无可归宿。　⑮嫠（lí）：寡妇。　⑯先夫当之矣：意思是棠公已受棠姜之凶而死。先夫：指棠公。

【译文】

　　齐国棠公的妻子，是东郭偃的姐姐。东郭偃是崔杼的家臣。棠公死后，东郭偃驾车送崔杼前往吊唁。崔杼见到棠姜而觉得她很美，让东郭偃把她嫁给自己。东郭偃说："男女结婚前要辨明姓氏，您是丁公的后代，下臣出自桓公，同姓不能结婚。"崔杼让人卜筮，得到《困》卦☷变成《大过》卦☷。史官都说"吉利"。崔杼把卦象拿给陈文子看，陈文子说："丈夫变为风，风把妻子吹落，不能娶她。而且这卦的《繇》词说：'被石头所困，以蒺藜为依靠，回到家里，不见他的妻子，凶。'为石头所困，意味着做了不会成功。以蒺藜为依靠，意味着所依靠的对象会使人受伤。回到家中，不见他的妻子，凶，意味着无家可归。"崔杼说："她是个寡妇，有什么妨碍？即便有，他的前夫已经承担了这凶险。"于是娶了她。

　　庄公通焉①，骤②如崔氏。以崔子之冠赐人，侍者曰："不可。"公曰："不为崔子，其无冠乎③？"崔子因是④，又以其间伐晋⑤也，曰："晋必将报。"欲弑公以说于晋，而不获间⑥。公鞭侍人贾举，而又近⑦之，乃为崔子间公⑧。

【译文】

齐庄公与棠姜私通，多次到崔宅。把崔杼的帽子赐给别人，侍者说："不能这样。"庄公说："不用崔杼的帽子，难道就没有别人的帽子可用了吗？"崔杼因此怨恨庄公，又因为庄公曾乘晋国的内乱而进攻晋国，说："晋国必然要报复。"他想要杀死庄公以取悦晋国，只是没找到机会。庄公鞭打侍人贾举，过后而又亲宠他，贾举便为崔杼窥察机会。

夏五月，莒为且于之役①故，莒子朝于齐。甲戌②，飨诸北郭，崔子称疾，不视事③。乙亥，公问④崔子，遂从姜氏。姜入于室，与崔子自侧户出⑤。公拊楹而歌⑥。侍人贾举止众从者而入，闭门⑦。甲兴⑧，公登台而请⑨，弗许；请盟，弗许；请自刃于庙，弗许。皆曰：

"君之臣杼疾病，不能听命。^⑩ 近于公宫，陪臣干掫有淫者^⑪，不知二命^⑫。"公逾墙，又射之，中股，反队^⑬，遂弑之。贾举、州绰、邴师、公孙敖、封具、铎父、襄伊、偻堙皆死。^⑭ 祝佗父祭于高唐^⑮，至，复命，不说弁而死于崔氏^⑯。申蒯，侍渔者^⑰，退，谓其宰曰："尔以帑免^⑱，我将死。"其宰曰："免，是反子之义也。"^⑲ 与之皆^⑳死。崔氏杀鬷蔑于平阴。^㉑

【注释】

①且于之役：去年，齐国攻打晋国，回国途中袭击莒国，攻城时齐庄公受伤。且于：古地名，在今山东省日照市莒县境内。 ②甲戌：十六日。 ③崔子称疾，不视事：崔杼称病不上朝，意在诱使庄公来崔家。 ④乙亥：十七日。问：问候。 ⑤姜入于室，与崔子自侧户出：将庄公引入彀中。 ⑥公拊楹而歌：庄公以此暗示棠姜。拊：拍打；楹：柱子。 ⑦闭门：将庄公的随从关在门外。 ⑧甲兴：崔杼预先埋伏的甲士一拥而上。 ⑨请：请求免死。 ⑩君之臣杼疾病，不能听命：下人称崔杼病重而不能听取庄公的命令。崔杼并不露面。 ⑪近于公宫，陪臣干掫（zōu）有淫者：由于地近公宫，所以要严防奸盗。近于公宫：指崔宅靠近国君宫室。陪臣：家臣自称。干掫：巡夜捕击不法的人。 ⑫不知二命：只知奉崔杼之命捕杀淫者，不知其他。 ⑬中股，反队：庄公中箭，仍跌到墙里。队：通"坠"。 ⑭贾举、州绰、邴师、公孙敖、封具、铎父、襄伊、偻堙皆死：以上八人都是庄公的宠臣，此贾举非侍人贾举。 ⑮高唐：古地名，在今山东省聊城市高唐县，这里有齐国的别庙。 ⑯不说弁：祭服还没脱。说：同"脱"；弁：祭服。死于崔氏：死在崔杼家里。 ⑰侍渔者：主管渔业

之官。　⑱尔以帑免：托他保护自己的家室。帑：指申蒯的妻子。　⑲免，是反子之义也：我如果逃走，是违背了死君之义。　⑳皆：同"偕"。㉑崔氏杀鬷（zōng）蔑于平阴：以上包括鬷蔑这些被杀者都是庄公的宠臣。鬷蔑：平阴大夫。齐庄公之母叫鬷声姬，鬷蔑为其母党。

【译文】

　　夏五月，莒国由于去年进攻且于的缘故，莒犁比公去齐国朝见庄公。十六日，庄公在北城设享礼招待莒犁比公，崔杼推说有病，不理政事。十七日，庄公来探望崔杼，乘机和姜氏见面。姜氏进入内室，又和崔杼一起从侧门避出去。庄公拍着柱子唱歌。侍人贾举拦住庄公的随从不让进，自己进去后又把门关上。埋伏的甲士一拥而出，庄公登上高台请求免死，不被允许；请求结盟，也不答应；请求在太庙自杀，还是不同意。都说："国君的下臣崔杼病得厉害，不能来听取命令。这里离公宫很近，我们只知道巡夜搜捕淫乱者，不知有其他命令。"庄公爬墙逃跑，被射了一箭，射中大腿，坠落在墙里，便被杀了。贾举、州绰、邴师、公孙敖、封具、铎父、襄伊、偻堙也都被杀死。祝佗父在高唐祭祀，回到都城，复命，还没脱掉祭服便被杀。申蒯是主管渔业之官，退出来，对自己的家宰说："你带着我的妻儿逃命去，我准备一死。"家宰说："如果我逃命，这是违背了您所持的道义之义了。"便和申蒯一起自杀。崔杼又在平阴杀了鬷蔑。

　　晏子①立于崔氏之门外，其人②曰："死乎③？"曰：

"独吾君也乎哉，吾死也？"④ 曰："行乎？"曰："吾罪也乎哉，吾亡也？"⑤ 曰："归⑥乎？"曰："君死，安归？君民者，岂以陵民？社稷是主⑦。臣君者，岂为其口实⑧，社稷是养。故君为社稷死，则死之；为社稷亡，则亡之。若为己死，而为己亡，非其私昵，谁敢任之？⑨ 且人有君⑩而弑之，吾焉得死之？而焉得亡之？将庸何归？⑪"门启而入，枕尸股而哭⑫。兴，三踊而出⑬。人谓崔子："必杀之⑭！"崔子曰："民之望也⑮！舍之⑯，得民。"

卢蒲癸奔晋，王何⑰奔莒。

【注释】

①晏子：即晏婴。 ②其人：指晏婴的随从。 ③死乎：是否为国君而死。 ④独吾君也乎哉，吾死也：岂独是我一人的国君，为什么要为其死？ ⑤吾罪也乎哉，吾亡也：我有什么罪要逃亡呢？ ⑥归：回去。 ⑦陵民：凌驾于民之上。社稷是主：应好好主持国政。 ⑧臣君者：为臣的。口实：俸禄。 ⑨若为己死，而为己亡，非其私昵，谁敢任之：晏婴认为，国君不是为国家而是为个人的私欲而死，不必为其死或逃亡。私昵：私下亲昵宠爱的人。谁敢任之：谁能承担此祸。 ⑩人：指崔杼。有君：得到国君的信任。 ⑪吾焉得死之？而焉得亡之？将庸何归：崔杼弑君不对，但也不必为国君而死，应该分辨公义和私情。焉得：怎么能；庸：何。 ⑫枕尸股而哭：头枕在尸体的大腿上号哭。 ⑬兴：哭完起来。三踊而出：三次跳跃，表示哀痛。这是当时哭君之礼。 ⑭杀之：杀晏婴。 ⑮民之望也：指晏婴是民心所仰望的人。 ⑯舍之：不杀晏婴。 ⑰卢蒲癸、王何：二人皆为庄公党羽。

大家读《左传》

【译文】

晏婴站在崔杼门外，他的随从问他："准备为他去死吗？"回答说："难道他只是我一个人的国君吗，为什么要死？"又问："那么逃亡吗？"说："他的死是我的罪过吗，干吗要逃亡？"又问："那么回去吗？"说："国君死了，回到哪里去？作为百姓的君主，难道可用来凌驾在民众之上吗？是让他来主持国政的。当臣子的，岂能只为俸禄，应保养国家。所以国君是为了国家而死，那么臣子就要为他而死；国君是为了国家而逃亡，那么臣子就要随他逃亡。要是国君是因为自己个人而死，为自己逃亡，不是他所亲昵宠爱的人，谁敢承担这责任？况且别人得到国君信任而把他杀死，我哪能为他而死？哪能为他而逃亡？不过我又能回到哪里去呢？"崔家把门打开，晏婴进入，头枕在庄公尸体的大腿上号哭。然后站起来，跳跃三次而后出去。有人对崔杼："一定要杀了他！"崔杼说："他是民心所仰望的人！放过他，可以得民心。"

卢蒲癸逃往晋国，王何出奔莒国。

叔孙宣伯①之在齐也，叔孙还纳其女于灵公②，嬖，生景公③。丁丑④，崔杼立而相之，庆封为左相，盟国人于大宫⑤，曰："所不与崔、庆者……"⑥晏子仰天叹曰："婴所不唯忠于君、利社稷者是与，有如上帝。"⑦乃歃⑧。辛巳⑨，公与大夫及莒子盟⑩。

①叔孙宣伯：即鲁国大夫叔孙侨如，在成公十六年出奔齐国。　②叔孙还纳其女于灵公：将叔孙侨如女儿送给齐灵公。叔孙还：齐国公子。　③嬖：受宠。景公：名杵臼，庄公同父异母弟。　④丁丑：十九日。　⑤大官：齐太公庙。　⑥所不与崔、庆者……：崔、庆二人宣读盟辞，要使与盟的人都和自己结党，但没读完，晏婴插话改变了它。　⑦婴所不唯忠于君、利社稷者是与，有如上帝：言外之意指崔、庆二人不忠于君，不利于社稷，不可与盟。　⑧乃歃：晏婴先歃血定盟。　⑨辛巳：二十三日。　⑩公与大夫及莒子盟：莒犁比公朝齐，因崔氏之乱而未能结盟，现在和齐景公结盟。

【译文】

叔孙侨如在齐国的时候，叔孙还把他的女儿嫁给齐灵公，受到宠爱，生下景公。十九日，崔杼立景公为国君，自己为相辅佐他，庆封任左相，与国人在太公庙中结盟，说："有不亲附崔氏、庆氏的……"晏婴仰天叹息道："我如果不亲附忠君利国的人，有上帝做证。"于是率先歃血定盟。二十三日，景公与大夫和莒犁比公结盟。

大史书曰："崔杼弑其君。"崔子杀之。其弟嗣书，而死者二人①。其弟又书，乃舍之②。南史氏闻大史尽死，执简以往③。闻既书④矣，乃还。

【注释】

①死者二人：太史弟弟仍然秉笔直书，接连二人被杀。　②乃舍之：

崔杼不敢再杀。　③南史氏：也是史官。执简以往：带着竹简准备前往。
简：竹简。　④既书：已经记载了。

【译文】

太史记载说："崔杼杀了他的国君。"崔杼杀了太史。太史弟弟接着这样写，因而被杀的又有二人。太史另一个弟弟又这样记载，崔杼只得放过他。南史氏听说太史都被杀死了，带着同样写好的竹简前去。听到已经如实记载了，这才回去。

闲丘婴以帷缚其妻而载之，与申鲜虞①乘而出。鲜虞推而下之②，曰："君昏不能匡，危不能救，死不能死，而知匿其昵③，其谁纳之？"行及弇中④，将舍⑤。婴曰："崔、庆其追我！"鲜虞曰："一与一，谁能惧我？"⑥遂舍，枕辔而寝⑦，食马而食⑧，驾而行。出弇中，谓婴曰："速驱之！崔、庆之众，不可当也。"⑨遂来奔。⑩

【注释】

①闲丘婴、申鲜虞：齐庄公近臣。以帷缚其妻而载之：用车帷包捆其妻，放在车上逃跑。　②推而下之：推闲丘婴妻子于车下。　③匿：藏。昵：亲爱，指其妻。　④弇（yǎn）中：峪名，狭道。　⑤舍：住宿。　⑥一与一，谁能惧我：意为道狭窄，车不能并行，一对一，不足为惧。与：敌。　⑦枕辔而寝：是怕失去马匹。枕辔：头枕马缰。　⑧食马而食：先喂马然后自己才吃饭。　⑨速驱之！崔、庆之众，不可当也：出弇中，路变宽敞，人多有用武之地便抵挡不住。　⑩遂来奔：二人出奔鲁国。

闾丘婴用车上的帷布捆好妻子放到车上，和申鲜虞乘坐一辆车出逃。申鲜虞将闾丘婴妻子推到车下，说道："国君昏聩而不能匡正，危难不能解救，死了不能殉死，只知道藏匿自己亲昵的人，会有谁接纳我们？"走到狭道中，准备住宿。闾丘婴说："崔、庆他们恐怕要追上我们！"申鲜虞说："一对一，谁能让我们害怕？"就停下住宿，枕着马缰而睡，喂好马才用餐，然后驾车上路。走出狭道后，对闾丘婴说："赶紧走！崔、庆的人多，无法抵挡他们。"于是逃来鲁国。

崔氏侧庄公于北郭①。丁亥②，葬诸士孙之里③。四翣④，不跸⑤，下车七乘，不以兵甲⑥。

【注释】

①侧庄公于北郭：不殡于祖庙。侧：用砖把棺材围砌住。 ②丁亥：二十九日。 ③葬诸士孙之里：按礼，诸侯应五月而葬，现在只有十三天便把庄公葬了。士孙：本是人名，此处用来作里名。 ④四翣（shà）：按礼，诸侯应该六翣，大夫四翣，葬庄公也只用四翣，是有意贬低他。翣：古代出殡时的棺饰，长柄扇形物。 ⑤不跸：不戒严清除道路。 ⑥下车七乘，不以兵甲：按礼，古代大出殡有甲兵，国君还应列军阵，现在都没用，说明崔氏不以国君之礼而只草草埋葬齐庄公。下车：送葬的车。

【译文】

崔杼在城北用砖把庄公的棺材草草围砌住。二十九日，葬

埋在士孙里。只用四把长柄羽扇，也不戒严清除道路，送葬只
用旧车七辆，而没用甲士列出军阵。

【解读】

本篇实际上写了三件事：崔杼弑其君、晏子不死君难、南
史氏秉笔直书。三件事相互关联，有因果关系。但是，作为事
件的核心，是晏子不死君难。《古文观止》编者把这一纷繁复
杂的事件剪裁安顿，命题为"晏子不死君难"，是很有眼光的。
春秋后期，齐国的崔杼是奸佞之臣的代表。他迎立齐庄公，直
接掌握了齐国的政权，齐庄公不过是个傀儡。齐庄公和棠姜淫
乱，给崔杼弑君提供了可能性。所以他设计杀了齐庄公。齐国
的晏子，是春秋贤臣的代表。在崔杼弑君这一事件中，晏子的
态度是将忠于社稷置于"忠君"之上，把国君与社稷分别对待，
"社稷为重，君为轻"，这是非常了不起的进步思想！晏子对于
齐庄公的死，与后来孟子的"闻诛一夫纣"的观点是一致的。
而且，在崔杼的凶焰面前，晏子表现出临危不惧、刚正不阿的
品质。后来，在《左传》记载的晏子形象的基础上，《晏子春
秋》演义出晏子的许多故事。本篇所记的齐太史氏兄弟和南史
氏不畏强暴、忠于职守的事迹，也非常感人，崔杼弑君之事证
明，史官要秉笔直书，有时甚至要付出生命的代价！这种献身
精神，激励着后代的史官和志士仁人。

吴公子季札观乐

〔吴〕季札

〔南宋〕马和之为《诗经》
创作的画作《鹿鸣之什图》

襄公二十九年

吴公子札来聘，见叔孙穆子，说①之。谓穆子曰："子其不得死②乎！好善而不能择人③。吾闻君子务在择人。吾子为鲁宗卿④，而任其大政，不慎举⑤，何以堪之？祸必及子⑥！"

　　请观于周乐。⑦使工为之歌《周南》《召南》⑧，曰："美哉！始基之矣，犹未也，然勤而不怨⑨矣。"为之歌《邶》《鄘》《卫》⑩，曰："美哉，渊乎！忧而不困者也。⑪吾闻卫康叔、武公之德如是，是其《卫风》乎！"⑫为之歌《王》⑬，曰："美哉！思而不惧，其周之东乎？⑭"为之歌《郑》⑮，曰："美哉！其细已甚，民弗堪也⑯。是其先亡乎！⑰"为之歌《齐》⑱，曰："美哉，泱泱乎！大风也哉！⑲表东海者，其大公乎！⑳国未可量也。"为之歌《豳》㉑，曰："美哉，荡乎！㉒乐而不淫，其周公之东乎！㉓"为之歌《秦》㉔，曰："此之谓夏声㉕。夫能夏则大㉖，大之至也，其周之旧乎！㉗"为之歌《魏》㉘，曰："美哉，沨㉙沨乎！大而婉㉚，险而易行㉛，以德辅此，则明主也㉜。"为之歌《唐》㉝，曰："思㉞深哉！其有陶唐氏之遗民乎！㉟不然，何其忧之远也？非令德之后㊱，谁能若是？"为之歌《陈》㊲，曰："国无主，其能久乎！㊳"自《郐》以下无讥焉㊴。

为之歌《小雅》^㊵，曰："美哉！思而不贰^㊶，怨而不言^㊷，其周德之衰乎？犹有先王^㊸之遗民焉。"为之歌《大雅》^㊹，曰："广哉，熙熙^㊺乎！曲而有直体^㊻，其文王之德乎！"为之歌《颂》^㊼，曰："至矣哉^㊽！直而不倨^㊾，曲而不屈^㊿，迩而不逼⁵¹，远而不携⁵²，迁而不淫⁵³，复而不厌⁵⁴，哀而不愁，乐而不荒⁵⁵，用而不匮⁵⁶，广而不宣⁵⁷，施而不费⁵⁸，取而不贪⁵⁹，处而不底⁶⁰，行而不流⁶¹。五声和⁶²，八风平⁶³。节有度⁶⁴，守有序⁶⁵，盛德之所同也⁶⁶。"

【注释】

①吴公子札：即季札，吴王寿梦的小儿子，春秋时期的贤人。聘：访问。说：同"悦"。　②不得死：不得善终。　③而不能择人：不能了解人的善恶而用之。　④宗卿：与国君同宗的世卿。　⑤不慎举：举拔人不慎重。　⑥祸必及子：昭公四年，叔孙穆子被其儿子竖牛所害。　⑦请观于周乐：鲁为周公之后，所以有天子之乐，季札请求聆听观看周朝的音乐和舞蹈。　⑧工：乐工。歌：弦歌，用各国的乐曲伴奏。《周南》《召南》：《诗经·国风》的前两篇。周、召是周公、召公的封地，在现在长江、汉水一带。　⑨始基之：开始为周王奠定教化的基础。"二南"产生的时代较早，所以季札认为从"二南"中可以听出周的教化已经奠基了。勤而不怨：指民虽劳而不怨。　⑩《邶》(bèi)、《鄘》(yōng)、《卫》：分别指《诗经·国风》中的《邶风》《鄘风》《卫风》。邶：周代诸侯国名，在今河南省鹤壁市淇县东北到河北省南部一带。鄘：也是周代诸侯国名，今河南省新乡市的鄘城即古鄘国。卫：同样是周代诸侯国名，在今河南省鹤壁市淇县。按，这三

地本是三国，武王灭纣，分其地为三监，三监叛周，周平王平定后并入卫国。所以季札后面的评论单指卫。　⑪渊乎：这时候赞叹其声音的深远。忧而不困者也：指民虽有忧思，但还没到困穷的地步。　⑫吾闻卫康叔、武公之德如是，是其《卫风》乎：季札由音乐的优美深远联想到康叔、武公二君的贤能。康叔：周公弟弟；武公：康叔九世孙。这两个人都是卫国的贤君。　⑬《王》：指《诗经》中的《王风》，是东周洛邑王城的乐曲。⑭思而不惧，其周之东乎：《王风》是忧伤宗周陨灭的诗歌。季札认为它虽有忧思，但无恐惧之意，或许是周室东迁以后的诗。　⑮《郑》：指《诗经·郑风》。　⑯其细已甚，民弗堪也：季札认为，由此可知郑国风化日衰，政情可见，因此百姓不能忍受。细：指民歌反映男女恋情过于琐碎；已：太；弗堪：受不了。　⑰是其先亡乎：由此预言郑国将先灭亡。⑱《齐》：指《诗经·齐风》。　⑲泱（yāng）泱乎！大风也哉：齐是大国，季札论其音乐有大国之风。泱泱：宏大的声音；大风：绰绰宏大的大国之风。　⑳表东海者，其大公乎：齐为姜姓国，姜太公是其远祖。季札认为，这种声音象征着齐国可以做东海一带诸侯的表率。大公：指姜太公。㉑《豳》（bīn）：指《诗经·豳风》。按，今本《诗经》中《豳风》是十五国风中最后一国。豳为周的旧国，在今陕西省咸阳市彬州市、旬邑县一带。　㉒荡乎：博大的样子。　㉓乐而不淫，其周公之东乎：周公遭管、蔡之变，东征三年，为成王陈述后稷、先公不敢荒淫，以成王业。季札认为，此音乐欢乐而有节制，不是荒淫无度之音，或许为周公东征后的诗。淫：过度，没有节制。　㉔《秦》：指《诗经·秦风》。　㉕夏声：西方之声，也就是指西周王畿的声调。按，古指西方为夏，秦地在今陕西、甘肃一带，本是西周旧都。　㉖夫能夏则大：这里指《秦风》既为京声，自然声音宏大。夏：即大。　㉗周之旧乎：周朝的旧乐。秦国处在西周旧地域。　㉘《魏》：指《诗经·魏风》。魏指古魏国，在今山西省运城市芮城县，闵公元年为晋献公所灭。　㉙沨（fēng）：音节轻飘浮泛。　㉚大而婉：声音虽大而委婉曲折。　㉛险：狭隘、迫促，这里指乐歌的节拍急促。易行：指乐调易于使转，并不艰涩难歌。　㉜以德辅此，则明主也：季札观乐时，魏国早已被晋国所灭，所以此乐乃是晋乐的风格。此句仍然以音乐为政治教化的象征，指音乐如此，正如政治方面德教不足；如果有人用德教来辅助，一定是一位贤君。　㉝《唐》：指《诗经·唐风》。唐为唐叔虞始封之地，在今山西省太原市。　㉞思：忧思。　㉟其有陶唐氏之遗民乎：尧本封陶，后迁徙于唐，古唐为尧旧都。季札认为，其乐反映了唐尧时代的旧风俗。　㊱令德：美德。之后：指尧的后裔。　㊲《陈》：指《诗经·陈风》。陈国之地在今河南省开封市以东、安徽省亳州市以北。　㊳国无主，其能久乎：陈乐淫靡放荡，说明国无贤君，将不能长久。哀公十七年，楚国灭陈，距此仅六十五年。　㊴自《郐》（kuài）以下无讥焉：因为国家微小，季札不再加以分析评论。《郐》：指《诗经·郐风》，下面还有《曹风》。郐：古国，在今河南省郑州市新密市。讥：评论。　㊵《小雅》：指《诗经·小雅》。《小雅》多是周室衰微到平王东迁后的作品。雅：王畿的音乐。㊶思而不贰：思文、武之德，无背叛之心。　㊷怨而不言：虽有怨恨而不敢尽情倾吐。　㊸先王：指周代文、武、成、康诸王。　㊹《大雅》：指《诗经·大雅》，大部分是周初的作品。　㊺熙熙：和美，融洽。　㊻曲而有直体：乐曲音节表面曲折柔缓而内容刚劲有力。　㊼《颂》：指《诗经》中的《周颂》《鲁颂》《商颂》三部分，是祭祀的乐歌。　㊽至矣哉：尽善尽美。　㊾直：正直无私。倨：倨傲不驯。　㊿曲而不屈：婉顺而不屈挠。
51逦而不逼：亲近而不避促。　52远而不携：疏远又不离异。　53迁而不淫：虽有变异而不淫乱。　54复而不厌：多反复重叠而不使人厌倦。

⑤⑤哀而不愁，乐而不荒：哀伤而不忧愁，欢乐而不过分。荒：过度。 ⑤⑥用而不匮：乐调表现出道德宏大，可用之无穷。匮：穷困。 ⑤⑦广而不宣：宽广而又不夸张炫耀。 ⑤⑧施而不费：如施惠于人而不损耗。 ⑤⑨取而不贪：如有征收而不贪婪。 ⑥⑩处而不底：声音好似静止了，实则并未停滞。处：不动；底：停滞。 ⑥①行而不流：此句意思正与上句相对。流：放荡。按，从"直而不倨"以下都是形容《颂》的乐调之美。 ⑥②五声：指宫、商、角、徵（zhǐ）、羽。和：和谐。 ⑥③八风平：八方之气，这里指乐曲协调。 ⑥④节有度：八音和谐。八音指金、石、丝、竹、匏、土、革、木八类乐器。 ⑥⑤守有序：乐器交相鸣奏，有一定次序，不互相干扰。 ⑥⑥盛德之所同也：这里仍以音乐作为政治的象征，意思是文、武、周公同有如此的盛德。

【译文】

　　吴国公子季札来鲁国聘问，会见叔孙穆子，很喜欢他。他对叔孙穆子说："您怕要不得好死吧！喜欢行善却不懂得选择善人。我听说君子应当致力于选择善人。您任鲁国宗卿，掌管国家大政，举拔人不慎重，怎么能维持得下去？祸患必然要降到您的身上！"

　　公子札请求观赏周朝乐舞。于是让乐工为他演唱《周南》《召南》，公子札说："真美妙啊！周朝的教化已经开始奠定基础了，不过还没到尽善，但民众已经勤劳而不埋怨了。"为他演唱《邶风》《鄘风》《卫风》，公子札说："真美妙啊，这样的深厚！虽有忧思但不至于困穷。我听说卫康叔、武公的德行就是这样，它应该是《卫风》吧！"为他演唱《王风》，公子札说："真美妙啊！虽有忧思但不至于恐惧，它该是周室东迁以后的诗吧？"为他演唱《郑风》，公子札说："真美妙啊！它的音节过于琐细，人民受不了啦。它恐怕要先灭亡吧！"为他演唱《齐风》，公子札说："真美妙啊，这样深广宏大！这是大国的音乐吧！做东海诸侯表率的，该是太公的国家吧！国家的前程不可限量。"为他演唱《豳风》，公子札说："真美妙啊，如此坦荡博大！欢乐而有节制，它是周公东征的歌吧！"为他演唱《秦风》，公子札说："这就叫作西方的夏声。能发出夏声，自然声音洪亮，而且洪亮到极点了，它应是周朝的旧乐吧！"为他演唱《魏风》，公子札说："真美妙啊，多么轻飘浮泛！声音虽大而委婉曲折，节拍局促却容易歌唱，如果再用道德加以辅佐，就是贤明的君主了。"为他演唱《唐风》，公子札说："思虑很深啊！也许是陶唐氏的遗民吧！不然怎么会忧思这么深远呢？不是美德者的后代，谁能这样？"为他演唱《陈风》，公子札说："国家没有主人，怎么能长久呢！"从《郐风》以下公子札不再加以评论。

为他演唱《小雅》，公子札说："真美妙啊！虽有忧思却无背叛之心，虽有怨恨而不形于言语，莫不是周德衰落时的音乐吧？还有先王的遗民在啊。"为他演唱《大雅》，公子札说："真宽广啊，多和美啊！柔婉曲折而本体则刚劲有力，那该是表现文王的美德吧！"为他演唱《颂》，公子札说："美极了！正直而不倨傲，柔婉曲折而不卑下靡弱，亲近而不冒犯，疏远而不离心，变化多端而不淫乱，反复重叠而不使人厌倦，哀伤而不忧愁，欢乐而不放浪过度，使用而不会匮乏，宽广而不夸张炫耀，施予而不耗损，收取而不贪婪，静止而不停滞，流动而不放荡。五声和谐，八风协调。节拍有一定的尺度，乐器鸣奏有一定的顺序，这都是盛德之人所共同具有的。"

见舞《象箾》《南籥》①者，曰："美哉！犹有憾②。"见舞《大武》③者，曰："美哉！周之盛也，其若此乎！④"见舞《韶濩》⑤者，曰："圣人之弘也，而犹有惭德，圣人之难也。"⑥见舞《大夏》⑦者，曰："美哉！勤而不德⑧，非禹，其谁能修之？"见舞《韶箾》⑨者，曰："德至矣哉，大矣！如天之无不帱⑩也，如地之无不载也。虽甚盛德，其蔑以加于此矣。观止矣⑪！若有他乐，吾不敢请已。⑫"

【注释】

①《象箾（xiāo）》《南籥（yào）》：两种舞蹈名。象：武舞；箾：舞者所持的竿子。"象箾"是执竿而舞。南：文舞；籥：似笛的乐器。"南籥"是持籥而舞。二者都是歌颂文王的乐舞。　②憾：有遗憾，感到美中不足。　③《大武》：歌颂武王的乐舞。　④周之盛也，其若此乎：文王未致太平，所以季札见《象箾》《南籥》而说"犹有憾"。武王时周室开始兴盛，因此见《大武》而称颂"周之盛"。　⑤《韶濩（hù）》：商汤的乐舞。　⑥圣人之弘也，而犹有惭德，圣人之难也：季札认为，汤虽伟大，但汤伐桀，未免有失君臣之义。弘：伟大；惭德：缺点。　⑦《大夏》：歌颂夏禹的乐舞。　⑧勤而不德：勤劳于民事不自以为功德。　⑨《韶箾》：歌颂虞舜的乐舞。　⑩如天之无不帱（dào）：如天之覆盖一切。帱：覆盖。　⑪观止矣：观乐至此。亦指达到顶点了。　⑫若有他乐，吾不敢请已：再有别的音乐，也不敢再求欣赏了。

公子札见到跳《象箾》《南籥》舞，说："真美妙啊！不过还有遗憾。"见到跳《大武》舞，说："真美妙啊！周朝兴盛时大约就是这样的吧！"见到跳《韶濩》舞，说："圣人这么伟大，尚且有所惭愧，当圣人真难啊。"见到跳《大夏》舞，说："真美妙啊！勤劳于民事而不自以为功德，不是大禹，谁能做得到？"见到跳《韶箾》舞，说："德性到达顶点了，真伟大啊！就好像天无所不覆盖，地无所不承载。即使是再高的德性，也没办法在此之上增加什么了。观乐到此，已达到顶点了！如果还有其他乐舞，我也不敢再请求欣赏了。"

　　其出聘也，通嗣君也^①。故遂聘于齐，说^②晏平仲，谓之曰："子速纳邑与政^③。无邑无政，乃免于难。齐国之政将有所归，未获所归，难未歇也^④。"故晏子因陈桓子以纳政与邑，是以免于栾、高之难^⑤。

　　聘于郑，见子产，如旧相识。与之缟带，子产献纻衣焉。^⑥谓子产曰："郑之执政侈，难将至矣。^⑦政必及子。子为政，慎之以礼。不然，郑国将败。"

　　适卫，说蘧瑗、史狗、史鰌、公子荆、公叔发、公子朝^⑧，曰："卫多君子，未有患也。"

　　自卫如晋，将宿于戚^⑨。闻钟声焉，曰："异哉！吾闻之也，辩而不德，必加于戮^⑩。夫子获罪于君以在此^⑪，惧犹不足，而又何乐？夫子之在此也，犹燕之巢于幕上^⑫。君又在殡^⑬，而可以乐乎？"遂去之。^⑭文子闻之，终身不听琴瑟。⑮

　　适晋，说赵文子、韩宣子、魏献子，曰："晋国其萃于三族乎！"⑯ 说叔向。将行，谓叔向曰："吾子勉之！君侈而多良⑰，大夫皆富，政将在家⑱。吾子好直，必思自免于难。⑲"

【注释】

①通嗣君也：季札是为馀祭与鲁通好。嗣君：指吴国新君馀祭。　②说：同"悦"。　③纳邑与政：将封邑和政权归还给国君。　④未获所归，难未歇也：政未有所归，祸难不止。　⑤栾、高之难：鲁昭公八年，齐国栾氏、高氏争权，栾氏攻打高氏。　⑥与之缟（gǎo）带，子产献纻（zhù）衣焉：二人互赠礼物。缟带：白绢大带；缟：白色生绢；纻衣：麻织衣服。　⑦郑之执政侈，难将至矣：伯有奢侈刚愎，断言其将有难。明年伯有为驷氏所杀。执政：指伯有。　⑧蘧瑗（yuàn）：即蘧伯玉。史狗：史朝儿子文子。史鳅（qiū）：即史鱼。公叔发：即公叔文子。公子朝：疑为"公孙朝"之误。　⑨戚：古地名，在今河南省濮阳市，是孙文子的封邑。　⑩辩而不德，必加于戮：孙林父驱逐卫献公，现在又奏钟作乐，所以说发动变乱而没有德行，必然遭到诛戮。辩：同"变"。　⑪夫子获罪于君以此：指孙林父据戚而叛。　⑫燕之巢于幕上：燕筑巢于帐幕上，帐幕随时可撤，非常危险。幕：帐幕。　⑬君又在殡：这时卫献公死而未葬，所以说在殡。　⑭遂去之：不在戚留宿。　⑮文子闻之，终身不听琴瑟：孙文子知过能改，不再作乐。　⑯晋国其萃（cuì）于三族乎：预言晋国政权将集于韩、赵、魏三家。萃：聚集。　⑰良：良臣。　⑱大夫皆富，政将在家：大夫富，必然厚施于民，政权将由公室落入大夫手中。　⑲吾

子好直，必思自免于难；叔向耿直，恐不免于难，季札劝他戒备。按，季札出使各国，作者借此分析各国政治形势的发展趋势。

【译文】

公子札出国聘问，是因为新君嗣立而与各国通好。于是就到齐国聘问，与晏婴很谈得来，对晏婴说："您赶快把封邑与政权交还给国君。没有封邑和政权，才能免于灾祸。齐国的政权将会有所归属，不得到归属，祸难就不会停止。"因此晏婴通过陈桓子交出了政权与封邑，在栾、高发起的动乱中幸免于难。

公子札到郑国聘问，见到子产，如同旧相识那样。送给子产白绢大带，子产回送他麻布衣服。公子札对子产说："郑国的执政者奢侈，祸难将要降临了。国政必然会落到您的手中。您执政，要用礼仪谨慎从事。不然的话，郑国将衰败。"

公子札到卫国，喜欢蘧瑗、史狗、史鳅、公子荆、公叔发、公子朝，公子札说："卫国的君子很多，不会有祸患。"

从卫国前往晋国，将在戚邑住宿。听到敲钟声，他说："奇怪啊！我听说，发动变乱而没有德行，必定会受到诛戮。这个人就在这里得罪国君，害怕还来不及，又有什么可高兴的呢？他住在这里，就如同燕子在帐幕上筑巢。国君还没有安葬，怎么可以作乐呢？"便离开了戚邑。孙林父听到了，终身不再作乐。

公子札到了晋国，很喜欢赵文子、韩宣子、魏献子，说："晋国的国政将会集中在三族了！"喜欢叔向。将离开时，对叔向说："您好好努力吧！国君奢侈而良臣很多，大夫都很富有，国政将归于大夫。你喜欢直言不讳，一定要设法让自己免于祸难。"

大家读《左传》

【解读】

本篇记述了吴国公子季札到鲁国观乐的过程。鲁国所演奏的音乐，展现了春秋时期华夏音乐的历史长卷和壮丽画面。季札所观之"乐"，即《诗经》。季札对所观之乐舞进行了评论。季札是吴人，虽是在鲁国观乐，但是他对《诗经》是非常熟悉的，说明此时《诗经》传播之广。季札可谓第一位《诗经》评论家。季札的评论，非常精辟，可以说代表了春秋时期人们的诗乐观念。季札观乐可以给我们三点启示。一是由此可以发现《诗三百》在春秋时期的传播情况。季札在鲁国所欣赏的"诗三百"乐舞，其编订的次序与今本《诗经》基本相同。说明"诗三百"的编次已经基本定型。此年孔子仅八岁，孔子编订《诗》的说法可不攻自破。二是季札评"诗"，将国之盛衰治乱与音乐紧密联系，体现了儒家的诗乐观。不仅这些，诸如关于美善合一的思想、中正和谐的文艺观、诗乐与地理之关系、文与质的关系等，都可以从季札观乐中得到启发。三是季札观乐，融进了自己的主观创造和理性思辨，特别是有关政教风化的原则，这对后代的诗乐理论有很大的影响。季札观乐的品评是评点式的，这种方式为时人和后人所常用，如上海博物馆馆藏的战国楚竹书中的《孔子诗论》，其评《诗》，也多用这种方式。《古文观止》编者评注说："季札贤公子，其神智器识，乃是春秋第一流人物，故闻歌见舞，便能尽察其所以然。读之者，细玩其逐层摹写，逐节推敲，必有得于声容之外者。如此奇文，非左氏其孰能传之?"这个评价是很中肯的。

23.

〔郑〕子产

郑子产相国

襄公三十年、三十一年

（襄公三十年）郑子皮授子产①政。辞曰："国小而偪②，族大宠多③，不可为④也。"子皮曰："虎帅以听，谁敢犯子？⑤子善相之。国无小，小能事大，国乃宽。⑥"

子产为政，有事伯石⑦，赂与之邑⑧。子大叔曰："国皆其国⑨也，奚独赂焉？"子产曰："无欲实难。皆得其欲，以从其事，而要其成⑩。非我有成，其在人乎？⑪何爱于邑，邑将焉往⑫？"子大叔曰："若四国何？"⑬子产曰："非相违也⑭，而相从也，四国何尤焉？《郑书》⑮有之曰：'安定国家，必大焉先⑯。'姑先安大，以待其所归⑰。"既，伯石惧而归邑，卒与之⑱。伯有既死⑲，使大史命伯石为卿，辞⑳。大史退，则请命㉑焉。复命之，又辞。如是三，乃受策入拜。㉒子产是以恶其为人也，使次己位㉓。

【注释】

①子皮：郑大夫，名罕虎。子产：名公孙侨，一字子美，郑大夫公孙发之子。郑国伯有死后，子皮执政，因子产贤能，让与子产。　②偪：逼近大国。　③族大宠多：郑国公族盛大，而恃宠专横的人甚多。　④不可为：不可治。按，子产辞谢。　⑤虎帅以听，谁敢犯子：意为子皮愿意率公族以听命于子产。虎：罕虎，即子皮。　⑥国无小，小能事大，国乃

宽：国不在于小，只要善治，可以宽舒缓和。　⑦有事伯石：有政事让伯石去办。伯石：即公孙段，字子石。　⑧赂与之邑：给伯石田邑作为报赏。　⑨子大叔：名游吉，郑国贤大夫。国皆其国：郑国是大家的郑国。　⑩以从其事，而要（yāo）其成：只要事情成功，可以满足其私欲。要：求。　⑪非我有成，其在人乎：意为只要事情成功，就达到目的，赏邑只是一种手段。其：同"岂"。　⑫邑将焉往：虽赏之田邑，田邑却不会跑掉，仍在郑国。　⑬若四国何：子太叔担心这样做将被邻国所笑。四国：四方邻国。　⑭非相违也：赏之田邑，并不违反伯石的利益。　⑮《郑书》：指郑国的史籍。　⑯必大焉先：即"必先大"。大：大族。　⑰姑先安大，以待其所归：先安定大族，再观其后果。　⑱卒与之：伯石虽归还田邑，最终还是给了他。　⑲伯有既死：伯有刚愎酗酒，被大夫公孙黑所杀。　⑳辞：伯石辞而不就职。　㉑请命：伯石请求重新发布命令，愿就任卿位。　㉒如是三，乃受策入拜：可见伯石虚伪矫情。　㉓使次己位：位次仅次于自己。按，子产恶其虚伪，又怕他作乱，因此加以笼络。

【译文】

（襄公三十年）郑国子皮把国政交给子产。子产推辞说："国家小而逼近大国，公族庞大，受宠者多，没法治理。"子皮说："我带头听你的安排，谁敢冒犯你？你好好地辅佐国政吧。国家不在于小，小国能侍奉大国，国家就能宽舒缓和。"

子产执政，有事要伯石去办，就送给他城邑。子太叔说："国家是大家的国家，为何唯独送他城邑？"子产说："人没欲望其实很难。我使他们的欲望得到满足，好让他们为国办事，并以此要求他们把事办好。这不是我的功劳，难道还是他人的功劳？干吗要舍不得城邑，城邑还能跑到哪里去？"子太叔说：
"要是周边邻国议论怎么办？"子产说："我这样做不是分裂国家，而是使大家和睦，各国有什么可非议的呢？《郑书》有这样的话：'安定国家，一定要优先考虑大族。'先安定大族，以观察其结果。"不久，伯石因害怕而交出了城邑，但子产最终还是给了他。伯有死后，子产让太史命令伯石为卿，伯石推辞。太史走后，伯石却又请求重新发布任命。再次下命令，伯石又推辞。这样往返了三次，伯石才接受任命入朝拜谢。子产由此厌恶伯石的为人，但还是让他居于仅次于自己的职位。

　　子产使都鄙有章①，上下有服②，田有封洫③，庐井有伍④。大人⑤之忠俭者，从而与之⑥；泰侈者因而毙之⑦。
　　丰卷⑧将祭，请田⑨焉。弗许⑩，曰："唯君用鲜，众给而已。"⑪子张怒，退而征役。⑫子产奔晋，子皮止之，而逐丰卷。丰卷奔晋。子产请其田、里⑬，三年而复之⑭，反其田、里及其入焉⑮。
　　从政一年，舆人诵之，曰："取我衣冠而褚之⑯，取我田畴而伍之⑰。孰杀子产，吾其与之⑱！"及三年，又诵之，曰："我有子弟，子产诲⑲之；我有田畴，子产殖⑳之。子产而死，谁其嗣之？㉑"

【注释】

　　①使都鄙有章：国都与乡间一切事情都有一定的规章。都：国都；鄙：乡野。　②上下有服：各有职责。服：职责，制度。　③田有封洫（xù）：

子产作封洫，是清理田亩，划定田界，将侵占他人的土地归还原主的一项经济政策。封：田界；洫：灌田水沟。 ④庐井有伍：将居民按照户口有一定的安排，使房舍和耕地互相适应。庐：房舍。 ⑤大人：指卿大夫。 ⑥与之：亲近他，举拔他。 ⑦泰侈者因而毙之：骄傲奢侈者依法惩办，赏罚分明。泰侈：汰侈。 ⑧丰卷：郑穆公后裔，字子张。 ⑨田：田猎，猎取祭品。 ⑩弗许：子产不许可。 ⑪唯君用鲜，众给而已：国君祭祀时才用"鲜"，群臣只要一般祭品齐备就可以了。鲜：指新杀的动物；给：指一般的供应。 ⑫子张怒，退而征役：子张招聚兵众，准备攻打子产。征役：召集兵卒。 ⑬子产请其田、里：子产请求国君不没收丰卷的田、里。里：住宅。 ⑭三年而复之：三年后让丰卷回国。 ⑮反其田、里及其入焉：都还给丰卷。入：指三年的收入。 ⑯取我衣冠而褚之：指骄奢逾制的衣冠不敢用。褚：即"贮"，储藏。 ⑰取我田畴而伍之：指把田亩进行重新划分、安排。畴：耕地；伍："赋"的借字，纳田税。 ⑱与之：助之，帮助杀子产。 ⑲诲：教诲。 ⑳殖：繁殖，增产。 ㉑子产而死，谁其嗣之：意为子产的政治措施取得成就，受到众人歌颂。而：如果；嗣：继承。

【译文】

　　子产使国都与乡间的一切事物都有章法，上下各司其职，田地有疆界和沟渠，耕地房舍合理配套。大夫中忠诚俭朴的，就听从他亲近他；骄横奢侈的就惩罚他。

　　丰卷将要祭祀，请求让他打猎获得祭品。子产不批准，说："唯有国君祭祀才用新杀的动物，其他人只要普通的祭品齐备就行了。"丰卷大怒，退出后就召集兵卒。子产要逃往晋国，子皮拦住了他，而驱逐丰卷。丰卷出逃晋国。子产请求不要没收丰卷的田产、房舍，三年后便把丰卷召回，并把田地、房舍和三年来的收入都归还给他。

子产从政一年，人们评议他，说："将我的衣冠藏起来，把我的田地重安排。谁要杀子产，我一定跟从他！"三年后，又有评议，说："我有子弟，子产教导他；我有田地，子产使它增产。子产如果死了，谁能继承他？"

（襄公三十一年）公薨之月，子产相郑伯以如晋，晋侯以我丧故，未之见也。子产使尽坏其馆之垣而纳车马焉^①。士文伯让^②之，曰："敝邑以政刑之不修，寇盗充斥^③，无若诸侯之属辱在寡君者何^④，是以令吏人完客所馆^⑤，高其闬闳^⑥，厚其墙垣，以无忧客使^⑦。今吾子坏之，虽从者能戒，其若异客^⑧何？以敝邑之为盟主，缮完葺^⑨墙，以待宾客，若皆毁之，其何以共命^⑩？寡君使匄请命。^⑪"

对曰："以敝邑褊小，介于大国，诛求无时^⑫，是以不敢宁居，悉索敝赋，以来会时事^⑬。逢执事之不闲^⑭，而未得见，又不获闻命，未知见时^⑮。不敢输币^⑯，亦不敢暴露^⑰。其^⑱输之，则君之府实也，非荐陈之，不敢输也^⑲。其暴露之，则恐燥湿之不时而朽蠹，以重敝邑之罪。^⑳侨闻文公^㉑之为盟主也，宫室卑庳^㉒，无观台榭^㉓，以崇大诸侯之馆，馆如公寝^㉔；库厩缮修，司空以时平易道路，圬人以时塓馆宫室；^㉕诸侯宾至，甸设庭燎^㉖，仆人巡宫㉗，车马有所㉘，宾从有代㉙，巾车脂辖㉚，隶人、牧、圉，各瞻其事㉛；百官之属，各展其物㉜；公不留宾㉝，而亦无废事㉞；忧乐同之，事则巡之㉟；教其不知，而恤其不足。㊱宾至如归，无宁灾患㊲；不畏寇盗，而亦不患燥湿。今铜鞮之宫㊳数里，而诸侯舍于隶人㊴，门不容车，而不可逾越㊵；盗贼公行，而天厉不戒㊶。宾见无时，命㊷不可知。若又勿坏㊸，是无所藏币以重罪也。敢请执事：将何所命之㊹？虽君之有鲁丧，亦敝邑之忧也。㊺若获荐币，修垣而行，君之惠也，敢惮勤劳！㊻"文伯复命㊼。赵文子曰："信㊽。我实不德，而以隶人之垣以赢㊾诸侯，是吾罪也。"使士文伯谢不敏焉㊿。

晋侯见郑伯，有加礼(51)，厚其宴好而归之(52)。乃筑诸侯之馆。叔向曰："辞之不可以已也如是夫！(53)子产有辞，诸侯赖之(54)，若之何其释辞(55)也？《诗》曰：'辞之辑矣，民之协矣；辞之绎矣，民之莫矣。'(56)其知之矣。"

【注释】

①尽坏其馆之垣而纳车马焉：拆毁客馆的围墙，将车马开进去。垣：围墙。　②士文伯：即士匄。让：责问。　③充斥：充满。　④无若诸侯之属辱在寡君者何：因盗贼很多，若客馆破旧，将无法保证诸侯宾客的安全。　⑤完客所馆：特意修好宾馆。　⑥闬闳（hàn hóng）：都指门。⑦以无忧客使：外宾可不用担心寇盗为患。　⑧从者：指郑国的随从。戒：戒备，防备寇盗。异客：他国宾客。　⑨完：借用为"院"，指围墙。葺（qì）：修补。　⑩共命：供给所求。　⑪寡君使匄请命：请问毁垣的理由。

⑫诛求：责求。无时：无定时。此指晋国随时要小国贡纳物品。　⑬悉索敝赋，以来会时事：搜尽国内财富以作朝聘之礼。会：朝会。　⑭不闲：无暇，不得空。　⑮又不获闻命，未知见时：晋国又不通知何时接见。⑯不敢输币：不能献纳贡品。　⑰暴露：指贡品日晒夜露。　⑱其：如果。⑲则君之府实也，非荐陈之，不敢输也：不经一定的仪式，又不敢进献。府实：府库中的物品；荐陈：将贡品陈列于庭，此时要举行一定的仪式。　⑳其暴露之，则恐燥湿之不时而朽蠹，以重敝邑之罪：贡品日晒雨淋，虫咬朽坏，将加重郑国之罪。朽：腐烂；蠹：虫咬坏。　㉑侨：子产名。文公：晋文公。　㉒卑庳：同义词连用，指低矮。　㉓无观台榭：没有供游观的台榭。　㉔以崇大诸侯之馆，馆如公寝：意为文公自己宫室简朴，而客馆却修得非常漂亮。　㉕库厩缮修，司空以时平易道路，圬（wū）人以时塓（mì）馆宫室：意为客馆的库房、马厩修好，道路按时修整，房间按时涂饰。圬人：泥工；塓：涂墙。　㉖甸：即甸人，管理柴薪者。庭燎：大烛。　㉗巡宫：巡视客馆。　㉘车马有所：马厩已修好，车马有地方安置。　㉙宾从有代：外宾的仆从有人代为服役。　㉚巾车：管理车辆的官。脂辖：用油脂涂轮轴。　㉛隶人、牧、圉，各瞻其事：各人负责各自的差事。隶人：洒扫房舍、清除厕所的人；牧：看守牛羊的人；圉：看马的人；瞻：照管。　㉜各展其物：陈列各种物品招待外宾。　㉝公不留宾：文公及时接见，不耽搁外宾时间。　㉞无废事：虽接见迅速，外交仪式仍然齐备，并不废除。　㉟事则巡之：有意外情况，格外注意警卫巡行。事：指意外事件。　㊱教其不知，而恤其不足：指对外宾热心指教，物资不足，尽量照顾。　㊲无宁灾患：即无灾患。宁，语词。　㊳铜鞮（dī）之官：晋国君离宫，故址在今山西省长治市沁县南。　㊴而诸侯舍于隶人：诸侯外宾住在隶人之舍。隶人：下人。　㊵门不容车，而不可逾越：指门

小，车又不能越墙而入。 ㊶天厉：瘟疫。不戒：不能预防。 ㊷命：指晋国君接见之命。 ㊸若又勿坏：不坏馆垣。 ㊹将何所命之：反诘士匄有何指教。 ㊺虽君之有鲁丧，亦敝邑之忧也：鲁国有丧，郑国同哀。意思是晋国不应该以鲁丧为借口不接见。 ㊻若获荐币，修垣而行，君之惠也，敢惮勤劳：如果晋国君马上接见，我们愿意修好墙垣再回国。按，子产这番话是批评晋国内政不修，以致“盗则公行”；对小国掠夺和压榨，又骄横奢侈，对诸侯无礼。荐币：献上贡品。 ㊼复命：向国君复命。 ㊽信：子产的话有道理。 ㊾赢：受，指接待。 ㊿谢不敏焉：晋国表示歉意。 (51)有加礼：礼节特别隆重。 (52)厚其宴好而归之：宴会更加隆重，回赠更加丰厚。宴：宴礼；好：好货。 (53)辞之不可以已也如是夫：外交辞令不可忽视就是这样啊。辞：辞令。 (54)子产有辞，诸侯赖之：子产善辞令，诸侯得其利。 (55)释辞：废弃辞令。 (56)辞之辑矣，民之协矣；辞之绎矣，民之莫矣：出自《诗经·大雅·板》，意思是辞令和谐，人民团结；辞令愉快，人民安定。叔向引这段诗句称赞子产善辞令，而且知道辞令的重要。辑：和谐；协：今作“洽”，融洽；绎：喜悦；莫：安定。

【译文】

（襄公三十一年）鲁襄公去世那个月，子产辅佐郑简公到晋国去，晋平公因为鲁国有丧事，没有会见。子产派人把招待外宾的宾馆围墙全部拆毁，把车马都开进馆舍。士文伯责备他，说：“我国由于政事刑罚没搞好，以致寇盗很多，这对于屈尊来存问的诸侯臣属没有什么好办法，所以派官吏人把宾馆修缮好，大门造得高高的，墙垣筑得厚厚的，以使来宾无忧。现在您拆毁了它，虽然您的随从能做好警戒，别国的宾客又怎么住呢？由于敝国忝为盟主，所以修缮馆舍，筑好围墙，以接待宾客，你把它们都毁掉，又如何满足宾客的需要呢？我们国君派我来向你请教。"

子产回答说："由于敝国狭小，又夹在大国之间，大国随时要敝国进贡财物，所以我们不敢安居，搜尽敝国的财物，前来朝见。恰逢你们不得空，没能得见，又没有得到明示，不知什么时候能接见。既不敢献纳财物，又不敢把他们放在露天。如果献纳，这些财物是国君府库里的物品，不经过一定的仪式，我们不敢献纳。如果放在露天，又怕时而干燥时而潮湿使东西朽坏，从而加重敝国的罪责。我听说晋文公当盟主的时候，宫室低小，没有可供观览的台榭，却把接待诸侯的宾馆建得高大宽敞，宾馆就如同国君的寝宫；修缮馆舍的仓库、马厩，司空按时平整道路，泥水匠按时粉刷馆舍宫室墙壁；诸侯的宾客来了，甸人在庭院中点起火把，仆人巡视客馆，车马有安置的场所，宾客的仆从有专人替代，管车官员给车轴加好油，管洒扫的隶人和养牛羊、看马的，各司其职；百官各人陈列其礼品；文公不让宾客耽搁，也没有失礼的事情；与宾客忧乐与共，有意外情况就加以安抚；对宾客热情教导，所缺乏的给予周济照顾。宾至如归，不但没有灾患，不怕盗贼，也不怕干湿。如今贵国的铜鞮宫绵延数里，而把诸侯安顿在像给下人住的地方，大门进不去车，又无法越墙进入，盗贼公然横行，而天灾又无法防止。宾客进见的时间没有一定，君王的命令也不知道什么时候发出。如果不拆毁围墙，就没有地方藏贡品而加重罪责。谨此请问：对我们有什么指教？虽然贵国国君遭到鲁国丧事，可这同样也是敝国感到忧戚的事。如果能让献纳财礼，我们愿把围墙修好再离开，这就是君王的恩惠了，岂敢害怕辛劳?!"士文伯回去复命。赵文子说："他说的是实情。是我们德行有亏，用下人住的房屋接待诸侯，这是我们的过错。"派士文伯去赔礼道歉。

晋平公接见郑简公，礼仪有加，厚加款待，赠送了丰厚的礼物，然后让他们回去了。于是新建了接待诸侯的宾馆。叔向说："辞令不能废弃就如这个例子! 子产善于辞令，诸侯因此获益，为何要放弃辞令呢?《诗经》说:'辞令和谐，民众团结;辞令动听，百姓安定。'子产懂得这道理。"

十二月，北宫文子相卫襄公①以如楚，宋之盟故也②。过郑，印段迋劳于棐林③，如聘礼而以劳辞④。文子入聘。子羽为行人，冯简子与子大叔逆客⑤。事毕而出，言于卫侯曰⑥："郑有礼，其数世之福也，其无大国之讨乎⑦!《诗》云:'谁能执热，逝不以濯。'⑧礼之于政，如热之有濯也。濯以救热，何患之有?⑨"

子产之从政也，择能而使之:冯简子能断大事，子大叔美秀而文⑩，公孙挥能知四国之为⑪，而辨于其大夫之族姓、班位、贵贱、能否⑫，而又善为辞令。裨谌能谋，谋于野则获，谋于邑则否。⑬郑国将有诸侯之事，子产乃问四国之为于子羽，且使多为辞令⑭;与裨谌乘以适野，使谋可否;而告冯简子使断之⑮。事成，乃授子大叔使行之，以应对宾客，是以鲜有败事⑯。北宫文子所谓有礼也。

【注释】

①北宫文子：卫大夫北宫佗。卫襄公：名恶，卫献公儿子。　②宋之盟故也：指弭兵大会规定的"交相见"。　③印段：郑大夫，字子石。迁劳：前往慰劳。迁：同"往"。柴林：即北林，古地名，在今河南省郑州市新郑市。　④如聘礼而以劳辞：按正规的外交聘问之礼接待卫君，并向卫君致慰劳之词。　⑤子羽：郑国大夫公孙挥。冯简子：郑大夫。子大叔：即游吉。客：指北宫文子。　⑥言于卫侯曰：文子出来对卫襄公说。　⑦其无大国之讨乎：郑国此时正值子产执政，实是称赞子产贤能，必将安定郑国。其：恐怕；讨：讨伐。　⑧谁能执热，逝不以濯：出自《诗经·大雅·桑柔》，本意为天气闷热，谁能不去洗澡。这里比喻礼对于政的重要。　⑨礼之于政，如热之有濯也。濯以救热，何患之有：意为礼仪对于政事，如天热必须洗澡。以礼治国，国可长久。　⑩美秀而文：貌美才高，谈吐有文采。　⑪四国之为：意为子羽是个出色的外交官。为：指政令。⑫辨：明察。族姓：家族姓氏。班位：禄秩爵位。贵贱：指身份。能否（pǐ）：才能高低。　⑬裨谌能谋，谋于野则获，谋于邑则否（pǐ）：裨谌喜静不喜闹，考虑问题要到野外去，才能有收获。裨谌：郑大夫；野：郊外；邑：城里；否：不行。　⑭多为辞令：多拟几份外交辞令稿。　⑮而告冯简子使断之：谋划之后，让冯简子判断。　⑯鲜有败事：很少有办坏的事情。以上综述子产执政有方，量才使用，择能而使，以证实北宫文子的话。

【译文】

十二月，北宫文子辅佐卫襄公前往楚国，是为了履行在宋国订立的盟约。路过郑国，印段在棐林犒劳他们，行聘问之礼，致慰劳的辞令。文子进入郑国国都聘问。郑国子羽为行人，冯简子与子太叔出来迎宾。聘礼结束后，北宫文子出来，对卫襄公说："郑国有礼仪，他们几代都将有福，大概不会被大国讨伐了！《诗经》说：'谁能忍受炎热，谁能不去洗澡。'礼对于政事，就如天热要洗澡一样。通过洗澡以消除苦热，还会有什么祸患？"

子产从政，选择贤能者加以使用：冯简子能决断大事；子太叔美秀而有文采；子羽能了解知悉四方诸侯的政令，明辨各国大夫的家族姓氏、禄秩爵位、身份贵贱、能干与否，又善于辞令；裨谌能够出谋划策，他在野外思考便能有正确的判断，在城里就不行。郑国一旦有和诸侯交往的事情，子产就向子羽询问四方诸侯的情况，并让他多准备几份外交辞令；和裨谌乘车到野外，让他思考良策；然后告诉冯简子让他作出决断；计划完成，就交给子太叔去办理，与来宾交往应对，所以少有办错事的。这就是北宫文子所说的有礼。

郑人游于乡校①，以论执政。然明②谓子产曰："毁乡校何如？"③子产曰："何为？夫人朝夕退而游焉④，以议执政之善否。其所善者，吾则行之；其所恶者，吾则改之，是吾师也。若之何毁之？我闻忠善以损怨，不闻作威以防怨。⑤岂不遽⑥止？然犹防川。⑦大决所犯，伤人必多⑧，吾不克救也。不如小决使道⑨，不如吾闻而药之也⑩。"然明曰："蔑也今而后知吾子之信可事也。⑪小人实不才，若果行此，其郑国实赖之，岂唯二三臣？⑫"

仲尼闻是语也，曰："以是观之，人谓子产不仁，吾不信也。"⑬

【注释】

①乡校：乡间的公共场所，既是学校，又是乡人聚会议事场所。　②然明：郑大夫鬷蔑，字然明。　③毁乡校何如：众人在乡校议论行政得失，然明建议毁掉乡校。　④朝夕退而游焉：早晚工作之余到乡校走走。　⑤我闻忠善以损怨，不闻作威以防怨：只有多行忠善以减少怨恨，不可用威势来防止怨恨。　⑥遽：马上，立刻。　⑦然犹防川：如同防止河水决口一样。　⑧大决所犯，伤人必多：仍以防水打比方。大决：河水大决口。　⑨不如小决使道：开小口使水流通，即发扬舆论，让意见随时说出来。道：同"导"。　⑩不如吾闻而药之也：舆论既出，不如以听到的舆论，作为治病的药。　⑪蔑也今而后知吾子之信可事也：然明称赞子产。蔑：即然明，这里是他自指；信可事：确实可以成事。　⑫小人实不才，若果行此，其郑国实赖之，岂唯二三臣：意为我实在没能力，若真按照子产主张行事，郑国就有希望了，岂止我们几个大臣得到好处？　⑬以是观之，人谓子产不仁，吾不信也：孔子生于襄公二十二年，这时才十一岁，这话应是后来称赞子产时才说的。

【译文】

郑国人休闲时就到乡校相聚，在那里议论执政得失。然明对子产说："乡校关闭了吧?"子产说："为什么呢？人们早晚休息时到那里走走，评议执政的好坏。他们认为好的，我就照办；他们不赞成的，我就改正，他们实际上是我的老师。干吗要关闭掉？我听说凭借忠善可以减少怨言，没听说用威势可以防止怨恨。用强硬办法难道不能立刻把人们的口堵住？但就如预防河水决口一样。如果大决口，伤害人必定很多，我没办法解救。不如让开小口加以引导，不如让我听到后作为药石来改正。"然明说："我从今以后知道您的确能成大事了。我实在没能力，如果真按您的想法去做，郑国就有了可靠的保障，岂止我们几个大臣得到好处？"

孔子后来听说了子产那番话，说道："由此看来，人们说子产不仁，我才不相信呢。"

子皮欲使尹何为邑①。子产曰："少②，未知可否。"子皮曰："愿③，吾爱之，不吾叛也。使夫往而学焉，夫亦愈知治矣。④"子产曰："不可。人之爱人，求利之也。⑤今吾子爱人则以政，犹未能操刀而使割也，其伤实多。⑥子之爱人，伤之而已，其谁敢求爱于子？⑦子于郑国，栋也，栋折榱崩⑧，侨将厌焉⑨，敢不尽言？子有美锦，不使人学制焉。⑩大官、大邑，身之所庇也，而使学者制焉⑪，其为美锦不亦多乎⑫？侨闻学而后入政，未闻以政学者也。⑬若果行此，必有所害。譬如田猎，射御贯⑭，则能获禽，若未尝登车射御，则败绩厌覆是惧⑮，何暇思获⑯？"子皮曰："善哉！虎不敏。吾闻君子务知大者、远者，小人务知小者、近者。我，小人也。衣服附在吾身，我知而慎之，大官、大邑所以庇身也，我远而慢之⑰。微子之言⑱，吾不知也。他日⑲我曰：子为郑国，我为吾家，以庇焉，其可也。⑳今而后知不足。自今请，虽吾家，听子而行㉑。"子产曰："人心之不同如其面焉，吾岂敢谓子面如吾面乎？㉒抑心所谓危，亦以告也。㉓"子皮以为忠，故委政焉㉔，子产是以能为郑国。

【注释】

①尹何：子皮家臣。为邑：治理私邑。　②少：尹何年少。　③愿：为人老实。　④使夫往而学焉，夫亦愈知治矣：子皮认为，若派尹何学为邑宰，会更增进他行政的能力。　⑤人之爱人，求利之也：爱其人，总要对他有利。　⑥今吾子爱人则以政，犹未能操刀而使割也，其伤实多：意为年少而授予政事，就像让不会拿刀的人割东西，必将自伤。　⑦子之爱人，伤之而已，其谁敢求爱于子：意为爱人反而伤人，人必疏远你。　⑧栋折榱（cuī）崩：栋梁折断，屋椽也会崩塌。榱：屋椽。　⑨侨将厌焉：子产由子皮举荐为政，子皮犹如国家栋梁，栋梁折断，自己也将被压在下面。厌：同"压"。　⑩子有美锦，不使人学制焉：既是美锦，是不会让人用它练习做衣服的。锦：有彩色花纹的绸缎；学制：学裁缝。　⑪大官、大邑，身之所庇也，而使学者制焉：大官和封邑是自身的庇护，更不能让人当作衣裳来练习治理。庇：庇护，依赖。　⑫其为美锦不亦多乎：意为让毫无经验的人去学做大官，比让不会裁缝的人去剪裁美锦还要糟糕。　⑬侨闻学而后入政，未闻以政学者也：意为只听说先经学习再为政，而不是借做官的机会来学习为政。　⑭御：指驾车。贯：同"惯"，娴熟。　⑮败绩厌覆是惧：即惧败绩厌覆，担心是否翻车被压。　⑯何暇思获：无暇顾及猎获了。　⑰远而慢之：疏忽而轻视它

了。　⑱微子之言：如果没有你这样的话。　⑲他日：往日，从前。　⑳子为郑国，我为吾家，以庇焉，其可也：原来认为你治理国事，我治理家事，有所托庇，就可以了。为：治理。　㉑虽吾家，听子而行：今后连家事，都听你的。　㉒人心之不同如其面焉，吾岂敢谓子面如吾面乎：意为人心各有打算，我不能干预你的家事。　㉓抑心所谓危，亦以告也：意为只是心里认为不妥，因此以实相告。抑，表转折，不过。　㉔子皮以为忠，故委政焉：子皮认为子产忠诚，所以把国事委托给他。

【译文】

　　子皮想让尹何管理封邑。子产说："尹何太年轻，不知道行不行。"子皮说："这个人忠厚老实，我喜欢他，他不会背叛我的。让他去学习一下，他就更知道该怎么治理了。"子产说："可不行。喜欢一个人，是希望对他有利。现在您爱一个人，就把政事交给他去办理，就像还不会拿刀却让他去割东西，会对他造成很大伤害的。您这样爱人，只会伤害他，那么谁还敢求得您的喜爱呢？您对于郑国，是栋梁，如果栋梁折断椽子也就崩塌，我将被压在下面，怎敢不把话全部说出来呢？您有漂亮的缎锦，是不会让人用它来学裁剪的。大官、大邑，是您身家性命的庇护，反而让人去学着治理，岂不是比让不会裁缝的人去剪裁美锦更糟糕吗？我听说要学习以后再做官，没听说过把做官作为学习手段的。如果这样做去，一定有所伤害。譬如打猎，熟悉了射箭驾车，就能获得猎物，如果不曾驾车射箭，那他一心害怕车翻被压，哪有时间顾及猎获呢？"子皮说："说得太好了！我实在考虑不周。我听说君子致力于重大、长远的事务，小人只知道小的、眼前的。我是一个目光短浅的人。衣服穿在我身上，我知道爱惜它，大官、大邑恰恰是用以护身的，我却疏远轻视它。没有你这番话，我还不明白。以前我说过：你治理郑国，我管理我的家，让我有所依托庇护，这就可以了。现在看来还不行。请从现在起，即便是我的家事，也听你的。"子产说："人心不相同，就像人的面目各不相同一样，我哪敢说您的面目就跟我的一样呢？不过我是觉得这有危险，所以就实言相告。"子皮觉得子产是个忠诚的人，就把郑国的国政托付给他，子产因此能够致力于郑国的治理。

【解读】

　　子产是春秋时期郑国有名的贤臣、杰出的政治家，也是《左传》中着墨最多、叙写最详细、最为光彩照人的人物。清人冯李骅说"《左传》大抵……后半出色写一子产"(《左绣·读左卮言》)。《左传》中子产最早出现是在鲁襄公八年，此后，一直到鲁昭公二十年子产死，几乎每年都有子产的事迹。

　　子产在郑国的政治舞台上的活动达四十年之久，是春秋后期郑国简公、定公时期的执政大臣。本篇所选章节反映出子产在治理国政中过人的政治智慧以及宽阔的胸襟。文章开篇首写子产初为政时，郑国内部"国小而偪，族大宠多"的现状，继而详写子产对强族采取了既遏制又笼络的政治手法，并叙述了子产对郑国田制等方面卓有成效的改革措施，增强了郑国国力，因此获得了公众的支持。其中插叙丰卷请猎一事，既显示子产持礼自重，不稍苟且的正直刚毅，亦在对待丰卷的态度上显示了子产的开阔胸襟。子产还是一个卓越的外交家，在处理对外事务中，显示了出色的外交才能。他对晋国霸主采取既归服又不屈从的态度，又善于利用晋楚两强之间的矛盾，以维护郑国的利益和尊严。子产的外交辞令，同样非常出色，被称为典范，叔向、孔子都盛赞他的辞令。子产执政二十几年，内政外交均"鲜有败事"，他使郑国获得了较长时间的相对的安定，功不可没。子产的思想，对后人影响深远。如子产说："苟利社稷，死生以之。"林则徐化用其句："苟利国家生死以，岂因祸福避趋之。"子产说："政如农功，日夜思之。"习近平同志《之江新语·为政者需要学与思》中曾引用过这句话，告诫各级领导，治政犹如农活，应该朝夕考虑它。《左传》襄公三十年、三十一年比较集中地记叙了子产的事迹。文章波澜不惊，在叙事与人物的娓娓对话中，为我们清晰地描绘出子产这位春秋时期杰出政治家的非凡风采。

大家读《左传》

24.

〔郑〕子产

郑
徐
吾
犯
之
妹
美

昭公元年

郑徐吾犯①之妹美，公孙楚聘之矣②，公孙黑又使强委禽焉③。犯惧，告子产。子产曰："是国无政，非子之患也。唯所欲与④。"犯请于二子，请使女择焉。皆许之。⑤子皙盛饰入，布币⑥而出。子南戎服入，左右射，超乘而出⑦。女自房观之，曰："子皙信美矣，抑子南，夫也⑧。夫夫妇妇，所谓顺也。⑨"适⑩子南氏。子皙怒，既而橐甲⑪以见子南，欲杀之而取其妻。子南知之，执戈逐之。及冲⑫，击之以戈。子皙伤而归，告大夫曰："我好见之，不知其有异志⑬也，故伤。"

【注释】

①徐吾犯：郑国大夫，复姓徐吾。　②公孙楚：即子南，郑穆公孙。聘之矣：已下了订婚礼。　③公孙黑：即子皙。强委禽焉：强行送聘礼。按，上古聘礼用雁。　④唯所欲与：由女子自己的喜欢选择丈夫。　⑤皆许之：二人同意由女选择。　⑥盛饰：装扮华丽。布币：陈设彩礼。币即赞币，初见时礼品，男用玉帛或禽鸟，陈于堂上。按，是以此取悦于女。　⑦左右射，超乘而出：左右开弓射箭，然后一跃上车出去。此处子南是表演战斗技巧。　⑧夫也：像个大丈夫、男子汉。　⑨夫夫妇妇，所谓顺也：丈夫要像个丈夫，妻子要像个妻子。顺：符合事理。　⑩适：嫁给。　⑪橐甲：把皮甲穿在外衣里面，即衷甲。　⑫冲：十字路口。　⑬异志：另外

的想法，存心不良。按，子皙囊甲见子南，本蓄意动武，不得逞而受伤，反而说子南有异志，乃自我掩饰。

【译文】

郑国徐吾犯妹妹长得很美，公孙楚已经聘她为妻，公孙黑又派人强行送去聘礼。徐吾犯害怕了，告诉子产。子产说："这是国家政事混乱，不是你的忧患。你妹妹愿意嫁谁就嫁谁。"徐吾犯向公孙楚、公孙黑二人提出，让妹妹自己来择婿。二人都答应了。公孙黑打扮得漂漂亮亮到徐吾家，在堂上放好礼物就退出。公孙楚穿着戎服到来，左右开弓射了箭，就跳上车走了。徐吾犯妹妹从屋里观察他们，说："公孙黑确实很漂亮，而公孙楚才是真正的大丈夫。丈夫要像丈夫，妻子要像妻子，才是所谓顺。"于是嫁给公孙楚。公孙黑大怒，不久在衣服里边穿着皮甲去见公孙楚，想要杀死公孙楚而娶其妻。公孙楚知道后，持戈追赶公孙黑。到了交叉路口，用戈击打公孙黑。公孙黑受伤逃回，告诉大夫们说："我好心好意去见公孙楚，没想到他有不良的念头，所以打伤了我。"

【解读】

本篇写郑国两家强宗公孙楚和公孙黑都看上了郑国大夫徐吾犯之妹。徐吾犯官阶较低，因此犯愁。后依子产之计由徐吾犯之妹自行择婿而解决矛盾。公孙楚和公孙黑的表演可以看出二人的价值观的差异，徐吾犯之妹的选择，体现了当时女子择偶的审美观念。最后子皙欲动武抢妻，又增添了波澜。此段文字不长，却写得曲折而饶有风趣。就徐吾犯之妹择婿部分来说，不啻为最早的三角恋爱小说。《左传》记载此事件，其用意在于揭示子产如何处理强宗大族的纷扰和矛盾，表现了子产治国理政的智慧。

25.

楚靈王弒詐減陳蔡

楚靈王乾溪之難

昭公十二年、十三年

（昭公十二年）楚子狩于州来①，次于颍尾②，使荡侯、潘子、司马督、嚣尹午、陵尹喜帅师围徐以惧吴③。楚子次于乾溪④，以为之援。雨雪，王皮冠，秦复陶⑤，翠被⑥，豹舄⑦，执鞭以出，仆析父⑧从。右尹子革夕⑨，王见之，去冠、被，舍鞭⑩，与之语曰："昔我先王熊绎与吕伋、王孙牟、燮父、禽父并事康王⑪，四国皆有分⑫，我独无有。今吾使人于周，求鼎以为分，王其与我乎⑬？"对曰⑭："与君王哉！昔我先王熊绎，辟在荆山⑮，筚路蓝缕，以处草莽⑯。跋涉山林，以事天子，唯是桃弧、棘矢以共御王事⑰。齐，王舅也⑱；晋及鲁、卫，王母弟也⑲。楚是以无分，而彼皆有。今周与四国服事君王，将唯命是从，岂其爱鼎？⑳"王曰："昔我皇祖伯父昆吾，旧许是宅。㉑今郑人贪赖其田㉒，而不我与。我若求之，其与我乎？"对曰："与君王哉！周不爱鼎，郑敢爱田？"王曰："昔诸侯远我而畏晋㉓，今我大城陈、蔡、不羹，赋皆千乘㉔，子与有劳焉。诸侯其畏我乎？"对曰："畏君王哉！是四国者，专足畏也。㉕又加之以楚，敢不畏君王哉！"

工尹路㉖请曰："君王命剥圭以为鏚柲，敢请命。"㉗王入视之。析父谓子革："吾子，楚国之望也。今与王言如响，国其若之何？㉘"子革曰："摩厉以须㉙，王出，吾刃将斩矣③⁰。"

王出，复语。左史倚相趋过③¹。王曰："是良史也，子善视之。是能读《三坟》《五典》《八索》《九丘》③²。"对曰："臣尝问焉。昔穆王欲肆其心③³，周行天下，将皆必有车辙马迹焉③⁴。祭公谋父³⁵作《祈招》之诗以止王心，王是以获没于祗宫³⁶。臣问其诗而不知也。若问远焉，其焉能知之？③⁷"王曰："子能乎？"对曰："能。其诗曰：'祈招之愔愔，式昭德音。³⁸思我王度，式如玉，式如金。³⁹形民之力，而无醉饱之心。⁴⁰'"王揖而入，馈不食，寝不寐⁴¹，数日，不能自克，以及于难⁴²。

仲尼曰："古也有志⁴³：'克己复礼⁴⁴，仁也。'信善哉！楚灵王若能如是，岂其辱于乾溪？"

【注释】

①楚子：楚灵王，名围，楚共王庶出之子，楚康王之弟，鲁昭公元年杀康王之子熊麇（郏敖）自立。公元前540—公元前529年在位。狩：冬猎。州来：今安徽省淮南市凤台县。 ②颍尾：古地名，颍水下游入淮河处，即今安徽省阜阳市颍上县的西正阳镇。 ③荡侯、潘子、司马督、嚣尹午、陵尹喜：五人都是楚国大夫。帅师围徐以惧吴：徐国为吴的盟国，所以围徐以威胁吴国。 ④乾溪：古地名，在今安徽省亳州市。 ⑤秦复陶：秦国所送羽衣。 ⑥翠被：翠羽披肩。 ⑦豹舄（xì）：豹皮鞋子。 ⑧仆：官名，太仆。析父：人名。 ⑨子革：即郑丹，又称然丹，郑国大夫子然的儿子，鲁襄公十九年逃往楚国。夕：晚上朝见楚王。晨见为"朝"，暮见为"夕"。 ⑩去冠、被，舍鞭：表示对子革的尊重。 ⑪熊绎：楚国始封君。

吕伋（jí）：齐太公姜尚的儿子。王孙牟：卫国始封君康叔的儿子，又称康伯。燮父：晋国唐叔的儿子。禽父：即伯禽，周公旦的儿子，鲁国始封君。康王：即周康王。　⑫四国皆有分（fèn）：五国同事康王，四国都得到周王的宝器。四国：指齐国、晋国、鲁国、卫国；分：珍宝之器。　⑬求鼎以为分，王其与我乎：九鼎为王权的象征，鲁宣公三年，楚庄王曾问周鼎，显示出他的野心。　⑭对曰：这是子革答对。　⑮辟在荆山：楚国熊绎都于丹阳，即今湖北省宜昌市秭归县，荆山在其北。荆山：楚国的发祥地，在今湖北省襄阳市南漳县，熊绎分封在这里。　⑯筚路：用竹木编成的车。蓝缕：即"褴褛"，破旧的衣服。草莽：草野。　⑰桃弧：桃木做的弓。棘矢：棘木（酸枣木）做的箭。以共御王事：楚地贫瘠，只能进贡桃弧、棘矢给周王，以祛除不祥。共御：贡献；共：同"供"。　⑱王舅也：周成王母亲为姜太公女儿，所以齐国国君是周王舅舅。　⑲王母弟也：周公旦、卫康叔为周武王母弟，晋唐叔为成王母弟。　⑳今周与四国服事君王，将唯命是从，岂其爱鼎：意思是楚国已经强大，周与四周诸侯都来侍奉楚王，为什么舍不得九鼎？按，子革的话实际含有讽喻。　㉑昔我皇祖伯父昆吾，旧许是宅：意为我的皇祖伯父原来居住在旧许。昆吾是楚国远祖的哥哥，所以称皇祖伯父。旧许：地名，在今河南省许昌市，后因迁于叶、夷，原国土为郑所得，所以称旧许。旧许是宅：即"宅旧许"，旧许是从前昆吾所居之地。　㉒今郑人贪赖其田：郑国仍占着旧许。　㉓远我而畏晋：疏远楚国而惧怕晋国。　㉔今我大城陈、蔡、不羹，赋皆千乘：陈、蔡两国，皆为楚所灭。不羹：地名，在河南省漯河市舞阳县与许昌市襄城县一带。赋：指军备。　㉕是四国者，专足畏也：仅此四国的兵力，已足使诸侯畏惧。四国：指陈、蔡、东西不羹四城。　㉖工尹：官名。路：工尹名。　㉗君王命剥圭（guī）以为鏚（qī）柲（bì），敢请命：意为要剖开圭玉来装饰斧柄，工尹路请楚灵王指示样式。剖圭，剖开玉；铖：斧；柲：柄。　㉘今与王言如响，国其若之何：析父认为，子革回答楚灵王之问如回声，只知一味随声附和，顺王之心，是纵容他的野心，国家怎么办？响：回声。　㉙摩厉以须：子革将自己的话比作刀刃，意思是刀已磨利，只等机会。摩：同"磨"；厉：同"砺"；须：等待。　㉚王出，吾刃将斩矣：待楚王出来，我的刀刃将要对准要害砍去。言外之意是要劝阻楚灵王不要好大喜功，害民生事。　㉛左史：楚国官名，名倚相。趋过：小跑经过王前，表示恭敬。　㉜《三坟》《五典》《八索》《九丘》：四部书都是古书，已失传，内容不详。　㉝穆王：周穆王。肆其心：放纵其野心。㉞将皆必有车辙马迹焉：想使自己的车辙马迹无处不有。　㉟祭（zhài）公谋父：周公孙子，武公儿子，名谋父，周王卿士。　㊱获没于祇（qí）宫：谋父作诗以谏穆王，打消了穆王的意图，穆王筑祇宫，并善终于祇宫。祇宫：穆王的别宫，在今陕西省渭南市华州区。　㊲若问远焉，其焉能知之：问倚相，他连《祈招》的诗都不知道，更不必说久远之事了。　㊳祈招之愔愔（yīn），式昭德音：祈招性情平和，不滥用武力，因此显示了周天子的好名声。愔愔：安和的样子。式：语首助词，无义。　㊴思我王度，式如玉，式如金：周王的举止，如金似玉一般坚重而完美。度：仪度，举止。㊵形民之力，而无醉饱之心：使用民力财力，适度而已，不可放纵无度。按，子革用此诗劝灵王应量力而行，适可而止，如放纵其野心，后果将不堪设想。形：同"型"，衡量；醉饱之心：比喻放纵过度。　㊶馈不食，寝不寐：楚灵王已经领悟了子革讽谏的意思，因此吃不下睡不着。　㊷不能自克，以及于难：思量好几天，灵王仍不能克制自己的野心，终于有明年的乾溪之难。克：克制。　㊸志：记载。　㊹克己复礼：克制自己，使自己遵循先王的礼法。

【译文】

（昭公十二年）楚灵王在州来打猎，驻扎在颍尾，派荡侯、潘子、司马督、嚣尹午、陵尹喜率领军队包围徐国以威胁吴国。灵王驻扎在乾溪，作为后援。下着雪，灵王戴着皮帽，穿上秦国的复陶羽衣，披着翠羽披风，脚着豹皮靴，手持鞭子出去，仆从析父跟着他。右尹子革晚上朝见，灵王看见他，去掉帽子、披风，放下鞭子，对他说："往昔我们先王熊绎和吕伋、王孙牟、燮父、禽父一起侍奉康王，四国都得到了宝器，唯独我国没有。现在我要是派人出使到周朝，请求赐给鼎作为宝器，周王会给我吗？"子革回答说："会给君王的！当年我们先王熊绎居住在偏僻的荆山，筚路蓝缕以开辟荒野，跋涉山林以侍奉天子，只能把桃弧、棘矢作为给天子的贡品。齐国是周王的舅舅，晋和鲁、卫是周王的同母弟弟。楚国所以无宝器，而他们则都有。现在周朝和四国都服事君王，将会唯命是从，怎么会舍不得鼎呢？"灵王说："往昔我皇祖伯父昆吾居住在旧许地。现在郑国贪图那里的田地，不肯还给我们。我如果要求他们归还，会给我吗？"子革回答说："会给君王的！周王不吝惜鼎，郑国敢舍不得田地？"灵王说："当年诸侯疏远我国而畏惧晋国，现在我们在陈、蔡、不羹这些大城，兵车都有千辆，你是有功劳的。诸侯会畏惧我吗？"子革回答说："会畏惧君王的！单是这四座城，就足够他们害怕的了。再加上楚国全国的力量，怎敢不畏惧君王呢！"

工尹路请示说："君王命令剖玉来装饰斧柄，谨请下令怎么做。"灵王进去察看。析父对子革说："您是楚国有名望的人，如今和君王说话却随声附和，国家将会怎么样？"子革说："我已磨好刀等着，君王出来，我的刀就要砍下去了。"

灵王出来，又和子革说话。左史倚相快步经过。灵王说："这是个好史官，你要好好看待他。他能读《三坟》《五典》《八索》《九丘》。"子革回答说："下臣曾经问过他事情。当初周穆王想要放纵自己的欲望，周游天下，打算到处留下自己的车辙和马迹。祭公谋父作《祈招》一诗来劝阻穆王的欲望，穆王因此得以善终于祇宫。下臣问他这首诗他却不知道。如果问起更久远的事，他哪里能知道？"灵王说："你能知道吗？"子革回答说："能。那诗说：'祈招和悦安闲，德音宏大深远。想起我们君王的风度，如玉如金般温润坚强。他谋求保存人民的力量，而没有醉饱之心。'"灵王向子革作个揖就进去了，饿了吃不下，躺下睡不着，过了好几天，还是不能自我克制，所以遭到祸难。

孔子说："古时候有句话：'克制自己回到礼，就是仁。'这话说得真好啊！楚灵王如果能做到这一点，哪里会在乾溪受辱？"

（昭公十三年）楚子之为令尹也，杀大司马蒍掩[①]，而取其室。及即位，夺蒍居[②]田；迁许而质许围[③]。蔡洧有宠于王，王之灭蔡也，其父死焉[④]，王使与于守而行[⑤]。申之会，越大夫戮焉[⑥]。王夺鬬韦龟中犨[⑦]，又夺成然[⑧]邑，而使为郊尹[⑨]。蔓成然故事蔡公[⑩]，故蒍氏之族及蒍居、许围、蔡洧、蔓成然，皆王所不礼也[⑪]。因群丧职之族[⑫]，启[⑬]越大夫常寿过作乱，围固城，克息舟[⑭]，城而居之[⑮]。

【注释】

①楚子之为令尹：鲁襄公二十九年，楚灵王（当时称公子围）继屈建为令尹。杀大司马蒍（wěi）掩：楚灵王杀蒍掩事在鲁襄公三十年。　②蒍居：蒍掩族人。　③迁许而质许围：扣留许围为人质。迁许事在鲁昭公九年。许围：许大夫。　④蔡洧（wěi）有宠于王，王之灭蔡也，其父死焉：蔡洧，蔡国人，楚灭蔡后，洧在楚国为官。楚灭蔡时，蔡洧父亲被楚王所杀。⑤王使与于守而行：让蔡洧留守国内，楚灵王自己前往乾溪。　⑥越大夫戮焉：鲁昭公四年楚灵王会合诸侯于申，越国大夫常寿过被楚灵王侮辱。戮：同"辱"。　⑦鬬韦龟：令尹子文玄孙。中犫（chōu）：邑名。　⑧成然：鬬韦龟儿子，食邑于蔓，又称蔓成然。　⑨郊尹：治理郊境的官。　⑩故：从前。事：侍奉。蔡公：指公子弃疾，楚灵王在昭公十一年灭蔡后封他为蔡公。　⑪皆王所不礼也：意指楚灵王多行不义，树敌颇多。　⑫因：凭借。群丧职之族：许多丧失职位的亲族。　⑬启：诱导。　⑭固城、息舟：楚国二邑。　⑮城而居之：作乱者筑息舟之城而据守。

【译文】

（昭公十三年）楚灵王当令尹的时候，杀死大司马蒍掩，并夺取他的妻室、家产。即位以后，又夺取蒍居的田地；把许国迁走而以许围为人质。蔡洧得到楚灵王的宠爱，灵王灭蔡国时，蔡洧父亲死于这次战争，灵王派蔡洧留守都城自己离城出征。申地会盟时，越国大夫遭到羞辱。灵王夺走鬬韦龟的中犫邑，又夺去蔓成然封邑，而让他担任郊尹。蔓成然原来侍奉蔡公弃疾，所以蒍氏家族及蒍居、许围、蔡洧、蔓成然，都是灵王不加礼遇的人。他们借助那些丧失职位的家族，诱使越国大夫常寿过作乱，包围固城，攻克息舟，并在这里修筑城墙据守。

　　观起之死也，其子从在蔡，事朝吴①，曰："今不封蔡，蔡不封矣。②我请试之。③"以蔡公之命召子干、子晢④，及郊，而告之情⑤，强与之盟，入袭蔡。蔡公将食，见之而逃⑥。观从使子干食⑦，坎用牲，加书而速行⑧。已徇⑨于蔡，曰："蔡公召二子，将纳之⑩，与之盟而遣之矣，将师而从之⑪。"蔡人聚，将执之⑫。辞曰："失贼成军，而杀余，何益?"⑬乃释之。朝吴曰："二三子若能死亡，则如违之，以待所济⑭。若求安定，则如与之，以济所欲。⑮且违上⑯，何适而可?"众曰："与之。"乃奉蔡公，召二子而盟于邓⑰，依陈、蔡人以国⑱。楚公子比、公子黑肱、公子弃疾、蔓成然、蔡朝吴帅陈、蔡、不羹、许、叶之师，因四族⑲之徒，以入楚。

　　及郊，陈、蔡欲为名，故请为武军⑳。蔡公知之，曰："欲速。且役病㉑矣，请藩而已㉒。"乃藩为军。蔡公使须务牟与史猈㉓先入，因正仆人杀大子禄及公子罢敌㉔。公子比为王，公子黑肱为令尹，次于鱼陂㉕。公子弃疾为司马，先除王宫㉖。使观从从师于乾溪，而遂告之㉗，且曰："先归复所，后者劓。"㉘师及訾梁而溃。㉙

【注释】

①观起：楚令尹子南所宠信的人，鲁襄公二十二年，楚康王杀子南，观起被车裂。其子为观从。朝吴：蔡国大夫归生之子，楚灭蔡后，依附楚

国公子弃疾。 ②今不封蔡，蔡不封矣：现在如果不恢复蔡国，蔡国就没希望了。 ③我请试之：观从准备响应作乱以图谋恢复蔡国。 ④子干：公子比。子皙：公子黑肱。按，二人都是楚灵王弟弟，昭公元年，子干奔晋，子皙奔郑。 ⑤告之情：观从告诉他们真情。 ⑥见之而逃：弃疾起先不知何故，所以吓跑了。 ⑦观从使子干食：让子干吃弃疾没吃的食物。 ⑧坎用牲：挖坑杀牲。加书而速行：置盟书于牲之上，伪造公子弃疾和子干结盟的迹象，并迅速公布于众。 ⑨已：观从自己。徇：公开宣布。 ⑩纳：送二人入楚。 ⑪将师而从之：假说弃疾将率军援助二人入楚。 ⑫将执之：蔡人不信观从的话，准备逮捕他。 ⑬失贼成军，而杀余，何益：意为贼人已走，蔡公军队已组成，杀我无益。贼：指子干、子皙。 ⑭二三子：指蔡人。能死亡：效忠楚灵王而死。则如：就不如。违之：违背蔡公。以待所济：以观事情的成败。 ⑮既求安定，则如与之，以济所欲：意为求安定就助蔡公，以求复国。与之：助蔡公；所欲：恢复祖国。 ⑯违上：违背蔡公。 ⑰邓：古地名，在蔡旧都上蔡，即今河南省漯河市。 ⑱依陈、蔡人以国：陈、蔡人都有复国的愿望，所以用复国的许诺来发动陈、蔡两地人的力量。依：依赖。 ⑲四族：蔿氏、许围、蔡洧、蔓成然。 ⑳欲为名：陈、蔡为了播扬诛除无道和复国的名声。为武军：筑壁垒，大筑营堂。 ㉑役病：士卒疲散。 ㉒请藩而已：指暂时用篱笆编成工事以驻军。藩：藩篱，用作动词。 ㉓须务车与史猈（bà）：楚国大夫，蔡公同党。 ㉔正仆人：仆人之长。大子禄、公子罢（pí）敌：都是楚灵王儿子。 ㉕鱼陂（pí）：古地名，在今湖北省天门市。 ㉖先除王宫：弃疾一入国都，先清理王宫，可见其野心。除王宫：清理王宫，驱除灵王亲信；除：清理。 ㉗使观从从师于乾溪，而遂告之：楚灵王在乾溪，为伐徐之师做后援。观从赴乾溪，告知子干等起兵叛王。 ㉘先归复所，后者劓（yì）：意指观从号召众人背叛灵王。复所：恢复其禄位、居室和田产。劓：割鼻刑罚。　㉙师及訾（zī）梁而溃：灵王回师，到訾梁全军溃散。訾梁：訾水上的桥梁，在今河南省信阳市。

【译文】

观起死的时候，其子观从在蔡地侍奉朝吴，说："现在不重建蔡国，蔡国就没有机会复国了。让我来试试看吧。"他假传蔡公弃疾的命令召回子干、子皙，二人到达城郊，观从才告知真情，强行和他们结盟，进兵攻蔡邑。蔡公正要吃饭，见到他们进来便逃走了。观从让子干吃了那些食物，挖了坑，杀了牺牲，把盟书放在上面，而后要他们快走。自己则在蔡地宣布，说："蔡公召回二人，准备送回楚国，已经和他们结盟并送他们走了，即将率军队跟随出发。"蔡地人聚集而来，要抓观从。观从辩解说："已经放走了贼人，组成了军队，把我杀了又有什么用？"蔡地人便放了他。朝吴说："各位如果能为楚王而死，那就违背蔡公，以等待最后的结果。如果希望得到安定，那就应该支持蔡公，以实现共同的愿望。况且违抗在上者，那么又何所适从呢？"大家都说："支持蔡公。"便侍奉蔡公，召见子干、子皙二人在邓地盟誓，用复国的许诺利用陈、蔡两地人的力量。楚国公子比、公子黑肱、公子弃疾、蔓成然、蔡国朝吴带领陈、蔡、不羹、许、叶四地的军队，依靠蓬氏等四族的族人，进入楚国。

到达国都郊外，陈、蔡二地的人想宣扬自己的名声，便请求修筑城堡。蔡公知道了，说："这次行动要快。而且役夫已经很疲惫了，用篱笆隔离就行了。"于是编篱笆作为军营。蔡公派须务牟和史狷先进入都城，通过正仆人杀死太子禄和公子罢敌。公子比立为楚王，公子黑肱为令尹，驻扎在鱼陂。公子弃疾任司马，先去清除王宫。派观从前往乾溪军中，把情况告诉他们，并且说："先回去的保留所有待遇，后回去的将受割鼻刑罚。"楚军到达訾梁便溃散了。

王闻群公子之死也，自投于车下^①，曰："人之爱其子也，亦如余乎？"侍者曰："甚焉^②。小人老而无子，知挤于沟壑矣^③。"王曰："余杀人子多矣，能无及此乎？"^④右尹子革曰："请待于郊^⑤，以听国人。"王曰："众怒不可犯也。"曰："若入于大都^⑥，而乞师于诸侯。"王曰："皆叛矣。"曰："若亡于诸侯，以听大国之图君也^⑦。"王曰："大福不再，祇取辱焉。"^⑧然丹乃归于楚。^⑨王沿夏^⑩，将欲入鄢^⑪。芋尹无宇^⑫之子申亥曰："吾父再奸王命^⑬，王弗诛，惠孰大焉？君不可忍^⑭，惠不可弃，吾其从王。"乃求王，遇诸棘闱以归^⑮。夏五月癸亥^⑯，王缢于芋尹申亥氏^⑰。申亥以其二女殉而葬之。^⑱

观从谓子干曰："不杀弃疾，虽得国，犹受祸也^⑲。"子干曰："余不忍也。"子玉^⑳曰："人将忍子，吾不忍俟也。"^㉑乃行。国每夜骇曰："王入矣！"^㉒乙卯^㉓夜，弃疾使周走^㉔而呼曰："王至矣！"国人大惊。使蔓成然走告子干、子晳曰："王至矣，国人杀君司马^㉕，将来矣！君若早自图^㉖也，可以无辱。众怒如水火焉^㉗，不可为谋。"

又有呼而走至者，曰："众至矣！"二子^㉘皆自杀。丙辰^㉙，弃疾即位，名曰熊居^㉚。葬子干于訾，实訾敖。^㉛杀囚，衣之王服，而流诸汉，乃取而葬之，以靖国人。^㉜使子旗^㉝为令尹。

楚师还自徐^㉞，吴人败诸豫章^㉟，获其五帅^㊱。

【注释】

①自投于车下：摔到车下。 ②甚焉：爱子之心更甚于楚灵王。③知挤于沟壑矣：必被抛弃于沟壑之中。此暗讽灵王自己也将死于非命，何必还眷恋儿子被杀。 ④余杀人子多矣，能无及此乎：意为杀别人之子太多，才有今日的报应。此：即指"挤于沟壑"。 ⑤请待于郊：劝灵王在近郊停下来。 ⑥大都：如陈、蔡、不羹等大的都邑。 ⑦以听大国之图君也：由大国出面为楚灵王进行干预。 ⑧大福不再，祗（zhī）取辱焉：灵王知道大国也不会支持。大福：指当国君的好运；祗：恰巧。⑨然丹乃归于楚：子革也离开灵王归楚。然丹：即子革。 ⑩夏：汉水的别名。 ⑪鄢：楚国别都，在今湖北省襄阳市宜城市。 ⑫芋尹无宇：即申无宇。 ⑬吾父再奸王命：指鲁昭公七年申无宇折断王旌及入章华宫追捕逃犯二事。奸：触犯。 ⑭君不可忍：灵王有难，我不可狠心不救。忍：狠心。 ⑮遇诸棘围以归：申亥遇灵王，和他一起回来。棘围：楚国棘邑之门。 ⑯癸亥：二十五日。 ⑰王缢于芋尹申亥氏：灵王在申亥家上吊而死。 ⑱以其二女殉而葬之：申亥葬楚灵王，并将两个女儿殉葬。⑲犹受祸也：还将受到祸害。 ⑳子玉：即观从。 ㉑人将忍子，吾不忍俟也：意为别人将忍心对待你，我不忍心这样的结果出现。俟：等待。㉒王入矣：当时不知道灵王的生死，所以国都里的人常常夜里以灵王回国

而相互惊扰。　㉓乙卯：十七日。　㉔使周走：让人走遍各处。　㉕杀君司马：杀司马弃疾。　㉖早自图：早点为自己打算。　㉗众怒如水火焉：意为众怒如水火一样爆发。　㉘二子：子干、子皙。　㉙丙辰：十八日。　㉚弃疾即位，名曰熊居：弃疾为国君，即楚平王。按，楚国国君之名多用"熊"字，弃疾即位后也更名熊居。　㉛葬子干于訾，实訾敖：楚国君死后无谥号，多以葬地冠"敖"字，如前面的郏敖和这里的訾敖。实：就是。　㉜杀囚，衣之王服，而流诸汉，乃取而葬之，以靖国人：楚平王杀一囚犯，并扮作灵王之尸，加以安葬，以安定人心。　㉝子旗：即蔓成然。　㉞还自徐：去年围徐的部队返回。　㉟豫章：古地名，在今安徽、河南一带。　㊱五帅：指领兵伐徐的荡侯等五人。

【译文】

　　楚灵王听到儿子们的死讯，自己摔到了车下，说："别人疼爱儿子，也像我一样吗？"侍者说："还有过之。小人年老而没有儿子，自己知道将来会落得掉进沟壑而死的下场。"灵王说："我杀死别人的儿子太多了，怎能不落到这一地步呢？"右尹子革说："请您等在郊外，由国人来处置。"灵王说："众怒不可犯啊。"子革说："或者进入大都城，再向诸侯求救兵。"灵王说："诸侯都背叛了。"子革说："要不逃亡到诸侯国去，听凭大国为君王做主。"灵王说："大的福分不可能再有，只会自取羞辱。"子革便自己回到楚国。楚灵王沿汉水而下，打算进入鄢都。芊尹无宇的儿子申亥说："我父亲两次触犯王命，灵王没杀他，还有比这更大的恩惠吗？对国君不能忍心不救，恩惠不能背弃，我要跟从灵王。"便去寻求灵王，在棘门相遇，便一起回来了。

夏五月二十五，灵王在芊尹申亥家上吊自杀。申亥用他两个女儿殉死安葬了灵王。

观从对子干说："不杀掉弃疾，即便得到国家，还是要受到祸害。"子干说："我不忍心。"观从说："人家将会狠心地对待您，我不忍心这样的结果出现。"便出走了。国内民众经常在夜里大呼："灵王进城了！"十七日夜，弃疾派人四处奔走大喊说："灵王来了！"国人十分惊恐。又派蔓成然跑去告诉子干、子皙说："灵王来了，国人杀司马弃疾，马上就要过来了！君王如果及早拿定主意，可以免于受辱。众人的怒火就像水火一样厉害，已无计可施了。"又有人高叫着跑来，说："大伙儿来了！"子干、子皙都自杀了。十八日，弃疾即位为楚王，改名为熊居。安葬子干在訾地，就是訾敖。又杀了个囚犯，穿上灵王的服装，让尸体在汉水漂流，然后捞上来下葬，用来安定人心。任命蔓成然为令尹。

楚国军队从徐国回来，吴国在豫章击败楚军，俘获了楚军五名将领。

平王封陈、蔡①，复迁邑②，致群赂③，施舍、宽民④，宥罪、举职⑤。召观从，王曰："唯尔所欲。"⑥ 对曰："臣之先佐开卜⑦。"乃使为卜尹⑧。使枝如子躬⑨聘于郑，且致犨、栎之田⑩。事毕弗致⑪。郑人请曰："闻诸道路⑫，将命寡君以犨、栎，敢请命⑬。"对曰："臣未闻命。"⑭ 既复，王问犨、栎，降服⑮而对，曰："臣过失命⑯，未之致也。"王执其手，曰："子毋勤。⑰ 姑归，不穀有事，其告子也^⑱。"

他年^⑲，芋尹申亥以王柩告，乃改葬之^⑳。

初，灵王卜曰："余尚^㉑得天下！"不吉。投龟，诟^㉒天而呼曰："是区区者而不余畀^㉓，余必自取之^㉔。"民患王之无厌也^㉕，故从乱如归^㉖。

【注释】

①封陈、蔡：复陈、蔡二国，立陈惠公（吴）于陈，立蔡平公（庐）于蔡（今河南省驻马店市新蔡县）。　②复迁邑：灵王时被迁徙的都返回原来的居处。　③致群赂：初起事时答应的赏赐，现在都兑现。　④施舍、宽民：布施恩惠，与民休息。　⑤宥罪、举职：赦免罪臣，举拔贤才。⑥唯尔所欲：虽然观从曾劝子干杀自己，但平王不计前嫌，答应他所有的要求。　⑦佐开卜：担任卜人的助手。　⑧卜尹：卜师。　⑨枝如子躬：楚国大夫，枝如为复姓。　⑩且致犨、栎之田：犨、栎本是郑国之邑，被楚国夺去。楚平王即位，准备将它们归还郑国，以敦睦邦交。　⑪弗致：子躬并没有把二邑归还郑国。　⑫闻诸道路：道听途说。　⑬敢请命：郑国得知平王的意思，要向子躬讨还二邑。　⑭臣未闻命：诡称没得到平王此令。　⑮降服：脱去上衣，表示请罪。　⑯过：罪过。失命：违背了命令。　⑰子毋勤：平王用好话劝慰子躬，不要这样自苦。勤：劳苦。⑱姑归：且先回去。不穀有事，其告子也：以后有事，仍要用他。　⑲他年：几年以后。　⑳乃改葬之：改葬楚灵王。　㉑尚：或许，可能。　㉒诟：责骂。　㉓区区：指小小的楚国。不余畀（bì）：即不畀余。畀：给予。㉔自取之：后来灵王果然弑君自立。　㉕民患王之无厌也：灵王野心很大，永无满足的时候。　㉖从乱如归：楚灵王贪得无厌，丧尽民心，百姓参加

动乱好像回家一样踊跃。

【译文】

　　楚平王重新恢复陈国、蔡国，使被迁徙的人返回迁出的城邑，赏赐有功者，布施恩惠、宽政待民，赦免罪人、举荐贤才。召回观从，平王说："你要求什么都可以满足。"观从回答说："下臣先人是卜尹的助手。"平王便让他担任卜尹。派枝如子躬到郑国聘问，并且归还犨、栎的田地。但聘问完毕枝如子躬并没把田地交还郑国。郑国人请示说："道路传言说将命我们国君治理犨、栎二地，谨此请命。"枝如子躬回答说："我没听说有这命令。"回到楚国后，平王问起犨、栎二地的事，枝如子躬脱去上衣回复说："下臣有罪，没有遵命归还二地给郑国。"平王拉着他的手，说："你不要这样自苦。先回去吧，以后寡人有事还会告诉你。"

　　过了几年，芋尹申亥把楚灵王的灵柩所在告给平王，于是将他改葬。

　　起初，灵王占卜说："我也许得到天下！"结果并不吉利。他把龟扔到地下，责骂上天并呼喊道："不过区区小国都不给我，我一定要自己夺取。"楚国民众对灵王贪得无厌很不满，所以跟随作乱如同百川归海。

　　初，共王无冢适①，有宠子五人，无适立焉②。乃大有事于群望③，而祈曰："请神择于五人者，使主社稷。"乃遍以璧见于群望，曰："当璧而拜者，神所立也④，谁敢违之?"既⑤，乃与巴姬密埋璧于大室⑥之庭，使五人齐⑦，而长人拜⑧。康王跨之⑨，灵王肘加焉⑩，子干、子皙皆远之⑪。平王弱，抱而入，再拜，皆厌纽。⑫鬬韦龟属成然焉⑬，且曰:"弃礼违命，楚其危哉!"⑭

【注释】

①冢適:嫡长子。適:同"嫡"。　②有宠子五人，无適立焉:五人都是宠妾所生，不知谁为太子合适。五人:指康王、灵王、子干、子皙和平王。　③大有事:遍祭山川。群望:名山大川之神。　④当璧而拜者，神所立也:共王以玉璧展示众神说，正对着璧下拜的当立。当璧:面对玉璧。　⑤既:望祭完毕。⑥巴姬:共王宠妾。大室:祖庙。　⑦齐:同"斋"，斋戒。　⑧长入拜:按长幼次序而入拜神。　⑨康王跨之:两脚各跨璧的一边，不是"当璧"。⑩灵王肘加焉:肘放于璧上，也不是"当璧"。　⑪皆远之:更远离玉璧。　⑫平王弱，抱而入，再拜，皆厌纽:平王位置正好当璧，两次下拜，手正压在璧纽上。弱:幼小;厌:同"压";纽:璧上穿绳子的鼻子。　⑬鬬韦龟属成然焉:鬬韦龟知道平王必将为楚国国君，所以将成然托付给平王。　⑭弃礼违命，楚其危哉:康王、灵王都曾为王，共王违背立长之礼，又违背"当璧"之命，是弃礼违命，所以楚国必定危险。

【译文】

当初，楚共王没有嫡子，但有宠爱的儿子五个，拿不定主意该立谁。就遍祭所有的山川神灵，祝祷说:"请神明在这五人中选择，让他主持国政。"就将玉璧向所有的山川神灵展示，说:"正对玉璧下拜的,就是神所立的人,谁敢违背?"事后,和巴姬秘密地将玉璧埋在祖庙的庭院里,让五个人斋戒,然后按长幼次序入拜。康王两脚跨在玉璧上,灵王的胳膊压在玉璧上,子干、子晳都离玉璧很远。平王年幼,被人抱进来,两次下拜,都压在玉璧的璧纽上。鬬韦龟把成然托付给平王,并说:"抛弃礼仪违背神灵的命令,楚国恐怕危险了!"

子干归①,韩宣子问于叔向曰:"子干其济乎!"对曰:"难。"宣子曰:"同恶相求,如市贾焉,何难?"②对曰:"无与同好③,谁与同恶?取国有五难:有宠而无人④,一也;有人而无主⑤,二也;有主而无谋⑥,三也;有谋而无民⑦,四也;有民而无德⑧,五也。子干在晋,十三年矣。⑨晋、楚之从,不闻达者⑩,可谓无人。族尽亲叛⑪,可谓无主。无衅而动⑫,可谓无谋。为羁终世,可谓无民。⑬亡无爱征⑭,可谓无德。王虐而不忌⑮,楚君子干,涉五难以弑旧君,谁能济之⑯?有楚国者,其弃疾乎!君陈、蔡,城外属焉⑰。苟慝⑱不作,盗贼伏隐⑲,私欲不违⑳,民无怨心㉑。先神命之㉒,国民信之。芈姓有乱,必季实立,楚之常也。㉓获神㉔,一也;有民,二也;令德,三也;宠贵,四也;居常㉕,五也。有五利以去五难,谁能害之?㉖子干之官,则右尹也。㉗数其贵宠,则庶子也。㉘以神所命,则又远之。其贵亡矣,其宠弃矣,民无怀焉,国无与焉㉙,将何以立?"宣子曰:"齐桓、晋文,不亦是乎?㉚"对曰:"齐桓,卫姬之子也,有宠于僖㉛。有鲍叔牙、宾须无、隰朋以为辅佐㉜，有莒、卫以为外主㉝，有国、高以为内主㉞。从善如流，下善齐肃㉟，不藏贿㊱，不从㊲欲，施舍不倦，求善不厌。㊳是以有国，不亦宜乎？我先君文公，狐季姬之子也，有宠于献㊴；好学而不贰㊵，生十七年，有士五人㊶。有先大夫子余、子犯㊷以为腹心，有魏犨、贾佗以为股肱，有齐、宋、秦、楚以为外主㊸，有栾、郤、狐、先以为内主㊹。亡十九年，守志㊺弥笃。惠、怀弃民，民从而与之㊻。献无异亲㊼，民无异望㊽，天方相晋，将何以代文㊾？此二君者，异于子干。共有宠子㊿，国有奥主(51)。无施于民，无援于外；去晋而不送(52)，归楚而不逆(53)，何以冀国(54)？”

【注释】

①子干归：子干由晋国回到楚国。 ②同恶相求，如市贾焉，何难：都憎恶楚灵王，是同恶相求。起事当如商贾那样各求所欲，容易成功。③无与同好：他人并不和子干一条心。 ④有宠而无人：地位显贵，但没贤人辅佐。 ⑤有人而无主：即便有贤人，但缺乏有势力的人为他撑腰做主，做他的支援或内应。主：指有势力的人。 ⑥谋：谋略。 ⑦无民：没有百姓支持。 ⑧无德：不修德，不修仁政。 ⑨子干在晋，十三年矣：子干在昭公元年逃亡晋国。 ⑩不闻达者：都不是贤人。 ⑪族尽亲叛：子干已无亲族在楚国。 ⑫无衅而动：无可乘之机，即仓促起事。 ⑬为羁终世，可谓无民：子干长年流亡于晋国，缺乏国内百姓的支持。 ⑭亡无爱征：子干长年逃亡在外，国内却没有人怀念他。 ⑮王虐而不忌：灵

王虽然暴虐，但不忌刻，也有宽容的时候。　⑯楚君子干，涉五难以弑旧君，谁能济之：子干夺位，存在上述五难，没人能使他成功。君子干：以子干为国君。　⑰城外属焉：弃疾据有陈、蔡，方城以外的地方也归属他。城：指方城。　⑱苛：苛刻的政令。慝：邪恶的行为。　⑲盗贼伏隐：弃疾统治的区域里盗贼销声匿迹。　⑳私欲不违：弃疾不以私欲违背礼法。　㉑民无怨心：弃疾政治清明，得到百姓拥护。　㉒先神命之：指"再拜，皆厌纽"。　㉓芈（mǐ）姓有乱，必季实立，楚之常也：楚国有乱，常立小儿子为国君，这是叔向认为弃疾将被立为王时所做的分析。芈：楚王族之姓；季：少子；常：常例。　㉔获神：即上文的"当璧而拜"。㉕居常：弃疾最幼小，立少合于常例。　㉖有五利以去五难，谁能害之：弃疾有五利，必被立为国君。　㉗子干之官，则右尹也：子干官不过右尹，地位不如弃疾。　㉘数其贵宠，则庶子也：贵宠不如弃疾。庶子：庶出的儿子。　㉙民无怀焉，国无与焉：百姓不怀念子干，国内也没有同情他的人。　㉚不亦是乎：不也是如此吗？齐桓、晋文二人也是庶出，也逃亡在外。　㉛有宠于僖：齐桓公得到齐僖公的宠爱。僖：齐僖公。卫姬：齐僖公妾。　㉜有鲍叔牙、宾须无、隰朋以为辅佐：齐桓公有贤人辅佐。　㉝以为外主：齐桓公流亡到莒国，卫国是他的舅家，有两国为外援。　㉞有国、高以为内主：国氏、高氏可以为内应。　㉟下善：见人有善，就以身下之。齐肃：有斋戒之事，律己甚严。齐：同"斋"。　㊱不藏贿：不贪财货。　㊲从：同"纵"。　㊳施舍不倦，求善不厌：这就是有德、有民。　㊴献：指晋献公。　㊵不贰：专心致志。　㊶有士五人：指狐偃、赵衰、颠颉、魏武子、司空季子，他们都是贤人。　㊷子余：即赵衰。子犯：即狐偃。　㊸有齐、宋、秦、楚以为外主：四国支持文公。　㊹有栾、郤、狐、先以为内主：栾枝、郤縠、狐突、先轸都支持文公返国。

㊺志：返国之志。　㊻民从而与之：民归附文公。　㊼献无异亲：指晋献公有九个儿子，只存文公。　㊽民无异望：百姓再没有可寄托希望的人。　㊾天方相晋，将何以代文：文公获神、有民、令德、宠贵诸利皆备，所以能立为国君。　㊿共有宠子：楚共王有宠子弃疾，子干无宠。共：即楚共王。　51国有奥主：子干回国时灵王尚在王位。奥主：指国君。52去晋而不送：子干离开晋国时没人送行。　53归楚而不逆：回来时楚国也没有人迎接他。　54何以冀国：子干宠贵、令德、有主、有民无一具备，所以没希望享有楚国。

【译文】

子干回到楚国，韩起向叔向询问说："子干应该能成功吧！"叔向回答说："很难。"韩起说："他们有共同的憎恨者而互相需要，有如市场上的商贾，有什么难的？"叔向回答说："没人和子干有相同的喜好，谁又和他有共同的憎恶？夺取国家有五难：得到宠爱而无贤人相助，这是第一；有贤人而缺乏有力者的支持，这是第二；有人做主而缺少谋略，这是第三；有谋略而没有人民的支持，这是第四；有人民拥护而自己没有德行，这是第五。子干在晋国已经十三年了。晋、楚两国中追随他的人，没听说有贤达者，可说是没贤人。族人被灭净尽，亲戚也都背叛了他，可说是缺乏有力者。楚国内部没有空子可钻却轻举妄动，可说是缺少谋略。终身在外流亡，可说是没有人民的拥护。逃亡在外而没人怀念，可称得上没有德行。楚灵王暴虐但不忌刻，楚国要拥立子干为国君，有这五难而且要杀死旧国君，谁能办得到？能得到楚国的，恐怕是弃疾吧！他统治着陈、蔡二地，方城外也属他管辖。没有烦苛的政令和邪恶的事情，盗贼潜伏不敢胡来，有私欲但不违背礼法，人民没有怨恨情绪。原先已得到神灵的命令，国民信任他，而且芈姓有乱，总是立小的为国君，这是楚国的常规。他得到神灵保佑，这是第一；有人民的拥护，这是第二；有好的德行，这是第三；受到爱宠地位尊贵，这是第四；合乎立为国君的常规，这是第五。他有五利而远离五难，谁又能够危害他？子干的官职，不过是右尹。论起他的尊贵与受宠程度，则只是庶子。说到神灵的敕命，他可是远离玉璧。他的显贵已经丧失，爱宠已经没有，人民并不怀念，国内没有亲附他的，凭什么可以立为国君？"韩起说："齐桓公、晋文公不也是庶子吗？"叔向回答说："齐桓公是卫姬儿子，得到僖公的宠爱。有鲍叔牙、宾须无、隰朋作为辅佐，有莒国、卫国作为外援，有国氏、高氏作为内应。他从善如流，日常行为严肃庄重，不贪财，不纵欲，施舍财物不知疲倦，追求善行从不满足。所以他享有国家，不也是很自然的吗？我国先君文公，是狐季姬儿子，得到献公的宠爱；好学而专心一致，才十七岁，就有贤士五人辅佐他。有先大夫子余、子犯作为心腹，有魏犨、贾佗作为左膀右臂，有齐国、宋国、秦国、楚国作为外援，有栾枝、郤縠、狐突、先轸作为内应。流亡十九年，坚守回国志向愈加坚定。惠公、怀公抛弃人民，人民因而追随文公而支持他。献公没有其他的亲人，人民没有别的希望，上天正保佑晋国，又将有谁能代替文公？这两位国君，和子干不相同。楚共王有宠爱的儿子，国内还有国君在。子干又没有施惠给人民，而且外部没有援助；他离开晋国时没人送行，回到楚国也没人迎接，他凭什么希望享有楚国?"

【解读】

楚灵王是《左传》中写得非常出色的人物。楚灵王是个贪婪、奢侈、残暴、荒唐的暴君，《汉书·古今人表》把他列入"下愚"中的"下下"等。楚灵王在世时，时人即谓之"汏侈"，即骄盈奢侈。他刚愎自用，清除异己，杀害忠良，甚至伤害同族。最终是众叛亲离，被迫自缢而死。司马迁在《史记·楚世家》中说："楚灵王方会诸侯于申，诛齐庆封，作章华台，求周九鼎之时，志小天下；及饿死于申亥之家，为天下笑。操行之不得，悲夫! 势之于人也，可不慎与?"这个评价是中肯的。楚灵王留下了不少为后人所诟病的教训，如"作章华之台，筑乾溪之室，穷木土之技，殚珍府之宝"（汉·边让《章华赋》）；"楚王好细腰，宫中多饿死"（汉·马廖《上长乐宫以劝成德政疏》）等。《左传》作者对这一人物的描写可谓有声有色，文中用了许多细节描述他"汏侈"的表现，说明其败亡有性格的必然性。但是，作者也向读者展示了楚灵王性格的另一面，如听了子革的讽谏又有所醒悟，甚至"馈不食，寝不寐"数日；听到群公子被杀，竟自己跌到车下来，自责说"余杀人子多矣"，活该遭此报应。这些，说明他还不是完全冥顽不化之人，有时能够自省，尚有人情味；有时对那些曾经反对过自己的人也能容忍甚至重用。他不是"某种孤立的性格特征的寓言式的抽象品"（黑格尔语），而是一个丰富、复杂、矛盾的性格组合体。作者写出了一个在特定时代背景下的"人"。此篇集中写楚灵王，已接近于小说笔法。

26.

〔吴〕伍子胥

伍员奔吴

〔吴〕伍子胥

昭公十九年、二十年

（昭公十九年）楚子之在蔡也①，郹阳封人之女奔之②，生大子建。及即位，使伍奢③为之师，费无极为少师④，无宠焉⑤，欲谮诸王⑥，曰："建可室⑦矣。"王为之聘于秦，无极与逆⑧，劝王取之⑨。正月，楚夫人嬴氏至自秦⑩。

【注释】

①楚子之在蔡也：此句指楚平王任大夫时曾往蔡聘问。楚子：楚平王弃疾，即位前为蔡公。　②郹（jú）阳：蔡国邑名，在今河南省驻马店市新蔡县。封人：管理土地边界之官。奔之：与之姘居。　③伍奢：郯之战中斗人伍参的孙子，伍举的儿子，伍员（子胥）的父亲。　④少师：也是太子的师傅，位次于太师。　⑤无宠焉：太子建不喜欢费无极。　⑥欲谮（zèn）诸王：费无极将陷害太子建。谮：进谗言。　⑦可室：可娶妻。　⑧与逆：同往迎亲。　⑨劝王取之：本为太子建娶妻，费无极却劝楚平王自己娶此女。按，这是费无极陷害太子建所设的圈套之一。　⑩楚夫人嬴氏至自秦：即本为太子建所娶的秦女，成了楚平王的夫人。

【译文】

（昭公十九年）楚平王在蔡国时，郹阳封人的女儿私奔到他那里，生下太子建。到平王即位，派伍奢担任太子建的师傅，费无极任少师，但不得太子建的宠信，费无极想要在平王面前陷害他，说："太子建应该娶妻了。"平王为他聘秦国女，派费无极同往迎亲，费无极劝平王自己娶秦女。正月，楚平王夫人嬴氏从秦国来到楚国。

楚子为舟师以伐濮[①]。费无极言于楚子曰："晋之伯[②]也，迩于诸夏[③]，而楚辟陋，故弗能与争。若大城城父[④]，而置大子焉，以通北方，王收南方，是得天下也。"王说，从之。故大子建居于城父。[⑤]

令尹子瑕聘于秦，拜夫人也[⑥]。

【注释】

①舟师：水师。濮：即南夷，南方民族，又称百濮，聚居在今湖南北部、湖北南部。 ②伯：同"霸"。 ③诸夏：指中原地区。 ④城父：有两处，这里指楚国城邑，在今河南省平顶山市宝丰县。以下几句之意在将太子建调离楚都。 ⑤故大子建居于城父：明年，费无极诬告太子建将据城父叛乱。 ⑥拜夫人也：拜谢嬴氏嫁与楚平王为夫人。

【译文】

楚平王用水军攻打濮。费无极对楚平王说："晋国之称霸诸侯，是由于与中原诸国接近，而楚国处在偏僻之地，所以不能和它相争。要是大规模修筑城父城墙，将太子派驻那里，用来和北方通好，君王收服南方，就可以获得天下。"平王认为他说得对，就听从了。所以太子建就驻到城父。

令尹子瑕到秦国聘问，是为了拜谢秦夫人嫁到楚国。

（昭公二十年）费无极言于楚子曰："建与伍奢将以方城之外叛①，自以为犹宋、郑也②，齐、晋又交③辅之，将以害楚，其事集④矣。"王信之，问伍奢。伍奢对曰："君一过多⑤矣，何信于谗？"王执伍奢。使城父司马奋扬⑥杀大子。未至，而使遣之⑦。三月，大子建奔宋。王召奋扬，奋扬使城父人执己以至⑧。王曰："言出于余口，入于尔耳，谁告建也？"对曰："臣告之。君王命臣曰：'事建如事余。'臣不佞⑨，不能苟贰⑩。奉初以还，不忍后命⑪，故遣之。既而悔之，亦无及已。"王曰："而⑫敢来，何也？"对曰："使而失命⑬，召而不来，是再奸⑭也。逃无所入⑮。"王曰："归，从政如他日。"⑯

【注释】

①将以方城之外叛：去年太子建居于城父，现在费无极诬蔑他将据守以叛。　②犹宋、郑也：将割据自成一国，像宋、郑那样。　③交：俱，一同。　④集：成功。　⑤一过：指平王夺太子建之妻。多：严重。　⑥奋扬：奋是氏，扬是名。　⑦未至，而使遣之：奋扬知道太子建被陷害，自己还没到城父，先派人通知太子建逃走。　⑧城父人：城父大夫。执己以至：把自己逮回郢都，以示服罪。　⑨不佞：不才。　⑩苟贰：苟且而怀二心。　⑪奉初以还，不忍后命：既奉王之初命必须好生侍奉太子，就不忍再执行后来杀太子的命令。　⑫而：同"尔"，你。　⑬失命：没完成使命。　⑭再奸：两次违犯命令。　⑮逃无所入：无处可逃。　⑯归，

从政如他日：不惩治奋扬，让他回城父，仍为城父司马。

【译文】

（昭公二十年）费无极对楚平王说："太子建将和伍奢领着方城以外地区的人叛乱，自认为如同宋国、郑国一样，齐国、晋国又一起辅助他们，将会危害楚国，这事要成功了。"平王相信了，就质问伍奢。伍奢回答说："君王有了一次过错已经很严重了，为何要听信谗言？"平王逮捕了伍奢，派城父司马奋扬去杀太子建。奋扬还没到达，先派人通知太子逃走。三月，太子建逃往宋国。平王召回奋扬，奋扬让城父大夫把自己押到郢都。平王说："话出自我的口，进入你的耳，是谁告给太子建的？"奋扬回答说："是下臣告诉的。君王命令下臣说：'侍奉太子建要如同侍奉我一样。'下臣不才，不能苟且违背。奉了起初的命令，就不忍心执行后来的命令，所以让他逃走了。事后又感到后悔，但也来不及了。"平王说："你敢回来，究竟因为什么？"奋扬回答说："接受使命而没有完成，召我再不回来，是再次违背命令，而且也无处可逃。"平王说："你回去吧，还跟以往那样履行政务。"

无极曰："奢之子材，若在吴，必忧楚国^①，盍^②以免其父召之。彼仁，必来。不然，将为患。"王使召之，曰："来，吾免而父。"棠君尚谓其弟员^③曰："尔适吴，我将归死。吾知不逮^④，我能死，尔能报^⑤。闻免父之命，不可以莫之奔也^⑥；亲戚^⑦为戮，不可以莫之报也。奔死免父，孝也；度功而行，仁也；^⑧择任而往，知也；^⑨知死不辟^⑩，勇也。父不可弃，名不可废^⑪，尔其勉之！相从为愈。^⑫"伍尚归。奢闻员不来，曰："楚君、大夫其盱食乎^⑬！"楚人皆杀之。^⑭

【注释】

①必忧楚国：如果为吴国所用，必成楚国之忧。　②盍：何不。③棠君：伍员之兄伍尚，伍尚时为棠邑大夫，所以称为棠君。员（yún）：即伍员，字子胥，二人都是伍奢儿子。　④吾知不逮：我的才智不及你。知：同"智"。　⑤我能死，尔能报：意为一人归郢都，与父同死；一人逃吴，报仇雪恨。报：报仇。　⑥不可以莫之奔也：楚王既以免父死之命来召，不可无人前往。　⑦亲戚：指父兄。　⑧度功而行，仁也：估计能成功而去做，是仁。　⑨择任而往，知也：知道伍员才干比自己强，让他逃吴，是明智之举。　⑩辟：同"避"。　⑪父不可弃，名不可废：兄弟都出逃是弃父，兄弟都死，无人报仇，是废名。　⑫相从为愈：希望伍员听自己的话。　⑬其盱食乎：连吃饭都不得安稳了。其：恐怕；盱食：晚食。　⑭楚人皆杀之：楚国杀伍奢、伍尚父子。

【译文】

费无极说："伍奢的儿子都有才能，要是到吴国，必定成为楚国的忧患，何不用赦免其父的名义召回他们。他们仁爱，一定会来。不然的话，将成为祸患。"平王派人召他们，说："回来吧，我赦免你们的父亲。"棠邑大夫伍尚对弟弟伍员说："你去吴国吧，我打算回去受死。我的才智不如你，我能受死，你能报仇。听到赦免父亲的命令，不能没人回去；亲人被杀戮，不能没人报仇。奔向死亡而使父亲免死，是孝；估计功效而后行动，是仁；选择合适的任务而前往，是明智；明知死而不逃避，是勇敢。父亲不可丢弃，名誉不可废弃，你好好努力吧！希望你听从我的话。"伍尚回去了。伍奢听说伍员不回来，说："楚国的国君、大夫将要吃不好饭了！"楚国把伍奢父子都杀了。

员如吴，言伐楚之利于州于①。公子光曰："是宗为戮，而欲反其仇，不可从也。"②员曰："彼将有他志③。余姑为之求士，而鄙以待之。④"乃见鱄设诸⑤焉，而耕于鄙⑥。

【注释】

①州于：即吴王僚。　②是宗为戮，而欲反其仇，不可从也：此认为伍员只为报私仇而利用吴国，不可依从。反其仇：报仇。　③彼：吴公子光。他志：别有用心，指夺位之心。　④余姑为之求士，而鄙以待之：伍员知道公子光不用自己，于是准备为之物色勇士以助成其事，自己退居郊外等待时机。鄙：郊外，乡野。　⑤见（xiàn）：引见。鱄（zhuān）设诸：即鱄诸。　⑥而耕于鄙：伍员自己耕于边鄙之处。按，鲁昭公二十七年，公子光杀吴王僚。

【译文】

伍员逃到吴国，向州于陈说攻打楚国的好处。公子光说："这个人的家族被杀戮，他是想报仇，不能听从他。"伍员说：

"公子光将有异志。我姑且替他寻求勇士，住在郊外等待机会。"于是向他推荐了鳣设诸，自己则在郊外耕地，等待时机。

【解读】

本篇记叙伍员（子胥）奔吴事迹。楚国伍氏，本楚国世族。伍员之父伍奢本是楚平王太子建之师，费无极的挑拨离间和诬告，使得伍员父兄被杀，伍员逃亡吴国。伍员到吴国后，辅佐吴王阖庐，终于在鲁定公四年柏举之战中攻入郢都，报了杀父之仇。文中揭露出费无极的两面三刀、翻云覆雨的伎俩，给人印象深刻。伍员之兄伍尚的慷慨赴死，也颇为感人。

27.

晏子论和同

〔齐〕晏子

齐景公

昭公二十年

齐侯至自田，晏子侍于遄台①，子犹驰而造②焉。公曰："唯据与我和③夫！"晏子对曰："据亦同也，焉得为和？"④公曰："和与同异乎？"对曰："异。和如羹焉，水、火、醯、醢、盐、梅⑤，以烹鱼肉，燀⑥之以薪，宰夫和之⑦，齐之以味，济其不及，以泄其过⑧。君子食之，以平其心。⑨君臣亦然。⑩君所谓可而有否焉⑪，臣献其否以成其可⑫；君所谓否而有可焉，臣献其可以去其否⑬。是以政平而不干⑭，民无争心。故《诗》曰：'亦有和羹，既戒既平。鬷嘏无言，时靡有争。'⑮先王之济五味、和五声⑯也，以平其心，成其政也。声亦如味，一气⑰，二体⑱，三类⑲，四物⑳，五声，六律㉑，七音㉒，八风㉓，九歌㉔，以相成也；清浊、小大、短长、疾徐、哀乐、刚柔、迟速、高下、出入、周疏，以相济也㉕。君子听之，以平其心。心平，德和。故《诗》曰：'德音不瑕。'㉖今据不然。君所谓可，据亦曰可；君所谓否，据亦曰否㉗。若以水济水，谁能食之？若琴瑟之专一，谁能听之？㉘同之不可也如是。㉙"

饮酒乐。㉚公曰："古而㉛无死，其乐若何？"晏子对曰："古而无死，则古之乐也，君何得焉？㉜昔爽鸠氏㉝始居此地，季萴因之㉞，有逢伯陵㉟因之，蒲姑氏㊱因之，而后大公^㉗因之。古者无死，爽鸠氏之乐，非君所愿也。^㉘"

【注释】

①遄（chuán）台：古地名，在今山东省淄博市临淄区附近。 ②子犹：梁丘据。造：来到。 ③和：和协。 ④据亦同也，焉得为和：意为梁丘据对于你，只能称为相同，不能称为和协。同：相同。 ⑤醯（xī）：醋。醢（hǎi）：肉酱。梅：味酸，调味也用梅汁。 ⑥燀（chǎn）：炊煮。 ⑦宰夫和之：厨师调和其味。宰夫：厨师。 ⑧齐之以味，济其不及，以泄其过：味道太重或太淡，都由厨师加以调和。齐：同"剂"，调剂；济：增加；泄：减少。 ⑨君子食之，以平其心：五味和协，君子食之，可使内心平静。君子：指有德行的人。 ⑩君臣亦然：君臣关系要达到和协，也应如此。 ⑪君所谓可而有否焉：可行之中有不正确的。可：可行，正确的；否：不可行，不正确的。 ⑫臣献其否以成其可：臣下应指出其不正确的而使可行的更完善。 ⑬君所谓否而有可焉，臣献其可以去其否：国君认为不可行而其中却不乏正确之处，臣下应肯定其正确之处而去其不可行处。臣下对于国君所认为的可行与不可行，不应苟同。 ⑭不干：不违礼制。 ⑮亦有和羹，既戒既平。鬷（zōng）嘏无言，时靡有争：出自《诗经·商颂·烈祖》。意思是调和的羹汤已准备完毕，神灵来享用而无所指责，上下都没有争心。和羹：五味调和的羹汤；戒：备；平：成；鬷嘏：同"奏假"，招请神灵到来。 ⑯五味：辛、酸、咸、苦、甘。五声：宫、商、角、徵、羽。 ⑰气：声音由气来发动。 ⑱体：奏乐有刚柔阴阳之体。 ⑲三类：有《风》《雅》《颂》三类。 ⑳四物：用四方之物以制成乐器。 ㉑六律：审定音乐高低清浊的六种标准，即黄钟、大蔟、姑洗、蕤（ruí）宾、夷则、无射（yì）。 ㉒七音：五音再加上变宫、变

徵。　㉓八风：八方之风。　㉔九歌：歌九功之德。九功：即六府三事。水、火、金、木、土、谷，谓之六府；正德、利用、厚生，谓之三事。见《文公七年传》。　㉕清浊、小大，短长、疾徐，哀乐、刚柔，迟速、高下，出入、周疏，以相济也：意为音乐以气、体等组成，由清浊、小大等调剂。㉖德音不瑕：出自《诗经·豳风·狼跋》。意思是有德之声没有瑕疵。㉗今据不然。君所谓可，据亦曰可；君所谓否，据亦曰否：梁丘据对国君只会随声附和。　㉘若以水济水，谁能食之？若琴瑟之专一，谁能听之：梁丘据如此，如同以水调水，索然无味；如琴瑟只弹一音，无人爱听。　㉙同之不可也如是：所以不应该仅是相同。按，晏婴以此劝景公政治上应允许发表不同意见，不求绝对的统一。　㉚饮酒乐：齐景公饮酒。　㉛而：如果。　㉜古而无死，则古之乐也，君何得焉：古来如果没有死，则现在的欢乐就仍是古人的欢乐，国君您能得到什么呢？㉝爽鸠氏：传说为少皞氏司寇，最早在齐地居住。　㉞季萴（cé）：传说为虞、夏时诸侯。因之：继承下来。　㉟有逢伯陵：殷时诸侯。　㊱蒲姑氏：商、周之际诸侯。　㊲大公：姜太公。　㊳古者无死，爽鸠氏之乐，非君所愿也：如果自古以来人都不死，那么始居齐地的爽鸠氏当长享安乐至今，齐地不归你齐景公所有了。按，齐景公向往神仙方士之说，晏婴稽古以驳之。

【译文】

　　齐景公从打猎的地方回来，晏婴在遄台随侍，梁丘据驱车前来。景公说："只有梁丘据和我和协啊！"晏婴回答说："梁丘据也只是同罢了，怎么能算是和？"景公说："和与同有不同吗？"晏婴回答说："不相同。和就像羹汤，用水、火、醋、酱、盐、梅来烹调鱼肉，用柴禾来煮，厨师加以调和，使味道适中，太淡就加调料，太咸就冲淡，君子吃后，内心平和。君臣之间也是这样。国君认为可行其实也有不可行之处，臣子就指出不可行之处而使之更加完善；国君认为不可行其实也有可行之处，臣子就肯定其可行的而去掉不可行的部分。因此就政事平和而不违背礼制，人民就没有竞争之心。所以《诗经》说：'调和的羹汤已准备完毕，神灵来享用而无所指责，上下都没有争心。'先王调匀五味、和协五声，是用来平静内心，助成政事的。声音也跟味道一样，是由一气、二体、三类、四物、五声、六律、七音、八风、九歌相互组成的；是用清浊、小大，短长、疾徐，哀乐、刚柔，迟速、高下，出入、疏密相互调剂的。君子听后，内心宁静。心平就会德和。所以《诗经》说：'德音没有瑕疵。'现在梁丘据却不是这样。国君所认为行的，梁丘据也说行；国君所认为不行的，他也说不行。如果用水去调剂水，谁能吃得下去？如果琴瑟只有一个音调，谁能听得下去？不应该相同的道理也如同这样。"

景公饮酒很快乐。景公说："从古以来要都没有死，那该有多么快乐啊？"晏婴回答说："从古以来要都没有人死，那么就只有古人的快乐了，君王哪能得到快乐？往昔爽鸠氏最初居住在这地方，季荝沿袭下来，又由有逢伯陵沿袭，再由蒲姑氏沿袭，然后太公沿袭居住。古人没死去，就只有爽鸠氏的快乐，这并不是君王所希望的。"

【解读】

晏子是齐国的贤臣，历仕灵公、庄公、景公三朝，春秋时期著名的政治家、思想家。《左传》记载了不少晏子的事迹，其中昭公二十年记载了晏子论"和同"的一段话，是很重要的一段具有哲学意义的论述。

"和"是有原则的赞同，在处理人事关系上就是"周"，即有原则的团结。"同"是无原则的附和，在人事关系上就是只为共同的利益互相勾结。晏子论"和同"，就是先从人事关系引入的。他认为，齐国大夫据（即梁丘据，字子犹）与齐景公只是"同"，非"和"。梁丘据是齐景公的宠臣，好货，是个只会迎合齐景公的佞臣。晏子告诉景公，梁丘据他是君王说行，他也说行；君王说不行，他也说不行。所以他不是和协，他只是无原则地迎合罢了，也就是"据亦同也，焉得为和"。晏子先以调羹作比喻论述"和""同"之异，又从音乐的角度进一步说明。音乐就更复杂了，更需要和谐。

晏子所论之"和""同"，从哲学意义上来说，是具有朴素辩证法思想的一对范畴，表现了对事物一与多、单纯性与丰富性多样性统一的认识。"和"是指众多相异事物的相成相济，即集合许多不同的对立因素而成的统一，阴阳相生，异味相和。"同"是指同一事物的简单相加，简单的同一。即"若以水济水""若琴瑟之专一"。所以"和"是对立统一，"和"就是和谐。和谐不是同一重复，而是众多因素对立的统一。"同"则是单一。习近平同志2014年《在联合国教科文组织总部的演讲》中，就引用了晏子说的"和如羹焉，水、火、醯、醢、盐、梅，以烹鱼肉"，"声亦如味，一气，二体，三类，四物，五声，六律，七音，八风，九歌，以相成也"，"若以水济水，谁能食之？若琴瑟之专一，谁能听之"这几句话，说明生活在2500年前的中国人早就懂得了"和而不同"的道理。

28.

周幽王

王子朝告诸侯书

周平王

昭公二十六年

王子朝使告于诸侯曰：

"昔武王克殷，成王靖四方[1]，康王息民，并建母弟，以蕃屏周[2]，亦曰：'吾无专享文、武之功，且为后人之迷败倾覆而溺入于难，则振救之[3]。'至于夷王[4]，王愆于厥身[5]，诸侯莫不并走其望，以祈王身[6]。至于厉王，王心戾虐，万民弗忍，居王于彘[7]。诸侯释位，以间王政。[8]宣王有志，而后效官[9]。至于幽王，天不吊周，王昏不若，用愆[10]厥位。携王[11]奸命，诸侯替之，而建王嗣[12]，用迁郏鄏[13]。则是兄弟[14]之能用力于王室也。至于惠王，天不靖周[15]，生颓祸心[16]，施于叔带[17]，惠、襄辟难，越去王都[18]。则有晋、郑咸黜不端[19]，以绥定王家。则是兄弟之能率先王之命也。在定王六年[20]，秦人降妖[21]，曰：'周其有颓王[22]，亦克能修其职，诸侯服享[23]，二世共职。王室其有间王位[24]，诸侯不图，而受其乱灾。'至于灵王[25]，生而有颓。王甚神圣，无恶于诸侯。灵王、景王克终其世。"[26]

【注释】

①昔武王克殷，成王靖四方：指平定武庚、管叔、蔡叔的叛乱。　②康王息民，并建母弟，以蕃屏周：成王、康王分封同母兄弟，以保卫周室。

蕃屏：保卫。　③且为后人之迷败倾覆而溺入于难，则振救之：且后代一旦荒淫败坏，陷于危难，则可拯救。按，成王、康王之际，天下安宁，号称"成康之治"。　④夷王：周厉王父亲。　⑤王愆于厥身：身染恶疾。愆：恶疾。　⑥诸侯莫不并走其望，以祈王身：诸侯各祭其名山大川，为夷王祈福。　⑦居王于彘（zhì）：将厉王流放于彘。彘：古地名，在今山西省临汾市霍州市。　⑧诸侯释位，以间王政：指周厉王被逐之后，共伯和受诸侯拥戴，代行王政。周厉王死后，始归政于周宣王。释位：离开国内的职位。间：参与。　⑨效官：归政于周宣王。　⑩不吊：不保佑。不若：不顺。用：因此。愆：失去。　⑪携王：即王子馀臣。　⑫诸侯替之，而建王嗣：幽王死后，虢公翰拥立王子馀臣为王，至周平王二十一年被晋文公杀死。王嗣：指周平王，本为太子，幽王死后，为鲁、郑等国拥立，东迁洛阳。　⑬郏鄏：古地名，在今河南省洛阳市。　⑭兄弟：指分封的诸侯。　⑮天不靖周：老天不让周朝安定。　⑯生颓祸心：指王子颓之乱，在鲁庄公十九年传。颓：即王子颓，周惠王叔叔。　⑰施（yì）于叔带：王子带作乱，在鲁僖公二十四年。施：延及；带：王子带，周襄王弟。　⑱越去王都：出奔王城。二王子作乱时，惠王、襄王出奔。　⑲则有晋、郑咸黜不端：指郑国支持惠王回国，攻灭王子颓；晋国支持襄王回国，攻灭王子带。咸：都。　⑳在定王六年：定王六年为鲁宣公八年。　㉑秦人降妖：秦国出现妖言。　㉒周其有頾（cī）王：意思是周朝会出现一长胡子的天子。頾：同"髭"（zī），嘴上的胡须。　㉓诸侯服享：指诸侯能顺从服从。　㉔间王位：乘隙干求王位，指王子猛与敬王。　㉕诸侯不图，而受其乱灾：这是王子朝借妖言为自己造舆论，说有人觊觎王位，诸侯却不起来铲除。灵王：周定王孙子。　㉖灵王、景王克终其世：二王能善始善终。景王：灵王儿子。

【译文】

王子朝遣使报告诸侯说：

"昔日武王战胜殷商，成王安定四方，康王与民休养生息，一起分封同母兄弟，以作为周朝的屏障，还说：'我不能单独安享文王、武王的功业，同时还为了后代一旦荒淫败乱，陷入危难时，可以得到救援。'到了夷王，他恶疾缠身，诸侯无不奔走遍祭境内名山大川，为他的健康祈祷。到厉王时，他的内心乖张暴虐，百姓无法忍受，就让他住到彘地。诸侯都离开其君位，来参与王朝的政事。宣王富有智慧，诸侯就把王位奉还给他。到了幽王，上天不保佑周朝，天子昏聩不贤，因此失去王位。携王违背天命，诸侯废黜了他，另立王位继承人，并由此迁都郏鄏。这就是兄弟们能为王室效力的缘故啊。到了惠王，上天不让周朝安定，使颓生出祸心，延及于叔带，惠王、襄王出逃避难，离开了国都。这时候便有晋国、郑国都来消灭那些作乱者，以平定王室。这是因为兄弟们能奉行先王的命令。定王六年时，秦国流传妖言，说：'周朝会有个长胡子的天子，也还能够修明自己的职责，诸侯顺服而享有国家，两代都恭敬地谨守本职。王室中有人觊觎王位，诸侯不为王室出谋出力，结果蒙受动乱和灾祸。'到了灵王，生下就有胡子。灵王十分神敏圣明，对诸侯没有做什么错事。灵王、景王都能善终。"

"今王室乱，单旗、刘狄剥①乱天下。壹行不若②，谓'先王何常之有？唯余心所命，其谁敢讨之？③'帅群不吊④之人，以行乱于王室。侵欲无厌，规求无度⑤，贯渎⑥鬼神，慢⑦弃刑法，倍奸齐盟⑧，傲很威仪⑨，矫诬先王⑩。晋为不道，是摄是赞⑪，思肆其罔极⑫。兹不穀震荡播越，窜在荆蛮，未有攸底。⑬若我一二兄弟甥舅⑭奖顺天法，无助狡猾⑮，以从先王之命，毋速天罚，赦图不穀⑯，则所愿也。敢尽布其腹心及先王之经⑰，而诸侯实深图之。

"昔先王之命曰：'王后无適⑱，则择立长。年钧以德，德钧以卜⑲。'王不立爱⑳，公卿无私，古之制也。穆后及大子寿早夭即世㉑，单、刘赞私立少㉒，以间㉓先王，亦唯伯仲叔季图之㉔！"

闵马父闻子朝之辞，曰："文辞以行礼也。子朝干景之命㉕，远晋之大㉖，以专其志㉗，无礼甚矣，文辞何为？"

【注释】

①单旗：即单穆公，周朝臣子。刘狄：即刘文公，刘盆，周朝臣子。剥：乱。②壹行不若：专门倒行逆施。壹：专。③唯余心所命，其谁敢讨之：意思是立谁为王，本无成法，唯我所立，谁敢干涉。这是王子朝转述单、刘的意思。④不吊：不善。⑤侵欲无厌，规求无度：侵吞无厌，贪求无度。⑥贯：同"惯"，惯于。渎：亵渎。⑦慢：轻慢，无视。⑧倍：同"背"。齐盟：斋盟。⑨傲很威仪：蔑视威仪。⑩矫诬：诈伪不实之词。先王：指景王。⑪摄、赞：赞助。⑫思肆其罔极：指晋国支持、放纵单、刘的无道无厌。肆：放肆；罔极：无限度。⑬兹不穀震荡播越，窜在荆蛮，未有攸底：是说自己动荡流离，逃窜在外，无

所归宿。不穀：王子朝自称；未有攸底：未有所止。 ⑭兄弟：指同姓诸侯。甥舅：指异姓诸侯。 ⑮狡猾：指单、刘及敬王等人。 ⑯赦图不穀：王子朝希望诸侯弃敬王而拥戴自己。赦：为自己除去忧愁；图：为自己解难。 ⑰先王之经：先王之命。 ⑱适：同"嫡"。无嫡，即无嫡长子。 ⑲年钧以德，德钧以卜：年龄相同则立有德者，德相当则由占卜而定。 ⑳不立爱：不因偏爱而立之。 ㉑穆后及大子寿早夭即世：此事在鲁昭公十五年。 ㉒赞私立少：己意偏私而立敬王。 ㉓间：违背。 ㉔亦唯伯仲叔季图之：王子朝以天子自居，指责敬王篡位，希望诸侯拥立自己。伯仲叔季：泛指诸侯。 ㉕干景之命：指违反景王遗命，立王猛为太子。 ㉖远晋之大：疏远晋国这样的大国。 ㉗专其志：一心想做天子。

【译文】

"现在王室动乱，单旗、刘狄搅乱天下，专门倒行逆施，认为'先王即位有什么常规？我想立谁就立谁，有谁敢来声讨？'带领一群不轨之徒，在王室中制造混乱。他们贪心不足，贪求无度，一贯亵渎鬼神，轻慢蔑弃刑法，违背侵犯盟约，蔑视礼仪，诬蔑先王。晋国无道，对他们支持赞助，想要放纵其永不满足的欲望。现在不穀动荡流离，逃窜在荆蛮，没有归宿。如果我的一二兄弟甥舅能顺从上天的法度，不帮助不轨之徒，而听从先王的命令，不招致上天的惩罚，除去不穀的忧患，那正是不穀所希望的。谨此尽情披露内心所想和先王的命令，希望诸侯们深思熟虑。

"往昔先王的命令说：'王后没有嫡子，就选择立长子。年纪相当就根据其德行，德行相当就由占卜确定。'天子不立偏爱的人，公卿没有私心，这是古代的制度。穆后和太子寿早年去世，单、刘二人偏私立了年幼者，违反了先王的命令，也请诸侯们好好思虑一番！"

闵马父听到王子朝这番说辞，说道："文辞是用来实行礼的。王子朝违背景王的命令，疏远晋国这个大国，一心想做天子，真是无礼到了极点，文辞又有什么用？"

【解读】

王子朝之乱，是周王朝一次重要事件。王子朝，周景王庶长子，又称子朝。鲁昭公十五年周景王太子寿卒，景王欲立王子朝未果而崩，国人立王子猛为王，王子朝攻杀王子猛；晋人攻王子朝而立王子匄，是为周敬王。第二年，王子朝入王城，周敬王反而居泽邑。王子朝与敬王，如二王并存。鲁昭公二十六年，周敬王起兵，攻王子朝，王子朝携周之典籍逃奔楚国。昭公二十六年王子朝兵败奔楚，定公五年周敬王派人杀死王子朝于楚。这就是周室王子朝之乱。王子朝为乱，给周朝带来多年的动荡。此文虽是王子朝为自己辩解的文字，其中不乏诡辩之词，但文中历数周室自武王以后的变乱，文辞整饬，颇有气势。吴曾祺曰："此文工绝，在春秋文告当为第一篇文字。"（韩席筹《左传分国集注》引）在诏令体的文章中，当可为典范。

鱄设诸刺吴王僚

吴王僚

〔吴〕公子光和〔吴〕鱄设诸

昭公二十七年

吴子欲因楚丧①而伐之，使公子掩馀、公子烛庸帅师围潜②。使延州来季子聘于上国③，遂聘于晋，以观诸侯④。楚薳尹然、王尹麇⑤帅师救潜，左司马沈尹戌帅都君子与王马之属以济师⑥，与吴师遇于穷⑦。令尹子常以舟师及沙汭⑧而还。左尹郤宛、工尹寿帅师至于潜，吴师不能退。⑨

吴公子光曰："此时⑩也，弗可失也。"告鱄设诸曰："上国有言曰：'不索，何获？'⑪我，王嗣也，吾欲求之。⑫事若克，季子虽至，不吾废也⑬。"鱄设诸曰："王可弑也。母老、子弱，是无若我何⑭？"光曰："我，尔身也。"⑮

【注释】

①楚丧：去年九月楚平王死。　②掩馀、烛庸：都是吴王僚同母弟弟。潜：古地名，在今安徽省六安市霍山县。　③季子：即季札，本封延陵，后又封州来，故称延州来。上国：吴对中原各国的尊称。　④以观诸侯：与晋国结好，以为援助，并观察诸侯的强弱与态度。　⑤薳尹、王尹：楚国官名。然、麇：二人名。　⑥都君子：居于下边都邑的贵族子弟。王马之属：楚王养马官属。二者本不服兵役，因事急而征发他们。济师：增援。　⑦穷：古地名，在今安徽省六安市霍邱县。　⑧沙汭：沙水入淮口，

在今安徽省蚌埠市怀远县。 ⑨左尹郤宛、工尹寿帅师至于潜，吴师不能退：指楚国遏穷之师在前阻挡，到达潜的军队断了吴军的后路，前后夹攻，楚军又强盛，吴军进退维谷。 ⑩时：夺取王位的时机。此时吴国大军在外，国内空虚。 ⑪不索，何获：现在不求取，更待何时？ ⑫我，王嗣也，吾欲求之：吴王寿梦生四个儿子即诸樊、馀祭、夷昧、季札，兄弟相约兄终弟继，轮到季札时，季札不受，夷昧儿子僚继父而立。公子光为诸樊儿子，认为季札不受，当由自己嗣立。 ⑬季子虽至，不吾废也：即便季札聘晋归来，也无妨害。 ⑭若我何：奈何，怎么安排。即欲把母、子托付给公子光。 ⑮我，尔身也：我身即你身——公子光接受托付。

【译文】

吴王想借楚国丧事的机会讨伐它，派公子掩馀、公子烛庸领兵包围潜邑。派延州来季子到中原各国聘问，先去晋国聘问，借此观察诸侯的情况。楚国莠尹然、王尹麇率兵救援潜邑，左司马沈尹戌带领都邑的贵族子弟组成的亲兵和王马的部属去增援，与吴军在穷地相遇。令尹子常带着水军到沙汭后就回师。左尹郤宛、工尹寿带兵到达潜，吴军被阻不能退却。

吴国公子光说："现在是机会，不能失去。"告诉鱄设诸说："中原国家有句话说：'不去寻求，怎能得到？'我是王位的继承者，我想得到它。事情要是成功，季札即便回来，也不可能废掉我。"鱄设诸说："吴王可以杀掉。但我母亲年老、儿子幼小，要是我死了他们怎么办？"公子光说："我，就是你。"

夏四月，光伏甲于堀室①而享王。王使甲坐于道及其门。^②门、阶、户、席，皆王亲也^③，夹之以铍^④。羞者献体改服于门外。^⑤执羞者坐行^⑥而入，执铍者夹承之，及体，以相授也。^⑦光伪足疾^⑧，入于堀室。鱄设诸置剑于鱼中^⑨以进，抽剑刺王，铍交于胸^⑩，遂弑王。阖庐以其子^⑪为卿。

季子至，曰："苟先君无废祀^⑫，民人无废主^⑬，社稷有奉，国家无倾，乃吾君也，吾谁敢怨^⑭？哀死事生^⑮，以待天命。非我生乱，立者从之^⑯，先人之道也。"复命哭墓^⑰，复位而待^⑱。吴公子掩馀奔徐，公子烛庸奔钟吾。^⑲楚师闻吴乱而还。^⑳

【注释】

①甲：武士。堀室：地下室。　②王使甲坐于道及其门：吴王僚也布置甲士以备非常之变。坐：待。　③皆王亲也：都是吴王僚的亲兵。　④夹之以铍（pī）：以剑夹着。吴王僚防备森严。铍：剑类武器。　⑤羞者献体改服于门外：送食物者在门外解衣检查，更换衣服，才能入内。羞者：进食的人。献体改服：露体更衣。　⑥执羞者：送食者。坐行：膝行。　⑦执铍者夹承之，及体，以相授也：吴王僚亲兵用剑夹着进食者，剑刃几乎碰到进食者的身体，然后才将菜递给吴王僚身旁侍者，由侍者献上。　⑧伪足疾：假装脚有病。　⑨置剑于鱼中：藏剑于做菜的鱼肚中。　⑩铍交于胸：剑刺中了鱄设诸的胸。　⑪阖庐：公子光即位，是为吴王阖庐。其子：指鱄设诸儿子。　⑫苟先君无废祀：不废弃先君的祭祀。　⑬民人无废主：百姓不废弃国君。　⑭社稷有奉，国家无倾，乃吾君也，吾谁敢怨：意指阖庐杀君自立，既成事实，季札只有承认。　⑮死：指王

僚。生：指阖庐。 ⑯立者从之：谁立为君，就服从谁。 ⑰复命哭墓：季札聘晋为吴王僚所遣，所以到吴王僚墓前报告使命。 ⑱复位而待：回到原来的位子，等待阖庐之命。 ⑲吴公子掩馀奔徐，公子烛庸奔钟吾：徐、钟吾都是小国。钟吾：古地名，在今江苏省宿迁市。 ⑳楚师闻吴乱而还：因吴内乱，楚国径自撤兵。

【译文】

　　夏四月，公子光在地下室埋伏甲士而设享礼宴请吴王。吴王派甲士遍布道路两边直到公子光家门口。大门、台阶、内室门、酒席边，都是吴王的亲兵，都持剑而立。上菜的人要在门外脱光衣服改换另外的衣服。端菜的人膝行而入，持剑甲士夹着他，剑尖都快要顶到身体，然后递上菜给侍者。公子光假装脚疾，躲进地下室。鳟设诸把剑藏在鱼腹中端进去，抽出剑猛刺吴王，自己也被两旁的剑交叉刺入胸部，结果还是刺死吴王。阖庐任命鳟设诸的儿子为卿。

　　季札回到国内，说："如果先君的祭祀不被废除，民众不废弃君主，社稷之神有人供奉，国家不会倾覆，那么他就是我的国君，我又敢怨恨谁呢？我将哀悼死者侍奉生者，以待天命。不是我发起动乱，谁做国君我就服从谁，这是祖先的常规。"于是到吴王僚墓前复命哭泣，回到自己的职位等待命令。吴国公子掩馀逃往徐国，公子烛庸出逃钟吾国。楚军得知吴国内乱便撤军。

大家读《左传》

【解读】

伍子胥逃到吴国后，知道吴公子光有异志，决意要帮助他，于是推荐鳟设诸以完成其事。本篇写得惊心动魄，特别是写鳟设诸刺吴王僚的一幕，整个场面充满着阴冷的杀机，残酷的氛围，但是鳟设诸却在如此戒备森严中刺杀了吴王僚。作者在场景的描绘与气氛的烘托中突出了鳟设诸的胆量和勇敢，突出了人物性格。《礼记·经解》云："属词比事，《春秋》教也。……属词比事而不乱，则深于《春秋》者也。"在激烈的矛盾冲突中完成人物的刻画，是本篇在文学上的特点，它就是《左传》"深于《春秋》者也"，这已经是完全小说化的"属词比事"了。鳟设诸刺杀吴王僚，是吴国历史上重大事件。《战国策·魏策四》记载唐且对秦王说："夫专诸之刺王僚也，彗星袭月；聂政之刺韩傀也，白虹贯日；要离之刺庆忌也，仓鹰击于殿上。"说明到战国时期，人们都知道鳟设诸之刺吴王僚且广为传播。

30.

〔楚〕子常

费无极谮杀郤宛

〔楚〕沈尹戌

昭公二十七年

郤宛直而和①，国人说②之。鄢将师为右领③，与费无极比④而恶之。令尹子常贿而信谗，无极谮⑤郤宛焉，谓子常曰："子恶欲饮子酒。"⑥又谓子恶："令尹欲饮酒于子氏。"子恶曰："我，贱人也，不足以辱令尹⑦。令尹将必来辱，为惠已甚⑧。吾无以酬⑨之，若何？"无极曰："令尹好甲兵，子出之，吾择焉⑩。"取五甲五兵⑪，曰："置诸门，令尹至，必观之，而从以酬之。"⑫及飨日，帷诸门左⑬。无极谓令尹曰："吾几祸子。子恶将为子不利，甲在门矣，子必无往⑭！且此役也⑮，吴可以得志⑯，子恶取赂焉而还，又误群帅，使退其师，曰：'乘乱不祥'⑰，吴乘我丧，我乘其乱，不亦可乎？"令尹使视郤氏，则有甲焉。⑱不往，召鄢将师而告之⑲。将师退，遂令攻郤氏，且焚⑳之。子恶闻之，遂自杀也。国人弗焚㉑，令曰："不焚郤氏，与之同罪。"或取一编菅焉，或取一秉秆㉒焉，国人投之，遂弗焚也㉓。令尹炮之㉔，尽灭郤氏之族党，杀阳令终与其弟完及佗，与晋陈及其子弟㉕。晋陈之族呼于国曰："鄢氏、费氏自以为王㉖，专祸楚国，弱寡王室，蒙㉗王与令尹以自利也。令尹尽信之矣，国将如何？"令尹病之。㉘

【注释】

①邵宛：又称子恶。直而和：正直而温和。 ②说：同"悦"。
③右领：楚国官名。 ④比（bì）：勾结。 ⑤子常：即囊瓦。贿：贪求贿赂。谮：诬陷。 ⑥子恶欲饮子酒：说邵宛打算请子常喝酒。子恶：即邵宛，也即子氏。 ⑦不足以辱令尹：不足以让令尹屈尊前来。 ⑧将必来辱，为惠已甚：指令尹如果光临，恩惠极大。 ⑨酬：奉献礼物以为报答。 ⑩子出之，吾择焉：意为让邵宛摆出好的皮甲武器，为他挑选，以备献给子常。 ⑪五兵：五种兵器。 ⑫置诸门，令尹至，必观之，而从以酬之：这是费无极教给邵宛的主意。实为设圈套。 ⑬帷诸门左：邵宛按费无极所教的办，将五甲兵放在门边帷帐里。 ⑭子必无往：叫子常不要前往。暗示邵宛将谋杀子常。 ⑮且此役也：指前文楚国救潜抗吴之役。 ⑯吴可以得志：楚国本可战胜吴国。 ⑰子恶取赂焉而还，又误群帅，使退其师，曰："乘乱不祥"：意思是指邵宛退兵，是受了吴人的贿赂，而假意说是吴有内乱，乘人之危不吉利。 ⑱令尹使视邵氏，则有甲焉：子常信谗，相信了费无极的话。 ⑲告之：告诉鄢将师邵宛要害自己。 ⑳爇（ruò）：放火焚烧。 ㉑国人弗爇：邵宛得到国人的拥护，不愿意烧。 ㉒编菅（jiān）：盖屋的茅草。菅：茅草。一秉：一把。秆：禾茎。编菅和秆都是用来烧邵宛的。 ㉓投之：国人夺走编菅和秆。遂弗爇也：不让烧邵宛家。 ㉔炮之：焚烧邵宛家。 ㉕杀阳令终与其弟完及佗，与晋陈及其子弟：以上诸人都是邵宛的同党。阳令终：阳匄，即令尹子瑕的儿子。晋陈：楚国大夫。 ㉖鄢氏、费氏自以为王：当时楚昭王年幼，二人横行无忌，以君王自居。 ㉗蒙：欺骗，蒙蔽。 ㉘令尹病之：费无极的倒行逆施，已引起众怒，令尹子常感到担心。

【译文】

郤宛为人正直而温和，国人很喜欢他。鄢将师任右领，与费无极朋比为奸而憎恨郤宛。令尹子常贪财而听信谗言，费无极就进谗诬陷郤宛，对子常说："郤宛打算请您喝酒。"又对郤宛说："令尹想到你家喝酒。"郤宛说："我是地位低贱的人，不配令尹屈尊前来。令尹一定要屈尊光临，对我的恩惠实在太大。我没什么可以回报，怎么办？"费无极说："令尹喜好皮甲兵器，你拿出来，我帮你挑选。"郤宛取出五副皮甲、五件兵器，费无极说："把它们放在门口，令尹来了，一定会观看，就乘机送给他。"到了请客的日子，郤宛把甲兵放在门左边的帷帐里。无极对令尹说："我差一点儿害了您。郤宛准备对您下毒手，皮甲都安放在门边了，您千万不要去！况且这次潜地的战役，我国本来可以得胜，但因郤宛接受了贿赂而撤军，又误导各位将领，让他们退兵，说：'乘别人有动乱而进击是不吉祥的。'其实吴国乘我们有丧事，我们乘其动乱，不也是可行的吗？"令尹派人去郤宛家察看，果然有皮甲在。就不去，并召来鄢将师告知情况。鄢将师退出后，就下令进攻郤宛，并且放火烧房。郤宛得知消息，就自杀了。民众不肯放火烧房，鄢将师下令说："不烧郤宛家的，和郤宛一同治罪。"有的人拿来一张盖屋的茅草，有的人拿来一把稻草，民众都把它扔掉了，因此没有烧起来。令尹派人烧了郤宛家，把郤氏族人全都杀掉，还杀了阳令终与他的弟弟完、佗，以及晋陈和他的子弟。晋陈的族人在国都大喊："鄢氏、费氏以君王自居，专权而祸乱楚国，削弱孤立王室，蒙骗楚王和令尹来为自己谋利。令尹已完全相信他们了，国家将要怎么办？"令尹听了很担心。

　　楚郤宛之难，国言未已①，进胙者②莫不谤令尹。沈尹戌言于子常曰："夫左尹与中厩尹③，莫知其罪，而子杀之④，以兴谤讟⑤，至于今不已。戌也惑之：仁者杀人以掩谤⑥，犹弗为也。今吾子杀人以兴谤而弗图⑦，不亦异乎？夫无极，楚之谗人也，民莫不知。去朝吴⑧，出蔡侯朱⑨，丧大子建，杀连尹奢⑩，屏⑪王之耳目，使不聪明⑫。不然，平王之温惠共俭，有过成、庄，无不及焉⑬。所以不获诸侯，迩无极也⑭。今又杀三不辜⑮，以兴大谤，几及子矣。子而不图，将焉用之⑯？夫鄢将师矫⑰子之命，以灭三族。三族，国之良也，而不愆位⑱。吴新有君⑲，疆场日骇⑳，楚国若有大事㉑，子其危哉！知者除谗以自安也㉒，今子爱谗以自危也，甚矣，其惑也！"子常曰："是瓦㉓之罪，敢不良图㉔！"九月己未㉕，子常杀费无极与鄢将师，尽灭其族，以说于国。谤言乃止。

【注释】

①国言未已：国内怨言不息。　②进胙（zuò）者：有资格分得胙肉的人，指大夫们。胙：祭肉。诸侯祭祀，祭后必分祭肉给卿大夫。　③左尹：郤宛。中厩尹：阳令终。　④莫知其罪，而子杀之：指二人无辜被杀。莫：无人。　⑤谤讟（dú）：怨言。　⑥掩谤：掩盖谤怨。　⑦杀人以兴谤而弗图：杀人兴谤，却不考虑补救办法，实在奇怪。　⑧去朝吴：鲁昭公十五年，费无极挑拨朝吴与蔡人的关系，遂使蔡人逐朝吴。　⑨出

蔡侯朱：鲁昭公二十一年，费无极取货于蔡平侯之弟，欲害蔡太子朱，造谣于蔡。　⑩杀连尹奢：即杀伍奢。事见《伍员奔吴》篇，昭公二十年。　⑪屏：遮挡。　⑫聪明：耳听得清为聪，眼看得清为明。　⑬平王之温惠共俭，有过成、庄，无不及焉：指平王受费无极蒙蔽，否则，其温和仁慈超过成王、庄王。　⑭迩无极也：接近费无极。迩：接近，亲近。　⑮三不喜：指郤氏、阳氏、晋陈氏，即下文的三族。　⑯焉用之：何必用令尹。　⑰矫：假传。　⑱不愆（qiān）位：在位没过错。　⑲吴新有君：指吴王阖庐刚立为君。　⑳疆场（yì）日骇：楚、吴二国边境日益紧张。场：疆界；骇：惊惧。　㉑大事：指战争。　㉒知者除谗以自安也：聪明人是排除谗言以安定自己。下句"今子爱谗以自危也"，则意思刚好相反。　㉓瓦：囊瓦，字子常。　㉔良图：好好考虑。　㉕己未：十四日。

【译文】

　　楚国郤宛的祸难，国内怨言不断，凡有资格分胙肉的人没有不指责令尹的。沈尹戍对令尹子常说："左尹和中厩尹无人知晓其罪，而你却杀了他们，招致怨言，直到现在还没止息。我感到很困惑：仁爱者用杀人来掩盖指责，尚且不可这样做。现在您杀了人而招致指责，却不考虑补救，这不奇怪吗？况且费无极是楚国的谗佞小人，民众无人不知。他除掉朝吴，赶走蔡侯朱，丧失太子建，杀了连尹奢，蒙蔽君王的耳目，让他耳不聪眼不明。不然的话，平王的温和恭俭，超过了成王、庄王，而没有不及之处。他所以得不到诸侯的拥护，就是因为亲近费无极。现在又杀了三个无辜者，引起极大不满，几乎要拖累您了。您如果不考虑解决，还用您这位令尹干吗？鄢将师假传您的命令，灭了三族。这三族是国家的良才，在位并没有过错。吴国刚刚立了新君，边境日益紧张，楚国如果发生战事，您可就危险了！聪明人去除谗佞者以使自己安全，现在您却喜爱进谗者而使自己危险，您也太过昏聩糊涂了！"子常说："的确是我的罪过，怎敢不好好考虑！"九月十四，子常杀了费无极和鄢将师，灭绝其宗族，以取悦于国人，指责的言论才平息下来。

【解读】

楚国的费无极，既贪，且胸怀极其狭小，是个阴谋家的典型。鲁昭公二十年，他诬陷太子建和伍奢，这一年又要陷害郤宛。由此造成了楚国不息的内乱。可以说，费无极是个以谗言杀人的行家里手。费无极的手段，是采用巧言曼语的蒙骗，心怀叵测的挑拨，无中生有的陷害，以达到除掉他的政敌如郤宛的目的。当然，由于楚王的糊涂，令尹子常的贪贿信谗，使得费无极的阴谋一一得逞。不过，费无极的倒行逆施，终于引发国人的愤怒，最后被杀。作者对费无极的揭露可谓淋漓尽致。

31.

吴楚柏举之战

吴王阖庐

楚昭王

定公四年、五年

（定公四年）沈^①人不会于召陵，晋人使蔡伐之。夏，蔡灭沈。

秋，楚为沈故，围蔡^②。伍员为吴行人^③以谋楚。

楚之杀郤宛^④也，伯氏之族出^⑤。伯州犁之孙嚭为吴大宰以谋楚。^⑥楚自昭王即位，无岁不有吴师^⑦。蔡侯因之^⑧，以其子乾与其大夫之子为质于吴^⑨。

【注释】

①沈：楚国盟国，在今安徽省阜阳市。　②围蔡：楚国为沈国而报复，围攻蔡国。　③伍员（yún）：字子婿，父伍奢，兄伍尚，皆楚平王臣子。平王听信小人费无极之谗言，杀奢与尚，伍员奔吴。行人：外交官。④郤宛：字子恶，楚国贤臣。鲁昭公二十七年，由于费无极的陷害，郤宛被杀。　⑤伯氏之族出：伯氏为郤宛同党，因此逃离楚国。　⑥伯州犁之孙嚭（pǐ）为吴大宰以谋楚：意为伯州嚭事吴为太宰，他和伍员都为吴国策划对付楚国。　⑦无岁不有吴师：年年有吴军骚扰。　⑧蔡侯：即蔡昭侯，名申。因之：依附吴国。　⑨以其子乾与其大夫之子为质于吴：晋国虽然合诸侯于召陵，却不讨伐楚国，蔡国于是求助于吴国。

【译文】

（定公四年）沈国不肯参加召陵盟会，晋国派蔡国讨伐它。

夏，蔡国灭亡沈国。

秋，楚国为了沈国的缘故，包围蔡国。伍员任吴国行人，谋划进攻楚国。

楚国杀死郤宛时，伯氏的族人出逃国外。伯州犁的孙子伯嚭任吴国太宰，谋划攻打楚国。楚国自从昭王即位以来，没有一年不受到吴军袭击。蔡昭侯也依附吴国，把儿子乾和大夫的儿子送到吴国当人质。

冬，蔡侯、吴子、唐侯伐楚①。舍舟于淮汭②，自豫章与楚夹汉③。左司马戌谓子常④曰："子沿汉而与之上下⑤，我悉方城外以毁其舟，还塞大隧、直辕、冥厄⑥。子济汉而伐之⑦，我自后击之，必大败之。"既谋而行。武城黑⑧谓子常曰："吴用木也，我用革也，不可久也⑨，不如速战。"史皇⑩谓子常："楚人恶子而好司马⑪。若司马毁吴舟于淮，塞城口⑫而入，是独克吴也。子必速战！不然，不免。⑬"乃济汉而陈，自小别至于大别⑭。三战，子常知不可，欲奔⑮。史皇曰："安求其事⑯，难而逃之，将何所入⑰？子必死之，初罪必尽说。⑱"

【注释】

①吴子：即吴王阖庐，名光，鲁昭公二十八年杀吴王僚自立。唐侯：唐成公。蔡、唐二君常受楚国凌辱，故联吴攻楚。　②舍舟于淮汭：吴军到达淮汭，弃船登陆攻击楚国。淮：淮水；汭：河岸凹曲处。　③自豫章与楚夹汉：吴军从豫章进发，与楚军夹汉水对峙。　④左司马戌：沈

尹戌。子常：平王时令尹，名瓦，又称囊瓦。 ⑤沿汉而与之上下：紧守汉水沿岸，上下堵截，不让吴军渡水。 ⑥还塞：沈尹戌将以方城外全部楚军抄袭吴军背后，毁坏吴军船只而断其退路。大隧、直辕、冥厄：地名，在今河南、湖北交界的三个关隘。 ⑦子济汉而伐之：意指等沈尹戌截住吴军归路后，子常再渡过汉水来攻打吴军。 ⑧武城黑：楚国武城大夫，名黑。 ⑨吴用木也，我用革也，不可久也：革车是用胶把皮革粘饰在车表面，虽然美观，但不耐雨湿，不可久战。木是栈车。用木、用革，都指兵车。 ⑩史皇：楚国大夫。 ⑪司马：即沈尹戌。 ⑫城口：指上述大隧等三关。 ⑬不然，不免：史皇怕沈尹戌独占其功，唆使子常不用沈尹戌的战略。不免：不免于罪。 ⑭自小别至于大别：没等沈尹戌做好准备，子常先出击。小别：小别山，在今湖北省孝感市汉川市，汉水以北。大别：大别山，在今湖北省武汉市汉阳区东北。 ⑮欲奔：知道不能战胜吴军，准备撤军逃走。 ⑯安求其事：国安之时就想过问政事。 ⑰难而逃之，将何所入：有危难时就想逃跑，又能逃到哪里去？ ⑱子必死之，初罪必尽说：只有拼死一战，才可解脱前罪。说：同"脱"。

【译文】

冬，蔡昭侯、吴王阖庐、唐成公进攻楚国。在淮河边弃舟登岸，从豫章进发，与楚军隔汉水对峙。左司马沈尹戌对子常说："您沿着汉水与他们上下周旋，我带领方城外的所有人马去毁掉吴军的战船，再回头堵塞大隧、直辕、冥厄。您渡过汉水进击他们，我从后面进攻，必然把他们打得大败。"商量好就出发了。武城黑对子常说："吴国战车用的是木头，我们用的是皮革蒙车，遇雨不能持久，不如速战。"史皇对子常说："楚国人讨厌您而喜欢司马。要是司马在淮水毁掉吴国战船，堵塞城口而回兵，那可就是他单独战胜吴国了。您一定要速战！不然，将不免于祸难。"子常便渡过汉水摆开阵势，从小别山直到大别山。打了三战，子常发现不能获胜，想逃走。史皇说："平安无事时您争要权力，有急难就逃走，您想逃到哪里去？您一定要拼死作战，以前的罪责才能全部免除。"

十一月庚午，二师陈于柏举①。阖庐之弟夫槩王②晨请于阖庐曰："楚瓦不仁，其臣莫有死志③，先伐之，其卒必奔；而后大师继之，必克。"弗许④。夫槩王曰："所谓'臣义而行⑤，不待命'者，其此之谓也。今日我死，楚可入也⑥。"以其属五千先击子常之卒。子常之卒奔⑦，楚师乱，吴师大败之。子常奔郑。⑧ 史皇以其乘广⑨死。

吴从楚师，及清发⑩，将击之。夫槩王曰："困兽犹斗，况人乎？若知不免而致死，必败我。⑪ 若使先济者知免，后者慕之，蔑有斗心矣。半济而后可击也。⑫"从之，又败之。楚人为食⑬，吴人及之，奔。食而从之，败诸雍澨⑭。五战，及郢。

【注释】

①二师：吴、楚两国的军队。柏举：地名，在今湖北省黄冈市麻城市附近。　②夫槩王："夫槩"是人名，因其在鲁定公五年曾自立为王。　③死志：死战的决心。　④弗许：阖庐不同意夫槩王的请求。　⑤臣义而行：

为人臣之道，合于道义就做。　⑥楚可入也：准备拼死攻入郢都，逃至郑国。　⑦子常之卒奔：子常军队本无斗志，一战即溃。　⑧子常奔郑：不敢回郢都，逃至郑国。　⑨其：指子常。乘广：楚王或楚国主帅所乘坐的兵车。　⑩清发：水名，在今湖北省孝感市安陆市。　⑪若知不免而致死，必败我：要是发现免不了一死而拼死战斗，可能反败为胜。　⑫半济而后可击也：楚军有一半已渡河时，再进行追击。　⑬为食：做饭吃。　⑭雍澨：水名，今湖北省荆门市京山市有三澨水，此为其中之一。

【译文】

十一月十八，两军在柏举对阵。阖庐弟弟夫槩王早晨向阖庐请示说："楚国囊瓦不仁，他的手下没有拼死的决心，我们抢先进攻，他们的士兵必定奔逃；然后大部队跟进，一定能战胜。"吴王不同意。夫槩王说："所谓'臣下看到合道义的就去做，不必等待命令'，说的就是这情形。今天我拼死一战，楚国就能攻入。"便带着下属五千人率先攻击子常的人马。子常的士兵溃逃，楚军大乱，吴军大败楚军。子常逃往郑国。史皇在子常车上战死。

吴军追赶楚军直到清发，准备发起进攻。夫槩王说："困兽犹斗，何况人呢？如果知道免不了一死而拼命，必定会打败我们。要是让先渡过河的楚军以为能逃脱，后面的人就会羡慕他们，这样就没有斗志了。等他们渡到一半以后就可以攻击了。"吴王同意了，又打败楚军。楚国人正做饭，吴军赶到，楚军跑了。吴军吃了这些饭食又去追赶，在雍澨又打败楚军。连打五仗，抵达郢都。

己卯①，楚子取其妹季芈畀我②以出，涉雎③。鍼尹固④与王同舟，王使执燧象以奔吴师⑤。

庚辰⑥，吴入郢，以班处宫⑦。子山⑧处令尹之宫，夫槩王欲攻之，惧而去之⑨，夫槩王入之。

【注释】

①己卯：十一月二十七。　②季芈（mǐ）畀（bì）我：楚平王之女，楚昭王妹妹，季为排行。芈：姓；畀我：名。　③雎：水名，一名沮河，自今湖北省荆州市江陵县入长江。　④鍼尹固：楚国大夫。　⑤执燧象以奔吴师：把火炬系在象尾上，让象冲入敌阵，以抵御吴军。燧：火炬。　⑥庚辰：二十八日。　⑦以班处宫：按爵位等级占有楚人宫室。　⑧子山：阖庐儿子。　⑨夫槩王欲攻之，惧而去之：夫槩王与子山争令尹之宫，子山害怕，撤出。

【译文】

十一月二十七，楚昭王带着妹妹季芈畀我逃出郢都，徒步渡过雎水。鍼尹固与昭王同船，昭王命他在大象尾巴上系上火炬，冲向吴军。

二十八日，吴军进入郢都，按照官爵尊卑入住宫室。子山住在令尹的宫里，夫槩王要攻击他，子山害怕而搬走，夫槩王就住了进去。

左司马戌及息而还①，败吴师于雍澨，伤。初，司马臣阖庐，故耻为禽焉②。谓其臣曰："谁能免吾首③？"

吴句卑④曰："臣贱，可乎？"司马曰："我实失子⑤，可哉！"三战皆伤，曰："吾不可用⑥也已。"句卑布裳，刭而裹之，藏其身，而以其首免。⑦

【译文】

左司马沈尹戌到达息地就退兵，在雍澨打败吴军，自己也负了伤。起初，司马戌做过阖庐的臣下，所以耻于被吴军擒获。对他部下说："谁能让吴军得不到我的头？"吴句卑说："下臣地位低贱，不知可以吗？"司马戌说："我过去竟然没有重用你，可以的！"又与吴军交战，三次都负伤，说："我已经不行了。"吴句卑铺开裙子，割下沈尹戌的头包裹好，藏好他的尸身，然后带着头逃走了。

楚子涉雎，济江，入于云中①。王寝，盗攻之，以戈击王。王孙由于以背受之②，中肩。王奔郧③。锺建④

负季芈以从。由于徐苏而从[5]。郧公辛[6]之弟怀将弑王，曰："平王杀吾父，我杀其子，不亦可乎？"辛曰："君讨臣，谁敢仇之？[7]君命，天也。若死天命，将谁仇？《诗》曰：'柔亦不茹，刚亦不吐，不侮矜寡，不畏强御。'[8]唯仁者能之。违强陵弱[9]，非勇也；乘人之约[10]，非仁也；灭宗废祀[11]，非孝也；动无令名[12]，非知也。必犯是，余将杀女。"鬬辛与其弟巢以王奔随。[13]吴人从之，谓随人曰："周之子孙在汉川者，楚实尽之。[14]天诱其衷，致罚于楚[15]，而君又窜之，周室何罪[16]？君若顾报周室，施及寡人，以奖天衷[17]，君之惠也。汉阳之田，君实有之。[18]"楚子在公宫[19]之北，吴人在其南。子期似王，逃王，而己为王[20]，曰："以我与之，王必免。"随人卜与之，不吉，乃辞吴曰："以随之辟小而密迩于楚[21]，楚实存之。世有盟誓，至于今未改。若难而弃之，何以事君？[22]执事之患不唯一人，若鸠楚竟，敢不听命？[23]"吴人乃退。䥯金[24]初宦于子期氏，实与随人要言[25]。王使见[26]，辞曰："不敢以约为利。"[27]王割子期之心以与随人盟。[28]

【注释】

①云中：即云梦泽，在今湖北省孝感市安陆市。　②王孙由于以背受之：王孙由于以背代昭王受戈击。王孙由于：又称吴由于，楚国公族。③郧（yún）：本小国名，被楚所灭。　④锺建：楚国大夫。　⑤徐苏：慢慢苏醒。从：跟随楚王。　⑥郧公辛：鬬辛，蔓成然儿子。鲁昭公十四年

楚平王杀蔓成然。　⑦君讨臣，谁敢仇之：国君诛讨其臣，谁敢记仇怀恨？　⑧柔亦不茹，刚亦不吐，不侮矜寡，不畏强御：出自《诗经·大雅·烝民》，意思是遇到软的不吞下去，遇到硬的不吐出来。不侮辱鳏寡的人，也不畏惧强暴的人。"柔亦不茹，刚亦不吐"两句是比喻。茹：食，吞，与"吐"对文。矜寡：鳏寡。　⑨违强陵弱：楚平王杀其父时，王是强者，所以其父不违君命而受之。如今楚昭王逃亡在外，是弱者。　⑩约：穷，指楚昭王正处于困境。　⑪灭宗废祀：弑君之罪，将遭灭族之祸而使宗祀废绝。　⑫动无令名：弑君的行动无美名。动：行动。　⑬鬬辛与其弟巢以王奔随：鬬辛阻止其弟杀昭王，并保护昭王逃往随国。　⑭周之子孙在汉川者，楚实尽之：僖公二十八年传说："汉阳诸姬，楚实尽之。"吴、随等都是姬姓，所以吴国以此诱使随人反楚。　⑮致罚于楚：天衷要降罚于楚国。　⑯而君又窜之，周室何罪：吴国责备随国不应藏匿共同的仇人。窜：藏匿。　⑰奖：助成。天衷：天的意旨。　⑱汉阳之田，君实有之：以汉阳之土田再诱随国，都归君王所有。　⑲公宫：随国国君之宫。　⑳子期似王，逃王，而己为王：公子结长相似昭王，自荐伪扮昭王以应付吴国，让昭王逃走。子期：楚昭王兄公子结。　㉑密迩于楚：指距楚极近。　㉒若难而弃之，何以事君：随国有难时则背弃盟约，如此不守信义，又何以事吴国？君：指吴王。　㉓执事之患不唯一人，若鸠楚竟，敢不听命：意为吴国之患，并不在昭王一人未擒，安定楚国民心更重要。执事：指吴王；一人：指楚昭王；鸠：安定；竟：同"境"。　㉔镬（lù）金：人名，曾是子期家臣。　㉕要言：口头约定，指商定藏匿昭王以及子期代王之事。要：约。　㉖王使见：想召见镬金并封为王臣。　㉗不敢以约为利：不敢趁昭王困窘时为自己谋利。　㉘王割子期之心以与随人盟：割破子期胸部皮肤，取血与随人结盟，非剖腹取心。子期本要代王赴难，所以取他的血，表示接受其忠诚。

【译文】

楚昭王徒步渡过睢水，又渡过长江，进入云梦泽。昭王休息时，盗贼攻击他，用戈打昭王。王孙由于用背挡住戈，击中肩膀。昭王逃到郧地，锺建背着季芈跟从。王孙由于慢慢苏醒后也跟了上来。郧公鬬辛的弟弟鬬怀要杀死昭王，说："平王杀了我们的父亲，我杀死他的儿子，不也是可以的吗？"鬬辛说："君王诛讨臣子，谁敢仇恨他？君王的命令是上天的意志。如果死于天命，你要仇恨谁？《诗经》说：'不吞吃柔软的，不吐出坚硬的。不欺侮鳏寡，不畏惧强暴。'这只有仁爱者才能做到。躲避强者欺凌弱者，不是勇；乘人之危，不是仁；灭亡宗族，废弃祭祀，不是孝；行动得不到好名声，不是智。你一定要这样做，我将杀了你。"鬬辛和弟弟巢陪着昭王逃到随国。吴国人也追到这里，对随国人说："周王的子孙在汉川的，都被楚国消灭净尽。上天垂示意愿，降罚于楚国，君王却藏匿楚王，请问周室有什么罪？君王要是能顾念并报答周室，恩惠延及寡人，以完成上天的心愿，这是君王的恩惠。汉水北边的田地，都归君王所有。"楚昭王在随国公宫的北面，吴军在公宫南面。子期长相像昭王，就让昭王逃走，自己装扮成昭王，说："把我交给吴人，君王一定可免于难。"随国人为交出子期而占卜，不吉利，就拒绝吴国说："随国偏僻弱小，又紧邻楚国，是楚国保存了我们。两国世代有盟誓，直到现在也没改变。如果楚国有危难而抛弃它，又凭什么侍奉君王？你们的问题不只是昭王一

人，要是能安定楚国，我国岂敢不听从命令？"吴军便退兵。鬶
金起初在子期氏那里当家臣，曾与随国人约定不交出楚王。昭
王让他进见，他推辞说："不敢因为君王处在困境而谋取私利。"
昭王割破子期的胸口取血与随国人结盟。

初，伍员与申包胥①友。其亡也，谓申包胥曰："我
必复②楚国。"申包胥曰："勉之！子能复之，我必能兴
之。"及昭王在随，申包胥如秦乞师，曰："吴为封豕、
长蛇③，以荐食上国，虐始于楚④。寡君失守社稷，越在
草莽⑤，使下臣告急，曰：'夷德无厌，若邻于君，疆场
之患也。⑥逮⑦吴之未定，君其取分⑧焉。若楚之遂亡，
君之土也。若以君灵抚之，世以事君⑨。'"秦伯⑩使辞焉，
曰："寡人闻命矣。子姑就馆，将图而告⑪。"对曰："寡
君越在草莽，未获所伏⑫，下臣何敢即安？"立，依于庭
墙而哭，日夜不绝声，勺饮不入口七日。秦哀公为之赋
《无衣》⑬。九顿首而坐⑭。秦师乃出。

【注释】

①申包胥：楚之同姓，食采邑于申，因以为姓。　②复：同"覆"，
颠覆。　③封豕：大野猪。封：大。尧时封豕、长蛇曾为害，故用以比喻
吴国。　④以荐食上国，虐始于楚：吴国屡次侵害中原诸侯，首先侵害到
楚国。荐：屡次；上国：指中原地区的诸侯国。　⑤越：流亡。草莽：草
野之间。　⑥夷德无厌，若邻于君，疆场之患也：楚国西界与秦国相接，
现在吴国既占有楚国，则成为秦的邻国，这样一来秦国的边境也将不免于

祸患。夷：指吴国。　⑦逮：及，乘。　⑧取分：取得一份地盘。指与吴国共分楚国。　⑨若以君灵抚之，世以事君：如不亡，楚国将世世代代侍奉秦国。以君之灵：即"托福"之意。灵：威灵；抚：存恤。　⑩秦伯：即秦哀公。　⑪将图而告：待考虑好后再作答复。　⑫未获所伏：未得安宁居处。　⑬《无衣》：出自《诗经·秦风》，其中有"王于兴师，修我戈矛，与子同仇"及"修我甲兵，与子偕行"的诗句。秦哀公赋此诗，是表示将出兵救楚国。　⑭九顿首而坐：申包胥行大礼拜谢。顿首：叩头；坐：跪坐。

【译文】

起先，伍员与申包胥是好朋友。当伍员逃亡的时候，对申包胥说："我一定要灭亡楚国。"申包胥说："努力吧！你能灭亡它，我一定能复兴它。"到了昭王在随国，申包胥到秦国请求出兵，说："吴国如同大猪、长蛇，一再吞食上国，为害从楚国开始。我们国君失守国家，流亡荒野，派下臣来告急，说：'夷人的本性就是贪得无厌，如果成为君王的邻国，就将是秦国边境的祸患。趁吴国现在还没平定楚国，君王可以前来分割。要是楚国就此灭亡，这里就是君王的土地了。如果以君王的威灵镇抚楚国，当世世代代侍奉君王。'"秦哀公派人致谢，说："寡人听到命令了。您姑且在馆舍安顿下来，我们商量后告知。"申包胥回答说："我们国君远避荒野，还没得到安身之处，下臣怎敢到安逸的地方休息？"站在那儿，靠着庭院的墙而哭，日夜哭声不断，七天没喝过一勺水。秦哀公为他赋《无衣》。申包胥叩了九次头后才坐下。秦军于是出动。

（定公五年）申包胥以秦师至，秦子蒲、子虎帅车五百乘以救楚。子蒲曰："吾未知吴道①。"使楚人先与吴人战，而自稷会之②，大败夫槩王于沂③。吴人获蓬射④于柏举，其子帅奔徒以从子西⑤，败吴师于军祥⑥。

秋七月，子期、子蒲灭唐⑦。

【注释】

①吴道：吴国的战术。　②而自稷会之：秦军在稷和吴军相遇。稷：古地名，在今河南省南阳市桐柏县。　③沂：楚国地名，在今河南省驻马店市正阳县。　④蓬射：楚国大夫。　⑤奔徒：奔跑的散兵。子西：即公子申，楚平王的庶长子。　⑥军祥：古地名，在今湖北省随州市随县。　⑦子期、子蒲灭唐：唐国跟随吴国伐楚，因此被灭。唐：国名，在今湖北省襄阳市枣阳市。

【译文】

（定公五年）申包胥带着秦军来，秦国子蒲、子虎率领战车五百辆来救援楚国。子蒲说："我不了解吴国的战术。"让楚军先和吴军交战，而从稷地领兵接应，在沂地大败夫槩王。吴国在柏举俘获蓬射，蓬射儿子收拾败兵跟随子西，在军祥打败吴军。

秋七月，子期、子蒲灭亡唐国。

九月，夫槩王归，自立也①。以与王战而败，奔楚，为棠溪氏。②吴师败楚师于雍澨，秦师又败吴师。吴师居麇③，子期将焚之，子西曰："父兄亲暴骨焉④，不能收，又焚之，不可。"子期曰："国亡矣！死者若有知也，可以歆旧祀，岂惮焚之？"⑤焚之，而又战，吴师败，又战于公壻之溪⑥。吴师大败，吴子乃归。囚阊舆罢⑦，阊舆罢请先，遂逃归⑧。叶公诸梁⑨之弟后臧，从其母于吴⑩，不待而归⑪。叶公终不正视⑫。

【注释】

①自立也：想自立为吴王。　②以与王战而败，奔楚，为棠溪氏：夫槩王被阖庐打败，逃奔楚国，后被封为棠溪氏。棠溪：或作"堂溪"，在今河南省驻马店市遂平县。　③麇（jūn）：楚国地名，在雍澨附近。　④父兄亲暴骨焉：前年楚国与吴国作战，多死于麇中，尸骨暴露未收。　⑤国亡矣！死者若有知也，可以歆旧祀，岂惮焚之：焚邑是为了消灭敌人，使楚国不亡，那时可按旧规矩来祭祖。父兄死而有知，一定不会反对焚邑。歆：享；旧祀：往日的祭祀。　⑥公壻之溪：楚国地名。　⑦阊（yīn）舆罢：楚国大夫。　⑧阊舆罢请先，遂逃归：意为阊舆罢被囚，他请求先走（实为哄骗吴人），乘机逃回楚国。　⑨叶公诸梁：叶公子高，沈尹戌之子，因封于叶，故称叶公。　⑩从其母于吴：吴军入楚后，后臧母亲被俘虏入吴，后臧跟随入吴。　⑪不待而归：战后后臧丢弃母亲只身逃回楚国。　⑫终不正视：叶公嫌后臧弃母不义，终生不正眼看他。

【译文】

九月，夫槩王回国，自立为吴王。领兵和吴王阖庐交战被打败，出逃楚国，后来封为棠溪氏。吴军在雍澨打败楚军，秦军又打败吴军。吴军驻扎在麇地，子期打算放火烧麇地，子西说："父兄亲人的骸骨暴露在野，不能收殓，又要焚烧掉，这不行。"子期说："国家要灭亡了！死者如果有灵，以后还可以按旧规矩享受祭祀，哪里会怕焚烧？"最终放火焚烧，又交战，吴军被打败，又在公婿之溪交战。吴军大败，吴王便撤兵回国。俘虏了阘舆罢，阘舆罢请求让自己先走，乘机逃回楚国。叶公诸梁的弟弟后臧跟随母亲到吴国，后来丢弃母亲自己逃回楚国。叶公始终不拿正眼看他。

楚子入于郢。① 初，鬪辛闻吴人之争宫②也，曰："吾闻之：'不让，则不和；不和，不可以远征。'吴争于楚，必有乱；有乱，则必归，焉能定楚③？"

【注释】

①楚子入于郢：吴军撤走，楚昭王回到郢都。 ②争宫：指夫槩王与子山争住令尹之宫事。 ③焉能定楚：这是补叙鬪辛的预言，谓吴国的失败势在必然。

【译文】

楚昭王进入郢都。起初，鬪辛听到吴国人争宫之事，说："我听说：'不谦让，就不和睦；不和睦，就不能远征。'吴国人在楚国相争，必定发生动乱；有动乱，就必然要撤回，哪里能平定楚国？"

王之奔随也，将涉于成臼①。蓝尹亹涉其帑②，不与王舟。及宁，王欲杀之③。子西曰："子常唯思旧怨以败④，君何效焉？"王曰："善。使复其所，吾以志前恶。⑤"王赏鬪辛、王孙由于、王孙圉、锺建、鬪巢、申包胥、王孙贾、宋木、鬪怀⑥。子西曰："请舍怀也。⑦"王曰："大德灭小怨⑧，道也。"申包胥曰："吾为君也，非为身也。君既定矣，又何求？且吾尤子旗⑨，其又为诸⑩？"遂逃赏。王将嫁季芈，季芈辞曰："所以为女子，远丈夫也。锺建负我矣。⑪"以妻锺建，以为乐尹⑫。

【注释】

①成臼：水名，大约在今湖北省天门市。 ②蓝尹亹（wěi）：楚国大夫。帑：同"孥"，妻子。 ③王欲杀之：蓝尹亹当初不肯让船，楚昭王准备杀他。 ④子常唯思旧怨以败：当初令尹子常就是因为不弃旧怨才遭到失败。 ⑤使复其所，吾以志前恶：不杀蓝尹亹，并且官复原职，以此记住先前的教训。 ⑥"鬪辛"等：九人都随从楚昭王逃难，有功，因此受赏。 ⑦请舍怀也：鬪怀曾要杀楚昭王，所以子西请求免赏鬪怀。 ⑧大德灭小怨：鬪怀最终听从其兄劝告，使楚昭王免于难，是大德。 ⑨且吾尤子旗：鲁昭公十四年，子旗因拥立楚平王，自以为有大功，贪得无厌，终为平王所杀。尤：怨恨；子旗：蔓成然。 ⑩其又为诸：意为难道我又要做子旗吗？诸：犹"之乎"。 ⑪锺建负我矣：锺建已背过我。所以非嫁他不可。 ⑫乐尹：掌管音乐的大夫。

楚昭王逃往随国的时候，准备渡过成臼河。蓝尹亹让自己的妻子儿女渡河，而不把船给昭王渡。等到战事平定以后，昭王想杀蓝尹亹。子西说："子常就因为老记着过去的仇怨而失败，君王干吗要学他呢？"昭王说："你说得对。让蓝尹亹官复原职吧，我用这个来记住以往的过错。"昭王赏赐鬬辛、王孙由于、王孙围、锺建、鬬巢、申包胥、王孙贾、宋木和鬬怀。子西说："请不要赏鬬怀。"昭王说："大德可以盖过小怨，这是合于道义的。"申包胥说："我是为了国君，不是为了自身。现在国君已经安定了，我又有什么追求呢？况且我怨恨子旗，难道又要学他吗？"便躲开不接受赏赐。昭王打算嫁季芈，季芈推辞说："作为女人，就是要远离男子。锺建背过我了。"便把季芈嫁给锺建，并让锺建担任乐尹。

王之在随也，子西为王舆服以保路①，国于脾泄②。闻王所在，而后从王。王使由于城麇③。复命。子西问高厚焉④，弗知。子西曰："不能，如辞。⑤城不知高厚，小大何知？"对曰："固辞不能，子使余⑥也。人各有能有不能。王遇盗于云中，余受其戈，其所⑦犹在。"祖而示之背，曰："此余所能也。脾泄之事，余亦弗能也。⑧"

【注释】

①子西为王舆服以保路：子西陈设了楚王的车马衣饰，造成楚王未逃走的假象，以安定、保护各路军民。　②国于脾泄：在脾泄建立了国都。

脾泄：楚国地名，在郢都附近。　③城麇：修筑麇城。　④子西问高厚焉：子西问王孙由于城墙的高度和厚度。　⑤不能，如辞：不能胜任，还不如辞掉这差事。　⑥子使余：是你一定要我去的。　⑦所：处所，这里指伤痕。　⑧脾泄之事，余亦弗能也：王孙由于对子西反唇相讥，以背受戈，使王脱险，是我所能；而在脾泄建立国都之事，则非我所能了。言外之意是表白自己忠心无二。

【译文】

昭王在随国的时候，子西制作了楚王的车子、服饰，以安定、保护各路军民，定国都于脾泄。后来得知昭王所在，就去随从昭王。昭王让由于修筑麇城，然后回来复命。子西问起城墙的高度和厚度，由于不知道。子西说："你不能胜任，就应该辞掉。筑城却不知道它的高度、厚度，又怎能知道工程的范围大小？"由于答复说："我坚决推辞干不了，是您要我去的。本来每人各有干得了、干不了的事。昭王在云中遇到盗贼时，是我用身子挡住了戈，伤疤现在还在。"便脱下衣服露出背让子西看，说："这是我所能办到的。至于您在脾泄所做的事，我也不能做到。"

【解读】

吴国本是东南蛮夷小国，虽为周太王太伯之后，但与中原长久断了来往。到吴寿梦之后，吴国始日益强大，且称王。鲁成公七年（吴寿梦三年）楚大夫巫臣从晋使吴，寿梦悦之，吴乃始通中原诸国。巫臣在吴国教吴战阵，唆使吴叛楚。于是吴开始伐楚。鲁昭公二十年伍子胥奔吴，又增大了吴国的力量。鲁定公三年，楚国贪财的令尹子常扣留了蔡国和唐国的国君，第二年，吴、蔡、唐联军伐楚。"无岁不有吴师"，说明吴人侵扰楚国之频繁。柏举一战，楚人大败，吴人进入郢都。但是，吴人进入郢都后，却只知争财夺利，再加上申包胥乞师秦廷，楚国终于夺回郢都。吴楚柏举之战是《左传》中最后一次大战，楚国的失败和吴国的撤出郢都，都是内乱带来的结果。政平、国治、民安、将帅和，才是取胜的资本，这是作者所要表现的战争思想。作者详写了战争中的谋略和细节，似小说笔法。此外，此篇写了申包胥泣秦廷之事。申包胥哭秦廷，虽为楚国而哭，却体现其爱国精神，成为影响深远的爱国者的形象。为后人敬仰。李白《奔亡道中五首》云："申包惟恸哭，七日鬓毛斑。"《东周列国志》有《泣秦庭申包胥借兵，退吴师楚昭王返国》(第七十七回)，后来京剧有传统剧目《七日七夜》，亦演义申包胥哭秦廷事，使得申包胥的故事家喻户晓。

32.

〔鲁〕冉求

齐鲁清之战

〔鲁〕樊迟

哀公十一年

春，齐为鄎故①，国书、高无丕②帅师伐我，及清③。季孙谓其宰冉求④曰：“齐师在清，必鲁故也⑤。若之何？”求曰：“一子守，二子从公御诸竟。”⑥季孙曰：“不能。”⑦求曰：“居封疆⑧之间。”季孙告二子，二子不可⑨。求曰：“若不可，则君无出⑩。一子帅师，背城而战，不属者，非鲁人也⑪。鲁之群室⑫，众于齐之兵车。一室敌车⑬，优矣。子何患焉？二子之不欲战也宜，政在季氏⑭。当子之身，齐人伐鲁而不能战，子之耻也，大不列于诸侯矣⑮。”季孙使从于朝，俟于党氏之沟⑯。武叔⑰呼而问战焉，对曰：“君子⑱有远虑，小人⑲何知？”懿子强问⑳之，对曰：“小人虑材而言，量力而共者也。”㉑武叔曰：“是谓我不成丈夫也。”㉒退而蒐乘㉓。孟孺子㉔泄帅右师，颜羽㉕御，邴泄㉖为右。冉求帅左师，管周父御，樊迟㉗为右。季孙曰：“须也弱㉘。”有子㉙曰：“就用命焉。”㉚季氏之甲七千，冉有以武城人三百为己徒卒。老幼守宫，次于雩门㉛之外。五日，右师从之。㉜公叔务人见保者㉝而泣，曰：“事充政重㉞，上不能谋，士不能死，何以治民？吾既言之矣，敢不勉乎！㉟”

【注释】

①齐为郿故：上一年，鲁国曾与吴师一同伐齐，驻军于郿。郿：齐南部边境邑名。　②国书、高无丕：齐国大夫。　③清：齐国地名，在今山东省济南市长清区。　④季孙：即鲁季康子，鲁哀公时执国政。冉求：孔子弟子，又称冉有。　⑤必鲁故也：必为攻打鲁国。　⑥一子守，二子从公御诸竟：季孙留守国内，孟孙、叔孙随哀公到边境抵御齐军。一子：指季孙。二子：指孟孙、叔孙。　⑦不能：季孙自料无法调动孟孙、叔孙二人。　⑧封疆：境内近郊之地。　⑨二子不可：孟孙、叔孙不肯听命。　⑩若不可，则君无出：二人不干，那么哀公也不必出战。　⑪不属者，非鲁人也：意为不参战，简直就不是鲁国人。不属者：不参战的。⑫群室：住在都邑中的卿大夫之家。　⑬一室敌车：以一家抵御齐国兵车。⑭政在季氏：孟孙、叔孙恨季孙专权，所以不肯尽力打仗。　⑮当子之身，齐人伐鲁而不能战，子之耻也，大不列于诸侯矣：冉求主张与齐国战，所以用话激季孙。大不列于诸侯矣：意为鲁国完全不配列在诸侯中。大：完全。　⑯季孙使从于朝，俟于党氏之沟：季孙入朝，叫冉求跟随前去。冉求在党氏之沟等待季孙。党氏之沟：鲁国宫中地名。　⑰武叔：即叔孙武叔，名州仇。　⑱君子：指武叔。　⑲小人：冉求自称。　⑳懿子：孟懿子，即孟孙何忌。强问：一再地问。　㉑小人虑材而言，量力而共者也：意思是自知才力不足，不配发言，所以不答。虑材而言：考虑了自己的才干才发言；量力而共：估量了力量才出力；共：同"供"。　㉒是谓我不成丈夫也：武叔醒悟冉求是责其不参战，讥讽他不是个大丈夫，故不答以激二人。　㉓蒐乘：阅兵。　㉔孟孺子：即孟武伯，名彘，字泄，孟懿子儿子。　㉕颜羽：孟孙家臣，字子羽。　㉖邴泄：也是孟孙家臣。　㉗樊迟：孔子弟子樊须。　㉘弱：年少。此指太年轻。　㉙有子：冉

求。　㉚就用命焉：樊须虽然年少，但能遵守命令。　㉛雩门：鲁都南城西门。　㉜五日，右师从之：孟孙不愿战，五天之后右军才前来。　㉝公叔务人：名公为，鲁昭公儿子。保者：守城人。　㉞事充政重：徭役繁多，赋税苛重。　㉟吾既言之矣，敢不勉乎：意为既批评了别人，自己就应尽力为国，虽死无怨！

【译文】

十一年春天，齐国为了鄎地战役的缘故，国书、高无丕领兵进攻我国，到达清地。季孙对家宰冉求说："齐军在清地，必定是为鲁国而来。怎么办？"冉求说："一家防守国都，二家跟从国君到边境抵御。"季孙说："办不到。"冉求说："那就在境内近郊抵抗。"季孙告诉叔孙、孟孙二人，他们不同意。冉求说："要是不行，那么君王不要出去。您一人率领军队，背城而战，不肯服从命令的，就不能算是鲁国人。鲁国卿大夫各家的总数，比齐国的战车要多。就是您一家的战车，也多过齐军。您担心什么呢？他们二家不想出战是正常的，因为大政握在您季氏手中。您在世的时候，齐国进攻鲁国而不能出战，这是您的耻辱，将再也不能自立于诸侯之间了。"季孙让冉求跟他一起上朝，在党氏之沟等候。叔孙喊过冉求问他对出战的看法，冉求回答说："君子有深远的考虑，小人能知道什么？"孟孙一再问他，冉求回答说："小人考虑了才说话，衡量了力量才出力的。"叔孙说："这是说我成不了大丈夫啊。"回去就检阅军队。孟孺子泄率领右军，颜羽驾车，邴泄为车右。冉求率领左军，管周父驾车，樊迟为车右。季孙说："樊迟太年轻。"冉求说："他能遵守命令。"季氏的甲士七千人，冉求带领三百名武城人为自己的亲兵。派年老、年幼的守卫宫室，驻扎在雩门外。五天后，右军才前来会合。公叔务人见到守城人就流下了眼泪，说："徭役繁重赋税又多，在上的人不能谋划，士卒不能忘死，用什么来治理民众？我已经这么说了，怎敢不努力呢！"

师①及齐师战于郊。齐师自稷曲②，师不逾沟③。樊迟曰："非不能也，不信子也。请三刻而逾之。④"如之，众从之。⑤ 师入齐军。

右师奔，齐人从之。⑥ 陈瓘、陈庄涉泗⑦。孟之侧后入⑧以为殿，抽矢策其马，曰："马不进也。"⑨ 林不狃之伍⑩曰："走⑪乎？"不狃曰："谁不如？⑫"曰："然则止⑬乎？"不狃曰："恶贤⑭？"徐步而死。⑮

【注释】

①师：指冉求所率左师。 ②稷曲：稷门外的地方。稷门为曲阜城南的正门。 ③师不逾沟：齐军攻左师，左师不肯越过城沟迎战。 ④请三刻而逾之：此指请季氏与军士订立三条戒约，必能过沟。刻：戒约。 ⑤如之，众从之：依照樊迟的话，众人都越沟而战。 ⑥右师奔，齐人从之：孟氏所率右师本无意作战，全军败逃，齐军紧追不舍。 ⑦陈瓘、陈庄：齐国大夫。泗：泗水，流经山东曲阜城北、城西。 ⑧孟之侧：孟氏族人。后入：最后入城。 ⑨马不进也：不矜夸自己勇敢而殿后，谦称是由于马走不快。 ⑩林不狃：右师里的军士。伍：五人为伍，指林不狃的部下兵卒。 ⑪走：逃跑。 ⑫谁不如：即"我不如谁"。按，林不狃不愿意

逃跑。　⑬止：指留下抗敌。　⑭恶贤：留下也无益。恶：何；贤：益处。　⑮徐步而死：右师虽有孟之侧、林不狃等勇猛之士，但孟氏不战，终于失败。徐步：慢慢撤退。

【译文】

鲁军和齐军在郊外交战。齐军从稷曲发起进攻，鲁军不肯越沟接战。樊迟说："这并非做不到，而是不信任您啊。请三次申明号令然后冲过沟去。"冉求按他的话做了，大家都跟着过沟。军队攻入齐军。

右军奔逃，齐军追赶。陈瓘、陈庄渡过泗水。孟之侧在全军最后当殿后，抽箭鞭打他的马，说："是马跑不快啊。"林不狃的伙伴问："逃走吗？"林不狃说："我们不如谁了？"兵士又说："那么停下来抵御吗？"林不狃说："我们留下有什么作用？"慢步而走，结果被杀死。

师获甲首八十①，齐人不能师②。宵谍③曰："齐人遁。"冉有请从之三，季孙弗许。

孟孺子语人曰："我不如颜羽④，而贤于邴泄⑤。子羽锐敏，我不欲战而能默。泄曰：'驱之。'⑥"公为与其嬖僮汪锜⑦乘，皆死，皆殡⑧。孔子曰："能执干戈以卫社稷，可无殇也。"⑨冉有用矛于齐师，故能入其军⑩。孔子曰："义也。"

【注释】

①师获甲首八十：冉求左师获胜。甲首：甲士的首级。 ②不能师：溃不成军。 ③宵谍：夜间侦察敌情的间谍。 ④我不如颜羽：颜羽为御手。 ⑤而贤于邴泄：邴泄是车右。 ⑥子羽锐敏，我不欲战而能默。泄曰："驱之。"：子羽（颜羽）勇敢敏锐善战，邴泄胆小，只喊着"逃吧"。孟孺子不想作战，但没喊逃走，所以说自己不如颜羽，而贤于邴泄。驱之：驱马欲逃。 ⑦嬖僮：所宠爱的童子。汪锜：嬖僮之名。 ⑧皆殡：公为与汪锜一起战死，都加以殡殓。 ⑨孔子曰："能执干戈以卫社稷，可无殇也。"：孔子认为汪锜虽年少，但能拿起武器保卫国家，勇气无异于成年人，不可用殇礼葬之。殇：葬童子的仪式。 ⑩冉有用矛于齐师，故能入其军：用矛刺杀齐军，使鲁军冲进齐军阵地。

【译文】

鲁军砍得齐军甲士的脑袋八十颗，齐军溃不成军。夜里，军探报告说："齐军逃跑了。"冉求三次请求追击齐军，季孙都没允许。

孟孺子对人说："我不如颜羽，却比邴泄贤明。颜羽敏锐，我不想作战但能保持沉默。邴泄说：'赶马逃跑。'"公为和他的爱童汪锜同坐一辆车，都战死，一起加以殡殓。孔子说："能拿着武器保卫国家，可以不用未成年人礼来安葬他。"冉有用矛对付齐军，所以能够冲入齐军。孔子说："这是合于道义的。"

【解读】

鲁哀公十年，鲁国会合吴国以及邾子、郯子攻打齐国南部边境，入侵到齐国的郹地。齐国为了报复，于是有了此年的清之战。此时，齐国的齐悼公刚被杀，齐简公即位。鲁国是季孙执政，孟孙、叔孙二家与季孙也不和。所以，清之战时，齐鲁两国国内都不安定。但是，经过冉求的调停，鲁国三家还是共同出兵御齐。结果，此役以齐人失败告终。

作者写鲁齐清之战事，先叙齐国进攻鲁国，而鲁国季氏、叔氏、孟氏都不出兵抵抗，突出冉有这一积极抵抗的形象。未战前通过季孙与冉有比照，一勇一怯，伏应下半篇战斗中鲁军左师右师一胜一败，托公孙务人"上不能谋，下不能死"的论断讽刺季氏、叔氏、孟氏三家之治民国策，从而达到了盛赞整个战役中冉有这一人物形象的效果。在《论语》中，孔子对冉有多有批评，但在本篇中，作者以叙事手法刻画了作为季孙家宰的冉求的才干，可以看出他在协调鲁国三家方面的政治才能。此外，《左传》作者仍然注重叙写战争中的人物表现和细节，篇中的孟之侧、林不狃、孟孺子等人物都写得生动可爱。

33.

〔楚〕叶公

楚白公胜之难

哀公十六年

楚大子建之遇谗也，自城父①奔宋。又辟华氏之乱于郑。②郑人甚善之③。又适晋，与晋人谋袭郑，乃求复焉④。郑人复之如初。⑤晋人使谍于子木⑥，请行而期焉⑦。子木暴虐于其私邑⑧，邑人诉之，郑人省之⑨，得晋谍焉⑩，遂杀子木⑪。

其子曰胜，在吴，子西欲召之⑫。叶公⑬曰："吾闻胜也诈而乱⑭，无乃害⑮乎？"子西曰："吾闻胜也信而勇，不为不利。舍诸边竟，使卫藩焉。⑯"叶公曰："周仁之谓信⑰，率义之谓勇⑱。吾闻胜也好复言⑲，而求死士，殆有私乎⑳！复言，非信也；期死㉑，非勇也㉒。子必悔之㉓。"弗从。召之，使处吴竟㉔，为白公㉕。

请伐郑㉖，子西曰："楚未节㉗也。不然，吾不忘也㉘。"他日，又请，许之。未起师，晋人伐郑㉙，楚救之，与之盟㉚。胜怒，曰："郑人在此，仇不远矣。"㉛

【注释】

①楚大子建之遇谗也：在鲁昭公十九年。城父：楚邑名。 ②又辟华氏之乱于郑：恰逢宋国华氏之乱，又逃亡郑国。宋华氏之乱在鲁昭公二十年。 ③甚善之：善待太子建。 ④乃求复焉：太子建请求回郑国做内应。 ⑤郑人复之如初：郑国人不知内情，待太子建如初。 ⑥使谍于

子木：派间谍与子木联系。子木：太子建。 ⑦请行而期焉：辞行时与子木约定袭击郑国的日期。 ⑧暴虐于其私邑：在郑国自己的私邑中胡作非为。 ⑨省之：考察、调查子木。 ⑩得晋谍焉：因郑人抓住晋国间谍，袭击郑国的事情败露。 ⑪遂杀子木：以上追述前事。 ⑫子西欲召之：召胜回楚国。 ⑬叶公：子高，又叫沈诸梁。 ⑭诈而乱：狡诈且好作乱。 ⑮害：成为祸害。 ⑯舍诸边竟，使卫藩焉：安置在边境，让胜保卫边境。 ⑰周仁之谓信：亲近仁才叫信用。周：亲。 ⑱率义之谓勇：遵循道义才叫勇。率：遵循。 ⑲复言：一言既出，必实行之，不管是否合理。即重实践诺言。 ⑳殆有私乎：怕有私心。 ㉑期死：不管义与不义，必拼一死。 ㉒非勇也：意为虽存必死之心，若一意孤行，也不能算是勇。这是驳子西所谓胜"信而勇"。 ㉓子必悔之：极言胜不可用。 ㉔吴竟：楚国邻近吴国的边境，不在吴国境内，即指白地，在今河南省信阳市息县。 ㉕白公：称胜为白公。 ㉖请伐郑：白公胜请伐郑。 ㉗未节：未上轨道，未强盛起来。 ㉘吾不忘也：不忘伐郑。 ㉙未起师，晋人伐郑：楚国还没发兵，晋国已攻打郑国，与郑结盟。 ㉚楚救之，与之盟：为了与晋国抗衡，楚国反而救郑国，与郑结盟。 ㉛郑人在此，仇不远矣：胜与郑国有杀父之仇，子西却救郑国并与之盟，所以胜指为敌人。仇：指郑国，也指子西。

【译文】

　　楚国太子建遭到诬陷的时候，从城父出逃宋国。又为避宋国华氏之乱而逃往郑国。郑国人对他很好。又到晋国，与晋国人商量攻打郑国，为此要求再回到郑国去。郑国人像当初一样对待他。晋国人派间谍和太子建联系，临回晋国时商定袭击郑国的日期。太子建在他的封邑中表现暴虐，封邑里的人告发他，郑国人来查问，抓获晋国间谍，于是杀了太子建。

太子建儿子名胜，在吴国，子西想召他回国。叶公说："我听说胜狡诈而且好作乱，恐怕会成为祸害的吧?"子西说："我听说胜讲求信用而且勇敢，不做不利的事情。把他放在边境，让他保卫国境。"叶公说："亲近仁叫作信，遵循义叫作勇。我听说胜讲求实践诺言，而寻求不怕死的勇士，恐怕存有私心吧! 只是实践诺言，不算信; 不怕死，不是勇。您一定会后悔的。"子西不听他的话，召胜回国，让他驻在与吴国交界的地方，号为白公。

胜请求攻打郑国，子西说："楚国还没顺合法度。不是这样的话，我是不会忘记的。"过些日子，又提出请求，子西同意了。还没发兵，晋国进攻郑国，楚国救援，与郑国结盟。胜发怒，说："郑国人就在这里，仇敌离我不远了。"

胜自厉①剑，子期之子平见之，曰："王孙②何自厉也?"曰："胜以直闻③，不告女，庸④为直乎? 将以杀尔父。⑤"平以告子西。子西曰："胜如卵，余翼而长之⑥。楚国，第我死⑦，令尹、司马，非胜而谁⑧?"胜闻之，曰："令尹⑨之狂也! 得死，乃非我。⑩"子西不悛。⑪胜谓石乞⑫曰："王与二卿士⑬，皆五百人当之⑭，则可矣。"乞曰："不可得也。⑮"曰："市南有熊宜僚⑯者，若得之，可以当五百人矣⑰。"乃从白公而见之。与之言，说⑱。告之故⑲，辞⑳。承之以剑㉑，不动㉒。

胜曰：“不为利谄^㉓，不为威惕^㉔，不泄人言以求媚^㉕者，去之^㉖。”

【注释】

①厉：磨。 ②王孙：指胜，他本是楚平王孙子子。 ③以直闻：以爽直著称。 ④庸：岂，难道。 ⑤将以杀尔父：胜恨楚国的执政者子西、子期，因此这样说。尔父：指子期。 ⑥余翼而长之：像鸟用翅膀把卵孵养大一样养育胜。 ⑦第我死：按次序，我死后。第：按次序。 ⑧令尹、司马，非胜而谁：子西不知道胜的本意在为父报仇，误以为他是要杀人夺权，所以说我死后胜即将执政，何必作乱。 ⑨令尹：子西。 ⑩得死，乃非我：得死，得善终；乃非我，我乃非人。意为他要有善终，我就不是我了。是立誓必杀子西。 ⑪不悛：没发觉。 ⑫石乞：胜的同党。 ⑬王：指楚惠王。二卿士：指子西、子期。 ⑭皆五百人当之：指如有五百人，则连楚王、子西、子期都可对付。 ⑮不可得也：凑不够五百人。 ⑯熊宜僚：勇士。 ⑰可以当五百人矣：一个人可抵得上五百人。 ⑱说：同"悦"。 ⑲告之故：告诉他杀二卿之事。 ⑳辞：熊宜僚拒绝。 ㉑承之以剑：以剑逼熊宜僚。 ㉒不动：仍不答应。 ㉓谄：动。 ㉔惕：戒惧。 ㉕求媚：讨好他人。 ㉖去之：称赞熊宜僚，知道他虽然拒绝，但一定不会泄密，作罢而归。

【译文】

胜亲自磨剑，子期儿子平见到了，说："王孙为何亲自磨剑呢？"胜说："我以直爽闻名，不告诉你，怎么能算得上直爽？我想用这剑来杀你的父亲。"平把这话告诉了子西。子西说："胜就像蛋，我用翅膀翼护他使他长大。在楚国，只要我死了，令尹、司马不是胜还会是谁？"胜听到了，说："令尹太狂妄了！他要能善终，我就不是我。"子西依然不觉察。胜对石乞说："君王和两位卿士共用五百人来对付，就行了。"石乞说："没法找到这五百人。"胜说："市南有个熊宜僚，要是得到他，就可以相当于五百人。"石乞于是跟从白公去见熊宜僚。和他交谈，很投机。把找他的目的告诉了熊宜僚，熊宜僚拒绝了。石乞拔剑直指他的喉咙，他仍然不为所动。胜说："不被利所诱，不被威胁所屈服，不会泄露别人的话去讨好人的人，让他走吧。"

吴人伐慎①，白公败之。请以战备献②，许之。遂作乱。秋七月，杀子西、子期于朝，而劫惠王。子西以袂掩面③而死。子期曰："昔者吾以力事君，不可以弗终。"④抶豫章⑤以杀人而后死。石乞曰："焚库、弑王。不然，不济⑥。"白公曰："不可。弑王，不祥；焚库，无聚⑦，将何以守矣？"乞曰："有楚国而治其民，以敬事神，可以得祥，且有聚矣⑧，何患？"弗从。叶公在蔡⑨，方城之外皆曰："可以入矣。"⑩子高曰："吾闻之，以险侥幸者，其求无餍⑪，偏重必离⑫。"闻其杀齐管修也，而后入。⑬

【注释】

①慎：古地名，在今安徽省阜阳市颍上县。　②请以战备献：白公

胜请求进献战利品。战备：战时的装备。此是白公胜要乘机作乱。 ③袂（mèi）：衣袖。掩面：悔不听叶公之劝。 ④昔者吾以力事君，不可以弗终：意为以前我以勇力事君，如今也应以勇力而死。 ⑤抈：拔取。豫章：樟木。 ⑥不济：不会成功。 ⑦无聚：无储备。 ⑧有楚国而治其民，以敬事神，可以得祥，且有聚矣：意为夺得君位，治理好国家，侍奉神灵，祥与聚就都有了。 ⑨叶公在蔡：蔡国已迁州来，旧址被楚国占有。 ⑩可以入矣：可以入郢都平乱。此句是方城之外的人劝叶公的话。 ⑪以险侥幸者，其求无餍：冒险以求侥幸成功者，必贪婪无厌。 ⑫偏重必离：求取无厌则办事不公，不公则众叛亲离，所以待有机可乘时再进入郢都。偏重：不公平。 ⑬闻其杀齐管修也，而后入：知道白公杀贤臣，起兵讨伐。管修：齐国管仲之后，后来成为楚国贤臣。

【译文】

吴国攻打慎地，白公胜打败了他们。白公胜请求进献战利品，获得楚惠王的许可。白公胜乘机作乱。秋七月，在朝廷上杀死子西、子期，并劫持了楚惠王。子西用衣袖遮住脸死去。子期说："当初我凭勇力侍奉君王，不可以有始无终。"拔起一棵樟木杀死人后自己也死了。石乞说："烧掉库房、杀死楚王。不这样的话，没法成功。"白公胜说："不行。杀死楚王不吉利，焚烧库房就没了积蓄，凭什么来守国？"石乞说："有了楚国而治理人民，恭敬地侍奉神明，就可以得到吉利，并且也会有财物，还担心什么？"白公胜不听。叶公在蔡地，方城以外的人都说："可以进国都平乱了。"子高说："我听说，通过冒险侥幸成功的人，他的贪欲没有满足的时候，办事不公民众必定会叛离他。"听说白公杀了齐管修，于是进兵都城。

白公欲以子间①为王，子间不可，遂劫以兵②。子间曰："王孙若安靖楚国，匡正王室，而后庇③焉，启之愿也，敢不听从？若将专利④以倾王室，不顾楚国，有死不能⑤。"遂杀之⑥，而以王如高府⑦，石乞尹门⑧。圉公阳穴宫⑨，负王以如昭夫人之宫⑩。

叶公亦至，及北门，或遇之⑪，曰："君胡不胄⑫？国人望君如望慈父母焉。盗贼之矢若伤君，是绝民望也，若之何不胄？"乃胄而进。又遇一人曰："君胡胄？国人望君如望岁⑬焉，日日以几⑭。若见君面，是得艾⑮也。民知不死，其亦夫有奋心⑯，犹将旌君以徇于国⑰，而又掩面以绝民望⑱，不亦甚乎！"乃免胄而进。遇箴尹固帅其属，将与⑲白公。子高曰："微二子者，楚不国⑳矣。弃德从贼，其可保乎？㉑"乃从叶公。使与国人以攻白公，白公奔山而缢㉒。其徒微之㉓。生拘石乞而问白公之死㉔焉。对曰："余知其死所，而长者㉕使余勿言。"曰："不言将烹。"乞曰："此事克则为卿，不克则烹，固其所也㉖，何害？"乃烹石乞。王孙燕奔頯黄氏㉗。

沈诸梁兼二事㉘，国宁，乃使宁㉙为令尹，使宽㉚为司马，而老于叶㉛。

【注释】

①子间：楚平王儿子启，曾五次推辞王位。　②遂劫以兵：以武力相

胁迫。　③庇：庇护，保护。　④专利：专谋私利。　⑤有死不能：宁死不从。　⑥遂杀之：杀子闾。　⑦以王如高府：囚楚惠王于高府。高府：楚国离宫。　⑧尹门：镇守高府之门。　⑨圉公阳：楚国大夫。穴宫：在墙上挖洞。　⑩负王以如昭夫人之宫：圉公阳救走惠王。如：前往，此指逃往；昭夫人：惠王母亲。　⑪或遇之：有人遇见叶公。　⑫不胄：不戴头盔。　⑬望岁：盼望好收成。　⑭几：同"冀"，期望。此指百姓天天等待着盼望着。　⑮艾：安心。古人戴头盔连脸部都包着，脱了头盔，才可以见到脸部。　⑯其亦夫有奋心：人人有奋战之心。　⑰犹将旌君以徇于国：将表彰叶公，遍告国人。旌：表扬，宣布。　⑱而又掩面以绝民望：戴头盔则看不到脸部，百姓会失望。　⑲与：帮助。此句主语是叶公。　⑳二子：子西、子期。不国：不成一个国家。　㉑弃德从贼，其可保乎：意为弃德从贼，自身难保。德：指子西等人；贼：指白公胜。　㉒奔山而缢：逃至山中自缢。　㉓微之：藏匿其尸。　㉔死：同"尸"。　㉕长者：白公胜。　㉖固其所也：必然的结果，预料中的事。　㉗王孙燕：白公胜弟弟。頯（kuí）黄氏：吴国地名，在今安徽省宣城市境内。　㉘沈诸梁兼二事：叶公身兼令尹、司马二职。　㉙宁：子西儿子子国。　㉚宽：子期儿子。　㉛而老于叶：国家安定之后，将二职让给宁、宽二人，叶公自己退休于叶地。

【译文】

　　白公胜想立子闾当楚王，子闾不答应，白公胜就用武力胁迫他。子闾说："王孙如果安定楚国，整顿王室，然后对我加以庇护，那么这正是我所希望的，怎敢不听从呢？要是打算专谋私利来倾覆王室，不顾及楚国，我宁死不从。"白公胜便杀了子闾，而带着楚惠王到高府，石乞把守宫门。圉公阳在宫墙上挖了个洞，背着惠王逃到昭夫人的宫中。

叶公也赶到了，在北门有人遇见他，说："您怎么不戴头盔？国人盼望您就像盼望慈祥的父母一样。盗贼的箭矢要是伤害了您，就是断绝了民众的希望，为何不戴头盔？"叶公于是戴了头盔继续前行。又遇到一个人说："您怎么戴头盔？国人盼望您就像盼望好年成一样，天天等待着。要是望见您的脸，就能安心了。民众知道可以不会有生命危险，就有奋进之心，还想打着您的旗号在国内巡行，您反而把脸遮起来使民众断绝希望，不也太过分了吗！"叶公于是又脱下头盔行进。遇到箴尹固带领部属，打算去帮助白公胜。叶公说："如果没有子西、子期这两人，楚国就不存在了。你放弃德行而跟从乱贼，难道能有保障吗？"箴尹固于是随从叶公。叶公派他和国人一起进攻白公胜，白公胜逃到山上自缢而死。手下人把他的尸体藏了起来。叶公的人活捉了石乞而追问白公胜尸体的下落。石乞说："我知道它在哪里，但是白公胜要我不要说。"叶公说："不说的话就煮了你。"石乞说："这样的事成功了就是卿，不成功就要煮死，本来就是这样的结局，有什么妨害？"于是煮死了石乞。王孙燕出逃到頯黄氏。

叶公便自己兼任令尹、司马二职，国家安定后，任命宁为令尹，任命宽为司马，自己退休到叶地养老。

【解读】

鲁昭公十九年、二十年，楚平王为其太子建娶妇于秦，遣少师费无极迎娶，无极见秦女貌美，乃劝平王自娶之；并向平王建议，命太子建出居城父。过后，费无极又向平王进谗言，诬建欲谋反；平王使人杀建，建乃自城父奔宋。最后被郑人所杀。由此太子建儿子白公胜仇视郑人。楚令尹子西，本是个头脑清醒的贤臣，但在白公胜的问题上却不听叶公之劝，一味翼护白公。白公胜终于在慎地大败吴国后作乱。楚国白公胜之乱，最终被叶公平息。本篇详细写了白公胜之乱的过程，其中白公胜、子西、叶公、熊宜僚等人都写得非常生动。文中写楚人或劝叶公戴头盔，或不戴头盔一段，更是饶有趣味。

大家读《左传》

《左传》中的饭局

一般来说，史书不会去记载饭局的事情，除非它与重大历史事件产生重要的联系，或具有明显的因果关系。史书中记载的饭局，最为著名的莫过于《史记·项羽本纪》中的鸿门宴了。假设鸿门宴中项羽杀了刘邦，那么汉代的历史就要改写。所以，鸿门宴在楚汉之争中是至关重要的一场饭局。其实，《左传》中记载的饭局也不少。据笔者粗略的统计，《左传》中写到饭局或与吃饭有关的记载，有二三十处。

一

这里所谓"饭局"，是指天子、诸侯、大夫之间的飨宴。周朝飨宴的礼数，《周礼·秋官》中的《大行人》《小行人》《司仪》等有详细的记载，包括天子、诸侯宴席时的规格、酒馔菜肴，甚至服饰，都有明确的规定。《左传》所记载的饭局，仍然可以看到《周礼》规定的痕迹。但是，处于"礼崩乐坏"的春秋时期，《左传》所记载的饭局，反映了春秋时期的特点，与《周礼》《仪礼》中的严格规定，已经有一定的差距了。

《左传》中的饭局，有天子之饭局，有诸侯之饭局，有大夫间的饭局。天子之饭局，如僖公二十五年，晋文公朝周王。《周礼·春官·大宗伯》曰："秋见曰觐。"诸侯觐见天子，一般是秋天进行的。但此年四月三日，晋文公勤王，保护周王进入王城，且此前卜偃占卜，"遇'公用享于天子'之卦"，即战胜之后天子将设享礼招待，这是最吉利的了。所以文公急于觐见天子。此次饭局，"王享醴，命之宥"《周礼·秋官·大行人》。郑注："享，设盛礼以饮宾也。""命之宥"依杨伯峻注，指主人敬酒之后宾客奉命回敬酒于主人。所以，周王用甜酒（醴）招待晋文公，而且让晋文公向自己敬酒。这是符合天子饭局之规定的。不过，在此宴会上，晋文公"请隧"，即请求周王允许他死后以天子之礼下葬。（正义曰："隧为王之葬礼，诸侯皆县棺而下，故不得用隧。"）诸侯而用天子之礼，等于是有二王，这就越礼了，暴露了晋文公的狂妄与野心，当然遭到周王的拒绝。僖公二十八年城濮之战后，周王虽屈尊参加践土之盟，但在宴会上，"王飨醴，命晋侯宥"，也是周天子设飨宴，用甜酒招待晋文公，并允许文公向自己敬酒。同样符合天子饭局规定。僖公十二年，周王以上卿之礼飨管仲，管仲辞曰："臣，贱有司也，有天子之二守国、高在，若节春秋来承王命，何以礼焉？陪臣敢辞。"管仲认为齐国有国、高二大族在，自己级别不够，不敢辱周天子宴请。这说明天子宴请的对象之等级有严格规定。不过周王认为"余嘉乃勋，应乃懿德，谓督不忘。往践乃职，无逆朕命"，即管仲虽位卑却执齐政，功勋美德，故可以破例。

诸侯之饭局，也有明确的规定。如僖公二十二年，郑文公宴飨楚成王，"楚子入飨于郑，九献，庭实旅百，加笾豆六品"。"九献"，是九次向宾客敬酒。这是用上公之礼，本有越礼之嫌。《正义》曰：《周礼·秋官·大行人》云：'上公九献，侯伯七献，子、男五献。'"《仪礼》：主人酌以献宾，宾酢主人，主人又酌以酬宾，乃成一献之礼。九献者，九为献酬而礼始毕也。楚王本是子爵，按照《周礼》规定，"五献"即可。"庭实旅百"，即陈列于庭中的礼品有百种；"加笾豆六品"，再加上用笾豆所装的食品六件。这是君王之间的飨宴，可谓"国礼"。"九献"以及所陈之食品，乃是最高规格。但楚成王总以霸主自许，所以郑文公以极礼待之。而且，楚成王"飨毕，夜出，文芈送于军，取郑二姬以归"，如此傲慢无礼，"诸侯是以知其不遂霸也"。当然，权变要符合规矩。如僖公二十四年，宋成公到楚国去，回国时进入郑国，郑文公准备宴飨他。郑卿皇武子认为宋为殷商之后，郑国是姬姓国，周室宗亲，宋对于郑来说是客人。宴飨宋公，礼节可以丰厚，在正礼之外可以有所增加。这表现了郑国对于先代的尊崇，合乎礼。这是诸侯之间饭局视对象而定的礼数的权变。

奏乐赋诗，是饭局上必不可少的一道景观。据《周礼·春官》记载，天子、诸侯的飨宴，都奏乐："飨食诸侯，序其乐事，令奏钟鼓。"《礼记·仲尼燕居》云："不能诗，于礼缪；不能乐，于礼素；薄于德，于礼虚。"诗乐是时人主要是贵族必备的素质，特别是在外交场合，更是应备的技能。《仪礼·燕礼》对于宴飨时的奏乐赋诗记载甚详，宴飨时多用《诗经》中的诗。所谓赋诗，是点出诗题由乐工演奏。顾颉刚认为"赋诗等于现在的点戏"[1]。可以由国君赋诗，也可以由随行大夫赋诗。《左传》非礼书，但其中的记载，仍可以看到诸侯之间的饭局中奏乐与赋诗的情况。文公三年，晋侯（襄公）飨鲁文公，赋《菁菁者莪》，鲁文公赋《嘉乐》以答，

---

① 顾颉刚：《古史辨》，上海古籍出版社1982年版，第649页。

这是双方国君赋诗。文公十三年，郑穆公与鲁文公宴于棐。郑子家赋《鸿雁》，鲁国季文子赋《四月》；子家又赋《载驰》之四章，季文子再赋《采薇》之四章。这是随行大夫代国君赋诗。国君宴请外交使臣，也常有赋诗。如文公四年，卫宁武子聘鲁，鲁文公与之宴，为赋《湛露》及《彤弓》。襄公八年，晋范宣子聘鲁，鲁襄公飨之，范宣子赋《摽有梅》，季武子赋《角弓》与《彤弓》。

宴会赋诗，所赋之诗是有规格等次的，且要得体。前举文公四年，鲁文公为赋《湛露》及《彤弓》。但是，宁武子"不辞，又不答赋"，是认为《湛露》之诗应是天子设宴时才用的，鲁文公赋此诗，有僭越之嫌。襄公二十七年，郑伯飨赵孟于垂陇，七大夫赋诗，唯伯有赋《鹑之奔奔》，此乃"床笫之言"，甚不得体，以诗"诬其上"，是为"不类"，预示其将有祸灾。赋诗的作用，一是赋诗言志，或说赋诗达意。如晋公子重耳流亡到秦国，秦穆公宴请他，重耳赋《河水》，是借以请求秦穆公出兵助其回国夺取君位。穆公赋《六月》，借以答应重耳之请。重耳会意，赶紧降阶稽首拜谢。晋范宣子赋《摽有梅》，是游说鲁公与晋国共同举兵讨伐郑国；季武子赋《角弓》与《彤弓》，是表示同意，愿意听从霸主召唤。出于功利的目的，赋诗断章取义也是常见的，所谓"赋诗断章，余取所求焉"（襄公二十八年）。二是营造气氛，使饭局充满雅趣。饭局上本有乐队和乐工，试想想，在觥筹交错中伴以音乐和歌诗，确是文雅许多了。

另外，饭局中主宾人等的神情颜色，也有讲究甚至禁忌。桓公九年，鲁桓公有疾，曹太子射姑来朝桓公，鲁以上卿之礼飨之。工歌诗，间奏诗乐。射姑当食而叹，鲁大夫施父以为犯忌。结果曹君第二年死去。不过《左传》好预言，这是作者以此为预言罢了。在饭局中的神色，特别是忧愁，是不宜表露出来的，因此时人有谚语曰"唯食忘忧"，认为宴食时不应该叹忧，吃饭时应该心情愉悦（见昭公二十八年魏献子请阎没、女宽吃饭的记载）。

二

《左传》中记载得最为精彩的是几次有如鸿门宴的饭局，有些饭局，充满了戏剧性，犹如一篇短篇小说，充分显示了《左传》的文学特性。这些饭局，或是在国君与大夫之间，或是在大夫之间发生。我们且举几例看看。

昭公十一年，此时楚灵王正是张狂无忌、横行诸侯之时。他大肆侵略扩张，讨伐不臣。伐吴灭赖，灭陈县陈。此时又要向蔡国开刀。蔡国邻近楚国，但对楚国也是若即若离，并不顺服。于是楚灵王要在申地召见蔡灵侯。大概摄于楚灵王的淫威，蔡灵侯将往，蔡大夫劝曰："王贪而无信，唯蔡于感（通"憾"），今币重而言甘，诱我也，不如无往。"蔡侯不听。此年三月丙申，楚子"伏甲而飨蔡侯于申，醉而执之"。夏四月丁巳，杀之，刑其士七十人。此年十一月，楚公子弃疾率师围蔡，楚灭蔡。当然，蔡灵侯似也并非贤君，他是弑父自立的，依照叔向的话说，是"获罪于其君（指弑父而立，其实楚灵王也是弑君郏敖自立的），而不能其民（即对民不能施德）"，所以"天将假手于楚以毙之"。蔡灵侯所赴，确是鸿门宴也。

晋灵公"不君"，众所周知。赵盾屡谏，他便要杀赵盾。派了钽麑去行刺未能成功，又设计再次欲杀赵盾。宣公二年九月，晋灵公设饭局宴请赵盾，席间伏甲将攻赵盾。机智的车右提弥明知之，未等酒过三巡，急扶赵盾而退。晋灵公急忙唤出猛犬追逐，提弥明徒手与猛犬搏斗，打死猛犬，一路且斗且退，为掩护赵盾终被杀死。这样的饭局是晋灵公的预谋，可谓凶险。但是，还有更为凶险的饭局，这就是鳟设诸刺吴王僚。

伍子胥因费无极之谗害，从楚国逃到吴国。他知道吴公子光有异志，于是为他物色了勇士鳟设诸，伺机刺杀吴王僚。鳟设诸刺杀吴王僚，是一场更为凶险的饭局：

> 夏四月，光伏甲于堀室而享王。王使甲坐于道及其门。门、阶、户、席，皆王亲也，夹之以铍。羞者献体改服于门外。执羞者坐行而入，执铍者夹承之，及体，以相授也。光伪足疾，入于堀室。鳟设诸置剑于鱼中以进，抽剑刺王，铍交于胸，遂弑王。（昭公二十七年）阖庐以其子为卿。

公子光宴请吴王僚，吴王僚心知有异，所以防范非常严密。宴会场所内外都布置了亲兵甲士，以防万一。入内上菜者甚至都要更换衣服，膝行而入。鳟设诸当然也不例外。公子光怕事不成功吴王僚杀己，临阵逃脱，假装脚疾躲进地下室。鳟设诸把剑藏在鱼腹中端进去，虽然自己终被杀死，但还是成功刺杀了吴王僚。这个计策，或许就是伍子胥的杰作。这场饭局，也常使人想到后来项羽的鸿门宴。在宣公二年，林纾曾评点说："钽麑似秀州刺客，提弥明似樊哙，灵辄似食马之野人。"[①] 我看鳟设诸之勇，更像樊哙。鸿门宴中项羽因张良、樊哙的智勇功亏一篑，公子光却因伍子胥的老谋深算和鳟设诸的勇猛而成功。

司马迁在《史记·太史公自序》中说，春秋"弑君三十六，亡国五十二。诸侯奔走不得保其社稷者不可胜数"。当此时也，礼崩乐坏，饭局也失去了它原有的礼数规矩。诸侯大夫，利用饭局探听虚实以求一逞者有之，利用饭局以杀掉对方的亦有之。《左传》记载这些饭局，不但写出了历史事件，更展现了历史细节，产生了无穷的魅力。如：楚太子商臣（楚穆王），是个阴险歹毒之人，时人形容他是"蜂目而豺声，忍人也"。楚成王几次想废商臣另立太子。商臣有所察觉，但无法核实。于是按照其师潘崇的计策宴请成王之妹江芈饭局，饭局中故意对江芈无礼，恼怒的江芈大骂："呼，役夫！宜君王之欲杀女而立职也。"由此商臣终于从江芈之口获得确凿信息，不久"以宫甲围楚成王"，逼其自缢而死，终于当上了楚王。（文公元年）

再有一例，犹如一场弑君闹剧。宣公四年，有一楚人给郑灵公献了一只大鼋。公子宋（子公）和子家正准备去进见郑灵公。子公的食指突然动了起来。公子宋以其"食指动"而预言此日"必尝异味"。而恰逢郑灵公烹制楚人送来的大鼋，两人相视而笑。郑灵公知道此事，故意召见公子宋而不分给他大鼋，"子公怒，染指于鼎，尝之而出"。这就是"染指"的典故。郑灵公亦"怒，欲杀

---

① 林纾：《左传撷华》，石琪、王思桐点校，北京联合出版公司2019年版，第63页。

子公"。于是公子宋先下手为强，胁迫子家和他一起杀死了郑灵公。公子宋弑君，当然另有其深刻的内部原因。但是，也可以看到，春秋时期弑君立君，随意得很，甚至只因一场饭局未能如愿，便成为弑君的导火索。细节的展示，揭示了时代的特点与人物的心理状态。

以饭局诱敌而灭之，可举遂人杀齐卒为例。庄公十三年，齐桓公第一次邀集各国诸侯会盟，遂国是个蕞尔小国，却不出席盟会。于是齐桓公灭了遂国，并派戍卒戍守遂。庄公十七年夏，遂国的四大强族因氏、颌氏、工娄氏、须遂氏"飨齐戍，醉而杀之"，即四族联手把齐国守遂的戍卒灌醉后杀掉。可惜这一事件的细节没有描述出来，大概称霸的齐国戍卒竟然被一个亡国的小国贵族歼灭，原来记载此事的史官也不大在意细节了。

春秋后期，是陪臣执国命的时代，"礼崩乐坏"更甚，似乎宴会的礼数规矩也在所不顾了。下面二例，虽不是正式的饭局，但是可以看出，此时大夫中的宴飨和饭局的变化。

齐国的庆封利用崔氏家乱谋灭崔氏而执掌了齐国之政。庆封其人无德且贪，《左传》多处写其劣行。襄公二十七年，他到鲁国聘问，鲁"叔孙与庆封食，不敬。为赋《相鼠》，亦不知也"。鲁叔孙用《诗经·相鼠》的"相鼠有皮，人而无仪。人而无仪，不死何为"诗句讥刺庆封，庆封也不明白，可见他愚昧无知。庆封又"好田而耆酒，与庆舍政，则以其内实（妻室宝物）迁于卢蒲嫳氏，易内而饮酒（互换妻妾喝酒）"，其无德无才，所以才有饭局上的表现。《左传》还记载："公膳，日双鸡，饔人窃更之以鹜。御者知之，则去其肉，而以其泊馈。子雅、子尾怒。庆封告卢蒲嫳。"（襄公二十八年）按照规定，朝廷供应卿大夫的伙食标准是每天两只鸡，主管的厨师把它偷偷换成了鸭子。上菜的知道了，又把肉拿走而只留下肉汤。齐惠公之孙子雅、子尾二人因此大怒。庆封多行不义于国，连饔人御者都不满，有意借饭食以挑拨诸大夫和庆氏的关系，加深他们之间的怨仇。庆封把子雅、子尾的愤怒转告卢蒲嫳，意在让卢蒲嫳除掉二人，由此导致齐国的又一场内乱。结果是第二年庆封逃奔到鲁国。齐国庆封之乱，与崔氏之乱一样有其长久而深刻的原因，"双鸡换之以鹜"，不过是事件中的一个插曲。但是，此事从而导致齐国庆氏集团被逐事件的发生，而后来的宫廷流血事件又恰恰改变了齐国的政治走向，致使陈田氏家族在崔、庆之乱中渔翁得利，终于篡取了齐国的政权。

另一例，是定公二年记载："郳庄公与大夫夷射姑饮酒，私出。阍乞肉焉，夺之杖以敲之。""郳子在门台，临廷。阍以瓶水沃廷。郳子望见之，怒。阍曰：'夷射姑旋焉。'命执之，弗得，滋怒，自投于床，废于炉炭，烂，遂卒。"（定公三年）说的是郳庄公与大夫夷射姑饮酒，夷射姑外出小解，守门人向其索取肉食，夷射姑不但不给，还夺过守门人的拐杖敲打他的头颅。后来守门人故意在朝廷上用瓶子洒水，诬告说这是夷射姑撒的尿，结果郳庄公大怒，寻夷射姑不得便自投于床，却不小心自己跌倒在炭炉里，烧烂了皮肤，不治而亡。这是饮酒引发了郳君之亡。

上述二例，似非正式的饭局，但是，也可以知道，此时国君之间、大夫之间的饭局，已经没有春秋初年那样的隆重典雅、庄重规矩了，"九献""五献""庭实旅百""加笾豆六品"皆不必讲究，礼节亦可以不讲，饭局向平民化发展；下人参与也可以，菜肴已很随意，甚至敢于偷换；由吃饭引发重大事件，也不是罕见的了。"礼崩乐坏"，在饭局上已体现出来。

大仲马说，历史是什么？历史是用来挂小说的钉子。《左传》是"文学的权威"（朱自清语），《左传》作者善于用历史细节来体现其"小说"的特征，在饭局描写方面，也有其例。隐公元年，郑庄公打败了共叔段，发誓不见他母亲，说"不及黄泉，勿相见也"，可是"既而悔之"。于是颍考叔设计了一场饭局，故意把饭局上的汤肉留出来准备带回侍奉母亲，由此引出郑庄公的话题，献上大隧相见的计策，导演了郑庄公母子大隧相见的精彩活剧。颍考叔可谓苦心孤诣，君子称之为"纯孝也，爱其母，施及庄公"，实际上是否也可以说，以饭局而为庄公解困、拍郑庄公马屁，此其史上第一人也。还有一例，见于宣公二年：郑、宋大棘之战中，宋国主帅华元被俘，其原因是战前华元"杀羊食士"犒劳将帅，却独独没分给驾车的羊斟。羊斟气愤不已，待到战斗开始时，竟然驾驶战车直接将华元交给了郑军，作为没能吃到羊肉的报复，造成了宋人的惨败。君子评论曰："羊斟非人也！以其私憾，败国殄民，于是刑孰大焉。《诗》所谓'人之无良'者，其羊斟之谓乎，残民以逞。"君子的批评，说明羊斟真不是东西。不过，宋大棘之败，华元被俘，责任全在羊斟。可是羊斟之怒，又起因于华元"不与食羊"！

像这样两则与饭局有关的描写，乃是历史事件中的细节，它们恰恰丰富了作为文学作品的《左传》的内容。

（原载《文史知识》2020 年第 9 期）

《左传》中的写人艺术与修辞艺术

一、《左传》中的写人艺术

《左传》作者著书的一大目的，在于"惩恶劝善"。通过人物描写来记载历史，并寄寓其劝惩倾向，是《左传》的重要特征。《左传》全书出现的人物有三千多个，个性鲜明者不下数十人。要写好如此众多的人物形象，并非易事。作者创造运用了多种艺术手法，将这众多的历史人物生动地再现于自己的著作之中。对于《左传》写人艺术的研究，前人已做了不少工作，只是多就某一方面加以阐发，这里试图对《左传》塑造历史人物的艺术手法进行综合论述，以探寻这一部中国叙事文学开山之作的巨大文学价值。

1. 内外并行的双重结构

《左传》是历史著作，如何在总杂繁密的史料聚集之中刻画人物，结构安排之合理与否，是成败之关键。《左传》全书的总体结构形式是按年代编次的，但是在描写人物时，作者采用了内外并行的双重结构方式。此所谓内，指以某一人物为中心，围绕某一人物集中多年事件加以总叙；所谓外，指以时间为经、以事件为纬而分年散见，但始终有一中心人物贯穿其间。集中多年事件加以总叙，须打破时空的限制，以某一人物为纲，将不同年代不同地点的历史事件集合一处来写，其目的在于完整地具现人物形象。如写郑庄公、晋公子重耳、晋灵公等人物都是这样。郑庄公这一人物的主要性格，在隐公元年《郑伯克段于鄢》一章中基本得到揭示，其后的事迹，大体上是其性格的不同表现。晋公子重耳之亡，是僖公五年之事，作者把重耳十九年的流亡经历，集中于僖公二十三、二十四两年之中，用倒叙的手法加以综述，清晰地展示了重耳性格的发展史。鲁僖公二十三年是他流亡的最后一年，二十四年是他返国即位的头一年，这样安排，前后衔接，在时序上显得非常连贯。晋灵公即位，在鲁文公七年，至鲁宣公二年已有十四年之久，《左传》宣公元年云："于是晋侯侈，赵宣子为政，骤谏不入，故不竞于楚。"可见晋灵公"不君"及与赵盾的矛盾由来已久，并非只在鲁宣公二年才发生。宣公元年之记，是作者的伏笔。等到宣公二年晋灵公死前来总叙其不君之状，便显示晋灵公之死的必然性，晋灵公与赵盾这两个主要人物也非常突出。再如襄公二十三年写臧纥其人，作者先写了三件"废长立少"的事，三事都与臧纥有关。先是臧纥用计帮助季孙废公子钼而立悼子，后来写孟孙氏的"立羯废秩"，是为了反衬臧纥的阴谋；第三件事写臧纥自己也是由"废长立少"起来的，用一"初"字回叙前事。这样，把发生在不同时间性质相同的三件事集中叙述，刻画出臧纥的奸回不轨，追溯其奸回不轨之行产生的原因，完整了臧纥的形象。作为单独的人物故事，上述三例，其矛盾冲突组织得曲折迂回，事件安排照应巧妙，整个故事引人入胜。集中多年事件总叙，可以把一些细小事件，尤其是一些细枝末节尽收其中，使人物形象有血有肉，毫发毕见，又将岁时和事件上承下接，条贯有序。

逐年分写，本是编年体之成式。对于写人来说，有的人物时间跨度大，行状分年散见，人物活动主要反映在一些重大事件上，并与其他事件有密切的关系，因此以时间为经、以事件为纬，逐年分记，但并不远离中心人物。卫国的孙甯废立，起于成公七年，终于襄公二十九年，散见于三十四年之中。作者围绕卫献公与孙林父、甯殖之间的矛盾斗争这条线索，相互衔接，串联成为一个完整的故事。塑造出卫献公、孙林父、甯殖、甯喜等一系列人物。子产是《左传》中写得最有风采的人物之一，其一生事迹，从鲁襄公八年第一次登场，到昭公二十年死去，历经四十余年。可以说郑国这四十余年的历史，就是子产这一人物的活动史。子产的活动，散见于这期间郑国的军国大事记中。子产的政治抱负，言论才干，记叙得娓娓不倦，风采洋溢。

上述两种结构方式，与全书的编年结构相辅相成。在写人时，作者并非一成不变，以此二法为常式，交互使用，根据需要，灵活多变。这种内外并行的双重体式，实际上包孕着后代史家的两大体例，即编年体与纪传体。编年体自不必说，而以写人为中心的纪传体，亦可从《左传》之中窥见端倪。

2.小说化的属辞比事特色

《礼记·经解》云："属辞比事而不乱，则深于《春秋》者也。"此言可用于《左传》。《左传》作者对于属辞比事是非常重视的。属辞，指文辞的结构；比事，指史事的贯串，连言之，则指撰文记事。《春秋》的属辞比事是将史事简单地排列出来，《左传》之"深于《春秋》者"，是用详尽生动的情节与细节记载人物活动，通过塑造出有血有肉的人物形象来反映历史。《左传》的这一特色，乃是将历史著作文学化、小说化的开端。

小说化的体现首先是增加了大量的故事情节。作者在记叙事件和人物时总是避免平板地介绍，而采用故事化的手法。正如茅盾说过的，中国文学人物形象塑造的民族形式的一个特点，"就是使得人物通过一连串的故事，从而表现人物的性格"（《茅盾评论文集》）。这一点，《左传》可谓开其端。情节是组成事件的内在机制，情节又成为展示人物性格发展的艺术手段。在复杂的情节展开之中，人物性格得到揭示，形象也愈加鲜明。襄公二十五年"崔杼弑齐庄公"一事，《春秋》记曰："夏五月乙亥，齐崔杼弑其君光。"再看《左传》的描写：作者先由孟公绰之口指出崔杼"将有大志"，预言崔杼将作乱。接下来，是崔杼娶棠姜，齐庄公通棠姜，以崔子之冠赐人等一系列情节的展开与深化，揭示崔庄矛盾发展、冲突爆发的必然性。这期间，又插入齐庄公鞭贾举一事，看似闲笔，纯属偶然，意在说明齐庄公暴戾无道，必然多处树敌，加速他走向灭亡的过程。于是情节发展进入高潮——崔杼称病不朝，引诱齐庄公入崔府探视，贾举勾结崔杼伏兵包围齐庄公：

> 甲兴，公登台而请，弗许；请盟，弗许；请自刃于庙，弗许。皆曰："君之臣杼疾病，不能听命。近于公宫，陪臣干掫有淫者，不知二命。"公逾墙，又射之，中股，反队，遂弑之。

"崔杼弑君"这一事件，整个过程史事的排列有序不乱，情节复杂，最后结局尤其写得扣人心弦。事件发展过程中崔杼并未直接露面，可是我们始终可以感觉到躲在幕后的直接导演这一场有声有色的弑君闹剧的崔杼其人。随着情节的深入，齐庄公的荒淫和可悲，也跃然纸上。故事安排曲折起伏，人物形象栩栩如生，

大家读《左传》

宛然一篇小说的雏形。

有的情节具备激烈的矛盾冲突背景，作者把人物放在一种极端紧张而又复杂的矛盾斗争场合来刻画，在激烈的冲突中塑造人物，可见作者已注意到人物形象与场景的关系。昭公二十七年专诸刺吴王僚，可谓惊心动魄的一幕。整个场面充满了阴冷的杀机，残酷的氛围，然而专诸却从容自若，在防范森严之中刺杀了吴王僚，在场景的描绘与气氛的烘托中突出了专诸的胆量和勇敢。另一些章节之中则不但融洽地写出人物与事件环境的关系，还写出环境对人物性格的影响。哀公二年写卫太子蒯聩为赵简子车右，将与郑师战。蒯聩见郑师众，"惧而自投于车下"，怯懦胆小如此。可是在赵简子中箭受伤的危急时刻，他又一反怯懦之态，以戈救简子，且代赵简子指挥军队大败郑军。在极其紧张尖锐的矛盾冲突的环境中，人物性格产生了突发性的改变。

小说化的另一体现，是精彩的细节描写。《左传》中的细节描写，大都不重写形而专力传神，对于写人达到画龙点睛之功效。如襄公二十六年，记载"卫侯（卫献公）入，大夫逆于竟者，执其手而与之言；道逆者，自车揖之；逆于门者，颔之而已"。作者用细腻的动作细节，写出卫献公对三种迎接者的不同态度，活画出卫献公气量狭小、忌刻怀恨、骄横无信的性格。其他如桓公二年，用"目逆而送之，曰：'美而艳！'"来表现华父督的贪色丑态；用"染指于鼎，尝之而出"的细节，写公子宋的羞怒心理；用"投袂而起，屦及于窒皇，剑及于寝门之外，车及于蒲胥之市"等动作写楚庄王狂怒之状，都是以细节写人的精彩之笔。细节是人物形象的"血肉"，大量而精彩的细节描写，使人物形象"连性情心术，声音美貌，千载如生"（〔清〕冯李骅《左绣·读左巵言》）。大量的细节描写，使史书的叙事更富于生活化的意味，更带上感情色彩，也更趋小说化。丰富的情节与细节，说明作者所掌握的历史材料的深度和广度，并由此获得了极大的纵横驰骋的创作自由，表现出作者鲜明的个性特征，同时也说明作者已经把视角深入到那些为一般史家所不屑或未加注意的事件情节之中，通过深入的观察分析，挖掘深层的历史内蕴，把握历史人物的性格特征与精神本质。这样的属辞比事方式，开创了中国古典小说以故事情节见长的传统风格，成为历史小说的先河。

3.众美兼善的表现手法

《左传》作者写人的具体手法，可谓"众美兼善"。（〔清〕刘熙载《艺概·文概》）限于篇幅，此举其荦荦大者论之。

首先是独特的人物心理活动描写。《左传》当然还不可能有如现代小说或外国小说那样细腻冗长主观评说式的心理描写。其独特之处，是将人物心理描写融化于叙事之中，用细微的动作和精妙的语言刻画人物在特定环境中的心理。襄公二十六年，公子围（即楚灵王）因郑俘皇颉与穿封戌争功，请伯州犁裁断。伯州犁"上其手曰：'夫子为王子围，寡君之贵介弟也。'下其手曰：'此子为穿封戌，城外之县尹也。谁获子？'"伯州犁对二人身份不同的介绍再加上巧妙的动作——"上下其手"，微妙传递了他有意偏袒公子围的心理信息。

从性格与环境的冲突中去揭示人物特定心态，也是作者所用之常法。鲁庄公八年，齐襄公"游于姑棼，见大豕。从者曰：'公子彭生也。'公怒曰：'彭生敢见！'射之，豕人立而啼。公惧，坠于车，伤足，丧屦"。齐襄公指使彭生刺杀鲁桓公，为平息鲁人之怨又杀了彭生，因此潜意识中有一种犯罪者的心虚恐惧心理。朦胧之中将大豕当作彭生，虽凶相毕露地要射杀大豕，却仍遏制不住内心的恐惧而吓得从车上跌落下来。突然出现的事件使人物处于一种始料不及的特殊环境之中，人物的复杂心理通过特定时空的行动表现出来。

其次是对比和映衬手法的运用。对比和映衬，是中国古典叙事文学中刻画人物的传统手法，溯其源，亦可见于《左传》。施氏妇，是《左传》中一个具有反抗性格的妇女形象。成公十一年，作者集中多年事总写其人。作者从郤犨贪色而夺人之妻，声伯息事宁人而无视骨肉之情，施孝叔怯懦胆小又自私残忍的鲜明对比中，显示施氏妇不畏强暴敢于反抗的性格特征。写卫献公的出场，则用衬托之法。成公十四年，卫定公卒，立衎（卫献公）为太子。丧礼中，众人哀悼，唯太子衎不哀不恸。作者从夫人姜氏悲叹，众大夫耸惧，孙文子置重器于戚等旁人一系列的言行之中，衬托太子衎的为人，透露出人物性格发展趋势的信息，暗示卫献公将败亡卫国的结局。再如襄公八年写子产的出场，也有异曲同工之妙。在客观的叙事之中，写出众多人物的神态各异的言行，用对比映衬之法，突出中心人物的特异之处，《左传》之例甚多，不胜枚举。

再者是颇具个性的语言描写。传神的语言，揭示了人物内心世界。隐公元年《郑伯克段于鄢》章中，郑庄公发誓与武姜"不及黄泉，无相见也"，可是当他馈食颍考叔时，又哀叹："尔有母遗，繄！我独无。"这反映了郑庄公此时此刻复杂的心理活动与内心矛盾——既有儿子对母亲感情的真实流露，又有欲掩其弃母不孝恶名的企图和自悔无法挽回的惋惜。颍考叔心领神会，准确地把握住郑庄公的心理内涵，不失时机地导演了一出母子大隧相见的闹剧。

《左传》以记事为主，精彩的人物语言描写却比比皆是。实可谓"言事相兼"，声情并茂。综观《左传》所记人物语言，具有三种不同的风格：既有明显的训诂体遗制，又已开战国纵横之风，兼之大量的活泼的口语化语言。

章学诚曰："左氏以传翼经，则合为一矣。其中辞命，即训诂之遗也。"（《文史通义·外篇方志立三书议》）"训诂之遗"，最见于讽谏之辞令之中。襄公四年《魏绛论和戎》，就是一例。晋悼公反对和诸戎，魏绛以其高瞻远瞩的政治眼光，谓"获戎失华"之不可为。魏绛在论和戎之中，以有穷后羿为题，历数后羿、寒浞和少康、辛甲等人事迹，以正反两方面的历史经验教训，劝导晋悼公不可沉溺于田猎，不可穷兵黩武，不能失去贤人，而应以哲王为则，昏君为戒。其滔滔不绝，反复申说，最后归结到和戎的五大好处。这一段话，无论从内容到体式以及风格，均酷似《尚书·无逸》。其言直贯如注，气畅势盛，论证典雅古奥，繁富绵密，说服力很强。其他如邲之战晋随武子论战、楚庄王论不为京观，鄢陵之战前申叔时预言楚师之败，师旷论卫人出其君，均有此风格。这一类人物语言的存在，一是本之于旧史之成文，二是这类语言古朴典奥，博闻强识，雄辩有力，最合于人君，最显人物睿智，收记其中，可为人物增色。

战国策士纵横辩难之风，如成公十三年"吕相绝秦"书，已具规模，前人多已论述。其他如"展喜犒齐师"（僖公二十六年）、"郑烛之武退秦师"（僖公三十年），其言都具游说驳难的特点。这些使者，多奉命于危难之际，身负解忧排难的重任，论辩时能准确抓住对方的心理，乘势发挥，刚柔相济，或夹缝中求生，或步步进逼，谈锋则时而委婉曲折，时而针锋相对，铺陈夸肆，驰骋捭阖，蛊服人心，以达到自己的目的。

口语化的人物语言，形象生动，最善于揭示特定场合下的人物性格，充满生活气息。如前所述华父督见孔父之妻曰"美而艳"，脱口而出，贪婪女色之嘴脸，如在目前。文公元年写江芈怒骂楚太子商臣之言："呼！役夫！宜君王之欲杀女而立职也。"用楚地方言俗语骂人，摹状江芈盛怒之态，声口毕肖。再如昭公三年写卢蒲嫳以已发之短作比，申明因庆封败亡，自己衰老不复能为害，哀鸣却是奸诈语，极合卢的性格。

《左传》记言的三种不同风格，代表了作者从三个不同角度塑造人物的手法，又为我们勾勒出先秦叙事散文记言风格的变化轨迹：《尚书》—《左传》—《战国策》—《史记》，即其变化轨迹和几个代表坐标。其中《左传》有承前启后之功。《左传》中三种风格并存，《战国策》则以纵横捭阖铺张扬厉为其主导，到了《史记》，生动形象的口语化语言，已是记言的主要方式。上述这一轨迹，显示出先秦叙事文学中人物语言向更加语体化、散体化发展的历史趋势。

4.虚实相生的夸饰描写

前人批评《左传》"其失也巫"（《穀梁传·序》），"浮夸"（韩愈《进学解》），"好语神怪，易致失实"（韩菼《左传纪事本末·序》）。"巫""浮夸"云云，主要指《左传》中出现的虚构情节与梦境、妖异、神怪、祯祥等荒诞描写。若从文学创作与人物塑造的角度来说，巫妄浮夸之诟病，倒有必要为之一辩。要而言之，此非左氏之败笔，乃创作之精华。

虚饰情节，如宣公二年钼麑触槐而死前的自叹。人死前的独白，谁能听见？当出于作者的悬想。僖公二十二年春，晋太子圉质秦，将逃归时与嬴氏的一段对话，此乃夫妻间的密谋，外人何以知晓？无非来自作者的潜拟。但是这些虚饰的情节，并不影响史事的真实，反而使人物形象更加丰满。钼麑之言，又暗含着作者对人物的评价与感情色彩。正如钱锺书先生所说："史家追叙真人实事，每须遥体人情，悬想事势，设身局中，潜心腔内，忖之度之，以揣以摩，庶乎入情合理。"(《管锥编》第一册)"悬想事势""以揣以摩"，则不局限于事实之中，所谓"入情合理"，即符合人物性格逻辑之谓也。

梦境神怪等情节的运用，亦非完全出于宣扬唯心主义的荒诞迷信，而是作者塑造人物、表现作者或人物主观意念的手段。这类描写，在记史上看似荒诞不经，在文学上却显得奇幻瑰丽。如众所熟知的燕姞梦兰而生郑穆公的记载（宣公三年），就是一段非常优美动人的文字。春秋中期，郑穆公算得上是郑国的一位贤君，作者常褒其贤。郑穆公梦兰而生，象征其本性高洁。郑文公杀了那么多儿子，公子兰（即郑穆公）却得以嗣位而治，是所谓有天助也。燕姞梦兰，天使赠兰，正表现了作者这种意念。这个梦幻故事给人物涂上了一层灵光。此后作者又把不凡的兰草贯穿于郑穆公的一生，临终还"呼兰""刈兰"而卒。这一株神奇的兰草，成为郑穆公人格的象征。鲁国的叔孙竖牛，也托生于一个奇异的梦（昭公四年）。鲁叔孙豹梦天压己，得救于一个"黑而上偻，深目而豭喙"的人，遂有其子竖牛。就是这个竖牛，后来酿成大乱。这个噩梦中阴森恐怖的气氛，梦中人的狰狞面目，给人一种形象的恶感，又暗示人物的性格基调与行为趋向。作者借这种超自然超现实的梦境，将自己心中的某些意念形象化。梦境也常被作者用来展现人物心境，作为暗示情节发展的一种方式。城濮之战中晋文公梦与楚子搏，反映了文公优柔寡断的心理状态。子犯占为吉梦，则暗示了城濮之战的结局。梦境的暗示与预言，起到直接叙述所达不到的妙用，在结构上又显得通体浑圆，天衣无缝。

夸饰描写中的一些神异故事情节，意在突出人物非凡的命运和出众的才干。宣公四年写楚令尹子文的诞生，颇具神话色彩。楚鬭伯比"淫于䢵子之女，生子文焉。䢵夫人使弃诸梦中。虎乳之。䢵子田，见之，惧而归。夫人以告，遂使收之"，"故命之曰斗谷於菟"。子文之生，颇似《大雅·生民》中的后稷非凡灵异。子文乃楚国有名的贤臣。毁家纾难，让令尹之位于子玉，是个不以个人得失为喜愠的人。子文降生的神异传说，无疑地加重了这位杰出人物的传奇色彩。

上述这些虚诞夸饰的描写，对于严肃的历史著作，本不属于入史的材料，作为艺术范畴的文学作品，却因其奇幻的传说，使人物形象更加生动，更加丰满。它极大地增强了《左传》的文学性，增强了作为文学作品给人的审美感受与愉悦，因此更富艺术魅力。诚如唐代刘知幾评《左传》"工侔造化，思涉鬼神，著述罕闻，古今卓绝"(《史通·杂说》)。虚实相生，笔比造化，《左传》客观上体现了历史真实与艺术真实的辩证统一。

《左传》作者是善于写人的。上述众多艺术手法的运用，是

《左传》具有强烈的文学性并产生激动人心的艺术魅力的重要原因。从中国古代叙事性文学的发展历史来看，《左传》写人的成功，标志着我国叙事文学突破旧的传统，向着"人学"的领域迈进了一大步，为后代的史传文学创作提供了可贵的经验。后代的叙事文学，包括小说戏剧，塑造人物形象的众多的艺术手法，《左传》中都已出现。当我们对后代叙事文学艺术进行探究时，若要"寻根"，便不能不追寻到《左传》身上来。

二、《左传》中行人辞令的背景与功用

修辞艺术，并非后人才加以注意之事。自春秋时代始，人们便非常注意修辞艺术，尤其是在列国之间的交往当中，更是如此。孔子曰："辞达而已矣。"（《论语·卫灵公》）这只是对言辞表达的最基本要求。孔子又说："《志》有之：言以足志，文以足言；不言，谁知其志？言之无文，行而不远，晋为伯，郑入陈，非文辞不为功，慎辞哉。"（《左传·襄公二十五年》）这不但是对列国交际中文辞的推崇，而且是对辞令提出了更高的修辞艺术要求。孔子甚至将晋国之称霸、郑国伐陈之胜利，都归之于言辞之功效。所以，春秋时代诸侯列国交往当中，人们已经非常注意文辞艺术的讲究锤炼。《左传》一书之行人辞令描述最为出色，且再现了行人辞令中多姿多彩的修辞艺术。这里拟对《左传》行人辞令之修辞艺术进行全面之研究，总结其艺术特征，以就教于大方之家。

行人辞令，即外交辞令。春秋时期，"行人"又称"行李""行理""行旅"，就是来往于周王朝的诸侯列国之间的外交使节。春秋

时期，诸侯国之间斗争非常尖锐，行人往来、使臣聘问，又加以盟会频繁，所以外交辞令显得非常重要。大国要"奉辞伐罪"，小国要对付大国的侵辱，使臣成为周旋于各国之间的重要人物，行人辞令常成为斗争的工具和攻伐的口实。所以，"大夫行人，尤重辞命"（《史通·言语》），行人辞令不当而引发战争是常有之事，因行人辞令之妙而化干戈为玉帛的也不乏其例。辞令好不好，得体与否，不但关系个人的荣辱，而且关系到国家兴亡。孔子告诫说"慎辞哉"，的确是有感于多少历史经验而发自肺腑的忠告。

出色的外交辞令，在外交上可以产生巨大的作用。它可以消弭兵燹之灾，使敌国退师，令国家转危为安，它的作用是巨大的，这在《左传》中有许多例子，最为著名的要数僖公三十年的《烛之武退秦师》。秦晋两国联合围郑，大兵压郑，兵临城下。在此危急关头，郑国的老臣烛之武挺身而出，以其三寸不烂之舌，终于说服秦穆公退兵，使郑国转危为安，免除了一场兵燹之灾。这就是有名的《烛之武退秦师》。烛之武的成功，在于充分运用了修辞艺术，采用了以退为进、折之以理、惧之以势、诱之以利等手法，使他的说辞产生了巨大的说服力，终于取得成功。类似的例子还有如僖公四年的"屈完如齐师"，僖公二十六年的"展喜犒师"，宣公三年的"王孙满对楚王问"。

春秋时期的列国大夫，大多善于应对之辞。如烛之武、屈完、展喜、赵衰、王孙满、阴饴甥、吕相、魏绛等人，其中最为出色的又要推子产。子产执政，在与列国尤其是晋楚霸主交往的时候，表现出极高的才辩，显示出高超的修辞艺术。襄公二十二年，晋平公以郑国久不朝见为借口，"征朝于郑"。子产面对晋侯的责难，一方面表示郑不"忘职"，要服事晋国，另一方面又指责晋"政令无常"，使郑国"无日不惕"；倘若晋国仍不恤郑国，郑国只好与晋为敌。一番义正词严的辩驳，使晋霸主只好收敛了它的淫威。襄公二十五年，郑伐陈之后，子产献捷于晋。晋人三问，子产三答，可谓以其人之道，还治其人之身。再看襄公三十一年，"子产相郑伯以如晋"一节，更可以领略子产巧于运用辞令的风采。在这一篇说辞中，晋国霸主的蛮横无理，郑国义正礼周，是子产立论的基础。子产善于运用修辞技巧，为他的取胜增添了力量。子产辞令的重要特点是善于用对比手法，针锋相对，使对方无可辩驳。同时，子产之言辞义正而不阿，词强而不激，外柔内刚，寓严于婉转之中，表现出娴熟的修辞艺术技巧。子产自己是非常重视修辞艺术的。襄公三十一年记载："子产之从政也，择能而使之：冯简子能断大事，子大叔美秀而文，公孙挥能知四国之为，而辨于其大夫之族姓、班位、贵贱、能否，而又善于辞令。裨谌能谋，谋于野则获，谋于邑则否。郑国将有诸侯之事，子产乃问四国之为于子羽，且使多为辞令；与裨谌乘以适野，使谋可否；而告冯简子使断之。事成，乃授子大叔使行之，以应对宾客，是以鲜有败事。"在郑国的这几位大臣之中，大多是善于辞令的（子产、子太叔、公孙挥），而且在这一番的政令运作过程中，修饰辞令是非常重要的环节。"动作有文，言语有章"（襄公三十一年语），盖为当时所遵循的准则。可见辞令在君国大事外交往来中的重要性。难怪叔向要说："辞之不可以已也如是夫！子产有辞，诸侯赖之，若之何其释辞也？《诗》曰：'辞之辑矣，民之协矣；辞之绎矣，民之莫矣。'其知之矣。"

大家读《左传》

三、《左传》中修辞艺术的特征

唐代刘知幾《史通·申左》曰："寻左氏载诸大夫辞令，行人应答，其文典而美，其语博而奥。述远古，则委曲如存；征近代，则循环可覆。必料其功用厚薄，指意深浅，谅非经营草创，出自一时，琢磨润色、独成一手。"《左传》行人辞令之美，实得力于修辞艺术的苦心经营。征之原文，其修辞艺术可归纳为如下。

1.委婉含蓄

《左传》行人辞令之修辞艺术最为常见的特征，是委婉含蓄，温润曲折。《史通·言语》谓之"语微婉而多切，言流靡而不淫"。此类例子甚多，俯拾即是：

> 郑穆公使视客馆，则束载、厉兵、秣马矣。使皇武子辞焉，曰："吾子淹久于敝邑，唯是脯资、饩牵竭矣。为吾子之将行也，郑之有原圃，犹秦之有具囿也，吾子取其麋鹿，以闲敝邑，若何？"（僖公三十三年）

崤之战前，秦人欲偷袭郑国，郑人已发觉，派皇武子辞杞子、逢孙三人。话极委婉，然已暗示郑国已窥破秦人的阴谋。杞子三人于是出逃郑国。再如：

> 韩厥执絷马前，再拜稽首，奉觞加璧以进，曰："寡君使群臣为鲁、卫请，曰：'无令舆师陷入君地。'下臣不幸，属当

戎行，无所逃隐。且惧奔辟，而忝两君。臣辱戎士，敢告不敏，摄官承乏。"（成公二年）

这是齐晋鞌之战中，晋韩厥追上齐顷公就要活捉齐顷公的一段话，"无令舆师"句，实指早日同齐军决战；"无所逃隐"，指无法回避擒拿齐君；"忝两君""摄官承乏"等，亦皆委婉之外交辞令。再如：

王曰："子归，何以报我？"对曰："臣不任受怨，君亦不任受德，无怨无德，不知所报。"王曰："虽然，必告不谷。"对曰："以君之灵，累臣得归骨于晋，寡君之以为戮，死且不朽。若从君之惠而免之，以赐君之外臣首，首其请于寡君而以戮于宗，亦死且不朽。若不获命而使嗣宗职，次及于事，而帅偏师以修封疆，虽遇执事，其弗敢违。其竭力致死无有二心，以尽臣礼，所以报也。"王曰："晋未可与争。"重为之礼而归之。（成公三年）

除上举三例之外，还有如弦高犒师（僖公三十三年）、展喜犒齐师（僖公二十六年）、齐侯使晏婴请继室（昭公三年）、屈完如齐师（僖公四年）、知罃答楚成王问（成公三年）等，皆含蓄蕴藉、曲折达意、委婉多姿。

2.借言达意

借言达意，实可归为委婉之一种，然在手法上似乎更为巧妙。如：

晋阴饴甥会秦伯，盟于王城。秦伯曰："晋国和乎？"对曰："不和。小人耻失其君而悼丧其亲，不惮征缮以立圉也。……君子爱其君而知其罪，不惮征缮以待秦命。……"秦伯曰："国谓君何？"对曰："小人慼，谓之不免；君子恕，以为必归。……"（僖公十五年）

韩之战，晋国兵败，惠公被俘。阴饴甥作为晋之使者入秦会盟，在回答秦穆公之问时虚构了君子与小人的争论，含蓄曲折地表达了秦释晋侯，晋必报德；不释晋侯，晋必报仇之意。借人之言，以达己意。

3.文缓旨远

文缓旨远，含意深刻，主要还不在于修辞的技巧，而在于说理的深刻隽永，意在言外。如：

楚子……观兵于周疆。定王使王孙满劳楚子。楚子问鼎之大小、轻重焉。对曰："在德不在鼎。昔夏之方有德也，远方图物，贡金九牧，铸鼎象物，百物而为之备，使民知神、奸。……桀有昏德，鼎迁于商，载祀六百。商纣暴虐，鼎迁于周。……成王定鼎于郏鄏，卜世三十，卜年七百，天所命也。周德虽衰，天命未改。鼎之轻重，未可问也。"（宣公三年）

楚庄王问鼎，暴露其觊觎王权的野心。"在德不在鼎"一句，是王孙满辞令的核心，并由此生发开去，援古论今，历数夏方有德，国泰民安，鼎祚久存。桀纣昏德，鼎迁商周。由此说明有德必得鼎，有鼎则有国的道理。王孙满的辞令，从容徐迂，寓意深刻。

4.针锋相对

行人应对，亦不唯一味地委婉含蓄。针锋相对，毫不相让，也是取胜之法。如：

> 楚子使屈完如师。
>
> 齐侯陈诸侯之师，与屈完乘而观之。齐侯曰："岂不榖是为？先君之好是继。与不榖同好，如何？"对曰："君惠徼福于敝邑之社稷，辱收寡君，寡君之愿也。"齐侯曰："以此众战，谁能御之！以此攻城，何城不克！"对曰："君若以德绥诸侯，谁敢不服？君若以力，楚国方城以为城，汉水以为池，虽众，无所用之。"（僖公四年）

齐侯之言，乃以武力相威胁，有咄咄逼人之势。屈完之答，针锋相对，毫无退让之意，终使齐侯结盟。再如：

> 郑子产献捷于晋。……晋人曰："何故侵小？"对曰："先王之命，唯罪所在，各致其辟。且昔天子之地一圻，列国一同，自是以衰。今大国多数圻矣，若无侵小，何以至焉？"晋人曰："何故戎服？"对曰："我先君武、庄为平、桓卿士。城濮之役，文公布命，曰：'各复旧职。'命我文公戎服辅王，以授楚捷。不敢废王命故也。"（襄公二十五年）

"若无侵小，大国何以数圻"和"不敢废王命"，是子产针对晋人两次责难的反驳，话似委婉，实则针锋相对，柔中有刚。

5.折之以理，服之以巧

孔子曰："情欲信，辞欲巧。"（《礼记·表记》）从修辞上说，即是折之以理，服之以巧。前举《烛之武退秦师》便是典型之例。烛之武说秦伯，晓之以利害，理出两端。先从亡郑说起：亡郑无益于秦。原因有三：一是"越国以鄙远"，难以实现；二是"亡郑陪（倍）邻"，得利者乃为晋国；三是"邻之厚，君之薄"，结果于秦更不利。然后从不亡郑剖析：不亡郑，既无害于秦，秦反可坐享其利。两者比较，利害自见。这一番辞令，烛之武说理透彻，修辞上精心结构，层层深入，丝丝入扣，堪称典范。再如：

> 晋人征朝于郑。郑人使少正公孙侨（子产）对曰："……楚人犹竞，而申礼于敝邑。敝邑欲从执事，而惧为大尤，曰：'晋其谓我不共有礼！'是以不敢携贰于楚。……"（襄公二十二年）

晋人责难郑国何以亲附楚国，子产杜撰了一句"晋其谓我不共有礼"，意为楚对郑有礼，郑若弃楚，晋将指责郑国不敬有礼。子产此招，极巧妙地将责任反推到晋人身上，让晋人有口难言。再如：

> 吴子使其弟蹶由犒师，楚人执之，将以衅鼓，王使问焉，曰："女卜来吉乎？"对曰："吉。寡君闻君将治兵于敝邑，卜

之以守龟，曰：'余亟使人犒师，请行以观王怒之疾徐，而为之备，尚克知之！'龟兆告吉，曰：'克可知也。'君若欢焉，好逆使臣，滋敝邑休怠，而忘其死，亡无日矣。今君奋焉，震电凭怒，虐执使臣，将以衅鼓，则吾知所备矣。……"（昭公五年）

蹶由之巧，在于利用杀与不杀做文章，"好逆使者"，吴人则懈怠；杀了蹶由，吴人必高度戒备。蹶由可谓善辩，免除了自己的衅鼓之灾。

6.绵里藏针

绵里藏针，柔中有刚，在郑子产的辞令中极为常见，如襄公二十二年晋人征朝于郑，责备郑国。面对晋人的无理责难，子产先是据理反驳，以理服人，用事实证明郑国"岂敢忘职"。临到最后，子产说：

> 大国若安定之，其朝夕在庭，何辱命焉？若不恤其患，而以为口实，其无乃不堪任命，而剪为仇雠。敝邑是惧，其敢忘君命？委诸执事，执事实重图之。（襄公二十二年）

子产由此表明郑国的态度：晋国如让郑国安定，则郑国将自动朝晋；若不体恤郑国，郑国只好以晋为敌了。何去何从，任晋国选择。子产强硬的态度，使晋人收敛其淫威。再如成公二年齐使宾媚人使晋，在极尽委曲求全中以"子又不许，请收合余烬，背城借一。敝邑之幸，亦云从也"斥责晋人之无理取闹，也是绵里藏针之辞令。又如前举成公三年楚人归知罃，知罃表示谢意之后说：

> 若不获命而使嗣宗职，次及于事，而帅偏师以修封疆，虽遇执事，其弗敢违。其竭力致死无有二心，以尽臣礼，所以报也。（成公三年）

知罃的话里，透露着不屈和拼死的决心。读此辞令，不由使人记起晋公子重耳流亡过楚时对楚成王的回答：

> 若以君之灵，得反晋国，晋、楚治兵，遇于中原，其辟君三舍。若不获命，其左执鞭、弭，右属櫜、鞬，以与君周旋。（僖公二十三年）

二者有异曲同工之妙。

7.以屈求伸

以屈求伸，可以为后面的说辞张本，亦可以为后面的陈辞蓄势。如僖公三十年《烛之武退秦师》，烛之武见秦伯的第一句话即为：

> 秦、晋围郑，郑既知亡矣。若亡郑而有益于君，敢以烦执事。

烛之武见秦伯，意在说服秦伯退兵，然而第一句话却承认郑国将亡。这样说，一来表示谦恭，二来使秦伯放松了心理戒备，为后面的亡郑与不亡郑的利害关系蓄势。修辞构思实为巧妙。

8.抑己扬人

抑己扬人，目的是讨好对方。此例可见昭公三年：

> 齐侯使晏婴请继室于晋，曰："寡君使婴曰：'寡人愿事君，朝夕不倦，……君若不忘先君之好，惠顾齐国，辱收寡人，徼福于大公、丁公，照临敝邑，镇抚其社稷，则犹有先君之遗姑姊妹若而人。'……"

齐国将少姜许配晋平公，不意少姜不久死去。齐侯又自动提出再送齐女，而且把晋国答应再娶齐女，说成是"惠顾齐国，辱收寡人"，是"照临敝邑，镇抚其社稷"。因为此时晋国仍强于齐国，齐国为了讨好晋国，不惜极力贬低自己，抬高别人。话虽委婉，实为了讨好对方。

9.正话反说，意在剌讥

僖公二十六年，齐人伐鲁，展喜犒齐师，展喜先虚构了"小人""君子"之意以表示不卑不亢之态度。齐侯再问："室如县（悬）罄，野无青草，何恃而不恐?"展喜对曰：

> 恃先王之命。昔周公、大公股肱周室，夹辅成王，成王劳之而赐之盟曰："世世子孙无相害也!"载在盟府，大师职之。……及君即位，诸侯之望曰："其率桓之功!"我敝邑用不敢保聚，曰："岂其嗣世九年，而弃命废职，其若先君何? 君必不然。"恃此以不恐。

齐人伐鲁，本已违背"先王之命"。"诸侯之望"云云，已用反语刺讥对方。"岂其嗣世九年，而弃命废职？其若先君何？"二句，一刺齐侯背弃祖命之速，二刺齐侯愧对先君。"君必不然"，更是正话反说。齐侯已违祖命，何谓"不然"？刺讥之意，显见于言外。

10.对比反驳

对比以见优劣，增加反驳之力量，亦辞令之妙用。如襄公三十一年，子产相郑伯以如晋，晋人不纳，子产使尽坏其馆之垣而入。面对晋人之责让，子产以晋文公之行事与晋平公对比，令晋平公之无礼暴露无遗。昭公三十年，郑游吉吊晋顷公之丧，面对晋人之责难，亦以晋、郑两国在执行"礼"方面的对比，揭示真正无礼者是晋而非郑。再如成公二年，宾媚人致赂晋人，为驳斥晋人之无理要求，巧用了对比之法：

> 四王之王也，树德而济同欲焉。五伯之霸也，勤而抚之，以役王命。今吾子求合诸侯，以逞无疆之欲。（成公二年）

四王、五伯是"济同欲"而抚诸侯，今晋侯为逞私欲而要齐"尽东其亩"，两相对照，晋"何以为盟主"呢？

11.夸张虚构

夸大其词，甚至不惜虚构事实，此乃完全为修辞之需要。此例可见成公十三年之《吕相绝秦》。其中：

> 郑人怒君之疆场，我文公帅诸侯及秦围郑。……寡我襄公，迭我殽地；……成王陨命，穆公是以不克逞志于我。……

康公我之自出，又欲阙翦我公室，倾覆我社稷，帅我蟊贼以来荡摇我边疆……

这几条，并非史实所有，或与事实有很大出入，作者乃信口开河，夸大其词，只求耸人听闻，强词夺理以取胜罢了。

12.巧用比喻

比喻之用，在行人辞令中极为常见。如：

> 楚子使与师言曰："君处北海，寡人处南海，唯是风马牛不相及也。不虞君之涉吾地也！"（僖公四年）

以"风马牛不相及"喻齐楚两国相距遥远，互不关涉。再如：

> 子产与范宣子书，曰："……象有齿以焚其身，贿也。"
> （襄公二十四年）

象齿贵重，却因此害了自身，以喻重币，将自焚其身。再如：

> 晏子曰："……不受邶殿，非恶富也，恐失富也。且夫富如布帛之有幅焉，为之制度，使无迁也。夫民生厚而用利，于是乎正德以幅之，使无黜嫚，谓之幅利。利过则为败。吾不敢贪多，所谓幅也。"（襄公二十八年）

此以谐音作比，"富"谐"幅"，指布帛的宽度、幅度，喻不可贪求财富。

最为生动精彩的巧用比喻，亦见于子产的辞令：

> （子产论尹何为邑）子产曰："……今吾子爱人则以政，犹未能操刀而使割也，其伤实多。子之爱人，伤之而已，其谁敢求爱于子？子于郑国，栋也，栋折榱崩，侨将厌焉，敢不尽言？子有美锦，不使人学制焉。大官、大邑，身之所庇也，而使学者制焉，其为美锦不亦多乎？……譬如田猎，射御贯，则能获禽，若未尝登车射御，则败绩厌覆是惧，何暇思获？"……子产曰："人心之不同如其面焉，吾岂敢谓子面如吾面乎？"（襄公三十一年）

此中"操刀使割""栋折榱崩""田猎射御""人心如面"，皆是比喻，可谓巧用比喻之妙品。比喻之用，使辞令形象生动，摇曳多姿。

13. 排比对偶

排比对偶，在《吕相绝秦》篇使用最繁，且看：

> 文公即世，穆为不吊，蔑死我君，寡我襄公，迭我殽地，奸绝我好，伐我保城，殄灭我费滑，散离我兄弟，挠乱我同盟，倾覆我国家。……又欲阙翦我公室，倾覆我社稷，帅我蟊贼以来荡摇我边疆……康犹不悛，入我河曲，伐我涑川，俘我王官，翦我羁马……入我河县，焚我箕郜，芟夷我农功，虔刘我边垂……（成公十三年）

这一连串的排比对偶，增加了辞令的气势，造成一种无可辩驳的力量，产生了理直气壮的效果。再如：

> （1）伯宗曰："……川泽纳污，山薮藏疾，瑾瑜匿瑕，国君含垢，天之道也，君其待之。"（宣公十五年）
>
> （2）故君子在位可畏，施舍可爱，进退可度，周旋可则，容止可观，作事可法，德行可象，声气可乐，动作有文，言语有章，以临其下，谓之有威仪也。（襄公三十一年）

前一例为伯宗劝阻晋侯救宋，"川泽"三句，喻国君也可忍受一时之辱，四句连用排比。后一例为北宫文子论楚公子围之威仪，何谓威仪，在于君子之德行，亦以排比句论之，有不容置疑之力量。

14. 敷张扬厉

敷陈渲染，排比夸张，以造成夺人之声势，这是敷张扬厉。成公十三年的《吕相绝秦》篇，是一篇完整的外交檄文，呈现出与《左传》其他行人辞令完全不同的修辞风格。成公十一年，秦、晋两国在令狐会盟。会盟之后不久，秦马上策动狄、楚攻晋。晋人一怒之下，派吕相使秦，与秦绝交。吕相历数秦国对晋的不义行径，又直斥秦桓公的背信弃义，最后说明晋国与秦绝交是忍无可忍，势在必然。这篇辞令一开始便致力渲染气氛，甚至虚构事实，夸大罪状，以制造对秦的怨恨，为了增强气势和无可辩驳的逻辑力量，又用了大量的排比句式，且遣词用字颇有变化，参差错落，波澜起伏，有很强的感染力。《春秋左绣》谓之"盖一纸书贤于十万师"，言虽夸张，亦说明辞令的力量不可忽视。

15.层递阶进

由浅入深，由低到高，由粗入细，由外入里，皆可谓层递阶进。行人辞令之修辞艺术中亦有不少例子。如：

> 石碏谏曰："臣闻爱子，教之以义方，弗纳于邪。骄、奢、淫、泆，所自邪也。四者之来，宠禄过也。将立州吁，乃定之矣，若犹未也，阶之为祸。夫宠而不骄，骄而能降，降而不憾，憾而能眕者鲜矣。……"（隐公三年）

"宠而不骄"几句，意为受宠而不骄横，骄横而能屈服，屈服而不怨恨，怨恨而能克制，历来少见。这是从低到高的层递。

> 国家之败，由官邪也。官之失德，宠赂章也。郜鼎在庙，章孰甚焉？武王克商，迁九鼎于雒邑，义士犹或非之，而况将昭违乱之赂器于大庙，其若之何？（桓公二年）

此为《臧哀伯谏纳郜鼎》之言，宠赂→失德→官邪→国败，这是由重到轻的递降法，意在指出国败起于贪赂。"武王"三句，则为递升之法。

16.拟人为物

将人拟为物，或将物拟为人，可称比拟。行人辞令中亦不乏其例。如：

> 吕相绝秦：帅我蟊贼，以来荡摇我边疆。（成公十三年）

"蟊贼"本为吃禾苗的害虫，此指晋公子雍。此为拟人为物。又如：

> 申包胥如秦乞师，曰："吴为封豕、长蛇，以荐食上国，
> 虐始于楚。"（定公四年）

将吴国比拟为封豕、长蛇，亦为拟人为物。以上两例都有比喻之意。

17.引经据典

行人辞令中引经据典之法最常见，或明引，或暗用，极其灵活。最常用的首先是引用《尚书》《诗经》。《左传》中随处可见，此不赘引。再如成公二年宾媚人使晋，三引《诗经》句以驳晋人，增强其反驳的力量。不过在行人引《诗经》之时，赋诗断章之法最为习见。常是借《诗经》之章句，断章取义，以为我所用。所谓"赋诗断章，余取所求"是也。还有的是暗引经典，如：

> 上介芋尹盖对曰："……且臣闻之，曰：'事死如事生，礼
> 也。'"（哀公十五年）

"事死"句语出《礼记·祭义》和《中庸》，芋尹盖不言书名，是为暗用。再一种是引用王命或先王之制，如：

> 宾媚人对曰："萧同叔子非他，寡君之母也。若以匹敌，
> 则亦晋君之母也。吾子布大命于诸侯，而曰：'必质其母以为
> 信。'其若王命何？且是以不孝令也。……"（成公二年）

这是暗引王命：以不孝令诸侯，违背"王命"。又如：

> 晋人曰："何故侵小？"对曰："先王之命，唯罪所在，各致其辟。……"（襄公二十五年）

这是子产引"王命"驳晋人"何以侵小"之责。又如：

> 郑游吉吊，且送葬，对曰："……先王之制：诸侯之丧，士吊，大夫送葬；唯嘉好、聘享、三军之事，于是乎使卿。……"（昭公三十年）

这是郑游吉以"先王之制"反驳晋国"吊丧无贰"的责难。引经典为训，持之有故，信而可征，严谨郑重，又使辞令典雅华美，常产生意外的效果。

18.引用谣谚

行人辞令中的引用谣谚，有两种情况。一是引古人之言，此类亦等同于引经据典；二是引用民间俗语谣谚。如：

> 伯宗曰："……古人有言曰：'虽鞭之长，不及马腹。'天方授楚，未可与争。虽晋之强，能违天乎？谚曰：'高下在心。'……"（宣公十五年）

所引古人之言"鞭长不及马腹"，盖古人俗语，亦可谓引经据典。且此句又有比喻意，比喻晋虽强，也不能与楚争锋。再如：

申叔时曰:"夏徵舒弑其君,其罪大矣。讨而戮之,君之义也。抑人亦有言曰:'牵牛以蹊人之田,而夺之牛。'牵牛以蹊者,信有罪矣,而夺之牛,罚已重矣。诸侯之从也,曰讨有罪也。今县陈,贪其富也。……"(宣公十一年)

楚庄王伐陈县陈,申叔时不贺,引"蹊人之田而夺之牛"喻罚太重。"抑人亦有言"云云,乃引用俗语。

(1)晋侯复假道于虞以伐虢。宫之奇谏曰:"……谚所谓'辅车相依,唇亡齿寒'者,其虞、虢之谓也。"(僖公五年)
(2)晋人使以币如郑,问驷乞之立故。……子产不待而对客曰:"……谚曰:'无过乱门。'民有兵乱,犹惮过之,而况敢知天之所乱?……"(昭公十九年)

"唇亡则齿寒"之谚,在先秦诸子著作及《战国策》中均可见,两句对仗工整,显见流传多时,锤炼已久。"无过乱门"在昭公二十二年即《国语·周语下》中亦出现过,应为当时谚语。这些谚语,流传于民间而意味隽永,行人用为辞令,亦可见其智慧。

19. 曲指代称

此亦委婉之修辞艺术。行人应对,不敢指斥君王,故曲指以代称,表示尊敬。如:

(1)公使展喜犒师,……曰:"寡君闻君亲举玉趾,将辱于敝邑,使下臣犒执事。"(僖公二十六年)

（2）（魏绛论和戎）曰："昔周辛甲之为大史也，命百官，官箴王阙。于《虞人之箴》曰：'……兽臣司原，敢告仆夫。'……"（襄公四年）

（3）晋韩宣子聘于周，王使请事。对曰："晋士起将归时事于宰旅，无他事矣。"（襄公二十六年）

（4）郑伯使游吉如楚。子大叔曰："……寡君是故使吉奉其皮币，以岁之不易，聘于下执事。"（襄公二十八年）

（1）例中之"执事"，谓君王手下的办事者，此代称齐侯；（2）例中"仆夫"，指代君王；（3）例中之"宰旅"，本指冢宰之下士，指代周天子；（4）例中之"下执事"，指代楚君。此几例，皆表谦敬的曲指，（4）例在"执事"中又加"下"字，可谓谦之又谦。这一类曲指，在委婉之中又显出几分儒雅。

20.巧用隐语

隐语即暗语，亦即谜语。《左传》行人辞令中的两则隐语均用得非常巧妙。且看：

> 楚子伐萧。……还无社与司马卯言，号申叔展。叔展曰："有麦麹乎？"曰："无。""有山鞠穷乎？"曰："无。""河鱼腹疾奈何？"曰："目于眢井而拯之。""若为茅绖，哭井则已。"（宣公十二年）

萧大夫还无社向楚大夫申叔展求救，按计划叔展问以"麦麹""山鞠穷"，二者皆所以御湿，暗示还无社逃于泥中以躲避。然还无社不解其意，故答曰无。"河鱼腹疾"喻水湿而得风湿病，暗示还无社逃到低下处。还无社终于领悟，遂回答藏于枯井（眢井）之中，终于得救。再看：

> 吴申叔仪乞粮于公孙有山氏，曰："佩玉繠兮，余无所系之。旨酒一盛兮，余与褐之父睨之。"对曰："梁则无矣，粗则有之。若登首山以呼曰：'庚癸乎！'则诺。"（哀公十三年）

吴军中缺粮，乃向鲁人求救。不好明说，只得用暗语。"梁"指细粮，"粗"指粗粮，"庚癸"喻下等货，暗指粗粮。以上二例之隐语，谲譬以指事，虽辞浅会俗，亦平添了不少情趣。

四、《左传》行人辞令之修辞艺术的影响

综上所述，《左传》行人辞令之修辞艺术，实经过精心锤炼的结果。其中虽不免《左传》作者之润笔，然亦得之于行人辞令原有之本色。故综观《左传》行人辞令之神品妙品，其修辞艺术之摇曳生姿、丰富多彩，说明时人之修辞技巧，已臻相当纯熟之境。

《左传》行人辞令，开启了战国时代之纵横之学，清代章学诚《文史通义·诗教上》云："纵横之学，本于古者行人之官。观春秋之辞命，列国大夫，聘问诸侯，出使专对，盖欲文其言以达旨而已。至战国而抵掌揣摩，腾说以取富贵，其辞敷张而扬厉，变本而加恢奇焉，不可谓非行人辞令之极也。"章氏所言，极中肯綮。《左传》行人辞令之变化机巧，闳丽钜衍，如修辞艺术中之委婉蕴

藉，折之以理，惧之以势，服之以巧，针锋相对，绵里藏针，乃至排比对偶，虚构夸张，敷张扬厉，至战国皆为纵横之士所袭用，且有更大的发展。如苏秦、张仪之游说之辞。苏秦游说六国合纵之辞，极尽夸张、渲染之能事，用了许多形象生动的比喻，夸说六国之强，并用一系列的排比句式，沉而快，雄而隽，气势充沛，形成江河直下之势，完全是一种敷张扬厉之风。张仪游说六国，则极力夸说秦国之强，并从六国破亡之后的惨状来威胁对方，侈陈利害，完全是危言耸听，惧之以势。苏、张辞令的风格，在《左传》行人辞令之《吕相绝秦》篇中已开其端。《吕相绝秦》，排比夸张，踵事增华，变本加厉，甚至虚构事实，以求一逞，正是战国纵横之士敷张扬厉纵横辩难之风的先导。

《左传》行人辞令由于众多修辞手法的运用，形成了鲜明的艺术特征，具体形象，想象丰富，富有说服力，又富于情韵，因此为后世叙事文学所借鉴和继承，包括史家之叙事写人，小说家之塑造人物。限于篇幅，则不再赘述了。

（原载《中国文学研究》1991年4期；台湾第一届中国修辞学学术研讨会论文集《修辞论丛》，1999年5月）

《左传》中的战争思想与奇计谋略

一、《左传》中的战争思想

《左传》记载和描写了如此众多的战争，蕴含着丰富的战争思想。今天，我们回头来总结《左传》中的战争思想时，仍可以感受到其中闪耀着朴素的军事唯物主义思想和军事辩证法。

1. 战争的本质观

战争就是政治的继续。春秋时期，政治斗争激烈复杂，军事冲突频繁发生。所以，战争成为国家最大的政治之一。《左传》成公十三年刘康公所说的"国之大事，在祀与戎"，便代表了作者对于战争在国家政治斗争中的重要作用的认识。国家大事除了祭祀之外，最重要的就是战争。自春秋初期周王朝廷的至尊地位衰落之后，争当盟主（即霸主）成为列国之间斗争的主要内容。从《左传》所记的几百次战争来看，大吞小、强凌弱的战争不在少数。但是，绝大部分的战争尤其是十几次大战，无不为争霸而起，为争霸而战。僖公二十五年，秦穆公在韩原打败了背信弃义的晋惠公，晋国的阴饴甥认为秦国能使"服者怀德，贰者畏刑，此一役也，秦可以霸"。僖公二十八年，城濮之战还未开始，晋国的先轸便清楚地意识到："报施救患，取威定霸，于是乎在矣！"所以城濮之战，晋文公"一战而霸"，成为后代崇霸的人们津津乐道的话题。可见，战争作为争霸政治的主要手段在春秋时期的诸侯之中是非常明确的。晋、楚之间，齐、晋之间的多次战争，都是霸主争夺的战争，战争的胜败，常常是霸权消长与霸主易位的标志。

襄公二十七年，晋、楚等国经过多年的争霸战争，终于握手言和，在宋国向戌的奔走撮合之下召开了弭兵大会。虽然如此，大国对于战争的看法并没有改变，各国对于保持自己的武力以维护自己的地位的认识仍然是十分明确的。宋国的子罕的一番话，很能代表这种思想意识：

> 凡诸侯小国，晋、楚所以兵威之，畏而后上下慈和，慈和而后能安靖其国家，以事大国，所以存也。无威则骄，骄则乱生，乱生必灭，所以亡也。天生五材，民并用之，废一不可，谁能去兵？兵之设久矣，所以威不轨而昭文德也。圣人以兴，乱人以废。废兴、存亡、昏明之术，皆兵之由也，而子求去之，不亦诬乎！以诬道蔽诸侯，罪莫大焉。……（襄公二十七年）

晋、楚大国，威逼小国臣服靠的是武力，是战争。战争使小国上下和睦以侍奉大国，因此才得以生存。天生五材，兵不可废。兵之设，在于威慑越轨者，宣扬文德。圣人靠战争兴起，乱人靠战争除掉。所以历代的兴废存亡，无不由战争来决定。按照历史唯物主义的观点来说，自从有了阶级以来，战争就是解决阶级、民族、国家和政治集团之间矛盾的一种最高的斗争形式。战争对于历史的发展无疑地起过积极作用。子罕的这番话，反映了《左传》作者对战争的历史作用的认识。事实正是如此。弭兵大会，只是使晋、楚之间暂时停止了战争。但是，弭兵是不会长久的。弭兵大会之后，齐、鲁之间，吴、楚之间，仍然硝烟不断，证明作者战争思想的正确。

战争的另一个重要作用是消灭战争，这是对战争本质观的另一种认识。邲之战后，楚庄王打败了晋军，奠定了霸主的地位。但是他却反对筑"京观"以炫耀武功，并且说：

> 夫武，禁暴、戢兵、保大、定功、安民、和众、丰财者也，故使子孙无忘其章。今我使二国暴骨，暴矣；观兵以威诸侯，兵不戢矣；暴而不戢，安能保大？犹有晋在，焉得定功？所违民欲犹多，民何安焉？无德而强争诸侯，何以和众？利人之几，而安人之乱，以为己荣，何以丰财？武有七德，我无一焉，何以示子孙？

楚庄王的话意思很清楚，战争并不是目的；武之七德之中，禁暴、戢兵，就是指消弭战争。只有实现了这个前提，才能达到保大、定功、安民、和众、丰财的目的。"筑武军京观"以炫耀武功，不符合"武之七德"的精神，所以楚庄王只是祭祀河神、修建先君宗庙以报告战绩，便班师回朝。楚庄王对"武之七德"的论述，说明到了春秋中叶，人们对于战争的本质和作用的认识已提高到一个新的阶段。战争虽然可以夺取霸主的宝座，但靠着穷兵黩武并不能巩固自己霸主的地位。楚庄王在位时虽然连年征战，但是在奠定其霸主地位的邲之战打出了"止戈为武"的大旗，说明他的确不同于一般的霸主。他既能在战场上赢得胜利，又具有深逡的政治眼光。

2. 战争与国家治乱的关系

《左传》作者认为，战争的胜负决定于国家的政治状况。正如晋、楚邲之战前晋国的士会所说：

> 德、刑、政、事、典、礼不易，不可敌也，不为是征。楚军讨郑，怒其贰而哀其卑。叛而伐之，服而舍之，德、刑成矣。伐叛，刑也；柔服，德也。二者立矣。昔岁入陈，今兹入郑，民不罢劳，君无怨讟，政有经矣。荆尸而举，商、农、工、贾不败其业，而卒乘辑睦，事不奸矣。蒍敖为宰，择楚国之令典，军行，右辕，左追蓐，前茅虑无，中权，后劲。百官象物而动，军政不戒而备，能用典矣。其君之举也，内姓选于亲，外姓选于旧；举不失德，赏不失劳；老有加惠，旅有施舍。君子小人，物有服章。贵有常尊，贱有等威；礼不逆矣。德立、刑行，政成、事时，典从、礼顺，若之何敌之？

德、刑、政、事、典、礼六事，是对战争取胜所必需的国内政治清明的具体要求，包括政治、刑赏、典则、工商、经济、礼义等多方面的内容。概括为一句话，也就是政通人和者胜，政治贤明的国家是不可敌御的。《左传》的这种战争思想，体现在多次的大战描写之中。在第三章谈到《左传》的民本思想时我们已经提到，作者特意在晋楚城濮之战前概述晋文公如何发愤图强、治国强兵的情况，如何采纳子犯、先轸的意见，以礼、义、信教民，使国内安定，上下团结，奠定了战胜楚国的基础。楚庄王自从克庸之后，经过十三个年头的励精图治，付出了艰苦而长期的心血，才有邲之战的胜利。同样的例子还有如昭公三十年楚子西对吴王阖庐的评价："吴光新得国，而亲其民，视民如子，辛苦同之，将用之也。"吴国国内团结，君臣同仇敌忾，是以柏举之战，吴军长驱直入，直捣郢都。

相反的，卫懿公使鹤乘轩，玩物丧志，以致国人离心，结果在狄人入侵之时，无人愿意参战，终致亡国灭身。吴王夫差，与乃父大相径庭，只知享乐腐化："次有台榭陂池焉，宿有妃嫱嫔御焉；一日之行，所欲必成，玩好必从，珍异是聚，观乐是务；视民如仇，而用之日新。"所以楚国的子西预言，吴国"夫先自败也已，安能败我"。果然不出子西所料，不过二十余年，吴为越国所灭。

诚如前所举士会之论，政治清明的一个重要内容是"有德"。"有德"者胜。在楚庄王论"武有七德"时可以看到这种思想，这也是作者经常强调的战争思想之一。晋文公"退避三舍"以实现诺言，是"有德"。楚庄王问鼎之轻重，听了王孙满"在德不在鼎"的一番话后，震动极大，于是致力于一系列以德服诸侯的行动：灭陈复陈，伐郑复郑，争取许多诸侯小国的支持。战后又拒绝筑武军京观以显示仁德。"有德"指导着他一生的行事。有德者胜，还可以从韩原之战秦晋双方鲜明的对比中显示出来。晋惠公背施、幸灾、贪爱、怒邻、食言、违德，一连串背信弃义的行为，使其失尽人心，再加上君臣不和（这也是晋惠公"无德"的结果），韩原之战一败涂地。反之，秦穆公多次助晋，施行仁义，在道义上占了优势，因此获得了取胜的决定性因素。我们只要把晋文公、秦穆公、楚庄王、晋惠公诸人加以比较，左氏的思想倾向不是昭然若揭了吗？

3.民的作用与民心向背成为战争胜负的决定力量

民本思想是《左传》重要的思想倾向之一。民本思想在战争中的表现，则是民的作用与民心的向背，成为战争胜负、霸业兴替的决定力量。作者在大量的战争描写尤其是对战争胜负的背景叙述之中力图揭示这样的真理：得民而战者胜。

春秋时期，决定争霸战争胜负的主要还在于双方的实力。实力的后盾与基础是"民"。所谓"无民，孰战"，"无众，必败"，已成为春秋时期各国有识之士的共识。既然"民"与战争的关系如此重大，欲参与战争的诸侯国都知道"安民""抚民"的重要。这里且看著名的《曹刿论战》的一段记载：

　　春，齐师伐我。公将战，曹刿请见。其乡人曰："肉食者谋之，又何间焉。"刿曰："肉食者鄙，未能远谋。"乃入见。问何以战。公曰："衣食所安，弗敢专也，必以分人。"对曰："小惠未徧，民弗从也。"公曰："牺牲玉帛，弗敢加也，必以信。"对曰："小信未孚，神弗福也。"公曰："小大之狱，虽不能察，必以情。"对曰："忠之属也，可以一战，战则请从。"（庄公十年）

鲁庄公所认为可以参战的三个条件，其中第一条"衣食所安，必以分人"，因其恩惠所加，只在贵族，未及于民，所以曹刿反对；第二条对神诚信，只对天地神灵，仍未及民，亦不足以战；只有第三条，乃是为民办好事，所以曹刿认为可以一战。这表现出他对战争胜负估计的远见卓识。曹刿论战，不与鲁庄公讨论军队的数量、武器装备、战斗的具体部署，而是着眼决定战争胜负的政治环境与民心向背这样的战略机制，说明他目光的远大。长勺之战，鲁国能以弱小的力量战胜强大的齐国，就在于取得了人民的支持这一先决条件。

要战胜敌人，就必须依靠广大人民、取得人民的支持，这在《左传》中有明确的反映。成公十六年，申叔时曾劝告楚司马子反说："民生厚而德正，用利而事节，时顺而物成。上下和睦，周旋不逆，求无不具，各知其极。故《诗》曰：'立我烝民，莫匪尔极。'是以神降之福，时无灾害，民生敦厖，和同以听，莫不尽力以从上命，致死以补其阙。此战之所由克也。"民生富厚，民德一归于正。人民富足，办事则有节制；顺时而动，万事皆能成功。国家上下和睦，团结一致，将士都能知道自己应遵循的规矩。所以民生富足，百姓就能齐心一致，为国效死力。这就是战争能够取胜的原因。申叔时对战争胜负的分析，完全归结于一个"民"字上。所以，"无民而能逞其志者，未之有也"，国君必须安抚好人民，得民方可得志。昭公十三年，吴国灭州来，楚令尹子期请楚平王伐吴，楚平王弗许，谓"吾未抚民人，未事鬼神，未修守备，未定国家，而用民力，败不可悔"。考虑的还是民未安定，不可滥用民力征战，否则，一败涂地连后悔都来不及。

先养民而后用兵，先守备而后攻伐，先安内而后攘外。这种思想在《左传》众多的战例中都有明确的体现。晋文公"始入而教其民""入务利民"以及示民以义、信、礼，说明他认识到安民得众对于取得战争胜利的不可估量的作用。正因为如此，城濮之战中下层人民主动献"舍于墓"之计，诵"原田每每"之诗，军民上下，同仇敌忾，反映出作者得众者胜的思想。反之，申叔时认为"今楚内弃其民，而外绝其好，渎齐盟，而食话言，奸时以动，而疲民以逞。民不知信，进退罪也。人恤所底，其谁致死?"（成公十六年）。鄢陵之战楚国失败，看似因子反醉酒误事所致，其实根本的原因，则在于申叔时所指出的，楚弃民疲民而战，必败。此外，吴王阖庐的"视民如子"与吴王夫差的"视民如仇"，这些反差强烈的例子，足以说明作者战争思想中对"民"的态度。

4. 帅乘和、同心同德者胜

军阵和睦，将士上下同心同德，是战争取得胜利的一个重要因素。作者在写战争时，这一思想也是非常鲜明的。所谓"帅乘和，师必有大功"（成公十三年），就是这个意思。桓公十一年，楚国的鬬廉对屈瑕说："师克在和，不在众。商、周之不敌，君之所闻也。"强调的是一个"和"字。和者，团结一致也。团结一致，众志成城，这就是最大的战斗力。当年商纣王人多，周武王人少；商纣王有亿兆夷人，但离心离德；周武王仅虎贲之士三千，但同心同德，却可灭商，可见"和"之重要。

《左传》作者在战争的叙写中非常重视揭示"帅乘和"可以取胜的思想。城濮之战时，作者首先详写晋军将帅的配备：

> 于是乎蒐于被庐，作三军，谋元帅。赵衰曰："郤縠可。臣亟闻其言矣，说礼、乐而敦《诗》《书》。……君其试之。"乃使郤縠将中军，郤溱佐之；使狐偃将上军，让于狐毛，而

佐之。命赵衰为卿，让于栾枝、先轸。使栾枝将下军，先轸佐之。荀林父御戎，魏犨为右。（僖公二十七年）

单是狐偃、赵衰等人对职位的谦让，就给人一个"帅乘和"的感觉，再加上赵衰对郤縠的称赞，更是营造了一个上下和睦团结的气氛。开战之后，晋人围曹、解救宋围、拘楚宛春而复曹、卫，以及决战城濮，在每一个战术问题上，晋国君臣和将帅无不进行了热烈的讨论和研究，制订出可行的作战方案。不但如此，甚至连舆人即下层役卒也为战争出谋献策。这一切，都在向人们揭示：晋国"帅乘和"。还可以看看齐、晋鞌之战的例子。鞌之战时，晋军主帅郤克"伤于矢，流血及屦，未绝鼓音"，张侯"矢贯余手及肘"，血把左边的车轮都染红了，仍然"左并辔，右援枹而鼓"，郑丘缓亦受伤而坚持战斗，将帅三人互相鼓励，表示了死战的决心。在这样昂扬的战斗精神鼓舞下，晋军士气大作。战斗胜利之后，晋国的士燮（范文子）、郤克、栾书等人又都谦逊让功。凡此种种，无不在提示人们：晋国上下团结，同心对敌，所以取胜。

很难设想，一支离心离德、四分五裂的军队能取得战争的胜利。定公五年，楚国的鬬辛曾说："不让，则不和；不和，不可以远征。"将帅不谦让，军队不团结，更不可以远征攻伐。柏举之战，吴人入郢，然吴军内部夫槩王等人争宫，结果反胜为败。内不和，先自败。鄢陵之战前，晋郤至谓楚人有"六间"：

楚有六间，不可失也：其二卿相恶；王卒以旧；郑陈而不整；蛮军而不陈；陈不违晦；在陈而嚣，合而加嚣，各顾

其后，莫有斗心。旧不必良，以犯天忌，我必克之。（成公十六年）

所谓"六间"，即六个致命弱点。这六个弱点之中，第一个就是将帅不和——二卿相恶，即楚令尹子重与司马子反不和。最终，也真应了郤至的预言，子反以饮酒误事致使楚国大败。

无独有偶，一向注重"帅乘和"的晋人，也犯了内部不团结的大忌。邲之战时，晋国的主帅荀林父新用事，"未能行令"，不能坚持正确的作战方针而抵制错误的主张，上、中、下三军主帅，专行而不获，各执一词，因此晋军内部一开始就形成了主战与主和两派不同的意见。再加上中军佐先縠刚愎不仁，孤军独进；将领魏锜、赵旃二人心怀私怨，各有二心，所以晋军内部各行其是，离心离德。楚人伍参言之："晋之从政者（指荀林父）新，未能行令。其佐先縠刚愎不仁，未肯用命。其三帅者，专行不获，听而无上，众谁适从？此行也，晋师必败。"后果然不幸而言中。晋之败，亦非败于楚，乃自败也。

军阵和睦、同心同德、团结一致才能克敌制胜，这一思想在《左传》中是非常鲜明的。

5.有备无患，才能立于不败之地

这是战争中一个重要的战略思想，也是具体的战术和策略。春秋时期战争频繁，诸侯国之间互相偷袭之事时有发生。因此，在和平中想到战争，居安思危，才能处于主动地位，防备不虞。襄公十一年，晋魏绛对晋悼公说：《书》曰：'居安思危。'思则有备，有备无患。敢以此规。"即告诫晋悼公要有居安思危，常备不懈的思想。成公九年冬十一月，"楚子重自陈伐莒，围渠丘。渠丘城恶，众溃，奔莒。……楚师围莒，莒城亦恶，庚申，莒溃。楚遂入郓。莒无备故也"。莒城与渠丘从不设备，连城墙都败坏不堪，所以楚人轻而易举地占领两城。对此，《左传》作者评论道："君子曰：恃陋而不备，罪之大者也；备豫不虞，善之大者也。莒恃其陋，而不修城郭，浃辰之间，而楚克其三都，无备也夫？"

平时有备，可防范于未然；战时有备，则可避免措手不及。宣公十二年邲之战，晋之魏锜、赵旃二人为泄私憾私自出师挑战，晋士季等人皆要求提前做好战备，士季曰："备之善。若二子怒楚，楚人乘我，丧师无日矣。不如备之。楚之无恶，除备而盟，何损于好？若以恶来，有备不败。且虽诸侯相见，军卫不彻，警也。"所以，无论楚人是否怀有恶意，有备不败。事实果然如士季所言。楚军突然冲过来时，士季的上军因有备而不败。中军、下军则溃不成军。

《左传》中的军事思想还可以举出一些，如以德取胜、有理则壮的思想。即如僖公二十八年，子犯所说："师直为壮，曲为老。岂在久乎？"两军对阵，理直者斗志高昂，理曲者士气低落。有理则正，正则壮，壮则气盛，气盛则能胜敌。在多次的战役中，作者都不忘揭示这一真理。再如轻师必败的思想。僖公三十三年，秦师过周北门，免胄而下，超乘而上，王孙满由是预言："秦师轻而无礼，必败。轻则寡谋，无礼则脱。入险而脱，又不能谋，能无败乎？"军队轻佻且无礼，说明其缺乏良好的训练，而又傲慢鲁莽没有严明的作风和纪律约束，且骄狂轻敌的军队是不能打胜仗的。鄢陵之战，楚师"其行速，过险而不整。速则失志，不整丧

大家读《左传》

列"，犯的也是同样的错误。这些思想，在今天的战争中有许多还是可以引以为鉴的。

军事思想是战争实践的总结，是战争中人类智慧的结晶。春秋时期是战争频繁的时代，各诸侯国通过战争去争夺霸权，也通过战争以兼并他国。严酷的现实迫使统治者去总结战争的经验教训。我们从《左传》多次所引的《军志》《军政》《令典》等军事著作中，可以看出早在春秋时期甚至更早的年代，就有了专门性的军事著作。《左传》作者对于战争的总结，是对前人军事研究的一个继承。再者，春秋时期对于《左传》作者只是一部近代史，审视历史距离的恰到好处为其总结战争提供了方便。春秋以前的军事思想对作者产生了巨大的影响。近距离地研究战争实践，又使作者的军事思想得到一次更高的升华。所以《左传》为我们保留了丰富的军事思想遗产。

再者，《左传》作者表现其战争思想，特点是哲理性和实践性相统一，思想性与形象性相结合，即把战争思想贯注于战例之中。《左传》不是军事科学著作，它只是一部编年体史学巨著。作者在描写战争时，总是详细地写出当时的政治形势，战争的起因，交战国双方君臣的思想动态、精神面貌，写出作战双方对战争决策的详尽分析。作者采取了忠实地记录历史事实的写作态度，又采用了众多的文学手法，使得战争成为活生生的历史画面，而作者丰富的战争思想，便蕴含在这些栩栩如生的形象描写之中。所以它的战争思想，不是枯燥的说教，而是实际的形象表现，也就是说，作者是以物化的形态即战争运动的形式，具体战例的形式体现出来的，所以其战争思想具有很强的实践性。

二、《左传》中的奇计谋略

《左传》在描写战争时特意记载了众多的出奇制胜的妙计、奇计和奇智谋略，为历代论兵者所称道。明代陈禹谟著成《左氏兵略》之后，对于左氏兵法，多有作者，如明代宋徵璧撰《左氏兵法测要》，清代李元春的《左氏兵法》，清代徐经的《左氏兵法》等书，多是从奇谋妙计等战术计策上加以辑录和总结的。

清代徐经将"左氏兵法"归纳为"覆军、潜军、宵军、夹攻、火攻、要击、先犯、先夺、设伪、设陈、误备、虚唱、敝敌、诱敌、死战、死报、严令、军政"等十八个部分，并论左氏兵诀曰：

> 用兵之法，左氏略备：如平日则讨国人而训之，示之信，示之礼，在军则讨军实而申儆之；好以整，好以暇；其审敌也，有进退之宜；其合战也，有旗鼓之节；凡若此类，皆兵法之常也。若夫掎之角之，分之合之，攻其偏以携之，代其交以孤之，嬴师以张之，易行以诱之，伐木以盖之，蒙皋比而犯之，燧象以夺之，三覆以待之，未陈而薄之，乘其凶惧而攻之，伪胜以慑之，伪败以骄之，三分四军以敝之，亟肄以疲之，深垒固军以老之，无扞采樵以饵之，罪人属剑以误之，见舟潜师以惑之，多鼓钧声以震之，长鬣奋呼以乱之，此等皆所谓变化从心，出奇制胜者也。至如城濮曳柴而示弱，平阴以曳柴而示强，吴登山以望楚而得其真，齐登山以望晋而得其伪，魏舒毁车为行以克翟，巫臣教吴乘车以入楚，此

等或相似而相反，或相反而相济，尤不可以一律论也。

　　此中所谓兵法之常，指的是战略与战术上的权谋，所谓变化从心。出奇制胜者，多是战斗中的奇计，所谓相似相反、相反相济者，即灵活多变的战术策略。徐氏所论，使我们大致领略了左氏兵法的瑰奇与多态多姿。

　　《左传》中的奇智妙计层出不穷。兹举数例略加分析，以为览胜之观。

1.兵不厌诈

　　僖公二十五年，秦晋联军伐小国鄀。楚人派兵戍守鄀都商密。秦军将自己的士兵假装成鄀国的俘虏，捆绑着包围了商密。晚上，又假装成和楚将盟誓和好的样子以迷惑鄀人。鄀人一见，心里害怕，就投降了秦军。《孙子兵法》上说："兵者，诡道也。"秦军以诡诈惑敌，未战而胜，可谓出奇制胜。

2.不备不虞，不可以师

　　隐公五年，郑人侵伐卫郊，以报前一年的东门之役，卫人以南燕之军应战。郑国派祭足等人率三军在正前方与燕军周旋，又派曼伯和子元二人率军悄悄潜入燕军的背后，燕军只顾及阵前的郑国三军，却未料到郑军的背后偷袭，结果腹背受敌，为郑所败。战争之中，各种意外情况都可能发生，如果没有全局性的周密部署，则可能败于不虞。所以《左传》作者深有感触地说："不备不虞，不可以师。"

3.先声夺人

　　先声夺人，在于先发制人，乘敌立足未稳之际，速决取胜。

文公七年，秦国以武力护送晋公子雍回晋。晋国慑于穆嬴的压力予以拒绝，也以武力抵御秦军。赵盾说："先人有夺人之心，军之善谋也。逐寇如追逃，军之善政也。"乘秦师立足未稳，夜起攻之，败秦师于令狐。邲之战中，晋将魏锜、赵旃夜入楚军，晋人并未准备迎战，只派轺车接应二人。楚军孙叔敖说："进之。宁我薄人，无人薄我。……《军志》曰：'先人有夺人之心。'薄之也。"晋人尚未弄清是怎么回事，楚军已如潮水般冲了过来。晋师荀林父不知所措，急下令全军渡河，结果，"中军、下军争舟，舟中之指可掬"。《军志》所说，指的是先发制人，可以动摇敌方军心，克敌制胜。《左传》中多次引用《军志》中的这句话，可见先声夺人已成为战争中普遍遵循的一条原则。

4.敌疲我打，以逸待劳

庄公十年，齐侵鲁，战于长勺。鲁庄公采用曹刿的计策：

> 公将鼓之。刿曰："未可。"齐人三鼓，刿曰："可矣。"齐师败绩。公将驰之。刿曰："未可。"下视其辙，登轼而望之，曰："可矣。"遂逐齐师。
>
> 既克，公问其故。对曰："夫战，勇气也，一鼓作气，再而衰，三而竭。彼竭我盈，故克之。夫大国难测也，惧有伏焉。吾视其辙乱，望其旗靡，故逐之。"

有的人曾认为曹刿是"采取了'敌疲我打'的方针，打胜了齐军，造成了中国战争史中弱军战胜强军的有名的战例"。

5.亟肆以罢之，多方以误之

曹刿论战所谓"彼竭我盈"的策略，在于以逸待劳、后发制人。而伍子胥提出的"亟肆以罢之，多方以误之"对付楚人的办法，也如出一辙。昭公三十年，吴王阖庐向逃到吴国的伍员请教伐楚的办法，伍子胥曰："楚执政众而乖，莫适任患。若为三师以肆焉，一师至，彼必皆出。彼出则归，彼归则出，楚必道敝。亟肆以罢之，多方以误之。既罢而后以三军继之，必大克之。"伍子胥认为，楚国执政的人多，又互相不和，没有人敢承担责任；这是楚国内部不团结带来的致命弱点，即前面说的"六间"之一。肆焉，即以部队突袭骚扰后又立即撤退。所以用三支军队对楚国进行突然袭击，然后又快速撤退；一支部队打到哪里，他们必然出来应战；他们出来，我们就撤；他们回去，我们就进攻，搞他几次，楚军就疲惫不堪了，而且容易产生失误。这就是"亟肆以罢之，多方以误之"。不断骚扰他，他出来你又溜了，他回去你又进攻，搞得他进也不是退也不是，长此以往当然就难以判断了，不知道对方到底是什么意图。这样，楚人"自昭王即位，无岁不有吴师"，被搞得疲惫不堪，疲于奔命，终于在定公四年为吴人所败。

6.设伏诱敌

设伏诱敌，乘虚而入，也是左氏奇计之一。桓公十二年，楚国伐绞。绞国地小，国人轻浮，"轻则寡谋"，所以楚人让士兵伪装成打柴人去引诱绞人，且不设护卫。绞人果真中计，俘获了打柴人。第二天又争先恐后出城。楚军则乘机攻占了绞北门，又在山下设伏，大败绞人。

7.设间用谍

这在春秋的战争中已常见。僖公二十四年,卫人将伐小国邢。卫大夫礼至建议自己和其弟先到邢国,任其官守以做内应。第二年春天,卫人伐邢。礼至兄弟乘巡城时杀了邢国正卿国子,卫人入邢。同一年,晋文公伐原,围之三日,原不降,间谍出,扬言"原将降矣"以乱军心,原人终于瓦解而降。

8.声东击西

声东击西,这也是战争中常用之法。定公二年,"吴子使舒鸠人诱楚人,曰:'以师临我,我伐桐,为我使之无忌。'秋,楚囊瓦伐吴,师于豫章。吴人见舟于豫章,而潜师于巢。冬十月,吴军楚师于豫章,败之。遂围巢,克之"。吴人先以舒鸠人诱楚,而主力却偷偷地在巢地集结。又故意在豫章丢弃几条载船以迷惑楚人。这样,声东击西,奇正变化,搞得楚人晕头转向,吴人一举获胜。

9.空城计

庄公二十八年,楚军突袭郑国,长驱直入郑国都城之远郊。郑人猝不及防。当楚军行至城门之外时,郑人干脆大开城闸而不关闭,楚人疑有伏兵而不敢入,连夜撤军。看来诸葛亮的"空城计",其发明权的专利还得属于春秋时期的郑国人哩。

10.连环计

连环计,以晋楚城濮之战中晋人运用最为出色。晋国以"舍于墓"之计攻占了曹国,为战争赢得了主动权。为了扩大御楚的阵营,晋将先轸又制定了"释宋,执曹怒楚以邀齐秦"的"喜赂怒顽"之计,既给楚国施加压力,又可联合齐秦抗楚。楚师子玉为破先轸之计,以"一言以定三国"之计要挟于晋,先轸又针锋相对地以

"私许复曹、卫以携之，执宛春以怒楚"之计破之。终于攻破了楚、曹、卫之联盟，激怒了楚军与之决战。晋先轸之计一环紧扣一环，环环相接，滴水不漏，楚人几乎是无懈可击。晋人取得城濮之战的胜利，很大程度上是战争智谋和作战计策的胜利。

11. 蒙马先犯之计

以皋比（虎皮）蒙马先犯敌阵，此计在春秋时期已被广泛运用。庄公十年，齐、宋联军伐鲁，鲁公子偃便以皋比蒙马先犯宋人军阵，宋军受此惊吓，大败于乘丘，齐师随即退兵。城濮之战，晋军胥臣亦蒙马以虎皮先犯陈、蔡军，击溃楚方右翼军。蒙马先犯之计，多用于战事刚开始之时。春秋时期尚用车战。马上蒙以虎皮，乘对方未发起攻击之时冲入敌阵，对方马一见虎皮，受了惊吓，车阵必乱，便可打它个措手不及。

12. 曳柴扬尘之计

城濮之战，晋上军帅狐毛故意设二旆假装撤退，下军帅栾枝则令部下将树枝绑在战车后面奔跑，扬起阵阵烟尘以作撤退之态。楚军主帅不知是计，以为晋军大部队败逃，便下令左军追击。晋人见楚军中计，马上指挥中军部队拦腰截击楚军；晋方上、下军也突然回师夹击楚军，楚军腹背受敌，死伤无数。襄公十八年平阴之役，晋国与齐国作战，也用过此计。当时晋人兵力较少，于是在战车左边坐上个真人，右边放个假人，让战车"曳柴"奔驰，扬起漫天尘土，齐人不知虚实，连夜逃遁。看来晋人最善此计。其实据说先秦兵书《司马法》中已列有此计。《淮南子·兵略训》中云："曳梢肆柴，扬尘起揭，所以营其目者，此善为诈侔者也。"兵不厌诈，曳柴扬尘，目的在诈侔敌人以迷惑对方，使不知虚实。

此计已成为古代战争尤其是古代冷兵器战争中常用之计。

13.塞井夷灶之计

成公十六年，晋、楚二国在鄢陵摆开战场，战斗一开始，楚军想在齐、鲁诸侯军未至之前，先破晋军，因此直压晋军列阵。晋军采用年轻的将领范匄的"塞井夷灶而为行首"的计策，在营内列阵以待楚军。"塞井夷灶"，即将营垒内的水井填了，炊灶铲平，摆开阵势，以决一死战。嗣后，晋又用中军主帅栾书的谋略，"固垒而待之"。待敌"退而击之"，用以逸待劳的战术，使晋军变被动为主动。清代李元春认为"塞井夷灶"，即项羽之破釜沉舟（《左氏兵法·序》），二者确有异曲同工之妙。

14.燧象之阵

燧象，即把火炬系在大象尾巴上，点燃之后驱使象群奔向敌军。定公四年吴楚柏举之战，楚将鍼尹固即用燧象之阵以拒吴军。《史记·田单列传》中所记火牛阵，盖即肇始于楚人的燧象之阵。

15.以死士乱敌之计

死士乱阵，意在瓦解对方心理，造成恐惧，乘机出击。定公十四年，吴越二国战于槜李。"勾践患吴之整也，使死士再擒焉，不动。使罪人三行，属剑于颈，而辞曰：'二君有治，臣奸旗鼓，不敏于君之行前，不敢逃刑，敢归死'。遂自刭也。师属之目，越子因而伐之，大败之。"越王勾践以敢死队（死士）两次冲击吴军，吴军纹丝不动。于是让三行罪人将剑架在脖子上，列于阵前自杀。这一来，吴军看得目瞪口呆。乘此机会，越军突然攻击，吴军大败。吴王阖庐伤趾，因此送掉了性命。越军取胜，亦胜在出奇，此计可谓奇中之奇者矣。

《孙子》曰："凡战者，以正合，以奇胜，故善出奇者，无穷如天地，不竭如江河。……战势不过奇正，奇正之变，不可胜穷也。"《左传》中的战术，亦如《孙子》所言，注重奇正结合，妙在奇正变化，善出奇者，像大地运行那样深藏不露，又像江河奔腾那样变化无穷，像天空那样深邃莫测，又像有生于无那样神妙奇谲。所以，奇，便是《左传》战术谋略的主要特征。而这些奇计，皆见于具体战例，更使人感觉有神可会通，有形可揣摩，有例可效法。清代李元春在其《左氏兵法·序》中说："《左氏》喜谈兵叙兵事，往往委曲详尽，使人如见其形势计谋，故其为文不得不然。……是又安见《孙子》《吴子》所言，非即据《左氏》诸所述者以为蓝本乎？……《孙》《吴》所言，空言也；《左氏》所言，验之于事者也。后人善用兵者，皆知其出于《孙》《吴》，乌知其实出于《左氏》。"因此，称"《左氏》固兵法之祖也"。实在并非溢美之词。

（原载《厦门教育学院学报》2004年第2期；《古典文学知识》2003年第1期）

延伸阅读

1. 王伯祥选注：《春秋左传读本》，中华书局1957年版。

2. 徐中舒选注：《左传选》，中华书局2009年版。

3. 朱东润选译：《左传选》，上海古典文学出版社1956年版。

4. 沈玉成译：《左传译文》，中华书局1981年版。

5.〔晋〕杜预注，〔唐〕孔颖达疏：《春秋左传正义》（十三经注疏本），中华书局1980年影印本。

6. 杨伯峻注：《春秋左传注》，中华书局1981年版。

7. 韩席筹注：《左传分国集注》，江苏人民出版社1963年版。

8. 郭丹：《春秋左传直解》，江西人民出版社1993年版。

9. 郭丹、程小青、李彬源译注：《左传》（全本全注全译），中华书局2012年版。

10.〔吴〕韦昭注：《国语》，上海古籍出版社1978年点校本。

11.〔汉〕何休注，〔唐〕徐彦疏：《春秋公羊传注疏》（十三经注疏本），中华书局1980年影印本。

12.〔晋〕范宁注，〔唐〕杨士勋疏：《春秋穀梁传注疏》（十三经注疏本），中华书局1980年影印本。

13.〔汉〕司马迁撰，〔宋〕裴骃集解，〔唐〕司马贞索隐，张守节正义：《史记》，中华书局1959年标点本。

14.〔清〕冯李骅、陆浩辑：《左绣》，影印清康熙五十九年刻本，四库全书存目丛书·经部第141册，齐鲁书社1994—1997年版。

15.〔清〕高士奇：《左传纪事本末》，中华书局1979年版。

16. 徐仁甫：《左传疏证》，四川人民出版社1981年版。

17. 杨伯峻、徐提编：《春秋左传词典》，中华书局1985年版。

18. 沈玉成、刘宁：《春秋左传学史稿》，江苏古籍出版社1992年版。

19. 朱宝庆：《左氏兵法》，陕西人民出版社1991年版。

20. 郭丹：《左传国策研究》，人民文学出版社2004年版。

21. 张高评：《春秋书法与左传学史》，上海古籍出版社2005年版。

22. 孙绿怡：《左传与中国古典小说》，北京大学出版社1992年版。

23. 郭丹：《先秦两汉史传文学史论》，上海古籍出版社2014年版。

24. 〔梁〕刘勰著，范文澜注：《文心雕龙注》，人民文学出版社1958年版。

25. 〔唐〕刘知幾著，〔清〕浦起龙通释：《史通》，上海古籍出版社1978年版。

26. 〔宋〕陈骙撰：《文则》，丛书集成初编本，上海商务印书馆1937年版。

27. 〔清〕章学诚著，叶瑛校注：《文史通义校注》，中华书局1985年版。

28. 白寿彝：《中国史学史》（第一册），上海人民出版社1986年版。

29. 梁启超：《中国历史研究法》，商务印书馆1922年版。

30. 瞿林东：《中国史学散论》，湖南教育出版社1992年版。